Andrea Röpke / Andreas Speit (Hg.)
Blut und Ehre

Andrea Röpke / Andreas Speit (Hg.)

Blut und Ehre

Geschichte und Gegenwart
rechter Gewalt in Deutschland

Ch. Links Verlag, Berlin

Die Deutsche Nationalbibliothek verzeichnet
diese Publikation in der Deutschen Nationalbibliografie;
detaillierte bibliografische Daten sind im Internet über
www.dnb.de abrufbar.

1. Auflage, Juni 2013
© Christoph Links Verlag GmbH
Schönhauser Allee 36, 10435 Berlin, Tel.: (030) 44 02 32-0
www.christoph-links-verlag.de; mail@christoph-links-verlag.de
Umschlaggestaltung: Burkhard Neie, www.blackpen.xix-berlin.de,
unter Verwendung eines Fotos von R-studios / Shutterstock
Satz: Nadja Caspar, Ch. Links Verlag, Berlin
Druck und Bindung: Druckerei F. Pustet, Regensburg

ISBN 978-3-86153-707-6

Inhalt

Andrea Röpke und Andreas Speit

9 Einleitung

Zufällige Entdeckung des NSU – Anklage gegen Beate Zschäpe und Unterstützer – Der misslungene Prozessstart – Verharmloste Netzwerke – Ausgeblendeter Rechtsterrorismus – Verheerende Ermittlungen, vernichtete Akten

Anton Maegerle, Andrea Röpke und Andreas Speit

23 Der Terror von rechts – 1945 bis 1990

Gruppen radikaler nationalistischer Kräfte – Schüsse auf Rudi Dutschke – Unzählige Bombenanschläge und rechte Terrorgruppen in der Bundesrepublik – Die internationale *Gruppe Ludwig* – Das Oktoberfestattentat – *Kommando Omega* – Rechte Gewalt in der DDR

Julia Jüttner

61 Der Nationalsozialistische Untergrund

Der Überfall und das Ende in Eisenach – Jugend in Jena – Politische Freunde – Radikalisierung – Leben im Untergrund – Zwischenstation Chemnitz – Morde und Bombenanschläge – Zwickauer Helfer

Andreas Speit

94 Der Terror von rechts – 1991 bis 1996

Brandanschlag in Rostock-Lichtenhagen – Politische Folgen und gesellschaftliche Resonanzen – Hoyerswerda – Taten und Einstellungen – Mannheim-Schönau – Quedlinburg – Neonazis und Nachbarn – Mölln – Solingen – Gewaltideen und militante Konzepte der Szene – Verbote und Kameradschaftsgründungen – Der ungeklärte Anschlag von Lübeck

Andrea Röpke

**122 Der Nationalsozialistische Untergrund
und sein Netzwerk**

Die Jenaer Neonazis und die rechte Szene – Ausspähen von
Polizei und Antifaschisten – Waffen und Sprengstoff – Flucht-
helfer von *Blood & Honour* – Pässe und Hilfe im Untergrund –
Freies Netz

Andrea Röpke

149 Der Terror von rechts – 1996 bis 2011

Begleitmusik zum Terror – »Landser« im Visier der Behörden –
Rechtsrock-Band als kriminelle Vereinigung – Generalbundesanwaltschaft ermittelt – *Blood & Honour*-Terrorgruppen
und Musik – Netzwerke von *Ku-Klux-Klan* bis *Combat 18*

Andreas Förster

**181 Das Versagen der Sicherheitsbehörden
bei der Bekämpfung des Rechtsterrorismus**

Neonazi-Treffen mit Tonband – Die Karriere des Topspitzels
Tino Brandt – Geheimoperation Rennsteig – V-Leute im
Umfeld der Terrorzelle – Braune Seilschaften in den Geheim-
diensten seit 1945 – Antikommunismus als Staatsauftrag –
Fragwürdige V-Mann-Politik – Geheimes BKA-Papier warnt
vor »Brandstifter-Effekt« durch Spitzel

Andrea Röpke und Andreas Speit

210 Der Terror von rechts – aktuelle Entwicklungen

Fast vergessenes Verbrechen in Winterbach – Die *Hammerskin
Nation*, der NSU und das Blutbad von Wisconsin – Halberstadt:
Angriff auf Theatergruppe – *Sturm 34* – Pölchow: Angriff
auf Gegendemonstranten – Autonome Nationalisten – Kiel:
Schlag auf Balletttänzer – Bückeburg: Angriff auf Jugendlichen –
Oschatz: Ermordung eines Obdachlosen – Radikale NPD –
Gewaltbereite Kameradschaften – Mammutprozess gegen
Aktionsbüro Mittelrhein

Andrea Röpke und Andreas Speit

241 **»Sie taten alles, aber sie schauten nicht
nach rechts« – Nachwort**

Rechtsextreme Opfer wurden staatliche Opfer – Ermittlungen
gegen die Angehörigen der Mordopfer und die Betroffenen
der Bombenanschläge – V-Leute-Diskussion und NPD-Verbotsdebatte – Anti-rechts-Initiativen brauchen eine andere Förderung

Anhang

257 Abkürzungsverzeichnis
259 Verwendete Literatur
262 Danksagung
263 Sachregister
268 Ortsregister
271 Personenregister
286 Zu den Autoren und Herausgebern

Andrea Röpke und Andreas Speit

Einleitung

Zufällige Entdeckung des NSU – Anklage gegen Beate Zschäpe
und Unterstützer – Der misslungene Prozessstart – Verharmloste
Netzwerke – Ausgeblendeter Rechtsterrorismus – Verheerende
Ermittlungen, vernichtete Akten

Sie wollten zwei Bankräuber stellen, doch sie fanden zwei tote Rechtsterroristen. Am 4. November 2011 flog der *Nationalsozialistische Untergrund* (NSU) in Eisenach auf, weil zwei uniformierte Beamte einem
weißen Wohnmobil im Stadtteil Stregda zu nah kamen. In der thüringischen Stadt scheiterte damit die Flucht von Uwe Mundlos und Uwe
Böhnhardt nach einem ihrer vielen Banküberfälle. Es waren Schüsse zu
hören und eine Stichflamme aus dem Inneren des Fahrzeuges zu sehen.
Anrückende Sicherheitskräfte fanden nicht nur zwei Leichen, sondern
ein ganzes Waffenarsenal. Doch erst als sie eine Česká mit Schalldämpfer entdeckten, wurde das ganze Ausmaß der Verbrechen deutlich. Hier
ging es nicht nur um eine Serie ungeklärter Überfälle, sondern vor allem
um jahrelang im Geheimen mordende Neonazis.

Keine polizeilichen Ermittlungen, keine wertvollen V-Mann-Infor-
mationen führten zur Aufklärung dieser Mordserie. Es war ein Zufall,
der das Bundeskriminalamt und die Geheimdienste zur rechtsradikalen Untergrundgruppe um Beate Zschäpe, Uwe Mundlos und Uwe
Böhnhardt führte, die vermutlich für die Hinrichtungen von neun
unschuldigen Menschen mit türkischen und griechischen Wurzeln
verantwortlich sind. Von Zwickau aus soll die Gruppe laut Ermittlungen eine blutige Spur durch ganz Deutschland gezogen haben. Enver
Şimşek (2000, Nürnberg), Abdurrahim Özüdoğru (2001, Nürnberg),
Süleyman Taşköprü (2001, Hamburg), Habil Kılıc (2001, München),
Mehmet Turgut (2004, Rostock), İsmail Yaşar (2005, Nürnberg),
Theodoros Boulgarides (2005, München), Mehmet Kubaşik (2006,
Dortmund) und Halit Yozgat (2006, Kassel) fielen nach bisherigen Er-
kenntnissen den Neonazi-Terroristen der NSU-Gruppe zum Opfer. Im
April 2007 sollen die Haupttäter Uwe Mundlos und Uwe Böhnhardt
außerdem die 22-jährige Polizistin Michèle Kiesewetter in Heilbronn

mit einem Kopfschuss getötet haben, ihr Kollege überlebte schwer verletzt. Bei mindestens zwei Bombenanschlägen und 15 Raubüberfällen, die ihnen zur Last gelegt werden, gingen die Neonazis äußerst brutal vor, verletzten Passanten, schossen auf Bankangestellte oder schlugen Kunden die Waffe über den Kopf. Viele Betroffene der Überfälle sollen noch heute unter psychischen Folgen und Ängsten leiden.

Die neun Toten können nun nicht mehr als vermeintliche Opfer organisierter Kriminalität mit »Migrationshintergrund« oder noch abwertender als Opfer von »Döner-Morden« hingestellt werden. Bei ihren Angehörigen hören die Verdächtigungen und Unterstellungen, sie seien »kriminell«, nun endlich auf.

Die Empörung in der Bevölkerung hält sich aber in Grenzen. Nur wenige hundert Menschen beteiligten sich an der ersten Trauerdemonstration nach den NSU-Enthüllungen in Jena und Erfurt. Rechtsextreme Gewalt ist in der Bundesrepublik alltäglich – so alltäglich, dass sie kaum noch aufschreckt. Statistisch gesehen, werden durchschnittlich pro Tag zwei Menschen von Neonazis angegriffen, verletzt oder getötet. Qualvoll und einsam starb im Juni 2012 Klaus-Peter Kühn in seiner Wohnung in einem Plattenbau im thüringischen Suhl. Er ist das vorläufig letzte bekannt gewordene Opfer rechter Gewalt. Drei Rechtsextreme hatten ihn überfallen, ausgeraubt, schwer misshandelt und geschlagen. Sie hielten ihn für einen »Penner«. Die Leiche des 59-Jährigen wurde erst vier Tage später gefunden. Kühn ist der 183. Tote durch rechtsextreme Gewalt seit 1990, so die Zählung des Opferfonds Cura der Amadeu Antonio Stiftung. Zahlreiche Beratungsstellen und kritische Redaktionen sowie andere Einrichtungen der Zivilgesellschaft schauen seit Jahren genauer hin als die offiziellen Stellen. Die Bundesregierung erkennt zurzeit nur 63 Todesopfer an. 120 Menschen also – die wegen ihrer Hautfarbe, ihres politischen Engagements, ihres Berufs, ihrer Behinderung, ihrer Obdachlosigkeit, ihrer Hiphop-Kleidung oder ihrer Art zu lieben von Neonazis ermordet wurden – finden keine Anerkennung. Strengere Zählkriterien werden als Grund für die Differenz vorgeschoben, doch im Grunde signalisiert die Aberkennung des politischen Opferstatus, dass die staatlich Verantwortlichen das ganze Ausmaß an Rassismus und Fremdenfeindlichkeit in Deutschland nicht wahrhaben oder gar vertuschen möchten. Diese Art der Wahrnehmung von rechtsextremer Gewalt hat in der Geschichte der Bundesrepublik leider Tradition.

Die in Karlsruhe ansässige Generalbundesanwaltschaft wirft Beate Zschäpe vor, von 1998 bis 2011 gemeinsam mit den verstorbenen Uwe Böhnhardt und Uwe Mundlos in zehn Fällen heimtückisch und aus niederen Beweggründen Menschen getötet und mehrere Menschen verletzt zu haben. Ihr werden auch zwei Sprengstoffanschläge und mehrere andere Gewalttaten zur Last gelegt. Zudem soll sie eine Brandstiftung begangen haben, um Straftaten zu verdecken, wobei sie das Leben weiterer Menschen riskierte. Auf Seite 242 der Anklageschrift wird ihr vorgeworfen, bei einem der Morde im Juni 2005 in Nürnberg dabei gewesen zu sein. Eine Zeugin will sie ganz in der Nähe des Tatorts in einem Edeka-Markt gesehen haben. Dass die Hauptangeklagte vermutlich nicht geschossen und selbst überfallen hat, ist für die Generalbundesanwaltschaft irrelevant. Die Anklagebehörde geht davon aus, dass Zschäpe von den zahlreichen Waffen und erbeuteten Geldern – insgesamt sollen es etwa 600 000 Euro gewesen sein – wusste. Ihr wird vor allem angelastet, für ihre beiden Mittäter Mundlos und Böhnhardt den »Rückzugsraum« geschaffen zu haben, indem sie als »nette Nachbarin« die Kontakte zu den Anwohnern pflegte und dafür sorgte, dass das ungewöhnliche Trio in seiner bürgerlichen Umgebung in Sachsen nicht allzu sehr auffiel. Ihre Hauptaufgabe bestand demnach darin, die Taten abzutarnen.

Laut Staatsanwaltschaft war die 38-Jährige vollwertiges Mitglied der terroristischen Vereinigung *Nationalsozialistischer Untergrund*, die von den Mitangeklagten André Eminger und Holger Gerlach unterstützt wurde. Dem Angeklagten Ralf Wohlleben, hoher ehemaliger NPD-Funktionär aus Jena, wird Beihilfe zum Mord vorgeworfen. Derselbe Vorwurf gilt dem ehemaligen Neonazi Carsten Schultze, der gestanden hat, den drei Untergetauchten in den Anfangsjahren eine Pistole mit Schalldämpfer geliefert zu haben. Der 38-jährige aktive Kameradschaftsaktivist Wohlleben befindet sich wie Zschäpe in München-Stadelheim in Untersuchungshaft. Alle anderen Verdächtigen sind auf freiem Fuß.

Der Prozess sollte vor dem Oberlandesgericht in München am 17. April 2013 beginnen, musste aber kurzfristig auf Anfang Mai verschoben werden. Der Vorsitzende Richter, Manfred Götzl, gilt als akribisch, fair und manchmal aufbrausend. In sieben Jahren als Vorsitzender des Schwurgerichts kassierte der Bundesgerichtshof nur ein einziges seiner Urteile. Schon vor Prozesseröffnung hieß es jedoch, dem Gericht fehle die nötige Sensibilität für das Verfahren mit 53 Anwälten und 77 Nebenklägern.

Die Wahl des Saals A 101 im Strafjustizzentrum mit nur 200 Plätzen galt früh als unglücklich, weil die Zuteilung für Zuschauer und Presse sehr stark begrenzt ist und ausländische Medien beim ursprünglich praktizierten Vergabeverfahren gar nicht berücksichtigt wurden. Erst nach Einschalten des Bundesverfassungsgerichts durch die türkische Zeitung »Sabah« gab es hier eine Änderung. Erneut hatte es besonders die Angehörigen der Opfer getroffen, für die zu wenig Platz vorgesehen war, worauf auch Barbara John, die Ombudsfrau der Bundesregierung für die NSU-Opfer, hinwies.

Obwohl die oberste Anklagebehörde in Karlsruhe weiter ermittelt, acht Beschuldigte sowie insgesamt 129 mutmaßliche zusätzliche Helfer oder Unterstützer im Fokus sind, geht man offiziell davon aus, dass es sich beim NSU lediglich um einen »Dreierbund« handelt, ein »einheitliches Tötungskommando«. Die »wahre Identität und terroristische Zielsetzung« sei der Anklage zufolge nur einem eng begrenzten Kreis von wenigen Unterstützern und Gehilfen bekannt gewesen. Auf der vorläufigen Zeugenliste mit über 600 Namen stehen auch nur wenige Namen von Neonazis. Wichtige Helfershelfer des braunen Netzwerkes aus Sachsen wurden bisher vom Gericht weitgehend ausgeblendet. Die Fluchthilfe für die drei 1998 untergetauchten Jenaer Bombenbauer Böhnhardt, Zschäpe und Mundlos gilt inzwischen als verjährt. Dieser Ansatz offenbart, dass die Ermittler nicht von zahlreichen Mitwissern und braunen Seilschaften ausgehen wollen. Das würde die bisherige Sichtweise der Sicherheitsbehörden zum rechtsextremen Terror in Deutschland auch zu sehr in Frage stellen.

In einem geheimen Dossier des Bundesamtes für Verfassungsschutz (BfV) mit dem Titel »Rechtsextremismus Nr. 21: Gefahr eines bewaffneten Kampfes deutscher Rechtsextremisten – Entwicklungen von 1997 bis 2004« war bereits festgeschrieben worden, dass »für einen planmäßigen Kampf aus der Illegalität heraus« eine »wirkungsvolle Unterstützerszene« fehle. Diese Einschätzung darf heute hinterfragt werden. Denn bereits beim Weg in den Untergrund konnte sich das Trio auf Kameraden und Kameradinnen verlassen. Eine Telefonliste, gefunden in der Jenaer Garage, in der auch der Sprengstoff der drei lagerte, hätte die Ermittler frühzeitig auf die Spur führen können. 35 Namen und Adressen von Vertrauten aus ganz Deutschland waren dort notiert. Doch das wichtige Detail landete ohne große Beachtung in der Asservatenkammer des Landeskriminalamtes in Erfurt – und verstaubte. Die Aufzeichnungen lesen sich heute wie ein »Who is who« der Helfer oder »eine Landkarte der späteren Tat- und Fluchtorte«, wie es der CDU-Obmann und frühere Polizist Clemens Binninger im NSU-Untersuchungsausschuss des Bundestages formulierte. Wenigstens ein Dutzend der darauf verzeichneten Neonazis hielt mit den dreien Kontakt im Untergrund, beschaffte Mordwaffen, besorgte Papiere, organisierte Unterschlupfe. Die wichtigsten Helfer stammten dabei aus den Reihen der rechtsradikalen *Blood & Honour*-Bewegung. Der NSU hat die Ideen von *Blood & Honour* umgesetzt, einen »Rassenkrieg« für die »Reinhaltung« des deutschen Blutes zu führen – passend zum Motto »Blut und Ehre«.

Nur wenige Tage nach dem Verschwinden des Trios Ende 1998 aus Jena entsandte das Bundeskriminalamt (BKA) in Wiesbaden zur Unterstützung zwei Kriminalhauptkommissare in die Thüringer Provinz, die gemeinsam mit den Kollegen vom Landeskriminalamt die bei der Durchsuchung der Bombenwerkstatt sichergestellten Dokumente auswerten sollten. Schnell stellten die BKA-Beamten fest, dass Namen und Adressen »ohne Bedeutung« seien, so der entsprechende Vermerk. Ein eklatanter Irrtum. Den ansonsten so erfolgreichen Zielfahndern des Landeskriminalamtes in Erfurt wurde die »Garagenliste« gar nicht erst übergeben. Immerhin enthielt sie die Namen von Neonazis aus Jena, Chemnitz, Rostock, Hamburg, Nürnberg, München, Regensburg, Ludwigsburg und Rheinland-Pfalz – alle in den 1990er Jahren befreundet oder bekannt mit Uwe Mundlos. »Dass die wertvolle ›Garagenliste‹ nicht zur Zielfahndung gelangte, sondern offenbar einfach weggelegt wurde, ist ein erneuter Fall von eklatantem Dilettantismus«, bemerkte Eva Högl, SPD-Obfrau im NSU-Untersuchungsausschuss des Bundestages.

Seit Januar 2012 haben vier parlamentarische Untersuchungsausschüsse in Berlin, Erfurt, München und Dresden ihre Arbeit aufgenommen. Das elfköpfige Abgeordnetengremium im Bundestag unter Vorsitz von Sebastian Edathy (SPD) soll helfen, die Taten der Terrorgruppe aufzuklären und auch »Schlussfolgerungen für Struktur, Zusammenarbeit, Befugnisse und Qualifizierung der Sicherheits- und Ermittlungsbehörden« herauszuarbeiten. Der Berliner Rechtsextremismus-Experte Professor Hajo Funke bescheinigt dem Bundestagsausschuss, bisher »höchst sachorientierte, um nicht zu sagen vorbildliche Arbeit« geleistet zu haben. Clemens Binninger kritisierte Anfang Mai in einem Zwischenbericht auf dem Medienportal »vocer« sehr deutlich

»den zu oft inkonsequenten Umgang der Justiz mit rechtsextremistischen Straftätern«. Der Bundestagsabgeordnete und ehemalige Polizist
wundert sich auch über die Untersuchungspraxis des Generalbundes-
anwaltes, denn in einigen Fällen bestanden die Akten mit den Prüf-
vorgängen zu den NSU-Taten lediglich aus einigen Zeitungsartikeln
zum jeweiligen Sachverhalt. Eigene Anfragen, Prüfung polizeilicher
Sachstandberichte? – Fehlanzeige. Dieser Zustand, so Binninger, sei
»inakzeptabel und unprofessionell«. Mario Melzer, Thüringer Ermittler beim Staatsschutz, ist einer der wenigen Beamten, die sich für das
Versagen, die Pannen und den erschreckenden Unwillen der Behörden
bei den Opfern und Hinterbliebenen entschuldigte. In der ARD-Doku-
mentation »Der Zschäpe-Prozess – Brauner Terror vor Gericht« vom
April 2013 berichtete der erfahrene Polizist, wie er seinerzeit mit seinen
Bemühungen, das Trio festzusetzen, ausgebremst worden sei. Seitens
seiner Behördenleitung war es ihm auch jetzt noch untersagt, allzu viel
zum NSU-Komplex zu sagen. Doch Melzer ließ sich den Mund nicht
ganz verbieten. Er wusste früh, wie gefährlich die drei waren, zumal
ihre Aktionen im Laufe der 1990er Jahre in Thüringen immer militanter wurden. Seine Ermittlungen führten zur Verurteilung von Böhnhardt, doch die Haft musste dieser nie antreten. In den entscheidenden
Momenten sei er als ein mit dem Fall betrauter Beamter anderweitig
polizeilich eingesetzt und nach geäußerter Kritik später sogar versetzt
worden, so Melzer. Er wirft sich heute vor, damals nicht hörbarer pro-
testiert zu haben.

Trotz der von Bundeskanzlerin Angela Merkel zugesagten Aufklärung der Verbrechen »mit Hochdruck« muss man sich über die Art der
Ermittlungen doch an manchen Stellen wundern. Etwa dann, wenn
die Generalbundesanwaltschaft in der Anklage davon spricht, dass die
grausamen Bekenner-DVDs, mindestens 15 Stück, allesamt von Beate
Zschäpe auf der Flucht verteilt worden seien. Sicher kann sich die
Behörde aber gar nicht sein, denn nur neun der Umschläge wurden
tatsächlich aufgefunden, und bei zweien davon sind die Briefstempel
unleserlich. An anderen Stellen halten Zeugen an widersprüchlichen
Aussagen fest, ohne eine Klärung der Vorgänge.

Fehlende Haftbefehle der zuständigen Staatsanwaltschaft machten die
Flucht des Trios nach dem Fund von mehr als einem Kilogramm hoch-
explosivem TNT in Jena erst möglich. Danach aber säumten unzählige
Spitzel vom Bundesamt für Verfassungsschutz, diverser Landesämter

für Verfassungsschutz, des Militärischen Abschirmdienstes (MAD) und der Polizeibehörden den Weg des flüchtigen Trios. Obwohl es bald erste Hinweise auf einen Unterschlupf in Chemnitz gab, danach sogar konkrete Helfernamen und Treffpunkte an Autobahnen bekannt waren, abgehörte Telefongespräche und Fotos des Verfassungsschutzes vorlagen, wurden die drei nicht gefasst. Sie konnten bis 2011 immer wieder ungestört zurück nach Thüringen reisen.

Im Auftrag des Thüringer Innenministers analysierte eine 2011 eingesetzte Untersuchungskommission unter dem Vorsitz des pensionierten Richters am Bundesgerichtshof Dr. Gerhard Schäfer das Behördenverhalten von 1998 bis 2001 – und kam zu erschreckenden Ergebnissen. Das dreiköpfige Gremium sprach von unkoordinierten Durchsuchungen, fehlenden Haftbefehlen, mangelhaftem Informationsaustausch zwischen Ämtern, unstrukturierter Aktenführung, unzureichenden Ermittlungen und unterlassenen Faktenanalysen. Bei der Vorstellung des 256 Seiten starken Berichts am 15. Mai 2012 wirkte Schäfer erschüttert. Eine solche Mischung aus Inkompetenz und Konkurrenz insbesondere zwischen dem Thüringer Landesamt für Verfassungsschutz (TLfV) und dem Thüringer Landeskriminalamt (TLKA) schien vorher unvorstellbar. Die Arbeit des TLfV, so Schäfer, sei ein »sehr belastendes Kapitel«. Die Kommission kommt zu der Auffassung, dass es bei sorgfältigerer und besser abgestimmter Arbeit möglich gewesen wäre, mindestens einen, vermutlich sogar alle drei Beschuldigten festzunehmen.

Doch dieser Terrorismus von rechts entsprach offenbar nicht den Terrorismusvorstellungen der Ermittler. Warum nicht? Weil etwas fehlte, so die immer wiederkehrende Erklärung von Verfassungsschutz und Polizei. Es gab keine öffentlichen Bekennerbotschaften zu den Morden. Diese vermeintliche Entschuldigung offenbart die Herangehensweise, dass rechter Terror an linkem Terror gemessen wird. Die spezielle Geschichte rechter Gewalt-, Brand- und Bombenanschläge ist dabei ausgeblendet worden. »Der Terror von rechts war immer schon stiller als der von links«, betont Fabian Virchow, Leiter des Forschungsschwerpunktes Rechtsextremismus und Neonazismus an der Fachhochschule Düsseldorf. Mit »theoretisch ausgefeilten Bekennerschreiben« hätte sich die rechtsextreme Szene »zu keiner Zeit« hervorgetan. Die verkürzte Denklogik spiegelt sich auch in der Begriffsbildung mancher Medien wider, die von der »Braunen Armee Fraktion« in Anlehnung an *Rote Armee Fraktion* (RAF) schreiben. Dabei wird ausgeblendet, dass die Zielgruppen von braunem und rotem Terror weitgehend andere sind.

Auffällig dabei: Der linke Terror ist im kollektiven Gedächtnis präsent, der rechte Terror wenig – bis gar nicht. In den Medien konnten die Sicherheitsbehörden zunächst fast unwidersprochen behaupten, rechte Gewaltstrukturen habe es nie gegeben. Der Bückeburger Prozess von 1979 gegen die terroristische Vereinigung *Wehrsportgruppe Werwolf* wurde dabei geflissentlich übergangen. Gegenüber den Morden der RAF erschienen vielen Verantwortlichen die rechten Terrorgruppen und neonazistischen Gewalttäter weniger bedeutsam.

Zwei Aspekte kamen den Neonazi-Mördern der NSU entgegen: die vorherrschende Unterschätzung von Rechtsterrorismus und die Annahme, bei diesen Opfern könne das Tatmotiv bloß im Kriminellen liegen. »Die These, dass die Česká-Mordserie einen rechtsextremen Hintergrund haben könnte, wurde bewusst öffentlich nicht zur Sprache gebracht«, fasste der Vorsitzende des Bundestagsuntersuchungsausschusses, Sebastian Edathy, seine Erfahrungen nach monatelanger akribischer Ausschussarbeit ernüchtert zusammen. Und die stellvertretende Bundestagspräsidentin Petra Pau, ebenfalls Mitglied im NSU-Gremium, meinte gar: »Die polizeilichen Ermittlungen damals hatten rassistische Züge.« Für die ermittelnden Beamten der zentralen Ermittlungskommission »Bosporus« in Bayern, in deren Zuständigkeitsbereich allein fünf Morde fielen, waren die Täter schwerpunktmäßig im organisierten kriminellen Milieu oder im Umfeld der Opferfamilien zu suchen. Und die Medien folgten weitgehend der falschen Annahme und befeuerten die rassistischen Vorverurteilungen noch.

»Was die Abgetauchten betrifft, waren wir ewig weit weg, weil uns niemand was gesagt hat«, räumte der Leitende Kriminaldirektor beim Polizeipräsidium Unterfranken, Wolfgang Geier, Anfang 2013 vor dem NSU-Untersuchungsausschuss des Bayerischen Landtages ein. Bis 2008 war er einer der wichtigsten Männer bei der Suche nach den Serientätern. Geier selbst habe sich »bis zuletzt nicht vorstellen können, dass es Rechtsterrorismus in diesem Ausmaß gibt«. Auf die Hilfe des regionalen Geheimdienstes konnten die Ermittler nicht wirklich bauen: Eine Anfrage an den bayerischen Verfassungsschutz nach einer Liste bekannter Rechtsextremer zog sich im Jahr 2005 über viele Monate hin. Geiers Eindruck sei damals gewesen: »Die blockieren, die mauern.« Letztlich wurde im März 2007 eine Liste mit 682 Namen übergeben – allerdings ohne Adressen.

Wenn schon nicht die neun mit einer Waffe begangenen Morde an den türkischen und griechischen Kleinunternehmern genügend Anlass für die Ermittler ergaben, sich intensiv auch mit Neonazis als möglichen Tätern auseinanderzusetzen, so hätte doch spätestens der Bombenanschlag in der belebten Kölner Keupstraße am 9. Juni 2004 Polizei, Politik, Medien und Öffentlichkeit aufrütteln müssen. In der 60. Sitzung des NSU-Untersuchungsausschusses des Bundestages am 15. März 2013 wurde allerdings das bürokratische Versagen der zuständigen Behörden auch in diesem Fall überdeutlich. Die damalige Mitarbeiterin im Referat für politisch motivierte Kriminalität beim Bundesministerium des Innern (BMI), Christine Hammann, berichtete, dass lediglich am ersten Tag von »terroristischer Gewaltkriminalität«, danach nur noch von »organisierter Kriminalität« gesprochen wurde. Die Terroreinschätzung wurde eilig gestrichen, später will es niemand gewesen sein. Als Hammann am 11. Juni 2004 einen Bericht zum Erkenntnisstand für das BKA verfasste, schrieb ein Unterabteilungsleiter handschriftlich darauf: »Kann Notwendigkeit der Vorlage nicht erkennen«. Bereits fünf Tage nach dem Anschlag wanderte der Vorgang somit in die Ablage.

Die Ermittlungsakten der Bundesanwaltschaft umfassen nach dem Auffliegen der NSU-Terrorzelle inzwischen rund 1000 Bände. 4300 »gegenständliche« Asservate und 2500 auf Datenträgern gespeicherte Dokumente wurden ausgewertet. Es gab mehr als 1000 Vernehmungen und über 20 Durchsuchungen, und es wurden mindestens 67 Telekommunikationsverbindungen überwacht. Zeitweise sollen bis zu zehn Staatsanwälte und mehr als 400 Polizisten in das Verfahren eingebunden gewesen sein. Doch viele ungeklärte Fragen sind trotzdem geblieben. Gab es Helfer, die die Opfer auswählten oder beim umfangreichen Ausspähen der Tatorte halfen? Warum fiel die Bankraubserie mit allein zehn überfallenen Kreditinstituten in Sachsen in diesem Zusammenhang nicht auf? Warum schlugen Personenspürhunde im November 2011 vor der Haustür eines bekannten NPD-Aktivisten in Eisenach an, der das Trio von früher gekannt haben muss? Warum befand sich ein Verfassungsschützer aus Hessen genau zum Tatzeitpunkt in dem Internetcafé, in dem Halit Yozgat erschossen wurde, und wie kann es sein, dass er nichts mitbekommen haben will? Doch die wichtigste Frage stellen sicherlich die Angehörigen der Opfer: Warum wurde gerade mein Ehemann, Vater und Bruder Opfer des NSU?

Das ganze Ausmaß der Vernichtung von Akten und Verschweigen von Aktionen der Sicherheits- und Geheimdienstkräfte wird nicht im

Vordergrund des NSU-Prozesses stehen, und doch beschäftigt es Politik, Wissenschaft und Medien seit 2011 intensiv. Heribert Prantl von der »Süddeutschen Zeitung« kommentierte bereits 2011, ob bei solchen Fehlleistungen nicht nur die NPD, »sondern auch der Verfassungsschutz verboten gehört«. »Immer mehr Menschen fragen sich«, so Prantl, »wer denn die Verfassung vor einem Verfassungsschutz schützt, der mit Akribie und Eifer kritische Demokraten observiert, aber gewalttätige Neonazis in Ruhe lässt oder als V-Leute beschäftigt.«

Tatsächlich scheint der Skandal um die vielen enttarnten Spitzel der Geheimdienste ausgerechnet einer Gruppe entgegen zu kommen – den Neonazis. Den Strategen der NPD sind die Enthüllungen als Alibi sehr dienlich. In den Landtagen von Sachsen und Mecklenburg-Vorpommern erklären die NPD-Fraktionen deutlich, wen sie für die Verbrechen der NSU verantwortlich machen – die Geheimdienste. »Die Kartenhäuser über das NSU-Phantom brechen zusammen«, lautet eine Pressemitteilung der extrem rechten Partei. Auch NPD-Chef Holger Apfel weist jede politische Nähe zu den Rechtsterroristen weit von sich, obwohl er, genau wie das Trio, 1996 an einem gemeinsamen Aufmarsch in Worms teilgenommen hat. Er blendet auch aus, dass ein ehemaliger NPD-Landesvize aus Thüringen und ein Ex-Anführer der NPD-Jugendorganisation *Junge Nationaldemokraten* nach Ermittlererkenntnissen eine Mordwaffe für das Trio besorgt haben.

Schon 2003 waren V-Leute das Alibi für die Partei. Das Bundesverfassungsgericht stellte aus Sorge vor den staatlich besoldeten Rechtsextremen das Verbotsverfahren gegen die NPD ein. Längst scheint das V-Mann-System im »Kampf gegen rechts« gescheitert zu sein. Während sich die NPD offiziell von den Verbrechen distanziert und sogar im sächsischen NSU-Untersuchungsausschuss mit einem Obmann an der Aufklärung beteiligt sein darf, finden sich in der Szene immer wieder offene Solidaritätsbekundungen und Verehrung für die rechten Mörder, vor allem aber für Ralf Wohlleben. Nicht nur bei Facebook gibt es fortwährend Solidaritätsbezeugungen für »Wolle« – so der Spitzname von Wohlleben. »NSU ist wieder da!«, schmierten Unbekannte Mitte April 2013 an die Außenwand des Gewerkschaftshauses in Zwickau. »Die Schmierereien zeigen, dass sich der Rechtsextremismus in der Region nicht von selber verflüchtigen wird«, sagte die Zwickauer Gewerkschaftschefin Sabine Zimmermann gegenüber der »Sächsischen Zeitung«. Im April 2013 verteilten Münchener Aktivisten des Neonazi-Netzwerkes, genannt *Freies Netz Süd*, rund um das Justizzentrum in der Nymphenburger Straße Flyer mit der Schlagzeile »NSU – Phantom – Verfahren«. Sie hetzen dabei schamlos gegen die Angehörigen der »Döner-Mord-Opfer«. Die *Freies Netz*-Aktivisten sehen sich als Opfer einer staatlichen »Repressionswelle«, beschimpfen die »Schweinejournaille« und halten die Ermittlungen für »frei erfundene Mutmaßungen«. Strategisch versucht die radikale Rechte, den Imageschaden der Geheimdienste für sich zu nutzen, sie fordert die Auflösung des Verfassungsschutzes. Die ambivalente Haltung der Gewalt gegenüber zeigte derweil die Erklärung einer Frau aus dem NPD-Präsidium, in der sie sagte, dass sie die RAF-Gründerin Ulrike Meinhof als persönliches Vorbild betrachte, Beate Zschäpe jedoch als »Verräterin« ansehe.

Von einer »anderen Dimension von Rechtsterrorismus« sprach der Chef des Bundeskriminalamtes, Jörg Ziercke, während einer Tagung 2013. Die Serienmorde des NSU seien mit großer »Brutalität und Präzision« begangen worden. Er hob hervor, dass es so etwas vorher nicht gegeben habe. Mit Blick auf die Geschichte muss man diese Aussage aber wohl deutlich relativieren. In dem vorliegenden Buch wird beispielsweise auf das Oktoberfestattentat von 1980 mit zwölf getöteten Besuchern eingegangen, das ebenfalls akribisch durch den Attentäter und mögliche Hintermänner aus dem Umfeld der *Wehrsportgruppe Hoffmann* geplant worden ist. Die Autorinnen und Autoren zeichnen die Gewalt und den Terror des Rechtsextremismus von 1945 bis 2013 nach. Die Öffentlichkeitsarbeit der NPD wird dabei als Inszenierung enttarnt und der rechte Terror – gestützt von einer Vielzahl an Kameradschaften und Organisationen – in deren Umfeld verortet. Um die gegenwärtige Verfasstheit der rechtsextremen Szene einordnen zu können, wird den geschichtlichen Entwicklungen – teilweise bis in die Details – nachgegangen. Die Autorinnen und Autoren haben frühere Opfer rechtsextremer Gewalt besucht, Aussteiger getroffen, Anwälte interviewt, Literatur und Hunderte geheimer Akten durchgesehen. Sie haben mit Redaktionen korrespondiert und die Sitzungen der NSU-Untersuchungsausschüsse akribisch ausgewertet. Die Quellen werden im Text jeweils mit benannt.

Im Kapitel »Der Terror von rechts – 1945 bis 1990« weisen Anton Maegerle, Andrea Röpke und Andreas Speit anhand einer Vielzahl von – oft unbekannten – rechtsextremen Angriffen, Gewalttaten und verborgen agierenden militanten Gruppen nach, wie stark repräsentiert das gewaltbereite Lager war und wie sich sogar paramilitärische Truppen ungestört über Jahrzehnte hinweg zwischen 1945 und 1990 entwickeln konnten. Das rechte Attentat auf den Studentenführer Rudi Dutschke sowie die Aktivitäten von Neonazis in der DDR sind dabei Teil der Darstellung, genau wie zahlreiche weitere Morde und Anschläge. Es sind erschütternde Fälle, die weitestgehend aus dem öffentlichen Bewusstsein verdrängt wurden bzw. kaum in den Geschichtsbüchern nachzulesen sind.

Julia Jüttner stellt im Kapitel »Der Nationalsozialistische Untergrund« die Entwicklung von Uwe Mundlos, Uwe Böhnhardt und Beate Zschäpe als Kern des NSU vom Anfang bis zum Ende dar. Vor allem Zschäpe, die 1,66 Meter große Frau, 63 Kilogramm schwer und Raucherin, betrachtet sie genau. So betonte Zschäpe bei einer ersten Vernehmung, Mundlos und Böhnhardt hätten sie nie zu etwas gezwungen. Einige Medien wie die »Bild«-Zeitung sahen sie jedoch nur als »Nazi-Braut« oder »heißen Feger«. Jüttner arbeitet indes heraus: Zschäpe ist eine Überzeugungstäterin mit geschlossenem neonazistischen Weltbild. Sie beschreibt ihre Radikalisierung und ihr Bemühen um einen bürgerlichen Anstrich für die »Legendierung« der Gruppe, benennt Kameraden und zeigt das Umfeld auf.

Rostock, Hoyerswerda, Solingen und Mölln: Die Namen der Städte sind längst zu Synonymen massiver rechter Gewalt der 1990er Jahre geworden. In dem Kapitel »Der Terror von rechts: 1991 bis 1996« schildert Andreas Speit die rassistischen Übergriffe und politischen Auseinandersetzungen jener Jahre nach der deutschen Vereinigung. Betroffene kommen zu Wort, fast vergessene Anschläge werden erinnert. Ein Déjà-vu zu Ermittlungspraxen gegenüber den NSU-Opfern und früheren Opfern rechtsextremer Gewalt kommt auf – nicht nur, wenn die skandalösen Umstände des noch immer nicht aufgeklärten Brandanschlags in Lübeck vom Januar 1996 nachskizziert werden. Hierbei wird die staatliche Fehleinschätzung der neonazistischen Kameradschaftsszene als vermeintlich »lose Cliquen« deutlich herausgearbeitet. Deren ideologische Motivation und militanter Aktionismus wurden seinerzeit fahrlässig unterschätzt, denn genau in dieser Zeit kursierten in der bundesweiten radikalen Neonazi-Szene Schriften zum bewaffneten Kampf, mit praktischen Hinweisen zu Gewalttaten.

Andrea Röpke widerspricht in dem Kapitel »Der Nationalsozialistische Untergrund und sein Netzwerk« der behördlichen Aussage, das Trio habe weitestgehend autonom gehandelt. Sie zeichnet die verschiedenen Unterstützerstrukturen nach. Bereits auf dem Weg in den Untergrund, so wird sichtbar, waren militante Seilschaften von *Blood & Honour* und militante Kameradenkreise entscheidend, die sich aktiv zwischen Rechtsrock und Polit-Aktionen bewegten. Später kamen von dort auch Geld, Ausweise, neue Identitäten und wohl auch Waffen für die NSU-Terroristen. Anders als offiziell dargestellt, scheint das Trio niemals gesellschaftlich und politisch isoliert gewesen zu sein.

Im Kapitel »Rechter Terror seit Mitte der 1990er Jahre« hebt Andrea Röpke die Bedeutung der Hassgesänge als Begleitmusik zum Terror hervor. Neonazi-Terrorgruppen und deren Beeinflussung durch rassistische Untergrund-Bands wie »Landser« werden dabei herauskristallisiert. Auch Mundlos, Böhnhardt und Zschäpe verfügten über spannende Kontakte ins Musikmilieu, vor allem ins damalige braune »Mekka« Chemnitz. Die Bedeutung von Rechtsrock für die Ideologisierung und Radikalisierung wird an eindrücklichen und teils schockierenden Beispielen dargestellt.

Andreas Förster warnt im Kapitel »Das Versagen der Sicherheitsbehörden« davor, bei den Ermittlungen damals und heute nur von »Pannen« zu reden. Das Problem liegt tiefer. Er stellt das Agieren der Behörden aus ihrer inneren Logik und historischen Entwicklung heraus dar und belegt, dass Neonazis als V-Männer dem Staat mehrheitlich nicht dienten, sondern ein eigenes doppeltes Spiel trieben. Besoldete »Spitzel« diverser Behörden finanzierten den Aufbau von Szene-Strukturen mit und erschwerten die Strafverfolgung. Trotz geheimer Aktionen und unzähliger Zuträger im Umfeld von Terrorgruppen scheiterten die Dienste zumeist – sowohl an ihrer Inkompetenz als auch am mangelnden Austausch aufgrund von Konkurrenzverhalten. An konkreten Fällen stellt Förster die zum Teil sehr fragwürdige Arbeit von Geheimdiensten und Polizei dar.

Andrea Röpke und Andreas Speit gehen im letzten Kapitel exemplarisch bis 2013 den jüngsten Entwicklungen nach und stellen einzelne militante Neonazi-Gruppen vor, darunter das kaum beachtete Netzwerk zwischen Freien Kameradschaften, international agierenden *Hammerskins* und Rockerbanden. Außerdem berücksichtigen Röpke und Speit die Entwicklung militanter autonomer Nationalisten und zeigen an einem aktuellen Fall, dass brutale rassistische Verbrechen durchaus nicht auf die neuen Bundesländer beschränkt sind.

Im Nachwort »Sie taten alles, aber sie schauten nicht nach rechts« schildern Andrea Röpke und Andreas Speit die Enttäuschungen, Erschütterungen und Ernüchterungen bei den Angehörigen der Opfer des Nationalsozialistischen Untergrunds, die oft selbst verdächtigt wurden, kriminell zu sein. Sie zeigen die Defizite der Gesellschaft bei der bisherigen Auseinandersetzung mit rechtsextremer Gewalt auf und richten klare Forderungen an die Politik.

Bei alledem wird deutlich: Nicht nur die fatalen Analysen der Behörden und die falschen Ermittlungen der Polizei kamen dem NSU-Trio entgegen. Auch die alltäglichen rechten Einstellungen und Vorbehalte in der Mitte der Gesellschaft spielen dabei eine Rolle. Stephan Lucas und Jens Rabe, die Anwälte von Semiya und Kerim Şimşek, stellten fest, dass »die Reaktionen in Politik und Gesellschaft auf den NSU verblüffend schwach« ausgefallen seien. Während die RAF-Gewalt von Staat und Bevölkerung damals als »Kriegserklärung« verstanden worden sei, hielte man sich beim rechten Terror jetzt eher zurück. Sie fragen: »Liegt es daran, dass es eine schwache Bevölkerungsgruppe trifft, die Migranten? Das wäre erschreckend, verroht und gefährlich.«

Anton Maegerle, Andrea Röpke und Andreas Speit

Der Terror von rechts – 1945 bis 1990

Gruppen radikaler nationalistischer Kräfte – Schüsse auf Rudi
Dutschke – Unzählige Bombenanschläge und rechte Terrorgruppen
in der Bundesrepublik – Die internationale *Gruppe Ludwig* –
Das Oktoberfestattentat – *Kommando Omega* – Rechte Gewalt
in der DDR

»Dieser Vorgang ist objektiv betrachtet eine Niederlage für die Sicherheitsbehörden.« Am 21. November 2011 räumte Heinz Fromm, Präsident des Bundesamtes für Verfassungsschutz (BfV), das Scheitern der
Behörden gegen den Rechtsterror ein. Wenige Tage zuvor, am 8. November 2011, hatte sich Beate Zschäpe mit einem Anwalt in Jena der
Polizei gestellt. In der nichtöffentlichen Sitzung des Innenausschusses
des Deutschen Bundestages musste der damalige Geheimdienstchef
eingestehen, dass die Sicherheitsbehörden Gefahren und Entwicklungs-
tendenzen von rechtsextremem Terror nicht ausreichend wahrgenommen hatten. Es durfte nicht sein, was nicht sein sollte: mordende Gruppen von Rechtsextremen, tragende Netzwerke für den Untergrund.
Dieses Credo stimmten verschiedene Leiter der unterschiedlichsten
Sicherheitsbehören und Verfassungsschutzämter über Jahrzehnte immer wieder an. »Wir haben keine Erkenntnisse, dass es aktuell rechtsterroristische Strukturen in Deutschland gibt«, hatte der Präsident des
Bundeskriminalamtes (BKA), Jörg Ziercke, 2004 im Interview mit der
Nachrichtenagentur AP verkündet. Hansjörg Geiger führte als BfV-
Präsident 1995 in einem Interview mit der Illustrierten »Focus« aus:
»Die Rechtsextremisten haben keine Sympathisantenszene, in der
braune Terroristen schwimmen können wie die Fische im Wasser.« Die
Studie »Rechtsextremismus Nr. 21 – Gefahr eines bewaffneten Kampfes
deutscher Rechtsextremisten – Entwicklung von 1997 bis Mitte 2004«
des BfV spiegelt diese nachhaltige Fehleinschätzung wider. Auf der vor-
letzten Seite des Dokuments steht: »Derzeit sind in Deutschland keine
rechtsterroristischen Organisationen und Strukturen erkennbar«, und
das Amt hebt hervor: »Ungeachtet der Tatsache, dass es den ›Bombenbastlern von Jena‹ jahrelang gelungen war, sich ihrer Verhaftung zu ent-

ziehen, gibt es keine wirkungsvolle Unterstützerszene, um einen nach-haltigen Kampf aus dem Untergrund heraus führen zu können.« Mit den Bombenbastlern aus Jena ist das spätere NSU-Trio Uwe Mundlos, Uwe Böhnhardt und Beate Zschäpe gemeint.

Ende 2012, nach vielen Sitzungen des Untersuchungsausschusses zu den NSU-Morden im Bundestag, sagte dessen Vorsitzender Sebastian Edathy: »Die Gefährlichkeit eines zunehmend gewaltbereiter gewor-denen Rechtsextremismus wurde lange Zeit massiv unterschätzt.« Der SPD-Politiker wurde noch deutlicher: »Man konnte und wollte sich ganz offenkundig nicht vorstellen, dass es in Deutschland organisierten Rechtsterrorismus geben könnte, obwohl es dafür in der Vergangenheit durchaus Anhaltspunkte gab« – eine Vergangenheit, die früh nach 1945 beginnt.

Ein Sammelbecken radikaler nationalistischer Kräfte war seit ihrer Gründung 1949 die *Sozialistische Reichspartei* (SRP). Pate stand ein Mann, der die erstarkende Neonazi-Szene zeitlebens mitprägen sollte: Otto Ernst Remer, ehemals als Kommandeur des Wachbataillons »Groß-deutschland« an der Niederschlagung des Aufstandes gegen Adolf Hit-ler am 20. Juli 1944 beteiligt. Kein Einzelfall, die Partei erhielt großen Zulauf von alten Nationalsozialisten. Eine Schlagzeile in der Parteizei-tung der SRP, »Deutsche Opposition«, vom April 1952 lautete: »Remers Programm: Kampf bis zum Umfallen gegen das Bonner Regime«. Auf einer Pressekonferenz im Mai 1950 verherrlichte der Parteivorsitzende Fritz Dorls die Zeit von 1933 bis 1945 gar als »Höhepunkt einer revolu-tionären Entwicklung des Abendlandes« und die Konzentrationslager und Gaskammern als »revolutionäre Methodik dieser Epoche«. Die »Süddeutsche Zeitung« berichtete kurze Zeit später, dass in München sogenannte »Rollkommandos« der SRP gegründet worden seien, die den Schutz bei Veranstaltungen übernehmen und deren Mitglieder Uniformen mit Armbinden und Parteiabzeichen tragen würden. Im Herbst 1952 erfolgte das Verbot der SRP durch das Bundesverfassungs-gericht wegen der Wesensverwandtschaft der Partei zur NSDAP. Dorls plante daraufhin, die Partei im Untergrund weiterzuführen, floh dann aber nach Ägypten, wo er für den deutschen Verfassungsschutz tätig gewesen sein soll. Nach seiner Rückkehr Mitte der 1950er Jahre wurde er als einer der ersten Rädelsführer einer verfassungsfeindlichen Orga-nisation 1957 zu einer Haftstrafe verurteilt.

Im Dezember 1952, keine zwei Monate nach dem Verbot der *Sozialistischen Reichspartei*, schloss sich im Gasthaus »Schützenhof« im niedersächsischen Wilhelmshaven deren ehemalige *Reichsjugend* mit Teilen der *Deutschen Unitarischen Jugend* und der *Vaterländischen Jugend* zur *Wiking-Jugend* (WJ) zusammen. Walter Matthaei bestimmten die Anhänger zum ersten Bundesführer, schon mit dabei waren die späteren Chefs Raoul und Wolfgang Nahrath. Es sei die Zeit gewesen, »in der der mutige Einzelkämpfer sich im Durcheinander des Zusammenbruchs behauptete«, hieß es im »Wikinger« 1971 rückblickend. »1945 brach nicht nur das Reich zusammen, sondern mit ihm die größte einheitliche, von einem ungeheuren Idealismus getragene Jugendbewegung aller Zeiten (...)«, schrieb ein Kamerad aus der Gründergeneration der WJ. Seit der Gründung, nur sieben Jahre nach dem Verbot der *Hitlerjugend,* gelang es militanten rechten Kräften, 42 Jahre lang die Neonazis von morgen im Verborgenen zu drillen, ihren soldatischen Gehorsam und rassistischen Größenwahn zu schärfen. Tausende von Jungen und Mädchen, vor allem aus NS-treuen »Sippen« in Westdeutschland, gingen durch deren harte Schule mit Frühsport, Gewaltmärschen, Lagerfeuerromantik, Mut- und Messerproben sowie politischen Schulungen. Nach eigenen Angaben will die *Wiking-Jugend* 15 000 Kinder und Jugendliche geschult und gedrillt haben. Führende Kader wie der NPD-Bundesvize und -Landtagsfraktionschef im Schweriner Landtag, Udo Pastörs, marschierten in deren Reihen mit. Der NPD-Landesvorsitzende und Landtagsabgeordnete Stefan Köster aus Mecklenburg-Vorpommern trommelte bei ihnen. Andere WJ-Mitglieder wurden später als Terrorakteure bekannt. Die Organisation propagierte die »Zurückdrängung des Fremdrassigen«, die »Verhinderung der Vermehrung von Minderwertigen« zum Schutz »deutscher Volkssubstanz« und forderte gar einen gelben Stern zur Kennzeichnung von jüdischen Mitbürgern. Schießen stand ebenso wie »Erbgesundheitspflege« auf den Plänen für die Jugendfahrten. Ein *Technischer Dienst* (TD) im Inner Circle der WJ-Organisation agierte bis 1994 – nicht nur zur Vorbereitung von Lagern. Aus deren Reihen heraus gab es immer wieder gewaltsame Übergriffe. Waffen wurden gehortet. WJ-Gründer Matthaei zog Mitte der 1950er Jahre nach Spanien, er war wegen seiner Homosexualität in Ungnade gefallen. Militärischen Zielen blieb der Altnazi treu: Auf seiner Finca El Tiemblo in der Provinz Ávila soll die terroristische *Spanische Jugendbrigade* an Maschinenpistolen und Gewehren aller Kaliber ausgebildet worden sein.

In den 1950er Jahren mehrten sich die Anzeichen dafür, dass das »nationale Lager« sich regenerierte und an Mobilisierungskraft gewann. Das Verbot der SRP hatte den politischen Spielraum der nationalen Opposition zunächst eingeschränkt, erklärt Gideon Botsch, Politikwissenschaftler der Universität Potsdam. Aus deren Perspektive stand zu befürchten, dass es im Schatten von Wirtschaftswunder, Kaltem Krieg und einer als »Umerziehung« empfundenen Demokratisierung zu einem Kontinuitätsbruch kommen würde, der schließlich das Ende der völkischen und nationalistischen Tendenzen insgesamt mit sich bringen könnte. So kam den gegründeten Jugendverbänden des nationalen Lagers die wichtigste Funktion zu. Über sie konnte sich die »Bewegung« nach den Verbrechen des Nazi-Regimes überhaupt neu entwickeln, sie wurden zur »kommenden Kraft« stilisiert. Begeisterungsfähigkeit, rebellische Grundhaltung und die Möglichkeit zur Beeinflussung junger Leute, so Botsch, bildeten einen weiteren Grund für die intensive Jugendarbeit nationalistischer Strategen. In den 1960er Jahren kristallisierten sich die *Wiking-Jugend* und der konkurrierende *Bund Heimattreuer Jugend* (BHJ) heraus. Sie erlangten überregionale Bedeutung. Beide Gruppen ordneten sich politisch nah der 1964 gegründeten *Nationaldemokratischen Partei Deutschlands* (NPD) an, einige Nachwuchskader übernahmen Doppelfunktionen.

Am 2. Januar 1971 verübte eine »Odalgruppe«, die das gemeinsame Symbol von *Wiking-Jugend* und *Bund Heimattreuer Jugend*, die Odalrune, nutzte, einen Sprengstoffanschlag auf ein Redaktionsbüro der DKP-Zeitung »Unsere Zeit« in Hamburg. 1976 griffen etwa 60 Teilnehmer eines WJ-Sommerlagers Journalisten des WDR-Magazins »Monitor« an und zertrümmerten Kamera und Auto des Drehteams. Den späteren Chef des Bundesordnungsdienstes der NPD, Manfred Börm, verurteilte das Landgericht Koblenz im Februar 1979 wegen gefährlicher Körperverletzung zu einer Bewährungsstrafe. Er hatte einen Pfahl in das Fahrzeug des WDR-Teams gerammt. Es sollte nicht seine letzte Straftat gewesen sein. Immer wieder griffen WJ-Anhänger im Laufe der Jahre Journalisten an.

Bereits kurz vor dem Ende der DDR entstand im Sommer 1989 in Dresden im sogenannten Gau Sachsen die WJ-nahe *Sachsenjugend*. Monatelange Auseinandersetzungen waren vorausgegangen. Neonazi-Skinheads waren dabei in das Dresdener Café der offenen Arbeit »Pep« eingedrungen und hatten dort provoziert. Bei einem Sommerfest war es zu einer größeren Schlägerei zwischen ostdeutschen Punkern und

Rechtsextremen gekommen. Letztere erhielten Hausverbot. Einige völ-kisch-nationalistische Jugendliche gründeten die uniformierte *Sachsen-jugend* mit Braunhemd, schwarzem Halstuch oder Schlips, schwarzen Hosen und Schnürstiefeln. Nach dem Umbruch in der DDR schlossen sie sich der WJ an. Erst 1994 verbot das damals noch in Bonn ansäs-sige Bundesministerium des Innern die mit etwa 500 Mitgliedern ge-samtdeutsch organisierte *Wiking-Jugend*. In der Pressemitteilung vom 10. November 1994 hieß es dazu: »Die WJ will das Grundgesetz notfalls auch mit Gewalt abschaffen und erneut einen nationalsozialistischen Staat in Deutschland errichten.«

Bereits 1953 waren radikale Pläne von Altnazis bekanntgeworden, eine »NS-Kampftruppe« zu etablieren. Nach Erkenntnissen der britischen Besatzungsbehörden gab es in Westdeutschland eine Verschwörung ge-gen den Staat und die alliierte Autorität im Land – so stand es im amt-lichen Kommuniqué aus London, welches die deutsche Öffentlichkeit am 15. Januar 1953 überraschte. Demnach plante ein sogenannter »Gau-leiter-Kreis« um Werner Naumann die »Wiederergreifung der Macht in Westdeutschland«. Die Verschwörer um Naumann hatten ihren Einfluss derartig ausgeweitet, dass die Briten einschritten. In Hamburg, Solingen und Düsseldorf verhafteten britische Sicherheitsoffiziere ein halbes Dut-zend Politiker und transportierten lastwagenweise Aktenmaterial aus ih-ren Wohnungen ab. Es war einer der spektakulärsten Unterwanderungs-versuche in der Nachkriegsgeschichte, der in dieser Nacht zerschlagen wurde. Der ehemalige Staatssekretär im Reichspropagandaministerium und SS-Brigadeführer Werner Naumann und sein »Gauleiter-Kreis« hatten versucht, die nordrhein-westfälische FDP zu durchsetzen.

Noch im März 1945 hatte Naumann in Propagandareden die Kapi-tulation abgelehnt und gegen »jüdische Gangster« gehetzt. Nach dem Sieg der Alliierten tauchte er fünf Jahre lang in Süddeutschland unter, bis das Amnestiegesetz von 1950 ihm die Rückkehr ins zivile Leben er-möglichte. Er sammelte Hunderte Kontaktpersonen aus seiner Zeit als Staatssekretär von Joseph Goebbels. Naumann sagte ihnen 1950, Ziel sei es, in die FDP einzutreten, sie zu unterwandern und ihre Führung in die Hand zu nehmen. Zwei Jahre später war er dem Ziel sehr nahe gekommen. In Hamburg gab er vor Parteikollegen zu Protokoll: »Ob man eine liberale Partei am Ende in eine NS-Kampftruppe umwandeln kann, möchte ich bezweifeln«, doch, so Naumann, »wir müssen es aber auf einen Versuch ankommen lassen.«

Die Zeit des Einschreitens war für die britischen Sicherheitsbehörden 1953 denkbar knapp, denn nur wenige Monate später sollten die Alliierten mit der deutschen Bundesregierung die Pariser Verträge über die westdeutsche Souveränität abschließen. Die Briten hätten dann kaum noch eine Handhabe gehabt, sich direkt in innerdeutsche Angelegenheiten einzumischen. Sie bewahrten Bundeskanzler Adenauer »im letzten Moment« vor der Peinlichkeit, ausgerechnet gegen Altnazis in den Reihen des eigenen Koalitionspartners vorgehen zu müssen, schreibt Peter Maxwill 2013 im Nachrichtenmagazin »Der Spiegel«. Am liebsten hätte Adenauer Naumann wegen »Hochverrates« verurteilt gesehen, heißt es, doch der verließ noch im selben Jahr das Untersuchungsgefängnis wieder. Der Bundesgerichtshof ließ die Hauptverhandlung gegen die Nazi-Zelle gar nicht erst zu, das Verfahren gegen den »Gauleiter-Kreis« wurde Ende 1954 eingestellt.

Die Bundesregierung trieb mit voller Kraft die Westintegration voran. Ziel war es, Deutschland in die Nato, das militärische Bündnis der Westalliierten, zu bringen. Der Kalte Krieg dominierte die angespannte Atmosphäre in Europa. Genau in diese Zeit platzte 1952 die Aussage eines ehemaligen SS-Offiziers, die einen Skandal auslöste. Hans Otto erklärte der hessischen Kriminalpolizei, er gehöre einer politischen Widerstandsgruppe an, deren Aufgabe es sei, im Fall eines russischen Vormarsches Sabotageakte gegen die Sowjets durchzuführen und Brücken zu sprengen. Durch US-Geheimdienste vorbereitete Untergrundarmeen sollten beim Einmarsch den Guerilla-Kampf »von Staats wegen« aufnehmen. Die Gruppe, von der Otto sprach, war der von Rechtsextremen dominierte *Bund Deutscher Jugend* (BDJ). Unter der Leitung des Arztes und Publizisten Paul Lüth hatten Geheimdienstleute 1950 in Frankfurt am Main diese Organisation gegründet. Unklarheit herrscht heute noch über die Mitgliederzahl. Während das hessische Innenministerium etwa 700 Mitglieder angab, sollen es nach Eigendarstellungen über 17 000 gewesen sein. Die bewaffnete Organisation propagierte eine konspirative Partisanentätigkeit und wurde von amerikanischen Dienststellen finanziert. Die nationalen Kämpfer seien in der Nähe von Wald-Michelbach im Odenwald in einem Haus mit unterirdischen Schießanlagen und einem Bunker ausgebildet worden, gab Otto an.

Parallel dazu wurde 1951 die Untergrundsektion *Technischer Dienst* (TD) des BDJ gegründet, die ebenfalls das Ziel hatte, eine bewaffnete

Widerstandsbewegung gegen den »Bolschewismus« aufzubauen. Politische Schulungen führten sie mit amerikanischen Dienststellen durch, die Waffen und Bomben stammten von US-Geheimdiensten. Verantwortlich für die klandestinen Strukturen des TD in Norddeutschland war der ehemalige Abwehroffizier der Wehrmacht Dieter von Glahn aus Hannover. Der langjährige bayerische Neonazi Friedhelm Busse beteiligte sich 1952 als junger Mann an gewalttätigen Auseinandersetzungen bei einem BDJ-Pfingsttreffen mit politischen Gegnern und der Polizei in Frankfurt am Main. Zum *Bund Deutscher Jugend* gehörte die Unterabteilung »Gegner«, die von einem ehemaligen SS-Hauptführer geleitet wurde. Die Selbstdarstellung als bürgerlich erscheinende Jugendbewegung gehörte zur Tarnung der überwiegend NS-geprägten Mitglieder.

Als die Organisationen BDJ und TD Ende 1952 aufgedeckt und ein Jahr später verboten wurden, erklärte die US-Armee, die Organisation während der Korea-Krise zur Entlastung gebildet zu haben, um sie bei einem Angriff der Sowjetunion auf die Bundesrepublik einsetzen zu können. Erst Anfang der 1990er Jahre wurde das ganze Ausmaß des Skandals bekannt und *Bund Deutscher Jugend* sowie *Technischer Dienst* als erster Versuch eines europaweiten bewaffneten Geheimdienst-Netzwerkes namens *Gladio* entlarvt.

Der hessische Ministerpräsident Georg August Zinn sprach am 8. Oktober 1952 vor dem Landtag in Wiesbaden über die äußerst heikle Geheimaktion. Er erklärte: »Dieser *Technische Dienst* des BDJ hatte die Aufgabe, eine Partisanen-Organisation zu schaffen, die sich nach einem ursprünglichen Plan in kleinen Gruppen bei einer russischen Besetzung der Bundesrepublik überrollen lassen sollte, um sodann in dem besetzten Gebiet Versorgungsanlagen zu zerstören, Brücken zu sprengen und Unterkünfte zu überfallen.« Teile der paramilitärischen Guerilla im Staatsauftrag waren auch im Besitz einer Liste mit 120 Namen von Sozialdemokraten, die als politisch »unzuverlässig« anzusehen waren und somit hätten interniert, wenn nicht liquidiert werden sollen. Bundeskanzler Konrad Adenauer gab an, von der ganzen Affäre nichts gewusst zu haben. Der amerikanische Hochkommissar in Deutschland Walter Donnelly erklärte, dass das Netzwerk ohnehin aufgelöst werden sollte.

Doch die geheime Struktur existierte nach dem Verbot des rechtsextremen BDJ unter dem Namen *Stay Behind* weiter. Das war der englische Begriff für »zurückbleiben«, eine Taktik von Spezialeinheiten, die sich im Zweiten Weltkrieg hinter den feindlichen Linien befanden und Sabotageakte verübten. Erst knapp 50 Jahre später räumte die Bundesregierung ein, dass der Bundesnachrichtendienst (BND) von 1959 bis zum Frühjahr 1991 in das europaweite *Gladio*-Netzwerk eingebunden war. Einem offiziellen Bericht der Bundesregierung entsprechend hatte der Bundesnachrichtendienst 1956 die Geheimstruktur auf deutschem Boden übernommen. 104 Personen sollen fortan noch mit dem BND zusammengearbeitet haben. Lutz Stavenhagen, Staatsminister im Bundeskanzleramt, zuständig für die Geheimdienste, gab nach einer Sitzung der Parlamentarischen Kontrollkommission 1990 an, dass die Geheimorganisationen *Gladio* und *Stay Behind* »niemals Verbindungen zu rechtsextremistischen Gruppierungen gehabt« hätten. Von den Vorläufern BDJ und TD ließ sich das allerdings nicht sagen. Das waren keine künstlichen Gründungen, sondern vorhandene Neonazi-Strukturen, die als »Stoßtrupp gegen den Kommunismus« genutzt wurden.

Bis zu 50 000 Mark pro Monat soll der Unterhalt für eine Ausbildungsstätte im fränkischen Grafenwöhr gekostet haben, zwischen 500 und 1000 Mark kassierten die gekauften Kämpfer. Die Amerikaner, so berichtete »Der Spiegel« 1990, überprüften vorher Lebenslauf und Gesinnung: Rechte Antikommunisten und Rechtsradikale galten als besonders zuverlässig. Eines der angelegten Depots mit Waffen, Nachrichtentechnik, Funkgeräten für den »Tag X« befand sich im Stadtteil Huchting in der Hansestadt Bremen. Der damalige Funktionär des *Technischen Dienstes* Dieter von Glahn gab laut dem Hamburger Nachrichtenmagazin an, dass der Verfassungsschutz in Hannover nach dessen Enttarnung die Sympathisantenkartei des *Technischen Dienstes* komplett übernommen habe.

1959 kam es zu einer antisemitischen Welle, die die noch junge Bundesrepublik bis dahin nicht gekannt hatte, schrieb Wolfgang Kraushaar in der »Tribüne« über dieses »politische Schlüsseljahr«. Es begann mit der Schändung von Grab- und Gedenksteinen auf dem jüdischen Friedhof in Freiburg und endete mit einem »antisemitischen Fanal« am Heiligabend in Köln, wo Unbekannte ein Denkmal für die Opfer des Nationalsozialismus und die Synagoge mit Parolen beschmierten. Was danach folgte, so Kraushaar, sei »beispiellos« gewesen. Als hätte jemand ein unsichtbares Ventil geöffnet, strömten die »so oft an die Wand gemalten ›Ungeister‹ der Vergangenheit ans Tageslicht«. Es verging fast kein Tag, an dem nicht zwischen Flensburg und Oberstdorf Hakenkreuzschmiererereien entdeckt und »Deutschland erwache!«, »Es lebe Hitler-Deutschland«, »Ab in die Gaskammern« oder »Das Hitler-Reich kommt wieder« irgendwo zu lesen war. Die Bundesregierung unter Kanzler Konrad Adenauer verurteilte die Anschläge, machte dafür aber »kommunistische Agitatoren und Hintermänner« in der DDR verantwortlich, Belege gab es dafür jedoch nicht. Antisemitische Einstellungen in der Bevölkerung waren kein öffentliches Thema. Doch die massiven Schmierereien führten den Deutschen vor Augen, dass die »nationale Opposition« keine Sache der »Ewiggestrigen« sei, sagt Politikwissenschaftler Botsch, denn bei den Tätern – wie etwa den Mitgliedern der *Deutschen Reichspartei* (DRP) Arnold Strunk und Paul Schönen, die für den Farbanschlag in Köln verantwortlich waren – handelte es sich offenkundig um junge Menschen, die den Nationalsozialismus nur als Kinder oder Jugendliche erlebt hatten.

Vor allem die Schändung der neu eingeweihten Kölner Synagoge am 24. Dezember 1959 sorgte für Empörung. Der Regierende Bürgermeister von Berlin, Willy Brandt, erklärte im Abgeordnetenhaus: »Wenn man die Meldungen aneinanderreiht, könnte man meinen, eine weit verstreute Brigade des Teufels habe Urlaub bekommen und sei auf uns losgelassen worden. Wir haben alle miteinander Grund, uns zu schämen!«

Unter dem Eindruck der antisemitischen Umtriebe verabschiedete der Bundestag 1960 ein Gesetz gegen Volksverhetzung. Die Debatten um die NS-Vergangenheit bekamen eine neue Qualität, erstmals wurde zurückhaltend über Antisemitismus und Rechtsextremismus öffentlich diskutiert.

Von den Anfang der 1950er Jahre gegründeten militant-nationalistischen Organisationen blieb einzig der *Stahlhelm* bis heute existent. Der *Stahlhelm-Bund* war zunächst im November 1918 von Veteranen des Ersten Weltkriegs gegründet worden und nach Hitlers Machtübernahme in der nationalsozialistischen Bewegung aufgegangen. Die 1951 gebildeten neuen *Stahlhelm*-Strukturen hatten eine strenge paramilitärische Ausrichtung, die vier Jahre später bei einem Treffen in Goslar offiziell modifiziert wurden. Der *Stahlhelm* galt als Forum alter Frontkämpfer. In den 1970er Jahren referierten Rechtsradikale wie der Chef der *Wehrsportgruppe Hoffmann*, Karl-Heinz Hoffmann, vor den Ewiggestrigen. Ende der 1990er Jahre bestanden vor allem in Rheinland-

Pfalz und Niedersachsen Kontakte zur rechtsextremen NPD und zur rassistischen *Artgemeinschaft – Germanische Glaubensgemeinschaft* um den 2009 verstorbenen Hamburger Neonazi-Anwalt Jürgen Rieger. 2011 wollte die als militant geltende *Interessengemeinschaft Fahrt und Lager*, eine Kerntruppe der NPD-Jugendorganisation *Junge Nationaldemokraten*, ihr geheimes Winterlager im *Stahlhelm*-Heim nahe Altenglan im Pfälzer Wald durchführen. Dies wurde von den Behörden jedoch verboten.

Im Grußwort zum 80-jährigen Bestehen des *Stahlhelms* hieß es 1998: »Bisher hatten wir nach 1945 zum Glück noch keine Todesopfer zu beklagen. Es werden jedoch immer mehr Gegner, die glauben, uns mit der Faschismuskeule treffen zu können.« Im November 1999 enthüllte der »Focus«, dass der *Stahlhelm* nicht nur Wehrsportübungen und Schießtrainings abhielt, sondern im »Franz-Seldte-Haus« im niedersächsischen Jork bereits Kinder an Waffen geschult würden. Mit einem donnernden »Front Heil« wurden zudem des »Reichskanzlers Adolf Hitler« gedacht, »antisemitisches und revanchistisches Gedankengut« gepflegt und »militaristische und kriegsverherrlichende Aktionen« durchgeführt. Als »sehr besorgniserregend« schätzte der Verfassungsschutz in Niedersachsen Ende der 1990er Jahre vor allem die Nachwuchsarbeit der Braunhemden ein. Ein »Jungstahlhelm-Mann« war 1998 wegen eines brutalen Überfalls auf eine Party bei Celle zu einer Haftstrafe verurteilt worden. Im selben Jahr fanden Sicherheitsbehörden bei Mitgliedern der Organisation zahlreiche Maschinenpistolen, Minen, Sprengsätze, Gewehre, 8000 Schuss Munition und eine Panzergranate. Der rheinland-pfälzische Innenminister Walter Zuber (SPD) warnte hinsichtlich der Organisation: »Es besteht die Gefahr, dass gewaltbereiter Rechtsextremismus zu Rechtsterrorismus wird.«

Mehrere deutsche Neonazis taten sich Mitte der 1960er Jahre als Rechtsterroristen in Norditalien hervor. Der explosive »Südtiroler Freiheitskampf« ist bis heute eines der zentralen Themen der europäischen NS-Bewegung. Insbesondere der Tiroler Nationalheld Andreas Hofer aus dem 18. Jahrhundert wird seit Jahrzehnten als Vorbild für Rechtsterroristen, die Südtirol aus dem italienischen Staat herausbomben wollten, aufgebaut. »Südtirol bleibt deutsch«, wirbt zum Beispiel der extrem rechte *Bund Frankenland* von Jürgen Schwab und Uwe Meenen aus Bayern. Der heute 78-jährige Dr. Rigolf Hennig, NPD-Funktionär und Hauptaktivist der konspirativ agierenden *Europäischen Aktion*, brüstete sich immer wieder damit, mit Sprengstoff durch die Tiroler Berge geklettert zu sein.

In einer »Feuernacht« im Juni 1961 sprengten Rechtsextreme, in Szene-Kreisen verharmlosend als »Bumser« bezeichnet, quer durch Südtirol Strommasten in die Luft. Bis Ende der 1980er Jahre erfolgten über 300 Anschläge. Der in Nürnberg lebende Österreicher Peter Kienesberger wurde 1967 in Florenz zu lebenslanger Haft verurteilt. Er war, wie auch ein aus Meerbusch stammender Arzt, an dem Anschlag Tiroler Terroristen beteiligt, bei dem in der Nacht des 25. Juni 1967 in der Nähe von Santo Stefano di Cadore vier italienische Soldaten ums Leben kamen. Die Kameraden hatten einen Hochspannungsmast in die Luft gesprengt und in der Umgebung Tretminen gelegt. Unter dem Namen der Frau des 72-jährigen Kienesberger wird seit Jahrzehnten ein einschlägiger Versand »Buchdienst Südtirol« mit Postfachadresse in Nürnberg betrieben. Im Angebot befanden sich im Laufe der Zeit Bücher, die sich mit Themen wie Scharfschützen-Schießtechnik, Selbstschussanlagen oder Combatschießen befassten. 1980 wurden laut Verfassungsschutzbericht des Bundes in Nürnberg Waffen, Munition und Sprengstoff sichergestellt, die der Südtirol-Aktivist bei einem Kameraden ausgelagert hatte. Im Bericht war zu lesen: »Kienesberger vertreibt von Nürnberg aus Literatur, die insbesondere die ›Befreiung‹ Südtirols zum Gegenstand hat.« Zuletzt erwähnte der bayerische Verfassungsschutz ihn 2001 im Jahresbericht als Referent bei der Aktivitas der extrem rechten Burschenschaft *Danubia* in München. Er sprach zum Thema »Geschichte und Perspektiven der Deutschen in Südtirol« und behauptete nach Angaben des Geheimdienstes, die Situation der Südtiroler in den 1960er Jahren »habe man nur durch Gewalt ändern können«. 2012 erhob die Staatsanwaltschaft im norditalienischen Bolzano erneut Anklage gegen den rechten »Alpen-Taliban« aus Nürnberg. Gemeinsam mit anderen soll er über eine gemeinnützige Stiftung in Liechtenstein, ohne die erforderliche Genehmigung, allein in den Jahren von 2001 bis 2008 rund sechs Millionen Euro nach Südtirol geschleust haben.

In den Jahren seit Gründung der Bundesrepublik Deutschland waren umstürzlerische, antisemitische oder auf »Feindbekämpfung« ausgerichtete Gruppierungen am Werk. Der Erziehungswissenschaftler Peter Dudek wies darauf hin, dass es »gerade unter den rechtsextremen Jugendorganisationen nach 1945 immer einen militanten Flügel« gegeben hat. Themen wie der Kalte Krieg und Antikommunismus trieben sie an.

Ende der 1960er Jahre entwickelte sich ein neues Spektrum national-sozialistisch orientierter »Revolutionäre«, die raubten, sich bewaffneten, organisierten und zu terroristischen Anschlägen in der Lage waren.

Ein Paar Halbschuhe, ein Fahrrad mit einer Aktentasche, weiße Striche auf dem Kurfürstendamm vor der Zentrale des *Sozialistischen Deutschen Studentenbundes* (SDS) in Berlin – Spuren des Attentats auf Rudi Dutschke am 11. April 1968. In jenen Wochen hetzten insbesondere die Medien des Axel Springer Verlages gegen die *außerparlamentarische Opposition* (APO) – und ihren damals bekanntesten Redner. Um 16.38 Uhr sprach dort auf dem Ku'damm Josef Bachmann, in unauffälliger Lederjacke, Dutschke an: »Sind Sie Rudi Dutschke?« In seiner offenen Art bejahte der diskussionsfreudige Dutschke die Frage. »Du dreckiges Kommunistenschwein«, brüllte ihm der damals 23-jährige Anstreicher daraufhin entgegen, zog sofort einen Revolver Kaliber 38 und schoss. Die erste Kugel traf Dutschke am Kopf, zwei weitere Schüsse folgten. Trotz der Kopfschüsse konnte Dutschke gerettet werden, elf Jahre später starb er aber an den Spätfolgen. Den schwerverletzten Studentenführer betteten Passanten auf eine Bank. Neugierige und Schaulustige standen rundherum, schreibt Ulrich Chaussy in der Biografie »Die drei Leben des Rudi Dutschke«. Chaussy zitiert Reporter, welche Passanten erlebten, die mit verschränkten Armen meinten: »Man braucht ja nicht gleich zu schießen, aber dass der mal einen Denkzettel abgekriegt hat, ist ganz gut.« Peter Schneider, ein enger Mitstreiter Dutschkes, schrieb 2008 in seinem autobiografischen Buch »Rebellion und Wahn. Mein '68«, dass es für ihn wie für die gesamte APO einen weiteren »Schuldigen« gab: »die Springerpresse und das von ihr erzeugte Klima der Hatz und Verfolgung«. Eine andere Zeitung dürfte Bachmann, der mit zwölf Jahren mit seiner Mutter aus der DDR in den Westen gekommen war, zuvor ebenso wahrgenommen haben: die »Deutsche National-Zeitung« (DNZ). Als der Attentäter schoss, hatte er von der rechtsextremen Zeitung einen Artikel dabei, den fünf Fotos von Dutschke zierten. »Stoppt Dutschke jetzt! Sonst gibt es Bürgerkrieg«, lautete die Schlagzeile dazu.

150 Meter vom Tatort entfernt stellte die eingetroffene Polizei den Täter. Sofort schoss Bachmann auf die Beamten, floh in ein Haus. Unter Feuerschutz drang eine Stunde später ein Polizist in den Keller vor, wo der Attentäter sich verschanzt hatte. Bachmann schoss, so lange er konnte. 15 Schüsse gab er auf den Polizisten ab.

Bis zu dem Tag war Bachmann nur als Berufsabbrecher und Klein-
krimineller aufgefallen, der Waffen besaß und zeitweilig in Haft war.
Nach dem Bau der Mauer am 13. August 1961 politisierte er sich und
fiel durch einschlägige Statements auf. Ehemalige Freunde berichteten
vor Gericht, dass er über die DDR-Machthaber und Kommunisten
schimpfte, später bei Fahrten an die DDR-Grenze mit einem Trommel-
revolver in den Osten schoss und mit seinem Wagen einen Grenzpfahl
herausreißen wollte. Die Aktionen waren Eskapaden, so Chaussy, pass-
ten aber in die »politische Landschaft«. Der Einzelgänger Bachmann
konnte mit seinem Antikommunismus in ein Gemeinschaftsgefühl ein-
tauchen. Schon als 17-Jähriger hatte er Kontakte zu Rechtsextremen ge-
knüpft. 1961 traf er in Peine auf Wolfgang Sachse, der die örtlichen Anhänger der braunen Szene mit Waffen und Munition versorgte. Sachse
erzählte 2009 dem Nachrichtenmagazin »Der Spiegel«, dass Bachmann
etliche Waffen besessen und diese bei ihm, einem ehrenamtlichen
Schießwart auf dem Peiner Schießplatz, ausprobiert hatte. Zur Zeit des
Attentats zierte in Bachmanns Wohnung ein selbstgemaltes Adolf-Hit-
ler-Porträt die Wohnzimmerwand. Im Bücherregal stand des Werk des
»Führers«: »Mein Kampf«. Im Februar 1970 beging Bachmann Selbstmord in seiner Zelle.

Zu Bachmanns rechter Schießplatz-Allianz im niedersächsischen Peine
zählten neben Polizisten auch die NPD-Männer Paul Otte und Hans-
Dieter Lepzien. Jahre nach dem Attentat auf Dutschke avancierte Otte,
der in seiner Jugend der Reiter-Hitlerjugend angehört hatte und bis
zum Verbot in der *Sozialistischen Reichspartei* (SRP) aktiv war, zum
Anführer der *Braunschweiger Gruppe* der *NSDAP-Aufbauorganisation*
(NSDAP/AO), einem aus den USA gelenkten militanten Neonazi-Netz-
werk. Aus dieser *Braunschweiger Gruppe* heraus wurde am 2. September
1977 ein Bombenanschlag vor der Staatsanwaltschaft in Flensburg verübt. Diese hatte drei Monate zuvor Anklage gegen einen anderen Rechtsextremisten, Manfred Roeder aus Hessen, erhoben, dem die Bombe als
Solidaritätsaktion galt. Eine zweite Bombe ging am Hannoverschen
Amtsgericht hoch. Am 19. Februar 1981 verurteilte der 3. Strafsenat des
Oberlandesgerichtes in Celle dafür Paul Otte, Hans-Dieter Lepzien und
weitere Neonazis zu mehrjährigen Haftstrafen. Der Strafsenat stufte den
Maschinenschlosser Otte als Rädelsführer einer terroristischen Vereini-
gung ein. Die besondere Gefährlichkeit des Hauptangeklagten sah der
Senat in seiner Fähigkeit, junge Menschen für seine Organisation zu

gewinnen. Nach den Plänen von Otte sollte die *Braunschweiger Gruppe* neben einem Anschlag auf das Jüdische Gemeindezentrum in Hannover auch Anschläge auf DDR-Grenzanlagen, Attentate auf Persönlichkeiten des öffentlichen Lebens und politisch motivierte Banküberfälle zur Beschaffung von Geld verüben. Dazu kam es jedoch nicht. Taxifahrer Lepzien, der als Sprengstoffbeschaffer der Gruppe galt, flog im Verfahren als V-Mann des niedersächsischen Verfassungsschutzes auf. In einem Interview mit dem ARD-Fernsehmagazin »Monitor« sprach der Bonner Strafrechtslehrer Gerald Grünwald hinsichtlich der Aktivitäten dieses Spitzels ausdrücklich von »Anstiftung zu Straftaten durch Behörden«. Unter dem Decknamen »Otto Folkmann« soll Lepzien seit 1976 Informationen geliefert haben. Nach Verbüßung eines Teils der Haft begnadigte ihn Bundespräsident Karl Carstens (CDU). Im August 1981 überraschte die extrem rechte »Deutsche National-Zeitung« aus München dann ihre Leser mit folgender Anzeige: »Ich möchte mich bei allen national denkenden Männern und Frauen, die durch meine Spitzeltätigkeit für den › Verfassungsschutz‹ in Verruf kamen, ausdrücklich entschuldigen und bitte alle um Verzeihung. Hans-Dieter Lepzien.« Dies gehörte zu den Randerscheinungen eines ersten Prozesses gegen terroristische Rechtsextremisten, der fast 30 Jahre später kaum noch im Bewusstsein von Behörden und Medien ist.

Knapp über ein Jahr nach den Schüssen auf Studentenführer Dutschke zog erneut ein Rechtsextremer gezielt seine Waffe: Klaus Kolley, damals Bundesbeauftragter des NPD-Ordnungsdienstes. Die Ordnerkräfte der Partei gelten noch heute als Kader, die sich mit Krafttraining und sonstigen »Leibesübungen« stählen, um als Schutztruppe aufzutreten. In Kassel wollte am 16. September 1969 die NPD mit ihrem damaligen Bundesvorsitzenden Adolf von Thadden in der Stadthalle eine Veranstaltung ausrichten. Mehr als 1500 Menschen protestierten in der hessischen Stadt mit Erfolg gegen die Partei. Die Polizei verkündete über Lautsprecher, dass die NPD ihren Widerspruch gegen ein Veranstaltungsverbot zurückgenommen habe und die geplante Veranstaltung nicht mehr stattfinde. Daraufhin wartete Thadden mit seinen Begleitern in der Innenstadt am Parkhotel »Hessenland«. Als sie gehen wollten, trafen sie vor dem Haus eines NPD-Landtagsabgeordneten in der Weinbergstraße auf Gegendemonstranten. Plötzlich hielt in der Straße ein Mercedes, Kolley, eine Pistole in der Hand, rief: »Polizei! Machen Sie den Weg frei« und schoss sogleich in die Luft. Ein Gegendemonstrant, der ihn im Tumult nach seinem Polizeiausweis fragte, wurde von dem NPD-Ordner getroffen, ebenso wie ein weiterer Protestierer, der spätere Verleger und Immobilienhändler Bernd F. Lunkewitz. Die beiden Opfer brachen mit Schusswunden an den Armen zusammen. Der 39-jährige Kolley konnte durch das Haus des NPD-Kameraden zunächst fliehen, wurde jedoch später zu 18 Monaten Gefängnis verurteilt.

In dem Jahr endete die erste Erfolgswelle der NPD. Seit ihrer Gründung 1964 war die Partei das, was sie sein wollte, eine »nationale Sammlungsbewegung«. Die Partei um Adolf von Thadden hatte zeitweilig über 25 000 Mitglieder. Sie saß in sieben Landesparlamenten: in Schleswig-Holstein mit 5,8 Prozent, in Rheinland-Pfalz mit 6,9 Prozent, in Niedersachsen mit 7 Prozent, in Bayern mit 7,4 Prozent, in Hessen mit 7,9 Prozent, in Bremen mit 8,8 Prozent und in Baden-Württemberg mit 9,8 Prozent. 1969 hoffte die Partei bei der Bundestagswahl auf den Einzug in den Bundestag. Mit 4,3 Prozent, das waren 1,4 Millionen Wähler, scheiterte sie jedoch. Die CDU/CSU, erklärte der Parteienforscher Richard Stöss, hatte damals einen »deutlichen Rechtsschwenk« vollzogen, was die NPD Wählerstimmen kostete. Eine nachhaltige Enttäuschung, die die in der Partei bestehenden Grabenkriege befeuerte. Fast 40 Jahre versank die Partei nahezu in der Bedeutungslosigkeit als Wahloption für radikale Rechte.

In der Szene wurde indes auch über alternative politische Konzepte und Optionen diskutiert. Die Auseinandersetzungen über die Ost-Verträge und Reformvorhaben der sozialliberalen Koalition unter Willy Brandt und der Niedergang der NPD, schreibt Stöss in »Rechtsextremismus im Wandel«, führten mit dazu, dass »ein aktionistischer Flügel« illegale Methoden befürwortete und umsetzte. Sie bildeten »den Ausgangspunkt für die Mitte der siebziger Jahre entstehenden neonazistischen Kampfgruppen, die sich auch terroristischer Methoden bedienten«. Offen agierten sie gegen den »Volkskrebs Demokratie«.

1970 scheiterte allerdings der Versuch, alle Fraktionen des nationalen Lagers – bis hin zu Konservativen und Vertriebenenverbänden – in eine gemeinsame *Aktion Widerstand* einzubinden. Hauptangriffsziel sollte die neue, gemäßigte Ostpolitik des sozialdemokratischen Bundeskanzlers sein. An einer Großkundgebung der *Aktion Widerstand* im Oktober 1970 beteiligten sich rund 5000 Menschen, einige von ihnen forderten »Willy Brandt – an die Wand«.

Am 20. Mai 1970 nahmen Polizeibeamte 14 Mitglieder der *Europäischen Befreiungsfront* (EBF) fest, die am nächsten Tag anlässlich des Treffens von Bundeskanzler Willy Brandt mit DDR-Ministerpräsident Willi Stoph in Kassel Anschläge auf die Stromversorgung geplant hatten. An der 1969 von Helmut Blatzheim und Hartwig Neumann in Nordrhein-Westfalen gegründeten EBF waren zahlreiche Mitglieder des NPD-Ordnungsdienstes beteiligt. Die ca. 35 Mitglieder starke EBF verstand sich als »Kampfgruppe gegen den Kommunismus« und plante Anschläge und Überfälle bis hin zum Mord. Es wurden »schwarze Listen« aufgestellt, um Attentate an »kommunistischen« Politikern zu verüben und »zersetzende Journalisten in Funk und Fernsehen auszuschalten«. Die Beamten fanden bei der Festnahme elf Pistolen, zwei Karabiner, ein Gewehr, ein Kleinkalibergewehr, ein Sturmgewehr, Munition sowie Unterlagen über die Planung von Anschlägen auf die Bundeswehr. 1972 stellte das Landgericht Düsseldorf fest, dass die *Europäische Befreiungsfront* eine kriminelle Vereinigung sei.

Ein Aktivist der EBF zog allein die Waffe. Am 7. November 1970 schoss Ekkehard Weil den Wachsoldaten Iwan Schtscherbak der Sowjetischen Armee vor dem Ehrenmal in Berlin-Tiergarten nieder. Ein Jahr später verurteilte das britische Militärgericht den gelernten Krankenpfleger zu einer sechsjährigen Haftstrafe. Weil galt als versponnener Einzeltäter. Die Medien hinterfragten die staatliche Einschätzung nicht. Nach vier Jahren wurde Weil begnadigt. Im August 1977 verübte er dann einen Brandanschlag auf die Geschäftsstelle der *Sozialistischen Einheitspartei Westberlins* (SEW) in Berlin-Charlottenburg. Während eines Hafturlaubs setzte sich der Hitler-Verehrer 1979 über Belgien und Frankreich nach Österreich ab. Der vermeintliche Einzelgänger schloss sich österreichischen Rechtsextremisten an und verübte im Juli 1982 gemeinsam mit ihnen Sprengstoffanschläge auf Geschäfts- und Wohnhäuser von Menschen jüdischen Glaubens in Wien und Salzburg. Ein Anschlag traf das Wohnhaus des bekannten Nazi-Jägers Simon Wiesenthal in Wien. Kenntnisse in der »Kunst des Sprengens« hatte Weil in seiner Zeit bei der Bundeswehr erworben. Am Tatort in Salzburg hinterließ er Flugblätter, auf denen Schweine mit Davidsternen und teilweise auch mit Judenköpfen im Stil der NS-Propaganda abgebildet waren. »Kauft nicht bei Juden« sowie »Deutsche, geht hier nicht hinein, hier verkauft ein Judenschwein« war zu lesen. Die Flugblätter waren indirekte Bekenntnisse. Dies stellte eine Ausnahme dar, denn in der Szene gilt die Tat als die Botschaft, weshalb eindeutige Bekennerschreiben nach einer Tat eher selten vorkamen – bis heute. 1995 fanden Ermittler bei Weil erneut Waffen und Sprengstoff. Fünf Jahre später kam der ungebrochen überzeugte und militante Rechtsextremist in Haft. Mehrere Erddepots mit Waffen sollen noch existieren. Weil verriet sie nie.

In den 1970er Jahren stießen Ermittler bei militanten bis terroristischen Rechtsextremen immer wieder auf Waffen und Anschlagsplanungen, ordneten ihnen sogar Terrorakte zu. Der Autoverkäufer Roland Tabbert aus dem hessischen Hanau gründete 1970 die *Nationale Deutsche Befreiungsbewegung* (NDBB), die Anschläge auf Einrichtungen der DDR und der Sowjetunion plante. Bei der auch in Berlin tätigen Gruppierung beschlagnahmten Ermittler 1971 umfangreiche Waffen- und Munitionsbestände.

Etwa im selben Zeitraum baute der ehemalige NPD-Funktionär Bernd Hengst, wiederum aus den Reihen des Ordnungsdienstes der Partei, eine rechtsterroristische Gruppe auf. Die *Gruppe Hengst* wollte mit 18 Mitgliedern im Rhein-Sieg-Kreis bewaffnete Aktionen gegen »politisch missliebige Personen«, darunter den SPD-Vorstand, sowie gegen Geldinstitute, die Bundesbahn und Munitionsdepots durchführen. Sie flog 1971 bei einer Verkehrskontrolle zufällig auf. Es stellte sich heraus, dass zur *Gruppe Hengst* auch ein Angestellter der Abteilung Wehrtechnik des Bundesministeriums für Verteidigung gehörte.

Ein Jahr später, im April 1972, entstand die *Nationalsozialistische Kampfgruppe Großdeutschland* (NSKG) um den Waldarbeiter Manfred Knauber. Die bis zu 100 Mann starke Gruppierung mit Schwerpunkten in Bayern und Nordrhein-Westfalen bekannte sich zum 25-Punkte-Programm der NSDAP und verfügte über umfangreiche Mengen an Sprengstoff und Waffen. Briefe der NSKG wurden mit dem damals noch nicht üblichen Kürzel »88« unterzeichnet – bis heute ein beliebter Zahlencode für den achten Buchstaben im Alphabet, um »Heil Hitler« ausdrücken zu können. Die Polizei konnte im Oktober 1972 noch vor der Durchführung von Anschlägen NSKG-Aktivisten verhaften. Zu den Mitgliedern der Kampfgruppe zählte auch der vormalige NPD-Funktionär und Stabsunteroffizier Bernd Grett, später »Unterführer« der *Wehrsportgruppe Hoffmann* (WSG) und bis in die jüngste Zeit Leserbriefschreiber der NPD-Monatszeitung »Deutsche Stimme«. Vor Gericht kamen die Aktivisten mit Haftstrafen auf Bewährung davon.

Ende 1973 entstand im Umfeld des ehemaligen Polizeischülers Hans-Joachim Neumann aus Hamburg ein Netzwerk versprengter Mitstreiter aus Niedersachsen und Rheinland-Pfalz. Neumann verfasste ein Buchmanuskript mit dem Titel »Das Vierte Reich«, in dem betont wurde, dass der »Volkskörper als Ganzes (…) notfalls mit der Waffe zu schützen« sei. Die Gruppe verübte einen Brandanschlag auf eine linke Buchhandlung in Göttingen und schändete jüdische Friedhöfe.

1976 zündete Dieter Epplen eine Bombe. Der 19-jährige Bundeswehrgefreite war ein Anhänger der berüchtigten fränkischen *Wehrsportgruppe Hoffmann*, die damit erstmalig mit einer schweren Gewalttat in Verbindung gebracht wurde. Epplen wollte den US-amerikanischen Soldatensender AFN in München in die Luft jagen. Die Bombe explodierte aber zu früh, Epplen verletzte sich selbst schwer. Der Anführer Karl-Heinz Hoffmann, der noch heute in der Szene als Redner unterwegs ist, distanzierte sich von der Tat und kommentierte laut »Spiegel« 1976 höhnisch: Wenn er tatsächlich ein Bombenattentat planen würde, »dann wäre das Ding in die Luft geflogen, das ist doch wohl mal sicher«.

Nicht nur in Deutschland mordete die *Gruppe Ludwig*. Seit 1977 verübte diese Zelle, die allein aus Wolfgang Abel und Marco Furlan bestanden haben soll, vor allem in Italien Morde und Brandschläge. 15 Menschen sollen von ihr bis 1984 getötet worden sein. Aus einer Mischung von militantem Rechtsextremismus, fanatischer Homophobie und fundamentalistischem Katholizismus heraus griffen der Doktor der Mathematik Abel und der Doktorand Furlan vor allem Prostituierte und Homosexuelle an, außerdem Priester, die im Verdacht des Kindesmissbrauchs standen. Im Mai 1983 führten die beiden in Mailand ihren schwersten Anschlag aus. Sechs Gäste erstickten, als im Sexkino »Eros« ein Brand ausbrach. »Eine Todesschwadron hat die Männer ohne Ehre hingerichtet«, teilte die *Gruppe Ludwig* in einem zweisprachigen Bekennerschreiben an die Nachrichtenagentur Ansa mit und übernahm »die Verantwortung für den Scheiterhaufen der Schwänze«. Keine weitere Terrorgruppe von rechts hat sogenannte Selbstbezichtigungen in diesem Ausmaß an Medien gestreut. Die Schreiben der *Gruppe Ludwig* zierte die Parole »Gott mit uns«. Den Adler mit einem Hakenkreuz in den Klauen nutzten sie als Logo. »Unser Glaube ist der Nazismus, unsere Justiz der Tod, unsere Demokratie die Ausrottung«, schrieben sie. Am 7. Januar 1984 warfen sie in München Brandsätze in die Sexdiskothek »Liverpool«. Tage später starb die 20-jährige Barfrau Corinna Tatarotti an den schweren Verbrennungen. Sie war das letzte Opfer der Terrorzelle. Bei dem Versuch, am 4. März 1984 bei einer Karnevalsveranstaltung in der Diskothek »Melamare« in Castiglione delle Stiviere einen Brandanschlag zu verüben, konnten Ordner die beiden stoppen. 1987 verurteilte ein Gericht in Verona die Akademiker zu 30 Jahren Haft.

Ende der 1970er Jahre registrierten bundesdeutsche Staatsschützer und Strafverfolgungsbehörden mit zunehmender Besorgnis die Bildung militanter Zirkel am radikalen rechten Rand, die »nach Aufbau und Ausrüstung« mit den »Revolutionären Zellen« vergleichbar waren, so »Der Spiegel«. Innerhalb weniger Monate wurden bundesweit sechs weitere Ermittlungsverfahren wegen »Bildung einer kriminellen Vereinigung« eingeleitet, unter anderem gegen einen 32-jährigen Kellner aus Hanau und seine Komplizen, die Mordanschläge auf den Ankläger in den Nachkriegsprozessen gegen die Hauptkriegsverbrecher in Nürnberg, Robert Kempner, und auch auf Professor Eugen Kogon, Autor des Standardwerkes »Der SS-Staat«, geplant hatten.

Das Bundesamt für Verfassungsschutz stockte die zuständige Abteilung eilig auf, und die Verfahren konzentrierte das Amt in einem speziellen Referat unter der Obhut eines erfahrenen Referenten, wie es hieß. Gleichwohl wollte Generalbundesanwalt Kurt Rebmann Medienberichten zufolge keinen »Vergleich mit den Anfängen der RAF-Szene« ziehen und »nichts dramatisieren«. Denn, so der Jurist, es gebe bisher weder Tötungsdelikte noch den Versuch eines Tötungsdeliktes. Die »zunehmende Bereitschaft zu bewaffneter Gewaltanwendung« gab Bundesinnenminister Gerhart Baum (FDP) immerhin »Anlass zur Besorgnis«. Doch, so Baum damals, »im Ganzen gesehen hat die Bedrohung unserer inneren Sicherheit durch den Rechtsextremismus quantitativ und qualitativ nicht das gleiche Gewicht wie die durch den Linksextremismus«. Antifaschistische Gruppen warnten dagegen offen vor der Gefahr. »Der Spiegel« schrieb entgegen der offiziellen Linie immerhin von »Täter und Taten von einiger Qualität«.

In aller Frühe begann am 29. Januar 1979 in den Dörfern Stahle und Albaxen am Rande des Weserberglandes eine Polizeiaktion. Eigentlich wollten die Behörden einer Diebesbande auf die Schliche kommen, sieben Polizeitrupps durchkämmten Wohnungen, Scheunen und Erdverließe, berichtete »Die Zeit«. Doch die Beamten fanden keine Diebe, sondern eine Gruppe von 18- bis 30-Jährigen, die kiloweise NS-Propagandamaterial, Hakenkreuzfahnen, Gasmasken und Kampfanzüge aus Beständen der Deutschen Wehrmacht horteten und einer Untergrundzelle namens *Nationalsozialistische Kampfgruppe Ost-Westfalen* zugeordnet werden konnten. Fünf Maschinenpistolen, fünf Karabiner, 600 Schuss scharfe Munition und sieben Kilogramm Sprengstoff hatten der 26-jährige Handwerker Rolf Gebser und sein Wehrsport-Trupp zusammengetragen, alles Nachkömmlinge alteingesessener örtlicher Familien. Was den Behörden erst jetzt klar wurde, war im 1000-Einwohner-Dorf Stahle längst bekannt: »Diesen Verein gibt's doch schon seit Jahren, warum denn plötzlich das ganze Theater?«, zitierte die Hamburger Wochenzeitung einen verständnislosen Anwohner. Oben am Köterberg, zwischen den Wäldern der ehemaligen Reichsabtei Corvey und dem Staatswald, hatte sich die Neonazi-Gruppe einen Gefechtsstand gemauert, dazu Feldbetten, Feuerstelle und Stacheldraht aufgestellt. Sie soffen, grölten den Badenweiler-Marsch und übten schießen. Sie lasen den »NS-Kampfruf« und kündigten in Flugblättern »den Tag der Rache an«. Geheim waren ihre Treffen nicht. Bekannt war auch deren Interesse am »Dritten Reich«. Selbstkritisch fragte die SPD-Kreistagsfraktion: »Waren wir alle zu sorglos, haben wir die Aktivitäten dieser Gruppen unterschätzt?« Die Menschen vor Ort dagegen schienen sich einig: Das Ganze werde zu sehr von außen aufgebauscht. Der Anführer sei ein Sonderling, und man dürfe die »nicht ganz ernst nehmen«. »Die Zeit« interviewte Jugendliche in der westfälischen »Altdeutschen Bierstube« und zitierte einen von ihnen: »Wenn der Rädelsführer wieder aus dem Gefängnis kommt, dann gibt das ein dreitägiges Fest in Stahle.«

1979 wurden der Mineralogie-Student Frank Stubbemann, Gauleiter der *Aktionsfront Nationaler Sozialisten* (ANS), Gau Schleswig-Holstein, und Robert M., ein Ex-Obergefreiter und Munitionswart, sowie der arbeitslose Peter T. wegen Verabredung zu einem Sprengstoffverbrechen und Raubüberfalls zu Freiheitsstrafen auf Bewährung verurteilt. Sie hatten einen Anschlag auf ein Büro des *Kommunistischen Bunds Westdeutschland* sowie den Überfall auf eine Kassiererin des Kieler Stadttheaters geplant. Mit dem Geld sollten Maschinenpistolen gekauft werden. Die *Aktionsfront* war mit Hunderten von Anhängern eine der größten rechtsextremen Gruppen jener Zeit. Bis zu ihrem Verbot 1983 leiteten Michael Kühnen und Christian Worch die Truppe. ANS-Aktivist Stubbemann war bereits gerichtsbekannt. 1977 stahl er 670 Gramm Natriumcyanid, um die Wachmannschaft des alliierten Militärgefängnisses in Berlin-Spandau zu vergiften und den einstigen »Führer«-Stellvertreter Rudolf Heß zu befreien. In der militanten Szene gilt Heß bis heute als Märtyrer, der bis zu seinem Selbstmord 1987 nichts bereute. Im Nürnberger Nachkriegsprozess gegen die NS-Hauptkriegsverbrecher hatte Heß erklärt: »Stünde ich wieder am Anfang, würde ich wieder handeln, wie ich handelte.« 1987 stellte sich Stubbemann für Fotos mit den Anführern Kühnen und Worch in Uniform vor dem Haus des entflohenen NS-Verbrechers Herbert Kappler in Soltau in der Lüneburger Heide in Pose.

Der erste Prozess gegen Rechtsextreme aus den Organisationen *Wehrsportgruppe Werwolf* und der *Aktionsfront Nationaler Sozialisten* wegen des Verdachtes der Bildung einer terroristischen Vereinigung endete 1979. Am 13. September jenes Jahres sprach die 3. Strafkammer des Oberlandesgerichtes Celle die Urteile unter höchsten Sicherheitsmaßnahmen. Einer der Hauptbeschuldigten war der sprachgewandte Anführer Michael Kühnen aus Hamburg, der damals hohes Ansehen in der gesamten Szene genoss. Aus Sicherheitsgründen tagte das Gericht über drei Monate direkt in der Justizvollzugsanstalt Bückeburg. Polizisten standen mit Maschinenpistolen bereit, Einlasskarten mussten vorgezeigt, drei Ausweiskontrollen durchlaufen werden. Vor dem provisorischen Verhandlungssaal, sonst die fensterlose Gefängniswerkstatt, wurden Berichterstatter verpflichtet, nahezu alles abzugeben – selbst Kaugummis und Bonbons.

In 40 Verhandlungstagen hielt die Bundesanwaltschaft Kühnen und seinen Mitstreitern vor, den Boden »für einen als letzte Stufe des Untergrundkampfes geplanten Putsch rechtsradikaler Kräfte« vorzubereiten. Zu den Angeklagten gehörten auch Manfred Börm, ehemaliger Gauführer der *Wiking-Jugend* aus Niedersachsen und heute NPD-Landesvorstandsmitglied. Es ging im Prozess nicht nur um Pläne, sondern auch um bereits durchgeführte Aktionen. Am Morgen des 22. November 1977 waren zwei der Angeklagten in die Bismarck-Kaserne in Wentorf bei Hamburg eingedrungen und hatten einen wachhabenden Unteroffizier überfallen. Sie erbeuteten dabei ein G3-Schnellfeuergewehr. Am Folgetag fuhren sie nach Hamburg-Wandsbek. Um zusätzliche Waffen und Geld zu beschaffen, überfielen sie im Dezember einen Kölner Bauunternehmer. Den ersten Bankraub einer rechtsterroristischen Vereinigung begingen einige Angeklagte am 19. Dezember, als sie eine Zweigstelle der Hamburger Sparkasse überfielen. Im Februar 1978 stürmten schließlich fünf Angeklagte, darunter auch der spätere NPD-Funktionär Börm, mit Maschinenpistolen bewaffnet die Wache einer Kompanie niederländischer Soldaten, die sich im Biwaklager Landsberg auf dem Nato-Truppenübungsplatz Bergen-Hohne aufhielt. Nach zehn Minuten war alles vorbei. Den rechten Terroristen fielen vier Maschinenpistolen vom Typ UZI und sechs Magazine in die Hände. Die Sicherheitsbehörden suchten die Täter zunächst in linken Kreisen. Die Gruppe nahm derweil neue Ziele ins Visier und plante einen Anschlag auf die Gedenkstätte des Konzentrationslagers in Bergen-Belsen, die Befreiung von Rudolf Heß und die »Liquidierung« des berühmten französischen »Nazi-Jäger«-Ehepaares Beate und Serge Klarsfeld.

Im Bückeburger Gerichtssaal saß nicht bloß der damals 24-jährige Kühnen ordentlich auf der Anklagebank. Alle Beschuldigten waren kurzgescheitelt und höflich. Jovial ließ der Vorsitzende Richter Helmut Moschüring, zuvor Ministerialrat im niedersächsischen Justizministerium, die Rechtsextremen ihre stramme Rolle spielen, schrieb 1979 »Der Spiegel«. Im Saal konnte Kühnen seine Treue zum Nationalsozialismus rühmen und die Raub- und Mordpläne seiner Truppe als »Biertischdiskussionen« kleinreden. Das Gericht schritt auch nicht ein, als schwarz gekleidete Kameraden mit Odalsrune und in Schaftstiefeln aufsprangen, sobald Kühnen den Gerichtssaal betrat, um ihm den Hitler-Gruß entgegenzurecken. Der Richter schwieg sogar, als die Angeklagten und ihre Sympathisanten sich beim Verlesen des bei Kühnen gefundenen Auschwitzliedes – »Die Kopfhaut einer Judenstirn ergibt 'nen prima Lampenschirm. Fiderallalla« – lauthals amüsierten.

Im Verfahren gerieten die Karlsruher Ankläger in Beweisnot, als zwei der Beschuldigten ihre ausführlichen Aussagen bei der Polizei wieder zurücknahmen. Am Ende war für das Gericht nicht erwiesen, dass der mutmaßliche Drahtzieher Kühnen an den Straftaten beteiligt war. Der ehemalige Bundeswehrleutnant, der als wichtiger Kopf der Gruppe galt, wurde lediglich wegen Volksverhetzung und diverser Propagandadelikte zu einer Haftstrafe von vier Jahren verurteilt. Die anderen Angeklagten erhielten Freiheitsstrafen bis zu elf Jahren. Das Besondere an diesem Prozess: Vier der Angeklagten wurden schuldig gesprochen, Mitglied in einer terroristischen Vereinigung gewesen zu sein. Kühnen, der 1991 an Aids starb, und Börm, 2012 berufener Beisitzer im NPD-Bundesvorstand, waren nicht darunter.

1979 begingen Rechtsextreme 1483 Straftaten, davon 117 mit Gewaltanwendung – mehr als jemals seit der militärischen Befreiung vom

Nationalsozialismus. Sichergestellt wurden sieben Kilogramm Spreng-stoff, 121 Handgranaten, 13 Automatikwaffen, 44 Gewehre, 118 Pistolen und rund 10 000 Schuss Munition.

Der Wehrwille saß in der Szene tief und wurde regelmäßig durch Ver-öffentlichungen befeuert. Ein Mythos wurde dabei ganz besonders ge-pflegt: der vom Werwolf. Ende der 1980er Jahre wurde in der Szene um Kühnen ein Video vertrieben, auf dem ein nachgestellter Überfall von Rechten auf einen Militärposten zu sehen war. In Zeitlupe wurden Techniken des lautlosen Tötens gezeigt. Aus dem Off hieß es dazu: »Wir haben unsere Waffen zur Seite gelegt. Aber auch nicht zu weit zur Seite. Im Augenblick ruht der Werwolf. (...) Der Werwolf ist friedlich und ru-hig. Aber reizt ihn nicht zu sehr. Unrecht und Unterdrückung wecken ihn auf. Und wenn er erwacht, ist er unsere Macht. Und die Straßen sind rot vom Blut der Reaktion!«

Bereits vor der Niederlage des nationalsozialistischen Deutsch-lands 1945 bemühte sich Heinrich Himmler, den »Werwolf«-Mythos entsprechend zu mobilisieren. Der Reichsführer SS verwendete ihn erstmals am 28. Oktober 1944 in einer Rede vor Männern des ostpreu-ßischen Volkssturms: »Jeder Häuserblock einer Stadt, jedes Gehöft, je-des Dorf wird von Männern, Knaben und Greisen und, wenn es sein muss, von Frauen und Mädchen verteidigt. Und wie Werwölfe werden todesmutige Freiwillige dem Feinde seine Lebensfäden abschneiden.« Ende 1944 gab Reichspropagandaminister Joseph Goebbels via Radio eine »Werwolf-Proklamation« ab: Der Werwolf »hält sich nicht an die Beschränkungen, die dem innerhalb unserer regulären Streitkräfte Kämpfenden auferlegt sind. (...) Hass ist unser Gebet und Rache unser Feldgeschrei.« In Deutschland blieb der Werwolf-Aufruf zum Unter-grundkampf gegen die vorrückenden alliierten Truppen allerdings auf lokale Überfälle und vereinzelte Morde beschränkt.

Der Roman »Der Wehrwolf«, 1910 vom Heimatdichter Hermann Löns verfasst, dürfte die ideelle Vorlage geboten haben. In dem Roman schildert Löns den Partisanenkampf niedersächsischer Bauern gegen die Soldateska des Dreißigjährigen Krieges. Der Mythos wurde im Na-tionalsozialismus neu geboren. Gleich nach der Niederlage kursierte in rechtsextremen Kreisen die vom ehemaligen SS-Hauptsturmführer Arthur Ehrhardt verfasste Taktikfibel »Werwolf – Winke für Jagdein-heiten«, in der »die grundlegenden Regeln für den Partisanenkrieg« dargelegt wurden. Das Büchlein gehört noch heute zu den Standardwerken militanter rechter Kreise. Ehrhardt, Gründer der früher bedeutenden strategiepolitischen rechten Monatszeitschrift »Nation Europa«, vertrat Ende der 1960er Jahre die NPD im Coburger Stadtrat. In »Nation Europa« publizierte Ehrhardt auch Auszüge aus dem schweizerischen militärischen Ausbildungshandbuch »Der totale Widerstand« von Hans von Dach, einst Oberst in der Schweizer Armee. Die in den 1950er Jahren erschienene und bis heute in der Szene beliebte »Kleinkriegsanleitung für jedermann« – so der Untertitel – listet detaillierte Tipps zum Ausschalten von Wachposten, zur Herstellung von Sprengstoff, zum Bau von Molotowcocktails und zur Zerstörung von Motorfahrzeugen auf. In den 1990er Jahren folgte im »NS-Kampfruf« der NSDAP/AO eine weitere Schrift für den Terror. Mit »Eine Bewegung in Waffen« schwadronieren Henry Fiebig und Christian Scholz über »Attentate« als »Kampfmittel zur moralischen Schwächung des Gegners« und »die Exekution von Verrätern«. Anleitungen zur Herstellung von Brand- und Sprengsätzen werden dabei gleich mitgeliefert.

Durch zwei Fenster im Hochparterre des vierstöckigen Gebäudes in der Hamburger Halskestraße am östlichen Hafenrand flogen drei Brandsätze – Einliterflaschen gefüllt mit Benzin. In der Nacht zum 22. August 1980 hatten Dr. Heinz Colditz, Raymond Hörnle und Sibylle Vorderbrügge zunächst vor dem Haus gewartet, bis die Putzwolle in den Flaschen auch wirklich brannte. Der Brand sollte nicht – wie bei einem anderen Anschlag drei Wochen zuvor auf ein von äthiopischen Flüchtlingen bewohntes Hotel in Leinfelden-Echterdingen – schnell gelöscht werden können. In der Hansestadt gelang der Anschlag, mit tödlichen Folgen. Im Haus, das zu dieser Zeit 211 Flüchtlinge bewohnten, hatten zwei Anwohner keine Chance: Ngoc Nguyên und Anh Lân Dô, 22 und 18 Jahre alt. Thoâng Huynh erinnerte sich am 24. Februar 2012 in der »Zeit« an jene Nacht. Er wohnte direkt neben Nguyên und Dô, die beide schliefen, als die Brandsätze flogen. Ihre Tür war verschlossen, Huynh rief: »Sofort aufmachen!« Als einer der beiden aufmachte, erzählt Huynh, zog er ihn an Hand und Unterarm hinaus, an denen schon die Haut herunterhing. Am Morgen danach ist Nguyên verstorben, neun Tage später erlag Dô seinen schweren Verbrennungen. Nach dem Anschlag entdeckten die Bewohner einen Schriftzug mit roter Farbe am Haus: »Ausländer raus!«
    Die drei Täter konnten schließlich gefasst werden. Sie waren politisch fest eingebunden bei den *Deutschen Aktionsgruppen* (DA) von

Manfred Roeder aus Hessen. In der Zeit vom Februar bis zum 22. August 1980 verübten wechselnde Täter aus dieser militanten Rassistentruppe fünf weitere Sprengstoff- und noch zwei Brandattentate. Der Jurist Roeder wurde als Rädelsführer mitverhaftet. Noch heute ist der über 80-jährige, unbelehrbare Roeder in der Szene sehr angesehen. Sein erstes schulisches Rüstzeug erhielt der gebürtige Berliner auf der NS-Eliteschule Nationalpolitische Erziehungsanstalt (Napola). Im Januar 1945 meldete er sich freiwillig zum Volkssturm und rühmte sich später, bereits im Alter von 16 Jahren »als Freiwilliger gegen die Rote Armee gekämpft« zu haben. In den 1950er Jahren studierte er Jura, ließ sich im hessischen Bensheim als Rechtsanwalt nieder und war vorübergehend Mitglied der CDU. 1970 warf der Anwalt auf der ersten deutschen Sex-Messe Farbbeutel, 1971 zerstörte er die Schaukästen eines Kinos, in dem der »Schulmädchenreport« angekündigt wurde. Bei einem »Freundestreffen« auf seinem ausgedehnten Anwesen führte er Mitte der 1970er Jahre aus: »Wir werden mit denen [den deutschen Kollaborateuren] abrechnen, die über uns eine Terrorherrschaft errichtet haben, die sich dem Zionismus zur Verfügung gestellt haben.« Bei dem Treffen auf dem »Reichshof«, wie Roeder das ehemalige 15-Zimmer-Hotel auf dem 634 Meter hohen Knüll bei Schwarzenborn selbst nannte, legte er weiter dar: »Wenn sich das Blatt einmal wendet, dann gnade ihnen Gott. Dann können sie buchstäblich bis an die Knie im Blut waten.«

Nach der Verhängung eines Berufsverbotes, der anstehenden Verbüßung einer sechsmonatigen Haftstrafe und weiterer Strafverfahren wegen Volksverhetzung und Verunglimpfung des Staates tauchte Roeder unter. Die Fluchtroute führte ihn von Europa nach Nord- und Südamerika sowie in den Mittleren Osten. Während seiner Flucht genoss er großzügige Unterstützung durch einen »Freundeskreis«. So konnte er sich eines Kontos bedienen, das unter der Nummer 30-53436 beim Postscheckamt Bern auf den Namen »Walser« für ihn eingerichtet worden war. Nach sichergestellten Buchungsunterlagen zahlten Gleichgesinnte innerhalb von 15 Monaten rund 172 900 Mark für Roeders Untergrundaktivitäten ein. Trotz bestehenden Haftbefehls kehrte der sechsfache Vater Anfang 1980 in die Bundesrepublik zurück und wurde Drahtzieher der von ihm entscheidend beeinflussten rechtsterroristischen *Deutschen Aktionsgruppen*. Roeder hatte zudem die *Deutsche Bürgerinitiative e. V.* mit bürgerlichem Anstrich gegründet, die politische Agitation betrieb und Spenden sammelte.

Schließlich wurde Roeder dann doch noch verhaftet. Am 28. Juni 1982 verurteilte ihn das Oberlandesgericht Stuttgart als Rädelsführer einer terroristischen Vereinigung zu 13 Jahren Haft. Nach Auffassung des Gerichts hatte er die Anschlagsobjekte ausgewählt, die unmittelbar ausführenden Täter bestimmt und mit dem größten Interesse als Führer der Gruppe die aufsehenerregenden Anschläge vom Anfang bis zum Ende als eigene Taten gewollt und beherrscht. Hörnle und Vorderbrügge erhielten wegen Mordes lebenslange Haftstrafen, Colditz sechs Jahre Haft. Die drei tauchten nach ihren Haftaufenthalten nicht mehr in der Szene auf. Roeder dagegen blieb dabei. Im Vollzug in Kassel galt der Altnazi als »pflegeleichter Gefangener« und schrieb Briefe an die rechte Gefängnisorganisation *Hilfsorganisation für nationale politische Gefangene,* die mit »Heil Dir« begannen.

Nach vorzeitiger Entlassung musste er sich im September 1996 dann erneut vor einem Gericht verantworten. Der damals 67-Jährige hatte Monate zuvor die Worte »Lüge« und »Hetze« in riesigen Buchstaben über die Tafeln der Ausstellung »Vernichtungskrieg. Verbrechen der Wehrmacht 1941–1945« geschmiert. In der gesamten Szene wurde die Wanderausstellung des Hamburger Instituts für Sozialforschung bekämpft, weil sie mit entlarvenden Fotos die verbrecherische Rolle von Wehrmachtsangehörigen im Zweiten Weltkrieg aufzeigte. Das Amtsgericht Erfurt beschuldigte Roeder der Volksverhetzung. Fotos zeigen den lächelnden Grauhaarigen mit Schleife und Trachtenanzug, links daneben, im Publikum, sitzen breitbeinig zwei Skinheads in weißen Oberteilen und Springerstiefeln. Einer davon: Uwe Böhnhardt. Etwas weiter entfernt saßen auch Uwe Mundlos sowie der Jenaer NSU-Unterstützer Ralf Wohlleben. Die jungen Rechtsextremen, darunter einige aus Thüringen, hatten ein Transparent mit der Aufschrift »Unsere Großväter waren keine Verbrecher« in den Gerichtssaal gebracht. Sie wollten ihrem Idol, dem verurteilten rassistischen Rädelsführer, der für den Tod von zwei jungen Menschen mitverantwortlich war, uneingeschränkte Solidarität bekunden.

Am 16. Januar 1980 gingen Sicherheitskräfte gegen die *Wehrsportgruppe Hoffmann* (WSG) vor. Das Bundesinnenministerium verbot an diesem Tag die 400 Männer und Frauen starke militante Vereinigung. Polizisten waren ausgeschwärmt, um die rechtsterroristische Truppe in Bayern, Baden-Württemberg und Hessen aufzulösen. Auch Hoffmanns Hauptquartier, Schloss Ermreuth bei Erlangen, suchten die Beamten auf. Mit der eigenen Wehrsportgruppe hatte sich DDR-Flüchtling Hoffmann die »Zerschlagung der bestehenden Gesellschaftsstrukturen zugunsten eines autoritären Führerstaates« zum Ziel gesetzt, hieß es aus dem Bundesinnenministerium. Die WSG sollte Hoffmann dabei als Kampftruppe zur Durchsetzung rechtsextremer Ziele dienen. »Eine Demokratie ist impotent, eine Diktatur, die den richtigen Mann an der Spitze hat, kann für ein Volk alles tun«, hatte er 1977 in der italienischen Wochenzeitung »Oggi« verkündet. Die Gruppe war ab 1973 gefechtsmäßig mit ausgedienten Bundeswehr-Fahrzeugen ins Manöver in die Wälder um Nürnberg gezogen. Hoffmanns Kämpfer trugen dabei Mützen mit Totenkopfemblemen.

Nach dem Verbot setzte sich Karl-Heinz Hoffmann mit einer Gruppe von fanatischen Anhängern in den Libanon ab. Bis zum Sommer 1981 nannten sie sich *Wehrsportgruppe Ausland*. In einem Lager der Palästinensischen Befreiungsorganisation (PLO) im Beiruter Stadtteil Bir Hassan kamen sie unter – mit Billigung und Einverständnis von Abu Ijad, damals stellvertretender PLO-Leiter und Anführer der Terrorgruppe *Schwarzer September*, die unter anderem das Münchner Olympiamassaker verübt hatte. Im PLO-Camp wurden die Wehrsportler an Kalaschnikows und der sowjetischen Panzerfaust RPG 7 unterwiesen.

Am 16. Juni 1981 nahmen Polizeibeamte Hoffmann bei seiner Rückkehr nach Deutschland am Frankfurter Flughafen fest. Der Vorwurf in Bezug zu seiner Auslandsgruppe lautete: Bildung einer terroristischen Vereinigung. Der Bundesgerichtshof fand dies am 14. Januar 1982 allerdings nicht hinreichend belegt und sprach ihn frei. Vier Jahre später verurteilte ihn die 3. Strafkammer des Landgerichts Nürnberg-Fürth nach 186 Verhandlungstagen am 30. Juni 1986 dann wegen Geldfälschung, Freiheitsberaubung, gefährlicher Körperverletzung, Nötigung, Verstoßes gegen das Sprengstoffgesetz und das Waffengesetz zu einer Gesamtfreiheitsstrafe von neun Jahren und sechs Monaten. Worte wie »rechtsextrem« oder »Neonazi« tauchten in der Urteilsbegründung nicht auf. Im Juli 1989 wurde Hoffmann vorzeitig entlassen. Er konnte bei einer Anhörung glaubhaft machen, dass er sich von seinen früheren Ansichten losgesagt hätte. Hoffmann baute sich daraufhin in der Kleinstadt Kahla in der Nähe von Jena in Thüringen eine zweite Existenz mit zahlreichen Firmen und Angestellten auf. Er kaufte für sich und andere Geschäftsleute Altstadthäuser und eine alte Burg bei Leipzig. In Ermreuth wohnt er nach wie vor und tritt seit 2010 wieder offen in rechtsextremen Zusammenhängen in Erscheinung, so als Referent des *Freien Netzes* in Colditz. Und auch ein neues Buch hat er geschrieben: »Das NSU-Trio – oder eine Handvoll Dreck in den Wind geworfen«. Darin heißt es, dass die Strafverfolgungsbehörden 1998 die drei jungen Menschen Böhnhardt, Mundlos und Zschäpe in den Untergrund »getrieben« hätten, obwohl denen nicht mehr vorgeworfen werden könnte als »ein paar makabre Jugendstreiche und politisch unerwünschte verbale Äußerungen«. »In der Not« hätten die drei sich dann auf der Flucht an »Freunde aus der NS-Szene« gewandt. Ob er selbst dazugehörte, lässt er offen.

Plötzlich schoss er hoch: ein zwei bis acht Meter großer Feuerball. Grellgelb, gleißend und verheerend. Sekunden später explodiert am 26. September 1980 um 22.19 Uhr in einem Metallpapierkorb am Haupteingang des Oktoberfests in München an der Brausebadinsel eine Bombe. Sie bestand aus einer abgesägten britischen Mörsergranate, in der der Druckbehälter eines Feuerlöschers steckte, befüllt mit insgesamt 1,39 Kilogramm TNT. In kurzer Zeit starben 13 Menschen, 211 wurden verletzt, 68 davon schwer. Eine der Betroffenen war Katharina P. 18 Bombensplitter hat sie Jahre später noch im Körper, erzählte sie der »Süddeutschen Zeitung«; nicht alle konnten die Ärzte entfernen. »Deswegen hab ich Krebs gekriegt«, sagte sie 2000. Und was sie noch mehr traf: Ihre Kinder Ignaz und Ilona starben durch die Bombe. Der Anschlag ist bis heute der größte Terrorangriff in der Geschichte der Bundesrepublik Deutschland. Einen Tag später, am 27. September, lagen erste Erkenntnisse vor, die Hinweis darauf gaben, aus welcher Richtung das Attentat verübt worden war – von ganz weit rechts außen. Eine verbrannte Leiche nahe dem Papierkorb wurde als Gundolf Köhler identifiziert, 21 Jahre alter Geologiestudent aus Donaueschingen und Anhänger der *Wehrsportgruppe Hoffmann*. An zwei Übungen des Trupps von Karl-Heinz Hoffmann hatte er nachweislich teilgenommen. Der Attentäter, Sohn eines früheren stellvertretenden CDU-Ortsvorsitzenden, pflegte auch enge Kontakte zum rechtsextremen *Hochschulring Tübinger Studenten* (HTS). 1976 hatte Köhler dem als militant geltenden Hoffmann in einem Schreiben mitgeteilt: »Ich will in meiner Heimatgemeinde eine Wehrsportgruppe bilden.« Trotz zahlreicher Hinweise und Verdachtsmomente auf mehrere Täter gilt Gundolf Köhler bis heute offiziell als Alleintäter. Viele Experten und Journalisten haben Zweifel daran. So bezichtigte sich am 2. August 1982 der Ex-WSG-Mann Stefan Wagner nach einem Amoklauf im hessischen Rodgau, kurz vor seinem Selbstmord, der Mittäterschaft beim Oktoberfest-Anschlag. Immer wieder gab es Hinweise auf Geheimdienstspitzel im Umfeld der WSG. Eine verletzte Zeugin beobachtete zwei Personen am Tatort, die sich über den Metallgitterkorb beugten. Eine rannte in der Zündphase der Bombe davon, die vor der Detonation mit einer mehrere Sekunden langen Stichflamme begann. Auch hat sich Köhler in der Stunde vor dem Anschlag in Begleitung zweier Männer befunden. Diese wurden nach den sehr präzisen Bekundungen eines Zeugen später mit einem öffentlichen Aufruf gesucht, meldeten sich aber nicht. Der Zeuge starb 36-jährig noch während der Ermittlungen, die im November 1982 eingestellt wurden. Die Wiederaufnahmeanträge des Opferanwaltes Werner Dietrich wurden allesamt abgelehnt. Bereits 1997 vernichtete man in der Generalbundesanwaltschaft Karlsruhe die dort verwahrten Asservate, darunter auch die Splitter der Bombe und ein Handfragment, das serologisch weder den Opfern noch dem Täter zugeordnet werden konnte. Für die Generalbundesanwaltschaft gilt der Fall Oktoberfestattentat als aufgeklärt.

Bereits drei Monate nach dem Attentat in München ermordete am 19. Dezember 1980 der Wehrsportgruppen-Vizechef Uwe Behrendt den Vorsitzenden der Jüdischen Kultusgemeinde, Verleger und Warner vor den Hoffmann-Aktivitäten Shlomo Levin und dessen Lebensgefährtin Frida Poeschke mit einer Beretta-Maschinenpistole in ihrem Haus in Erlangen. Die Polizei suchte den Täter zunächst unter den Mitgliedern der Jüdischen Gemeinde. Der wahre Täter, Behrendt, Hausgenosse von Karl-Heinz Hoffmann, setzte sich ins Ausland ab und hatte den Mord längst szeneintern gestanden. Behrendt machte laut »Spiegel« folgende Meldung an Hoffmann: »Chef, ich habe den Vorsitzenden der jüdischen Kultusgemeinde in Erlangen erschossen. Ich hab's auch für Sie getan.« Der stramme Zwirbelbartträger Hoffmann verbrannte daraufhin die Kleidung seines Vize. Am Tatort wurden Patronenhülsen und die Sonnenbrille der Freundin von Karl-Heinz Hoffmann gefunden. Doch erst fünf Wochen später erschien die Polizei bei ihr in Ermreuth. Der Täter Uwe Behrendt, ebenfalls ein freigekaufter DDR-Flüchtling aus dem thüringischen Pößneck, konnte für die Morde nicht belangt werden, er starb wenige Monate später unter ungeklärten Umständen im Libanon.

1980 war das braune Terrorjahr. Durch rechtsterroristische Anschläge starben allein in diesen zwölf Monaten nach offiziellen Angaben 18 Menschen. Bis zum Jahr 1978 hatte das Bundesministerium des

Innern 227 Linksterroristen und nur 23 Rechtsterroristen identifiziert, hieß es in seiner Broschüre »Gewalt von rechts«, 1982 herausgegeben vom dortigen Referat »Öffentlichkeitsarbeit gegen Terrorismus«. Nur 39 Prozent der Rechtsterroristen seien durch eine angefertigte »Lebenslaufanalyse« als Gruppentäter feststellbar gewesen. Einer der Autoren, Eike Hennig, setzte sich mit dem »Umschlagen neonazistischer Militanz in Terrorismus« auseinander und zitierte als Fallbeispiel einen späteren rechten Attentäter, der sagte: »Wir sehen die heutige Zeit in der Heranbildung einer kämpferischen Elite, die dann im entscheidenden Moment bereit ist und auch fähig ist, die Masse zu führen. Wir sehen im Moment unser Hauptanliegen nicht darin, jetzt die Masse für uns zu gewinnen.«

Als das Sozialwissenschaftliche Institut Nowak und Sörgel (SINUS) im Auftrag des Bundeskanzleramtes eine Studie über rechtsextreme politische Einstellungen in der Bundesrepublik Deutschland zwischen Mai 1979 und April 1980 anfertigte und zu dem Ergebnis kam, dass 13 Prozent der Wahlbevölkerung ein »ideologisch geschlossenes rechtsextremes Weltbild« haben und fast die Hälfte davon (sechs Prozent) gewaltsamen Protest akzeptiere, folgte politische Empörung gegen den Befund. Uwe Barschel, damals CDU-Innenminister von Schleswig-Holstein, hielt »derartige Veröffentlichungen für geeignet, dem Ansehen der Deutschen im Ausland zu schaden«. Solange die Autoren der Untersuchung nicht ihre Methoden offenlegten, sei es »eine Beleidigung unseres Volkes, pauschal von 13 Prozent Rechtsextremen zu sprechen«. In der Studie hieß es auch: »Gewaltsamkeit – bis hin zur physischen Vernichtung des ›Gegners‹ – ist ein Wesenszug rechtsextremen Denkens und Handelns«. Und das Institut warnte: »Die fast mythologische Verehrung der Gewalt und der unerschütterliche Glaube an ihre konfliktlösende, ›reinigende‹ Kraft kennzeichnen die Gefährlichkeit des neonazistischen Terrorismus in der Bundesrepublik Deutschland.« Die beteiligten Wissenschaftler der Untersuchung kamen zu dem Schluss: »Ziellos tötende Attentate wie in München und Anschläge auf Asylantenunterkünfte entsprechen daher der entsetzlichen ›Logik‹ rechtsextremer Gewaltsamkeit. Sie sind nicht Randerscheinung, sondern Konsequenz.« Barschel sah jedoch die Gefährlichkeit des Phänomens eher in schwer kontrollierbaren Einzelpersonen oder kleinsten Gruppen, die spontan sinnlose Gewaltaktionen unternähmen. Auch die »Frankfurter Allgemeine Zeitung« (FAZ) unterstellte der SINUS-Studie empört, sie habe »methodisch unsauber überzeichnet«, und fragte, ob sie »mit Tricks« den Eindruck entkräften wolle, dass die Extremisten zur Linken die stärkeren Verführer seien. Die Studie mit dem Titel »5 Millionen Deutsche: ›Wir sollten wieder einen Führer haben (…)‹« offenbarte 1981 jedoch empirisch belegt, dass rechtsextremes Denken keineswegs mit dem Sterben der NS-Generation verschwunden war.

Den nächsten Coup plante das *Kommando Omega*. Die geheime Truppe war von Kurt Wolfgram zusammen mit Ludwig Uhl im Frühjahr 1981 in Frankreich gegründet worden. In Paris hatten sie sich zu der *Gruppe Omega* zusammengefunden. Der Name, hieß es später in einem Gerichtsverfahren, sei »so ein wunderbarer, nichtssagender Ausdruck, der weder links noch rechts einzuordnen« sei. Die Gruppe plante laut »Spiegel«, Verräter aus den eigenen Reihen zu liquidieren, Staatsanwälte und Richter durch Anschläge zu ermorden und Gedenktage an die Verbrechen der NS-Zeit lautstark zu stören. Wolfgram plante am Tag der Nürnberger Urteile, mit einer Luftmine eine Autobahnbrücke hochzujagen – das Vorhaben misslang.

Am Abend des 20. Oktobers 1981 brachen fünf *Omega*-Mitglieder von Friedhelm Busses Wohnung in der Nähe von München auf. Kurz nach Antritt der Fahrt wurde der Citroen aber von der Polizei in München gestellt. Als aus dem Wagen eine Handgranate auf den Boden fiel und detonierte, eröffneten die Beamten das Feuer. Durch die Schüsse wurden Kurt Wolfgram und Ludwig Uhl getötet. Im Auto befand sich neben drei Maschinenpistolen, acht Handgranaten, einer Pistole, einer Luftmine und jeder Menge Munition auch ein Neonazi, der kurz zuvor aus einem Camp der *Wehrsportgruppe Ausland* im Libanon geflüchtet war. In Busses Garage fand man später zudem elf Stangen Sprengstoff und ein paar Kisten Munition. Am nächsten Tag nahmen Polizisten in der belgischen Stadt Gent vier weitere Aktivisten des *Kommandos Omega* fest, die sich dort bei einem Gesinnungskameraden versteckt hielten. Sie hatten Blanko-Führerscheine und Pässe sowie Kontaktadressen von Gleichgesinnten in Frankreich, Belgien, Spanien und Irland bei sich. Gewehre mit Schalldämpfern wurden ebenfalls gefunden.

Drei Wochen nach der vermeintlichen Schießerei zwischen dem *Kommando Omega* und der Polizei sickerte aus dem Sicherheitsausschuss des Bayerischen Landtags während einer nichtöffentlichen Sitzung durch, dass kein Rechtsextremist einen einzigen Schuss abgefeuert hatte. Die Polizei hatte die Schießerei demnach allein veranstaltet und dabei noch einen eigenen Kollegen lebensgefährlich verletzt.

In der Anklageschrift des folgenden Gerichtsverfahrens galt Busse noch als Drahtzieher und Anführer des *Kommandos Omega*. Die Bundesanwaltschaft hielt ihm während der Verhandlung jedoch zugute, dass er »kein Chefterrorist« sei und »aus einer wirtschaftlichen Notlage heraus« gehandelt habe. Karl Gietl, Richter des 3. Strafsenats des Obersten Landgerichts in München, ging noch einen Schritt weiter: Busse habe aus »falsch verstandener kameradschaftlicher Gesinnung« die Gruppe bei sich wohnen lassen. Am 25. November 1983 verurteilte der Strafsenat Friedhelm Busse wegen Verstößen gegen das Waffen- und gegen das Sprengstoffgesetz zu einer Freiheitsstrafe von drei Jahren und neun Monaten.

Im Forst lag es verborgen: das größte Waffenlager, das nach 1945 ausgehoben wurde. Am 26. Oktober 1981 entdeckten Sicherheitskräfte 33 Waldverstecke im Süsinger Forst bei Uelzen in Niedersachsen. In den Erddepots schlummerten 88 Kisten mit 50 Panzerfäusten, 14 Schusswaffen, 258 Handgranaten, drei Zentner Sprengstoff, 13 500 Schuss Munition, Giftstoffe und Bundeswehrvorschriften zu Themen wie Schießen und Sprengen. Die Generalbundesanwaltschaft in Karlsruhe drängte die lokalen Fahnder gegen den Willen der Landesregierung aus dem Ermittlungsverfahren. Schnell waren die Ermittler sich sicher, dass allein der DDR-Flüchtling Heinz Lembke, Forstmeister in der Lüneburger Heide, das riesige Waffenarsenal aufgebaut hätte. Der Fall konnte nie richtig aufgeklärt werden, denn nur wenige Tage nach dem Waffenfund fanden Beamte Lembke erhängt in seiner Zelle in der Lüneburger Untersuchungshaft. Lembke, der zuvor für die NPD und den *Bund Heimattreuer Jugend* aktiv gewesen war, wollte auspacken. Gegenüber Kameraden hatte Lembke erwähnt, dass er junge Männer im Umgang mit Waffen und Sprengstoff ausbildete. Zudem hatte er in Verbindung zum Rechtsterroristen Roeder gestanden. Bis heute ist im Zusammenhang mit den Waffendepots bei Uelzen auch von den Organisationen *Gladio* und *Stay Behind* die Rede. »Der Spiegel« bezeichnete diese beiden Geheimorganisationen 2005 als ein »gespenstisches europaweites Netzwerk«, das bis Anfang der 1990er Jahre existierte. Nach Angaben des Nachrichtenmagazins fanden Wissenschaftler und Fachjournalisten heraus, dass Nato-Geheimtrupps wie *Gladio* und *Stay Behind* während des Kalten Krieges in acht westeuropäischen Ländern mit rechtsextremen Terroristen und Verbrechern kooperierten, um Widerstandsaktivitäten im Falle eines östlichen Überfalls organisieren zu können.

Bei der Aushebung von Lembkes Waffenlager in der Lüneburger Heide wurden 1981 auch die Fingerabdrücke von Peter Naumann gefunden. Der »Nationalist der 1. Stunde«, wie ihn die NPD heute noch vorstellt, war ab 1975 im *Nationaldemokratischen Hochschulbund* aktiv. Bereits 1974 experimentierte der Diplom-Chemiker aus Wiesbaden, Spitzname »Bombenhirn«, mit Sprengstoff. Dabei verletzte er sich schwer an der Hand, die seitdem verstümmelt ist. Naumann lernte nach eigenen Angaben 1977 den zurückgezogen lebenden Forstmeister Lembke kennen, und beide verübten ein Jahr später einen Sprengstoffanschlag auf die antifaschistischen Denkmalanlagen für die zivilen Erschießungsopfer eines SS-Massakers in der Fosse Ardeatine in der Nähe von Rom. Von Lembke will Naumann vor dessen Tod auch Sprengstoffmaterial für Anschläge auf die damalige Grenze zur DDR erhalten haben. Nach einer langen kriminellen Karriere wurde der Rechtsterrorist Peter Naumann bürgerlich und 2007 Parlamentarischer Berater der NPD-Fraktion im Sächsischen Landtag.

Weiter nördlich, in Schleswig-Holstein, verurteilte das Landgericht Flensburg drei Aktivisten aus dem Kreis der NSDAP/AO 1982 zu Freiheitsstrafen auf Bewährung. Die Angeklagten hatten 1979 einen Sprengstoffanschlag auf eine Freimaurerloge in Hamburg vorbereitet. Laut Flensburger Staatsanwaltschaft waren die Vorbereitungen weit gediehen. Die Gruppe hatte die Loge bereits ausspioniert und ausgerechnet, dass sie 120 Liter Benzin, drei Flaschen Propangas und drei elektrische Zeitzünder für die Zerstörung des Gebäudes benötigte. Der mutmaßliche Kopf der Gruppe, der ehemalige NPD-Kreisvorsitzende von Nordfriesland, Ernst-August Möller, wurde aber nur zu einer Geldstrafe verurteilt. Mitglieder der sechsköpfigen Gruppe hatten bei dem Nato-Manöver »Bold Guard« im September 1978 ein britisches Militärfahrzeug überfallen, um Waffen zu erbeuten. Ihnen fiel dabei ein Tresor mit Geheimdokumenten der Nato in die Hände, darunter Telefonlisten und Raketencodes. Auf Möllers Hof in Schrapenbüll lagerten sie den brisanten Fund und versuchten damit, den Hitler-Stellvertreter Rudolf Heß aus alliierter Haft in Berlin-Spandau freizupressen. »Tauschen Safe für die Freiheit Rudolf Heß«, ließen sie die britische Armee mit Absender *Werwolf Deutsches Reich* wissen. Doch der Coup platzte.

Am 24. Juni 1982 erschoss der Rechtsextremist Helmut Oxner in der Nürnberger Disko »Twenty Five« die schwarzen US-Amerikaner William Schenck und Rufus Surles sowie den Ägypter Mohamed Ehab. Drei weitere Menschen wurden schwer verletzt. Nach der Aktion rannte Oxner in die Fußgängerzone. Einem Passanten brüllte er zu: »Es lebe der Nationalsozialismus!« Bei der anschließenden Schießerei mit der Polizei tötete er sich selbst. Die Beamten fanden in seiner Umhängetasche 200 Schuss Munition und 64 Aufkleber mit Hakenkreuz und den NSDAP/AO-Aufschriften sowie den Losungen »Jetzt NSDAP«, »Kampf den Judenparteien KPD, SPD, CDU, CSU, FDP« und »Wir sind wieder da. NSDAP-AO«.

In jenen Jahren war die NSDAP/AO, mit Sitz in Lincoln (Nebraska), dabei, ein militantes Netzwerk aufzubauen. Die vielen autonomen Zellen bekannten sich eindeutig zum Nationalsozialismus, zum Führer Adolf Hitler und zum »Freiheitskampf um Deutschland«. Ziel war die Wiederzulassung der NSDAP in Deutschland, dafür wurden Millionen in Agitation und Propagandamaterialien gesteckt. Viele der Anhänger der NSDAP/AO waren parallel dazu in anderen gewaltbereiten Organisationen aktiv.

Die *Wehrsportgruppe Hoffmann* hat trotz Verbotes 1980 in den Folgejahren sichtbare Spuren hinterlassen. Die *Hepp-Kexel-Gruppe* zählte dazu. Auch sie hatte das Militärgefängnis in Berlin-Spandau, in dem das rechte Idol Rudolf Heß einsaß, im Visier. Gemeinsam mit Peter Naumann, dem »Bombenhirn« und späteren NPD-Sicherheitsstrategen, sollen Odfried Hepp und Walter Kexel überlegt haben, den Hochsicherheitstrakt zu bombardieren. Doch Naumann entfernte sich von den beiden Mitstreitern, die Pläne wurden aufgegeben. Jedoch werden zahlreiche Banküberfälle und Mordanschläge der *Hepp-Kexel-Gruppe* zugerechnet. Odfried Hepp und Walter Kexel, politisch sozialisiert im Umfeld der *Wehrsportgruppe Hoffmann* und der Münchner *Volkssozialistischen Bewegung* von Friedhelm Busse, wollten einen »undogmatischen Befreiungskampf« führen. Im Unterschied zu anderen Rechtsterroristen bezogen sie sich in einem Papier »Abschied vom Hitlerismus« auf nationalrevolutionäre Theoretiker der 1920er und 1930er Jahre. Von Oktober bis Dezember 1982 verübten sie im Rhein-Main-Gebiet mit Autobomben Anschläge auf amerikanische Soldaten und Einrichtungen. 1983 konnte die Polizei die Gruppe stoppen. Zwei Jahre später erhielten ihre Mitglieder Haftstrafen von fünf bis 14 Jahren. Nach dem

Urteil beging der 23-jährige Kexel Selbstmord. Hepp, der zunächst in der DDR untertauchen konnte und sich der Stasi andiente, wurde später in Paris verhaftet. Er gehörte zu den weltweit meistgesuchten Terroristen. Der 5. Strafsenat des Oberlandesgerichtes Frankfurt am Main verurteilte ihn am 27. Oktober 1987 unter anderem wegen Mitgliedschaft in einer kriminellen und später terroristischen Vereinigung zu einer Haftstrafe von zehn Jahren und sechs Monaten.

Am 8. desselben Monats und Jahrs nahm die Polizei Peter Naumann fest. Nach Auffassung des Bundeskriminalamtes war er dringend verdächtig, 1979 zwei Sprengstoffanschläge auf Sendemasten und die DDR-Grenzanlangen verübt zu haben. Ermittler stellten bei dem bereits polizeibekannten »Bombenhirn« Naumann und weiteren Gleichgesinnten Sprengstoff und Chemikalien, Zeitzünder sowie Informationen über Gedenkstätten, DDR-Grenzanlagen und Strommasten sicher. Die erheblichen Mengen Sprengstoff stammten zum Teil aus den Erddepots von Lembke.

Mit den Anschlägen wollte Naumann unter anderem die Ausstrahlung der Fernsehserie »Holocaust« ab 18. Januar 1979 verhindern. In der US-amerikanischen Serie wird das Schicksal einer jüdischen Familie vor dem Hintergrund des Völkermords erzählt. Der Historiker Peter Reichel betont in dem 2004 erschienenen Buch »Erfundene Erinnerungen. Weltkrieg und Judenmord in Film und Theater«, dass die Spielfilmserie den Beginn der Bereitschaft eines Massenpublikums markiert, sich mit der NS-Vergangenheit intensiver auseinanderzusetzen. Genau diese Wirkung hatte Naumann wohl befürchtet, weshalb nahezu zeitgleich an zwei 400 Kilometer entfernten Standorten seine Sprengsätze hochgingen.

Peter Naumanns Bombenkarriere war zunächst beendet. 1988 verurteilte ihn das Oberlandesgericht Frankfurt am Main wegen der Sprengstoffanschläge und versuchter Gründung einer terroristischen Vereinigung zu einer viereinhalbjährigen Haftstrafe – ein Feuerwerker war beim Entschärfen ums Leben gekommen. Im Dezember 1990 kam er vorzeitig frei und lieferte erneut bundesweite Schlagzeilen. Am 15. August 1995 übergab er Beamten des Bundeskriminalamtes und »Panorama«-Redakteuren ein Sturmgewehr, diverse Handgranaten jugoslawischer Herkunft, 2,5 Kilogramm Schwarzpulver, Blendgranaten, eine selbsthergestellte Sprengvorrichtung sowie mehrere Zündmittel. In weiteren von Naumann geöffneten Depots in Hessen und Niedersachsen wurden über 50 Kilogramm Sprengstoff, eine Pistole, erhebliche Mengen Munition sowie diverse Sprengzünder sichergestellt. 2007/2008 war der 1987 zunächst aus der NPD ausgeschlossene Naumann als parlamentarischer Berater für die sächsische NPD-Landtagsfraktion tätig. 2009 kandidierte er für die Partei um einen Sitz im Bundestag. Im Dezember 2010 referierte Naumann bei der NPD-Oberpfalz zum Thema »Werwolf – Kommandounternehmen Ende der 70er-Jahre«.

1985 schlugen rechtsextreme Skinheads in Hamburg zu – tödlich. Am 21. Dezember jenes Jahres hatte Ramazan Avci Geburtstag. 26 Jahre wurde er alt und sollte bald Vater werden. An dem Samstag wollte er mit seinem Bruder und zwei Freunden, so seine Frau Gülistan Ayaz-Avci, ein Auto verkaufen, um Geld für ein Kinderbett und die Babyausstattung zu bekommen. Zu Hause wartete damals die hochschwangere Frau auf ihren Mann. Auf dem Rückweg am S-Bahnhof Landwehr stieß Ramazan Avci mit seinen Begleitern auf rechtsextreme Skinheads. Zuerst pöbelte eine Gruppe der Skins, die in den »Bahnhofstuben« regelmäßig verkehrten, die vier an. Etwa 30 Rechte stürmten dann aus ihrer Stammkneipe auf sie zu. Mit Reizgas konnte Ramazan Avci den ersten Angriff abwehren. Doch die Schläger zogen sich kurz in die Kneipe zurück und bewaffneten sich dort. Erneut griffen sie »die Kanaken« an. Ramazans Begleiter konnten sich in einen Linienbus retten, er selbst rannte auf die Fahrbahn und wurde von einem Auto erfasst. Die Rechten im Alter von 18 bis 23 Jahren schlugen auf den am Boden liegenden Verunglückten ein. Mit Holzkeulen, einem Axtstiel und einem Gummiknüppel – bis die Schädeldecke platzte. »Trotz mehrerer Notoperationen verlor er, ohne aus dem Koma erwacht zu sein, am Heiligabend sein Leben«, sagte Gülistan Ayaz-Avci der »tageszeitung« (taz) am 18. Dezember 2012. Elf Tage später kam ihr Sohn zur Welt, sie gab ihm seinen Namen. Noch am Tatort am S-Bahnhof Landwehr konnte die Polizei einzelne bewaffnete Angreifer Ramazan Avcis stellen. Das Dezernat »Rockermilieu« der Kriminalpolizei ließ die bewaffneten Täter nach der Vernehmung aber wieder gehen. In der Verhandlung vor dem Landgericht Hamburg im Jahre 1986 stellte sich heraus, dass einer der Ermittler einen Tatverdächtigen kannte, da sein Sohn selbst in der Szene war. Im gesamten Verfahren tat sich der Vorsitzende Richter der Jugendkammer des Landgerichts schwer, eine rassistische Motivation der Angeklagten zu erkennen. Wohl auch, weil der Staatsschutz der Polizei Akten über die rechte Skinheadszene unter Verschluss hielt und der stellvertretende

Verfassungsschutzchef Ernst Uhrlau seine »Erkenntnisse« nicht preisgeben wollte. Dabei war längst bekannt, dass die Täter der *Lohbrügger Army* angehörten, aus der Anfang der 1980er Jahre Michael Kühnen den Nachwuchs für seine ANS rekrutierte. Alle Beschuldigten erhielten am Ende Haftstrafen von ein bis zehn Jahren. Aber: »Die rassistischen Hintergründe sind ganz schnell ausgeklammert worden«, erinnert sich Anwalt Uwe Maeffert, der die Familie Avci als Nebenkläger vor Gericht vertreten hat, gegenüber der »taz« am 18. Dezember 2012. »In Hamburg ist ganz schnell die Losung ausgegeben worden: Es gibt keine Morde, weil jemand Ausländer ist.«

Dabei hatten am 24. Juli 1985 bereits drei rechte Skinheads Mehmet Kaymakci ermordet. Mit einer Betonplatte zertrümmerten sie den Schädel des 29-Jährigen. »Wir wollten den Türken fertigmachen«, sagte einer der Täter im Verfahren, das mit Haftstrafen endete.

Zwei Jahre später schlug eine Gruppe rechtsextremer Skinheads im Osten Berlins zu. In der DDR hatte bis dahin keine rechte Organisation gezielt Gewalt verübt. Etwa gegen 22.00 Uhr war am 17. Oktober 1987 in der Zionskirche das Konzert der westdeutschen Band »Element of Crime« zu Ende. In der wegen des Auftritts der Gruppe um Sven Regener überfüllten Kirche gingen schon die Gäste. Über ein Seitenschiff drängten plötzlich Rechte ein, brüllten »Sieg Heil«, »Judenschweine« und »Skinhead Power« und schlugen zu. Teils mit Fäusten, teils mit Stöcken und Ketten verletzten sie Konzertbesucher. Etwa tausend Gäste schafften es, unter »Nazis raus«-Rufen die Schläger aus der Kirche zu drängen. Die Sicherheitsbehörden der DDR hatten zuvor Rechtsextremismus nicht zum öffentlichen Thema werden lassen. In der 1993 veröffentlichten Studie »Zu Wahrnehmung und Interpretation des Rechtsextremismus in der DDR durch das MfS« schreibt Walter Süß, dass das Ministerium für Staatssicherheit (MfS) bereits 1978 und 1979 insgesamt 188 Fälle von Hetze mit rechtsextremem Charakter verzeichnete. Den DDR-Behörden war bekannt, dass an den Wochenenden in Fußballstadien Jugendliche rechte Sprüche riefen und Fans anderer Clubs angriffen. 1987 gab es Übergriffe auf Punks, einen Angehörigen der Nationalen Volksarmee und einen mosambikanischen Staatsbürger, so Süß. Der Wissenschaftler betont jedoch in seiner Studie für den Bundesbeauftragten für die Stasi-Unterlagen, dass die militante rechtsextreme Szene in der DDR »nie mehr als eine kleine Minderheit« mit »niedrigem Organisationsgrad« gewesen sei. Zu deren Handlungsrepertoire gehörten Gewalt, »noch nicht aber – nach der derzeit bekannten Aktenlage – menschengefährdende Brandstiftung, Totschlag oder Mord«. Regener erklärte Jahre später gegenüber der »taz«, damals schockiert, aber nicht verwundert gewesen zu sein: »Warum sollte es Rechtsextremismus da nicht geben? Die DDR hat aus den Leuten ja nicht bessere Menschen gemacht.«

1985 wurde es schon gefordert, 2012 aber erst umgesetzt: Nach fast 30 Jahren erhielt am 19. Dezember des Jahres der Vorplatz am Hamburger S-Bahnhof Landwehr zur Erinnerung an den Mord den Namen des Opfers – Ramazan-Avci-Platz. Die zweite Bürgermeisterin der Hansestadt, Dorothee Stapelfeld (SPD), betonte, dass die Gedenktafel an das ausländerfeindliche Verbrechen erinnern soll. Die Witwe Gülistan Ayaz-Avci sprach von ihrem Verlust. Ein Zeichen zu setzen, sagte sie, sei »schon immer« ein Wunsch gewesen, und sie hob hervor, dass sie die Urteile gegen die Schuldigen nicht mit ihrem Gerechtigkeitsverständnis verbinden könne: »Seit Jahren sind die Täter frei und leben ihr Leben.« Die gerade aufgedeckten NSU-Morde hätten sie an all das noch einmal schmerzhaft erinnert: »Ich musste sehr an den Tod von Ramazan denken und an das große Leid, das ich erfahren habe. Der Gedanke, dass so viele Familien das ebenfalls erlebt haben, hat mich sehr aufgewühlt.«

Julia Jüttner

Der Nationalsozialistische Untergrund

Der Überfall und das Ende in Eisenach – Jugend in Jena –
Politische Freunde – Radikalisierung – Leben im Untergrund –
Zwischenstation Chemnitz – Morde und Bombenanschläge –
Zwickauer Helfer

Sie trugen Masken, darüber Kapuzen, Fahrradhandschuhe und Jogginghosen. Am 4. November 2011, einem Freitag, stürmten kurz nach
9 Uhr zwei Männer die Sparkasse am Nordplatz in Eisenach. »Geld
her!«, brüllten sie die Kassiererin an. Der eine Täter hielt die zwei
Kunden und drei Angestellten mit einer geladenen Pistole Česká 70 in
Schach. Der andere, größere von beiden, trug einen silbernen Revolver
und ging ins Büro des Filialleiters. Er verlangte von ihm die Öffnung
des Tresors, und als der nicht sofort reagierte, schlug er dem Mann mit
der Waffe auf den Kopf, wie er es bei anderen Überfallen zuvor schon
oft getan hatte. Um 9.20 Uhr rannten die Bankräuber mit der Beute
aus dem Gebäude und bestiegen ihre Fahrräder. In einer Plastiktüte befanden sich 71 915 Euro. Die Einsatzleitung der Polizei gab sofort eine
Ringfahndung heraus.

Drei Stunden später entdeckten zwei Streifenbeamte einen Kilometer
entfernt in der Straße Am Schafrain im Wohngebiet Wartburgblick des
Stadtteils Stregda ein weißes Wohnmobil. Sie waren auf der Suche nach
den Bankräubern und einem Fahrzeug, in das die Fluchträder passen
könnten. Ein Anwohner hatte einen Tipp gegeben. Hubschrauber kreisten in der Luft, Straßensperren wurden errichtet. Mehr als ein Dutzend
Polizeifahrzeuge waren bereits im Einsatz. Die beiden Uniformierten
näherten sich dem Campingmobil, schickten Anwohner in ihre Häuser. Schüsse sollen gefallen sein. Nach einer kurzen Pause knallte es
erneut. Dann ging das Fahrzeug mit dem vogtländischen Kennzeichen
in Flammen auf, brannte aber nicht vollständig aus.

Den Einsatzkräften bot sich ein unerwartetes Bild. Unten an der
Stoßstange des weißen Fiat Capron steckte eine Minikamera, sie deckte
den Sichtbereich ab, der aus dem Inneren und durch die Fenster nicht
einsehbar war. Im Innenraum fand sich ein Funkscanner, auf verschie-

denen Kanälen konnten Polizei, Feuerwehr und thüringische Rettungsdienste abgehört werden. Neben Spielsachen und Stadtplänen lagen zwei Tarnmasken herum. Hinter einer Wandverkleidung befand sich ein ganzes Waffenarsenal: eine Handgranate, vier Pistolen der Marken Heckler & Koch, Erma und Česká, zwei Pumpguns, drei Revolver sowie eine kroatische Maschinenpistole. Später sollte sich herausstellen: Mit einem der Revolver war 2008 ein Bankangestellter angeschossen worden. Außerdem führten die halbautomatischen Pistolen der Marke Heckler & Koch die Ermittler zu einem der spektakulärsten, unaufgeklärten Mordfälle: dem an der Thüringer Polizistin Michèle Kiesewetter 2007 in Heilbronn. Auch der Fund der Česká VZ OR 70 sorgte noch lange für Schlagzeilen.

Im Wohnmobil lagen die Leichen der beiden Bankräuber: Uwe Mundlos und Uwe Böhnhardt, 38 und 34 Jahre alt. Laut Rekonstruktion der Ermittler tötete Mundlos seinen Komplizen mit einem aufgesetzten Schuss aus der Pumpgun Winchester Modell 1300 Defender in die linke Schläfe, zündete den Wagen an und schoss sich dann selbst in den Mund. Er war nicht sofort tot. Die Kugel trat am Hinterkopf wieder aus, Gaumen und Schädeldecke wurden zertrümmert. Gerichtsmediziner fanden Rußpartikel in seiner Lunge – Mundlos war im brennenden Fahrzeug erstickt.

Obwohl die beiden versierten Schützen genug Munition und Waffen bei sich hatten, um sich den Weg freizuschießen, entschieden sie sich aus unbekannten Gründen für ein anderes Ende. Es ist das Ende zweier Neonazis, die in den 1990er Jahren in Jena stadtbekannt waren und die 1998 mit ihrer Freundin Beate Zschäpe in den Untergrund gingen. Sie töteten vermutlich zehn Menschen, neun von ihnen aus rassistischen Motiven.

Während ihre beiden Komplizen in Eisenach starben, saß die 36-jährige Beate Zschäpe in der gemeinsamen Wohnung in der Frühlingsstraße 26 in Zwickau, die sie unter dem Namen eines rechten Unterstützers aus dem Erzgebirge angemietet hatten. Sie vertrieb sich die Zeit am Computer. Gegen 15 Uhr verließ sie das Haus, kurze Zeit später explodierten Brandsätze und zerstörten den Unterschlupf der als Zwickauer Terrorzelle bekanntgewordenen Neonazi-Gruppe *Nationalsozialistischer Untergrund* (NSU). Es ist der finale Akt eines politischen Dramas.

Das System, in dem er aufwuchs, hatte Uwe Mundlos schon als Jugendlicher in Frage gestellt. »Hier stinkt's nach Stasi!«, rief er, als bei einer der Jugendstunden der *Freien Deutschen Jugend* (FDJ) ein DDR-Offizier den Raum betrat. Das war 1987, Mundlos damals 13 Jahre alt. Er weigerte sich, das blaue Hemd mit dem FDJ-Emblem anzuziehen. Nach dem Unterricht stellte er sich mit einem Kassettenrekorder auf den Schulhof und beschallte die Straße mit dem Lied »Sonderzug nach Pankow« von Udo Lindenberg – eine Provokation in der Deutschen Demokratischen Republik. Er habe seinen Standpunkt »ausdauernd und leidenschaftlich« vertreten, angereichert mit Informationen aus sogenannten Westmedien, sagte ein Schulfreund in einer Vernehmung. Mundlos habe sich mit dem »Dritten Reich« befasst und sich negativ über Sowjetsoldaten geäußert, »obwohl die ja unsere ›Freunde‹ waren«, wie der ehemalige Kumpel betonte. Mundlos kritisierte die staatsorientierten Kinderorganisationen *Jungpioniere* und *Thälmann-Pioniere* sowie den Jugendverband FDJ, und er verabscheute die »Russen-Zone«, in der er lebte.

Dabei war es ein privilegiertes Leben in der DDR, in das Uwe Mundlos am 11. August 1973 in Jena geboren wurde. Sein Vater hatte an der Universität der Stadt Mathematik studiert und promoviert, nach der »Wende« unterrichtete er als Professor für Informatik an der Fachhochschule in Jena. Mundlos' Mutter arbeitete als Kassiererin in einem Supermarkt. 1987 zog die Familie ins Neubaugebiet Winzerla, eine weitläufige Plattenbausiedlung im Südwesten Jenas – damals eine begehrte Wohngegend, fast eine Vorzeigeanlage mit funktionierenden Heizungen, warmem Wasser, oft mit Balkonen.

Mundlos kümmerte sich fürsorglich um den zwei Jahre älteren Bruder, der an einer spastischen Lähmung leidet und im Rollstuhl sitzt. Uwe Mundlos war klug, gewissenhaft, einer, der seine Habseligkeiten pflegte – ein unauffälliges Kind mit dicken Naturlocken, die ihm bis zur Schulter reichten, das schnell sprach und gute Manieren zeigte. Er hörte West-Musik, nicht nur Udo Lindenberg, auch AC/DC, besuchte die Magnus-Poser-Oberschule in Jena, gab schon früh anderen Kindern Nachhilfe in Mathematik. In den sogenannten Lernfächern sei Mundlos dagegen nicht überragend gewesen, erinnert sich ein Schulfreund. »Er war stinkend faul, aber klug.« Gemeinsam trampten die beiden Schüler direkt nach der Maueröffnung ins vorher unerreichbare bayerische Kronach, Mundlos kaufte sich von seinem Begrüßungsgeld ein Butterfly-Messer.

Nach der zehnten Klasse absolvierte Mundlos eine Ausbildung zum Datenverarbeitungskaufmann bei Carl Zeiss. Er lernte, Datenbanken zu programmieren, und entwickelte sich zum Nerd.

Wie viele seiner Generation empfand er nach dem Umbruch in der DDR eine Orientierungs- und Haltlosigkeit im neuen Deutschland. Seine antikommunistische Einstellung machte ihn für die rechtsextreme Ideologie empfänglich. Er war fasziniert vom Nationalsozialismus, von Adolf Hitler, seinem Aufstieg und seiner Kriegsführung – so sehr, dass er sein Können dafür einsetzte, antisemitische Computerspiele zu entwerfen, die mit Marschmusik und Stimmen aus dem »Dritten Reich« unterlegt waren. Das Ziel: Derjenige Spieler, der die meisten Juden erschießt, hat gewonnen. Früh zeigte sich bei Mundlos politische Eigeninitiative.

Eine rechtsextreme Szene existierte bereits zu DDR-Zeiten, wurde jedoch vonseiten des Staates geleugnet. Vor allem die größeren Thüringer Fußballvereine waren Anziehungspunkte für diese Jugendlichen. In einigen Cliquen mischten sich rechte und linke Jugendliche, die Spannungen entluden sich nach 1989, gewalttätige und rassistische Übergriffe nahmen massiv zu. Kurz nach der Vereinigung traten in Thüringen neonazistische Parteien wie die NPD, die DVU, *Die Republikaner*, die *Freiheitliche Deutsche Arbeiterpartei* (FAP), die *Nationalistische Front* (NF), die *Nationale Liste* (NL) oder regionale Gruppen wie der *SA-Sturm Erfurt* in Erscheinung. Die *Wiking-Jugend* führte in dem Bundesland Wehrsportlager durch. Landesweit lag die Neonazi-Szene Mitte der 1990er Jahre bereits bei rund 1000 Personen. Die bekanntesten Neonazis Thüringens kamen aus Jena, Stadtroda, Saalfeld-Rudolstadt und Gera. Sie suchten sich im September 1991 eine Heimstatt und fanden sie im »Winzerclub«, einem von der neuen Jenaer Stadtverwaltung wiedereröffneten Jugendtreff im Stadtteil Winzerla. Er sollte Anlaufpunkt sein, um sich zu treffen, Sorgen abzulassen, Hilfe zu bekommen, wenn man Probleme mit Eltern, bei der Arbeitssuche oder bei Ämtergängen hatte. Es gab Bier, aber keine harten Alkoholika. Mundlos half bei der Renovierung, die langen Haare hatte er abgeschnitten, er hörte jetzt »Böhse Onkelz«, die anfänglich auch das eindeutige Lied »Türken raus« eingespielt hatten und live sangen. Mundlos schor sich eine Glatze, stopfte die schwarzen Hosen mit aufgesetzten Seitentaschen in schwarze Springerstiefel, ein Hakenkreuz zierte die Gürtelschnalle, über den T-Shirts trug er schwarz-rot-goldene Hosenträger und eine schwarze Bomberjacke. Im Club durften Rechtsrock-Bands auftreten und proben, heimlich rekrutierten sie Nachwuchs. Letztlich seien damals Ressourcen der Stadt genutzt worden, »um rechtsextremistische Bestrebungen zu fördern und entsprechende Strukturen aufzubauen«, bilanzierten die Soziologen Peter Bescherer und Matthias Quent von der Jenaer Universität das Scheitern dieser Form der Jugendarbeit mit Neonazis in der Zeitung »Freies Wort«. Die Jenaer Sozialarbeiter waren überfordert mit den Rechten. Es wurden immer mehr, sie trauten sich nicht, sie auszuschließen. »Wir entschieden uns, sie einzubinden«, sagt Sozialarbeiter Thomas Grund heute. Ein Fehler, wie sich herausstellte.

Rechtsextreme Straftaten in Thüringen nahmen zu, 1994 waren es 477, im Jahr 1997 verdreifachte sich die Anzahl fast auf 1206. Einer, der von Anfang an die zunehmende Gewalt der Rechtsextremen als Gefahr erkannte und gegen sie ankämpfte, war Lothar König, der Jugendpfarrer von Jena, Leiter der *Jungen Gemeinde* (JG). Er organisierte zum Beispiel 1991 ein Fußballspiel zwischen Rechten und Linken in der Plattenbauhochburg Jena-Lobeda, es sollte die verfeindeten Gruppen einander näherbringen. Ein Jahr später prügelten Neonazis zwei JG-Besucher fast zu Tode, so eine Aktion wie ein Fair-Play-Spiel war schon nicht mehr möglich. König inszenierte eine Straßenaufführung: Jugendliche stellten die Gewaltexzesse nach, schwangen Baseballschläger, andere wälzten sich in Schweineblut. Eine aufrüttelnde Vorstellung. Die Rechtsextremen wüteten weiter, bedrohten ausländische Studenten und Andersdenkende. »Es herrschte eine Atmosphäre alltäglichen Terrors gegen linke Jugendliche und Menschen mit Migrationshintergrund – während die Mehrheit der Bevölkerung und die staatlichen sowie kommunalen Institutionen wegschauten«, erinnert sich Lothar König.

Mundlos' politische Haltung manifestierte sich zunehmend, ab 1993 radikalisierte er sich so sehr, dass er im »Winzerclub« Hausverbot erhielt. Er beschäftigte sich intensiv mit der NS-Zeit, propagierte den »Ein-Fronten-Krieg«, den Adolf Hitler seiner Meinung nach hätte führen sollen, verherrlichte grundsätzlich das »Dritte Reich«. In seinem Zimmer zierten Reichskriegsflagge und Hakenkreuzfahne die Wände, Freunden spielte er Originalreden von Hitler und Goebbels vor. Der Vater versuchte vergeblich, ihn aus der rechten Szene zu holen, kontaktierte andere Eltern aus dessen Freundeskreis, fuhr mit seinem Sohn ans Meer. Als er hörte, dass Nazi-Bands in der Nähe auftraten, brachte er ihn und seine neue Freundin Beate Zschäpe an einen Baggersee in der Nähe zum Zelten. »Ich habe die beiden auch in den Campingurlaub bis nach Mecklenburg gefahren und nach vier Wochen abgeholt«, sagte der Vater später dem »Spiegel«.

Im »Winzerclub« hatte Uwe Mundlos Anfang der 1990er Jahre Beate Zschäpe kennengelernt. Mit anderen Jugendlichen hingen sie im Treppenhaus des Plattenbaus ab, in dem Mundlos mit seinen Eltern wohnte. Zschäpe soll auf den sogenannten Vietnamesenmärkten in Jena Zigaretten geklaut haben, die sie dann im Flur rauchten. Mit »Beatchen« besuchte er Kumpels auch außerhalb Thüringens.

Beate Zschäpe war ein Mädchen mit freundlichem Gesicht und trister Vergangenheit, oft getrennt von der Mutter, aufgezogen von den Großeltern. Ein Mädchen, das drei verschiedene Nachnamen trug, bevor es fünf Jahre alt war. Die Mutter war 22 Jahre alt und mitten im Studium in Rumänien, als Beate zur Welt kam. Ihr Fach: Zahnmedizin. Der Vater, ein rumänischer Arzt, erkannte die Vaterschaft nicht an, zahlte keinen Unterhalt, ehelichte eine Bekannte der Mutter und führte dann eine Praxis im nordrhein-westfälischen Hagen. Er starb im Jahr 2000.

Beate Zschäpes Mutter studierte direkt nach der Geburt weiter, das Mädchen blieb bei seinen Großeltern. Die Kleine war kein Jahr alt, als ihre Mutter einen Jugendfreund aus Jena heiratete. Er kümmerte sich um das Mädchen. Die Mutter beendete ihr Studium in Rumänien, Beate sah sie selten. Als sie 1976 in ihre Heimat zurückkehrte, ließ sie sich von dem Mann scheiden, der für ihre Tochter ein Jahr lang Ersatzvater gewesen war. Zschäpes Mutter heiratete erneut, zog mit dem neuen Mann nach Camburg an der Saale, zwischen Jena und Naumburg. Ihr Kind blieb bei den Großeltern in einem zehnstöckigen Plattenbau im Jenaer Stadtteil Löbstedt.

Die zweite Ehe hielt drei Jahre. Als Beate Zschäpe fast fünf Jahre alt war, wohnte sie gemeinsam mit der Mutter in einer Ein-Zimmer-Wohnung in Jena-Lobeda. 1985 bezogen die beiden dann eine Drei-Raum-Wohnung in Jena-Winzerla. 1991 schloss Zschäpe die Schule mit der 10. Klasse ab, strebte eine Lehre als Kindergärtnerin an, doch sie fand keine Ausbildungsstätte. Im Juni 1992 vermittelte ihr die Stadtverwaltung Jena eine Arbeitsbeschaffungsmaßnahme (ABM) als Malergehilfin, die sie nach wenigen Wochen abbrach. Sie begann eine dreijährige Ausbildung zur Gärtnerin im Gemüsebau, die sie auch abschloss. Nach einem Jahr Arbeitslosigkeit erhielt sie im September 1996 erneut eine ABM-Stelle, wieder als Malergehilfin, in der städtischen Jugendwerkstatt.

Zwischen Mutter und Tochter fehlte es an Nähe. Beate selbst bezeichnete sich später als »Omakind«. Welches Ausmaß die rechte Gesinnung der Tochter hatte, sei ihr erst bewusst geworden, sagte die Mutter bei einer polizeilichen Vernehmung aus, als 1996 die Wohnung, in der sie mit ihr lebte, durchsucht wurde. 1997 zog Beate Zschäpe aus, sie war damals 22 Jahre alt.

Zschäpe fand schnell ihren festen Platz in der rechtsextremen Szene. Bereits mit 16 war sie dabei, als Uwe Mundlos und weitere Kameraden an einem Juniabend 1991 einen torkelnden Mann an einer Bushaltestelle in Winzerla anrempelten, traten und ihm das Nasenbein brachen. Sie gab eine Zeugenaussage zugunsten ihrer Kumpels ab. Es kam zum Versöhnungsgespräch zwischen Opfer und Tätern unter der Aufsicht von Streetworkern und Eltern. Vater Mundlos empfand die Tat als »Sauerei«, so steht es im Protokoll, er zahlte Schmerzensgeld. Der Sohn gab sich reuig und sagte, so etwas werde in Zukunft nicht noch einmal passieren.

1993 begann Beate eine Beziehung mit Uwe Mundlos, verlobte sich mit ihm, trennte sich jedoch, als er bei der Bundeswehr war, wieder von ihm – wegen Uwe Böhnhardt, den sie inzwischen kennengelernt hatte und händchenhaltend auf Familienfeiern begleitete. Der Kontakt zwischen dem neuen Paar und Mundlos blieb intensiv, die Dreiecksbeziehung sorgte unter Neonazis für Getuschel.

Der vier Jahre jüngere Uwe Böhnhardt, genannt »Böhni«, stellte eine Art Konterpart zu Uwe Mundlos dar: Freunde von früher beschreiben den 1977 geborenen Sohn eines Ingenieurs als wortkarg und introvertiert. Er wuchs als Nesthäkchen auf, die Eltern ließen ihm mehr durchgehen als den beiden älteren Brüdern. Als Uwe Böhnhardt elf war, starb einer seiner Brüder, dem er sehr nahestand. Die Eltern fanden ihn kurz vor seinem 18. Geburtstag im Morgengrauen vor der Haustür. Er war an Unterkühlung gestorben, wies aber auch Knochenbrüche auf. Die Eltern glauben, dass ihr Sohn bei einer Spritztour zu einer Burg aus großer Höhe hinabgestürzt und dann von Freunden vor dem Haus abgelegt worden war. Die Todesumstände konnten nie vollständig aufgeklärt werden.

Die Mutter, Lehrerin für verhaltensgestörte Kinder, gab sich viel Mühe mit Uwe, dem Nachzügler. Irgendwann schien sie jedoch überfordert, diesen Eindruck hinterlässt sie jedenfalls in mehreren Fernsehinterviews.

Nach der »Wende« musste Uwe Böhnhardt die sechste Klasse wiederholen. Der Jugendliche schwänzte die Schule, klaute, knackte Autos, randalierte. Immer wieder mussten ihn die Eltern bei der Polizei abholen, er wurde wegen Diebstahls, Körperverletzung und Erpressung verurteilt. Freiwillig ging er in ein Heim, bis er erneut straffällig wurde und für sechs Monate in Jugendhaft musste. Er war damals 15 Jahre alt. Nach der Haft driftete Uwe Böhnhardt in die rechte Szene ab, grölte rechtsextreme Parolen, marschierte bei Demonstrationen mit. 1996 schloss er eine zweijährige Lehre als Hochbaufacharbeiter ab.

Bereits 1993 war Böhnhardt mit dem späteren NPD-Funktionär Ralf Wohlleben in Kontakt gekommen, den er regelmäßig mit in den »Winzerclub« schleppte – zu seinen Freunden Mundlos und Zschäpe. Wohlleben wohnte mit seiner Familie auch im DDR-Neubauviertel Winzerla und provozierte mit rechtsextremer Agitation. Als »absoluten Rassist mit hohem Gewaltpotenzial« beschrieb ihn ein ehemaliger Kamerad. »Einer, der sich nach außen zurückhielt, aber sich nicht duckte, wenn es Randale gab.« Wohlleben zählte für ehemalige Kameraden wie David F. weniger zur »Spaßfraktion« als zur politischeren »Scheitelfraktion« der rechten Szene in Jena.

Einmal überfiel Wohlleben mit anderen Neonazis zwei junge Frauen, hielt sie stundenlang fest, um von ihnen Namen und Adressen linker Jugendlicher zu erpressen. Das war 1999. Davor schon soll er oft andere zu kriminellen Taten mit politischem Hintergrund angestiftet haben, anstatt sich selbst die Hände schmutzig zu machen. »Der hatte das Befehlen und Manipulieren gut drauf«, erzählte ein ehemaliger Szene-Freund. Böhnhardt soll auf Wohllebens Geheiß 1995 zum Beispiel gemeinsam mit Zschäpe ein Mahnmal für die Opfer des Faschismus in Rudolstadt beschmiert haben. Wohlleben war früh eine bundesweit bekannte rechte Integrationsfigur der Szene in Thüringen. An der Seite von NPD-Landeschef Frank Schwerdt machte er schnell Karriere, wurde Pressesprecher für die Partei und pflegte nebenher enge Kontakte zum sächsischen Kameradschaftsspektrum. Er heiratete, gründete eine Familie und verband wie viele gefestigte Neonazis Privates mit Politischem: Die Firma des Fachinformatikers, Netzspeicher 24, bot zum Selbstkostenpreis Speicherplatz für »parteigebundene und freie Nationalisten« an.

Wen Wohlleben nicht mochte, wie den Schnelldurchstarter Kai-Uwe Trinkaus aus Erfurt, der sich später als Spitzel des Landesamtes für Verfassungsschutz entpuppte, der hatte einen schweren Stand in radikalen

Kreisen. Gemeinsam mit Uwe Böhnhardt nahm Wohlleben bereits früh an Treffen der militanten Gruppe *Anti-Antifa Ostthüringen* teil.

Uwe Böhnhardts Eltern registrierten die Radikalisierung ihres Sohnes in seinem Äußeren und seinen rassistischen Äußerungen, fühlten sich aber machtlos dagegen. Die einzige Maßnahme, die sie durchsetzen konnten: Sie duldeten zu Hause keine rechtsradikalen Sprüche und keine Szene-Klamotten. Böhnhardt, der ein enges Verhältnis zu seinen Eltern pflegte, riss sich ihnen gegenüber verbal zusammen und zog sich erst in Mundlos' Wohnung die Skinhead-Montur über. Wie Mundlos bekam auch Böhnhardt wegen Neonazi-Pöbeleien vom Jugendtreff »Winzerclub« ein Hausverbot.

»Wie kriegen wir die raus, oder wie können wir verhindern, dass die hier mit Leuten reden?«, erinnert sich der damalige Jugendsozialarbeiter Thomas Grund aus Jena an den Konflikt mit den Rechten im Gespräch mit »Spiegel Online«. Als im Club ein Alkoholverbot erlassen wurde, zogen die rechten Skins ab – und schlugen ihr Lager vor dem Club auf. »Die standen dann ein, zwei Jahre noch jeden Tag vor diesem Haus und haben Leute angepöbelt. Bei Konzerten musste ich immer einen größeren Einlass organisieren, damit wir in der Lage waren, ihnen was entgegenzusetzen.« Mundlos und Böhnhardt, nun längst ideologisch aufgestachelt, marschierten in nachgeahmten Uniformen der SA durch die Straßen von Winzerla, bezeichneten nach Angaben ehemaliger Kameraden den Stadtteil als »national befreite Zone«. Für seinen roten Ford Escort ließ sich Mundlos das Kennzeichen »J – AH 41« anfertigen – J für Jena und AH für Adolf Hitler, 1941 begann der »Ostfeldzug« der deutschen Wehrmacht gegen die Sowjetunion. »Sicher haben wir uns damals immer mehr radikalisiert beziehungsweise politisiert«, bestätigte André Kapke, einst enger Weggefährte des Trios, der neurechten Wochenzeitung »Junge Freiheit«. Es ist das einzige Interview, das er bislang gegeben hat. Zschäpe, Mundlos und Böhnhardt hätten »aktionistischer« werden wollen, um mehr Öffentlichkeit zu bekommen. »Aber das bedeutet ja nicht gleich Terrorismus. Deswegen hab ich das mit den Bombenattrappen auch nicht so ernst genommen. Die waren ja nicht zündfähig. Das sollte doch nur zeigen: Seht her, wir könnten, wenn wir wollten.«

Gekleidet in ihren braunen SA-ähnlichen Uniformen, provozierten Böhnhardt und Mundlos auch in der Gedenkstätte des ehemaligen Konzentrationslagers Buchenwald und erhielten dort Hausverbot. In ihrer Begleitung war Thomas Starke, einer der Köpfe der *Blood & Honour-*

Division aus dem sächsischen Chemnitz. Uwe Böhnhardt habe »ein gewisses Faible für Waffen« gehabt, sagte Kapke im Interview. Gleichzeitig stülpte er sich OP-Überzieher über die polierten Springerstiefel, um sie in den Wohnungen von Zschäpes Mutter oder Großmutter nicht ausziehen zu müssen.

Mundlos leistete von April 1994 bis März 1995 beim 6. Panzergrenadierbataillon 381 im thüringischen Bad Frankenhausen seinen Grundwehrdienst ab. Schnell fiel er wegen seiner rechten Gesinnung auf. Wegen Disziplinarverstößen musste er mehrfach in den Arrest, danach befragte ihn der Militärische Abschirmdienst (MAD) zu internen Vorgängen der rechtsextremen Szene – und wollte ihn als Quelle im rechten Milieu anwerben. Ohne Erfolg. Mundlos räumte im Gespräch mit dem MAD seine rechte Neigung offen ein, reduzierte seine politische Radikalität geschickt auf die Mitgliedschaft in einer nicht näher bezeichneten »Skingruppe«, bezeichnete sich aber nicht als ausländerfeindlich. Vielmehr sah er seine rechte Gesinnung als Provokation gegen den Staat. In der Vernehmung durch den MAD behauptete Mundlos, so geht es aus geheimen Verhördokumenten hervor, seine Familie dulde seine Einstellung. Der Wehrdienstleistende aus Jena distanzierte sich indirekt von dem Mord an Millionen Juden in der Zeit des Nationalsozialismus, meinte, das sei eine »schlimme Sache« gewesen. Allerdings ließ sich Mundlos deutlich über Asylbewerber aus und forderte deren Abschiebung. Er behauptete, er selbst lehne körperliche Gewalt gegen Ausländer ab. »Termine für Anschläge auf Asylbewerberheime« könne er weder Polizei noch Verfassungsschutzbehörden melden, gab er zu Protokoll, denn er nehme an solchen Aktionen nicht teil und könne sich zudem nicht vorstellen, »mit den zuständigen Behörden zu kooperieren«.

Nach seinem Wehrdienst besuchte Mundlos das Ilmenau-Kolleg südwestlich der Thüringer Landeshauptstadt Erfurt, er wollte das Abitur nachholen. Er glänzte in naturwissenschaftlichen Leistungskursen und plante ein Studium. Lehrern fiel er als Einzelgänger auf, rhetorisch begabt, politisch interessiert, wenn er ihnen auch in erster Linie als ein unverkennbar glühender Nationalsozialist auffiel. Vor allem, dass ihn seine Jenaer Kameraden Böhnhardt, Wohlleben und Kapke im Wohnheim besuchten, sprach sich schnell herum.

Böhnhardt, Zschäpe und Mundlos brachten sich engagiert in der extrem rechten *Kameradschaft Jena* ein – ein ausgewählter Kreis junger weiblicher und männlicher Rechtsextremer, darunter Holger Gerlach, Ralf Wohlleben sowie André Kapke, dessen Eltern im Hochhaus neben Böhnhardts wohnten. André Kapke, 1975 in Jena geboren, ließ sich innerhalb der Kameradschaft »Führer« nennen. Er mischte bereits als Teenager in der rechtsextremen Szene Thüringens mit. Beim Kameradschaftsnetzwerk *Thüringer Heimatschutz* (THS) war er einer der Stellvertreter von Wortführer Tino Brandt. Kapke nervte die Kameraden oft mit »nationalanarchischen Anwandlungen«, hielt Seminare zu dem Thema ab und lud Gleichgesinnte zu Aufmärschen nach Thüringen ein. Er wurde mehrfach zu Geldstrafen wegen Körperverletzung, Nötigung und Beleidigung verurteilt. Kameraden von damals beschreiben Kapke als extrem cholerisch und unbeherrscht.

Im November 1997 gründete Kapke in Erfurt unter dem Namen »Neues Denken« ein rechtsextremes Zeitungsprojekt – welches vom Thüringer Sozialministerium mit 23 000 D-Mark Existenzgründungshilfe unterstützt wurde. Als Redaktionsmitglieder fungierten neben André Kapke der später als V-Mann enttarnte Thomas Dienel sowie ein Aktivist der extrem rechten Partei *Deutsche Volks-Union* (DVU). Die staatliche Subventionierung flog ein Jahr später auf.

André Kapke wurde führendes Mitglied der Freien Kameradschaft *Nationaler Widerstand Jena* (NWJ). Bei Szene-Veranstaltungen positionierte er sich gern an der Eingangskontrolle und überprüfte die Besucher. Bei Demonstrationen politischer Gegner inszenierte er sich als bedrohlicher *Anti-Antifa*-Fotograf, manchmal im bodenlangen Mantel und mit auffälligen Koteletten, die Augen hinter einer Sonnenbrille versteckt. Aufkleber mit dem Slogan »Bratwurst statt Döner«, die in den Jahren 1996 und 1997 in Jena die Runde machten, stammten von ihm. Der Jenaer Neonazi war früh gut vernetzt mit führenden radikalen Aktivisten aus anderen Bundesländern. Gemeinsam mit Beate Zschäpe reiste Kapke im Sommer 1997 ins Neonazi-Schulungszentrum »Hetendorf Nr. 13« in der Lüneburger Heide. Dort hielt der 2009 verstorbene Neonazi-Anführer Jürgen Rieger aus Hamburg mit Anhängern aus den Reihen der *Artgemeinschaft – Germanische Glaubensgemeinschaft* oder der Jugendorganisation der NPD, den *Jungen Nationaldemokraten*, Schulungswochen ab. Der selbständige Bauunternehmer André Kapke gilt noch heute als der Ideologie verhaftet, er stand zuletzt – wie Weggefährte Ralf Wohlleben – dem *Freien Netz Jena,* einem Nachfolger der *Kameradschaft Jena,* nahe. Anders als Wohlleben konnte sich der schwergewichtige Neonazi allerdings nie zur NPD bekennen und stand der Partei eher kritisch gegenüber. Dennoch genoss er bundesweit starken Einfluss.

In den 1990er Jahren wurde der *Thüringer Heimatschutz* zum Sammelbecken aller regionalen Neonazi-Gruppierungen. Seine weiblichen und männlichen Anhänger galten als militant und äußerst gewaltbereit. Regelmäßig wurde Hatz auf Andersdenkende gemacht – auch Mundlos machte »Jagd auf Zecken«, wie er gern berichtete. Einmal soll er versucht haben, mit dem Auto einen Punk vom Fahrrad zu rammen.

Der nationalistische und rassistische Kampf bestimmte zusehends das Leben der drei Freunde: Im Februar 1995 meldete Zschäpe in Jena eine Demonstration der *Interessengemeinschaft Thüringer Heimatschutz* an. Das Motto: »Zur Bewahrung Thüringer Identität, gegen die Internationalisierung durch die EG« (Europäische Gemeinschaft). Die Stadt verbot den Aufmarsch.

Das Trio nahm teil an rechten Demonstrationen in Saalfeld, Dresden und Rudolstadt. 1996 protestierten sie gegen den Prozess gegen den hessischen Holocaustleugner Manfred Roeder in Erfurt. Sie marschierten mit NPD-Kadern zum Gedenken an den Tod des Hitler-Stellvertreters Rudolf Heß in Worms mit. Sie pflegten enge Kontakte zu Aktivisten in Chemnitz und Nürnberg und besuchten mit Jenaer Kameraden 1995 den fränkischen Szene-Treffpunkt »Tirolerhöhe« nahe Nürnberg. In Sachsen lernten sie den Skinheadmusiker Michael Ellinger aus Ludwigsburg kennen, den sie dann mehrmals in der Residenzstadt zwischen Stuttgart und Heilbronn besuchten. Im Frühjahr 1996 schwärmte Mundlos in einem seiner sichergestellten Briefe vom Osterbesuch bei den »Spätzles«: »Wir waren vor allem über die Waffen, die sie alle haben, erstaunt – schon fast ein kleiner Waffenladen.«

1996 hängte Uwe Böhnhardt einen menschengroßen Puppentorso mit zwei Davidsternen und der Aufschrift »Bombe« an eine Autobahnbrücke der A 4. Bis Dezember 1997 deponierten die drei Bombenattrappen in Jena, so auch am Nordfriedhof an der Gedenkstätte für den 1944 erschossenen Häftling des KZ Buchenwald Magnus Poser und vor dem Theater – wieder gekennzeichnet mit der Aufschrift »Bombe« und einem Hakenkreuz. Das Trio wurde vernommen und wieder freigelassen.

Am 26. Januar 1998 rückte um 6 Uhr in der Früh die Polizei in einer Jenaer Garagenanlage an. Es ging um die Nummern 5 und 6 im »Garagenverein an der Kläranlage e. V.« im Stadtteil Lobeda, eine davon hatte Zschäpe von einem Polizeibeamten angemietet. Der Verdacht der Ermittler: Hier ist die geheime Bombenwerkstatt, in der Neonazis ihre Attrappen basteln. Das Schloss von Nummer 5 klemmte, die Beamten riefen die Feuerwehr. In Nummer 6 parkte Böhnhardts Auto mit dem Kennzeichen J – RE 158. Dieses wurde laut Gutachten des ehemaligen Bundesrichters Gerhard Schäfer zum Verhalten der Thüringer Behörden zur Zwickauer Zelle (Schäfer-Bericht) mit Böhnhardts Zustimmung durchsucht. Zwischen 8.30 Uhr und 9 Uhr sollte Böhnhardt den Wagen aus der Garage fahren. Er fragte, ob er sich während der weiteren Durchsuchung entfernen dürfe, was ihm die Beamten erlaubten – und Böhnhardt machte sich aus dem Staub.

Er wusste, was die Beamten finden würden: In Garage 5 lagerten vier funktionsfähige Rohrbomben ohne Zünder mit insgesamt 1,39 Kilogramm hochexplosivem TNT. Fahnder fanden zudem in einem gepackten Rucksack einen Aktenordner, in dem Mundlos penibel seine Korrespondenz mit rechtsextremen Gesinnungsgenossen und eine detaillierte Telefonliste sämtlicher Kontakte aus der Szene abgeheftet hatte. Eine Art »Who is who« der damaligen Szene.

Doch Böhnhardt wurde nicht aufgehalten oder sofort zur Fahndung ausgeschrieben. Erst zwei Tage nach dem Bombenfund erging Haftbefehl gegen die drei, die längst untergetaucht waren. Mundlos rief seine Eltern an, verabschiedete sich knapp: »Ich verlasse euch für längere Zeit, hab euch lieb.« Zschäpe bat die Großmutter um Geld, erzählte ihr, sie würde verfolgt werden. Bei Böhnhardt habe es eine Durchsuchung gegeben, sie müssten nun erst einmal verschwinden.

Unterschlupf fanden die drei etwa 100 Kilometer von Jena entfernt in Chemnitz. Thomas Starke, ein Freund, der den beschlagnahmten Sprengstoff in Jena geliefert hatte, vermittelte sie in der Hochburg der Chemnitzer Neonazi-Szene ins sogenannte Fritz-Heckert-Gebiet, in dem sich kriminelle Jugendcliquen alias »Heckert-SS« tummelten. Beim Macher des Szene-Heftchens »Sachsens Glanz«, Thomas R., kamen die drei in der Friedrich-Viertel-Straße für wenige Wochen unter.

Ihre Bewegungsfreiheit war eingeschränkt. Sie wollten die erste heiße Phase der Fahndung nach ihnen verstreichen lassen und bastelten derweil in der engen Wohnung an einem Spiel, das Böhnhardt und Mundlos bereits in Jena entworfen hatten. Eine antisemitische Kopie von »Monopoly« mit nationalsozialistischen Symbolen, das sie »Pogromly« nannten. Das Startfeld war bei ihnen ein Hakenkreuz, die Bahnhöfe Konzentrationslager. Ein »Gaswerk« kostete 3000 Reichsmark.

Wer das Feld »Besuch beim Führer« betrat, musste laut »Heil Hitler« rufen, dann gehörte ihm das Geld in der Mitte. In der Szene soll die grausige antisemitische Variante des Spiels später unter der Hand verkauft worden sein, um Geld für das untergetauchte Trio zu sammeln. Nach Informationen der »Bild am Sonntag« soll allein der Thüringer Verfassungsschutz mindestens drei Exemplare des Brettspiels für je 100 D-Mark erworben haben. Der Informant des Blattes, ein Thüringer Neonazi, berichtete, dass den Verfassungsschützern bekannt gewesen sei, dass der Erlös an die Neonazis im Untergrund floss. Etwa ein halbes Jahr lief der Verkauf. Die Ermittler glauben, dass mehr als 20 Spiele abgesetzt wurden.

Ende Februar 1998 zogen Zschäpe, Mundlos und Böhnhardt in die Limbacher Straße in die Wohnung von Max-Florian B. Dessen damalige Freundin, Mandy Struck, in der rechten Szene von Johanngeorgenstadt im Erzgebirge sozialisiert, lebte seit 1997 in Chemnitz und mischte bei der regionalen Kameradschaft *CC88* sowie in den Reihen von *Blood & Honour* mit. Zschäpe hatte Kontakt zu ihr, beide waren noch einen Monat zuvor bei der Demonstration gegen die Wehrmachtsausstellung in Dresden aufgetreten, gemeinsam trugen sie ein Transparent: »Nationalismus – eine Idee sucht Handelnde«. Die braunen Helferseilschaften funktionierten professionell: Polizeibekannte Neonazis brachten die Geflohenen bei weniger auffälligen Kameraden, aber mitten in vertrauten Szene-Gebieten unter.

In den Verstecken vertrieben sie sich die Zeit unter anderem mit dem Computer-Strategiespiel »Panzer-General«, bei dem man Schlachten der Wehrmacht aus dem Zweiten Weltkrieg nachspielt. Mundlos schrieb Artikel für Skinhead-Zeitschriften, wetterte gegen die dumpfe Propaganda in den rechtsradikalen Fanzines. In der Zeitschrift »White Supremacy« erschien im Oktober 1998 der Beitrag »Gedanken zur Szene«, ein Pamphlet über die Disziplinlosigkeit der Kameraden, die »nicht den Kampf zum Lebensinhalt« hätten, »sondern das Vergnügen«, Drogen und Alkohol. Der abgetauchte Neonazi soll Autor der anonymen Zeilen sein. Eine Art intellektueller Propaganda, die er später noch perfektionierte.

Weil den Neonazis im Untergrund immer wieder das Geld ausging, organisierten die Thüringer Kameraden in der Anfangsphase Konzerte zugunsten der Flüchtigen und sammelten dabei für sie: allen voran die Kameraden aus Jena um Ralf Wohlleben. Nach einem Konzert soll

Kapke den Auftrag erhalten haben, von den eingenommenen knapp 4000 DM geeignete Pässe für das Trio zu besorgen. Kapke streitet das ab. Gegenüber Kameraden hat er aber angegeben, ihm seien die gefälschten Dokumente aus dem Auto geklaut worden.

Mit dem Szene-Liedermacher Maximilian Lemke pachteten Kapke und Wohlleben im Herbst 2002 die Gaststätte »Zum Löwen« in Alt-Lobeda, einem Stadtteil Jenas, und zogen dort zunächst zu dritt ein. Im sogenannten Braunen Haus, einem heruntergewirtschafteten zweistöckigen Fachwerkhaus mit Schankanlage, hielt außerdem die NPD ihre regionalen Parteitreffen ab. Als der prominente Holocaustleugner Horst Mahler, Ex-Mitglied der *Rote Armee Fraktion* (RAF), dort auftrat, luden Reisebusse aus anderen Bundesländern Kameraden in Alt-Lobeda ab. Im Juli 2005 fand hier die Gründung eines »Stützpunkts« der *Jungen Nationaldemokraten* statt. Das marode Haus mit seinem umzäunten Gartengrundstück ist bis heute Szene-Treffpunkt in Jena.

Für die drei in der Illegalität wurde Wohlleben in dieser Zeit zu einer verlässlichen politischen Schlüsselfigur. Im Januar 1999 sagte er einem Vertrauten, es müsse »schnellstmöglich was geschehen«, das Trio brauche dringend Geld. Er selbst konnte nur im Hintergrund agieren: Er stand unter Beobachtung der Sicherheitsbehörden und am Beginn seiner politischen Partei-Karriere. Der langjährige Kameradschaftsaktivist hatte den NPD-Kreisverband Jena mitgegründet, wurde ihr Vorsitzender und veranstaltete Schulungen, bei denen Jugendlichen die »Friedenspolitik des Dritten Reichs« nähergebracht werden sollte – manche Besucher waren einer ZDF-Dokumentation zufolge erst zehn Jahre alt.

Als Parteipolitiker verbreitete Wohlleben Erklärungen wie diese: »Die NPD strebt zukünftig machtvolle Demonstrationen zusammen mit dem gesamten nationalen Widerstand Deutschlands an. Auf diese Weise soll deutlich gemacht werden, dass wir immer und ständig Gesicht zeigen werden, wenn wir Deutsche beleidigt, angegriffen oder ausgenommen werden sollen.« Sein Kompagnon André Kapke gehörte ebenso wie Altnazi Manfred Roeder 2001 zu den Erstunterzeichnern einer Erklärung von Horst Mahler, die auf der Homepage des *Nationalen Widerstands Berlin-Brandenburg* veröffentlicht wurde und in der es hieß: »Das Deutsche Reich befindet sich im Krieg seit 1914. (…) Wir Deutsche als Angegriffene, die zum Reich stehen, haben nur das eine Kriegsziel: die Bewahrung des Deutschen Reiches und des Deutschen Volkes als selbstbeherrschter Staat.« Der Nationale Widerstand sei sich einig, hieß es in dem Aufruf, »dass die ethnische Durchmischung des

Deutschen Volkes erzwungen ist, dass unser Volk in der Gefahr ist, das Opfer eines Völkermordes zu werden«.

Unter Wohllebens Ägide fanden parteiübergreifende Veranstaltungen in Jena statt wie das »Fest der Völker«, zu dem in manchen Jahren bis zu 1500 Neonazis aus zahlreichen Ländern anreisten und bei dem Rechtsextreme aus ganz Europa auftraten wie der Holocaustleugner Gottfried Küssel aus Österreich, der rumänische Neofaschist Claudiu Mihutiu, der bekannte Neonazi Constant Kusters aus den Niederlanden und Stephen »Swiny« Swinfen aus Großbritannien. Auch zahlreiche Bands aus dem Umfeld internationaler *Blood & Honour*-Divisionen waren dabei.

Wohlleben umgab sich auch sonst mit den bekannten Rechtsextremen Deutschlands: mit Gerd Ittner, ehemals Aktivist des ausländerfeindlichen Vereins *Bürgerinitiative Ausländerstopp* in Nürnberg, dem Neonazi-Strategen Christian Worch aus Hamburg, der im Juni 2012 die Partei *Die Rechte* gründete, und Peter Borchert, zeitweise äußerst militantes Mitglied der Kameradschaftsszene in Schleswig-Holstein, sowie Dennis Giemsch, Wortführer der gewaltbereiten *Autonomen Nationalisten* aus Dortmund, inzwischen auch für die NPD-Konkurrenz *Die Rechte* aktiv.

Einer von Wohllebens Mittelsmännern war der aus Jena stammende Carsten Schultze, der im April 1999 Spendengelder für die Flüchtigen auf ein Konto in Sachsen transferiert und im April 2000 versucht haben soll, ein Mobiltelefon an die Eltern eines der Abgetauchten zu übergeben. Schultze war zu dem Zeitpunkt strammer Aktivist im *Thüringer Heimatschutz*. Schultze und Wohlleben seien ab dem Frühjahr 1999 »die maßgeblichen Kontaktpersonen zu den Flüchtigen gewesen«, heißt es in einem Dokument des Thüringer Verfassungsschutzes. Ab Ende 1999 habe Schultze »alleine den Kontakt zu den Flüchtigen gehalten«, Wohlleben habe sich zu beobachtet gefühlt. »Carsten war der ideale Mann, um Befehle auszuführen«, sagen ehemalige Kameraden des THS über den jungen Mann, den sie intern auch »Der Inder« nannten, weil er in Neu-Delhi geboren wurde. Der gelernte Kfz-Lackierer wurde 2000 kurzzeitig sogar stellvertretender Landesvorsitzender des Jugendverbandes der NPD.

Doch Carsten Schultze plante seinen Ausstieg aus der Szene. 2001 zog er sich zurück. 2003 mietete sich der bekennende Homosexuelle in ein Studentenwohnheim in Hürth bei Köln ein und zog kurz darauf nach Düsseldorf, wo er an der Fachhochschule ein Sozialpädagogik-

Studium begann. 2005 besetzte er eine Teilzeitstelle bei der Düssel-
dorfer Aidshilfe. Zu dieser Zeit hatte der junge Mann bereits schwere
Schuld auf sich geladen. Denn kurz nach dem Abtauchen signalisier-
ten Böhnhardt, Mundlos und Zschäpe den Kameraden aus ihrem alten Leben in Jena, sie bräuchten nicht nur Geld – sondern auch eine
Waffe. Am besten mit Schalldämpfer. Ralf Wohlleben ging mit Carsten
Schultze in den von zwei Kameraden geführten Szene-Laden »Madley« in der Jenaer Innenstadt. Einer, ein Neonazi-Skinhead, Andreas S.,
nahm den illegalen Auftrag an. Schultze bekam dann 1999 ein Zeichen
und wohl auch die nötigen 2500 DM von Wohlleben, um die bestellte
Waffe abzuholen. Laut Bundesanwaltschaft fuhr der damals 19-Jäh-
rige anschließend nach Chemnitz, traf in einem Fast-Food-Restau-
rant Böhnhardt und übergab dem Flüchtigen in einem Abbruchhaus
in der Nähe die Česká Zbrojovka, Modell 83, Waffennummer 034678,
Kaliber 7,65 Millimeter Browning – und 50 Schuss Munition. Die
BKA-Ermittler werfen Schultze daher Beihilfe zu sechs vollendeten
Morden und einem versuchten Mord vor. Während der Ermittlungen
zum *Nationalsozialistischen Untergrund* stellte sich auch heraus, dass
Schultze im Februar 1999 mit Ralf Wohlleben ins mecklenburgische
Goldenbow, den Wohnort des damaligen NPD-Landesvorsitzenden
und Juristen Günther Eisenecker, gefahren war. Die beiden wurden
vom Landesamt für Verfassungsschutz in Schwerin auf Bitten der Thüringer Kollegen observiert. Angeblich suchte Wohlleben das Gespräch
mit dem bekannten Szene-Advokaten, um ihn als Verteidiger für Beate
Zschäpe zu gewinnen. Dem Gutachten des Bundesrichters Schäfer zufolge wurde das Thüringer Landeskriminalamt, das zu diesem Zeitpunkt
mit der Fahndung nach dem Trio befasst war, »nach Aktenlage« nicht
informiert. Anfang März 1999 meldete sich Eisenecker laut »Focus« bei
der Staatsanwaltschaft Gera. Der Jurist teilte nicht nur mit, dass er Beate
Zschäpe juristisch vertrete, sondern konnte auch eine von der Mandan-
tin unterschriebene Vollmacht beilegen. Eisenecker beantragte Akten-
einsicht, die ihm von der zuständigen Staatsanwaltschaft jedoch ver-
wehrt wurde. Die Behörde beschied demnach, Akten seien »erst nach
Abschluss des Verfahrens« einzusehen. »Danach«, so Oberstaatsanwalt
Hans-Otto Niedhammer von der Thüringer Generalstaatsanwaltschaft
in Jena, habe sich der Anwalt, der 2003 verstarb, nicht mehr gemeldet.
»Focus« und »Frankfurter Rundschau« berichten, dass Beate
Zschäpe zuvor einen weiteren szenebekannten Juristen aufgesucht
habe: Thomas Jauch aus Weißenfels in Sachsen-Anhalt. Das Trio sei

Anfang 1998 bei ihm aufgekreuzt, so der Anwalt. Schließlich habe er, gegen Zahlung von 800 DM Vorschuss, Zschäpes Verteidigung übernehmen wollen und ein Schreiben nach Gera geschickt mit dem Hinweis, dass Zschäpe bereit sei, sich zur Sache zu äußern. »Weder Polizei noch Staatsanwaltschaft haben mich je kontaktiert«, behauptete Jauch den Medienberichten zufolge und fügte hinzu: »Frau Zschäpe war in den nächsten Monaten noch zweimal bei mir, Post habe ich an die Adresse ihrer Mutter geschickt. Ob die mutmaßliche NSU-Terroristin wirklich aussteigen wollte, ist bis heute unklar, auch, warum sie später den Anwalt wechselte. Medien mutmaßten, dass sich die beiden Männer nach Südafrika absetzen wollten, Zschäpe aber nicht dazu bereit war.

Von August 1998 bis April 1999 lebte das Trio – mit der Unterschrift eines sächsischen Helfers aus dem Kreis von *Blood & Honour* im Mietvertrag – erstmals in einer »eigenen« Wohnung in der Altchemnitzer Straße in Chemnitz. Als Bürge trat Gunter Frank F. auf, einer der beiden Brüder, die innerhalb der Szene nur »Die Geklonten« genannt wurden. Das Netzwerk funktionierte. Es war die Zeit, in der die angehenden Rechtsterroristen den Grundstein für ihre Militarisierung legten. Die Generalbundesanwaltschaft (GBA) nimmt an, dass das Trio damals beschloss, auf Dauer im Untergrund zu leben. Sie ersannen demzufolge ein Konzept, wie sie ihr Ziel, den »Erhalt der deutschen Nation« und die Veränderung der gesellschaftlichen Verhältnisse im Sinne ihrer Ideologie, aus dem Untergrund heraus umsetzen könnten.

Ihre Raubzüge begannen. Es war schon dunkel, als Mundlos und Böhnhardt am 18. Dezember 1998 gegen Geschäftsschluss einen Edeka-Markt in der Irkutsker Straße in Chemnitz überfielen und nach Erkenntnissen der Ermittler die Hauptkassiererin mit geladener Schusswaffe bedrohten. Sie gab ihnen die Tageseinnahmen von 30 000 DM. Als sie den Supermarkt verließen, sollen sie mehrfach gezielt auf Kopf und Brust eines 16-Jährigen geschossen haben, der sie verfolgte. Die beiden Täter nahmen den Tod des Jugendlichen »billigend« in Kauf, wie es die Ankläger später formulieren. Sieben Banküberfälle beging das Trio nach den bisherigen Ermittlungserkenntnissen in den folgenden Jahren allein in Chemnitz, einen davon nur etwa zwei Kilometer von seinem Unterschlupf entfernt. Insgesamt werden den dreien 15 Raubüberfälle und über 600 000 Euro Beute zugeschrieben.

Die Neonazis hielten weiterhin den Kontakt in die Thüringer Heimat. In Chemnitz trafen sich Zschäpe, Mundlos und Böhnhardt auch mit Böhnhardts Eltern, die sich 2012 nach der Enttarnung des NSU mehrfach öffentlich zu ihrem Sohn geäußert und von heimlichen Treffen mit dem Trio berichtet haben. Demnach hat das Ehepaar bis 2002 Kontakt zu den Untergetauchten halten können – ohne dass der Thüringer Verfassungsschutz ihnen auf die Spur kam. Das erste heimliche Treffen hatte das Trio eingefädelt, indem den Böhnhardts ein Zettel in den Briefkasten geworfen wurde – mit dem Standort einer Telefonzelle und einer bestimmten Uhrzeit. Dort hätten sie dann einen Anruf erhalten, erzählte Böhnhardts Mutter in einem Fernsehinterview. Danach wurde bei jedem Wiedersehen ein neuer Termin vereinbart.

Als Mundlos und Böhnhardt vermutlich schon vier Menschen getötet hatten, kappten die NSU-Terroristen den Kontakt zu Brigitte und Jürgen Böhnhardt. Es war das Frühjahr 2002. »Mutti, das ist unser letztes Treffen«, habe Uwe zu seinen Eltern gesagt, berichtete Brigitte Böhnhardt in der ZDF-Dokumentation »Brauner Terror, blinder Staat«. Sie habe sich an ihn geklammert, gezittert, geheult – »und er auch«. »Uwe, wir helfen dir doch, wir sind für dich da«, hätten sie ihm versichert. Doch: »Sie waren nicht zu überreden.« Ihr Sohn habe sie beruhigt: »Mutti, wir gehen zusammen, wir bleiben zusammen.« Sie habe ihr Backbuch mitgebracht, darum habe Zschäpe sie zuvor gebeten, um den Männern ihre Lieblingsrezepte zubereiten zu können, sagte Brigitte Böhnhardt in einem weiteren Interview mit dem ARD-Magazin »Panorama«. Vater Böhnhardt spazierte mit den beiden jungen Männern durch den Chemnitzer Park, in dem sie sich getroffen hatten, die Mutter redete mit Zschäpe übers Backen und den Alltag. Mit welchem der beiden Jungen sie denn zusammen sei, wollte die Mutter wissen. »Eigentlich mit niemandem, wir sind drei Freunde«, habe Zschäpe ihr geantwortet. Mundlos habe seine Mutter grüßen lassen. Er sei von den dreien derjenige gewesen, der sich dagegen gewehrt habe, sich der Polizei zu stellen.

Das Trio wechselte die Stadt, zu viele Mitwisser kannten inzwischen ihren Aufenthaltsort. Bevor die drei 2000 nach Zwickau umzogen, besorgte ihnen ihr Freund André Eminger im April 1999 zwischenzeitlich in der Chemnitzer Wolgograder Allee 76 eine Bleibe. 39 Quadratmeter plus zwei Quadratmeter Balkon für 416,40 Mark im Monat. Eminger, gelernter Maurer und Neonazi mit einem gefestigten Weltbild, wurde in den nächsten zwölf Jahren dann zu einem ihrer treuesten Helfer. Im Oktober ging die kriminelle Geldbeschaffung weiter, Mundlos und Böhnhardt überfielen zwei Postfilialen in Chemnitz und erbeuteten 69 000 DM.

Zu der permanenten Angst aufzufliegen kamen Spannungen unter den dreien, wie der mutmaßliche Unterstützer Holger Gerlach in Vernehmungen ausgesagt hat. Eine Zeitlang habe das Trio getrennt gelebt.

Um rassistisch motivierte Morde geplant zu begehen, sei ein langer Radikalisierungs- und Ideologisierungsprozess notwendig, sagt der Berliner Politikwissenschaftler Hajo Funke, Sachverständiger im NSU-Bundestagsuntersuchungsausschuss. Am 9. September 2000 war dieser Prozess bei Mundlos und Böhnhardt offensichtlich abgeschlossen. Nach Rekonstruktion der Ermittler begingen sie an diesem Tag den ersten von zehn mutmaßlichen Morden. Gegen 12.45 Uhr hielten sie an einer dicht befahrenen Straße Nürnbergs. Dort parkte am Rand der weiße Sprinter von Enver Şimşek, 38 Jahre alt, Vater zweier Kinder. Der Blumenhändler aus dem hessischen Schlüchtern war für einen kranken Kollegen eingesprungen. Er stand auf der Ladefläche, sortierte gebundene Sträuße und Schnittblumen. Acht Mal sollen Mundlos und Böhnhardt durch die geöffnete Seitentür mit einer Česká und einer Bruni auf Şimşek geschossen haben, sogar als er schon am Boden lag. Bevor sie flüchteten, fotografierten sie ihr sterbendes Opfer und verschlossen den Transporter.

Sie ließen sich Zeit. Von dem verlassenen Parkplatz aus sind es nur drei Kilometer bis zur Autobahn München – Berlin. In wenigen Minuten ist man heraus aus der Stadt. Die nächsten Wohnhäuser sind außer Sichtweite. Es war, sagen Ermittler, der perfekte Tatort – so perfekt, dass Zeit für eine makabere Trophäe wie diese Fotos blieb.

Als sie flüchteten, atmete Şimşek noch. Autofahrer, die an den verwaisten Blumenstand mit den Klapptischen und dem Sonnenschirm kamen, fanden den Schwerverletzten in seinem Transporter liegend. Sie riefen den Rettungsarzt, der stellte einen »kräftigen Puls« fest. Doch Enver Şimşek starb zwei Tage später an seinen schweren Hirnverletzungen.

Für seine Familie war nicht nur sein Tod das Schlimmste – hinzu kamen Verdächtigungen und Verleumdungen. Als ihr Mann im Sterben lag, durfte seine Ehefrau nicht bei ihm sein, sie wurde verhört. Damaligen Annahmen zufolge sollte sie ihn gemeinsam mit ihrem Bruder umgebracht haben.

Ein Dreivierteljahr später begingen Mundlos und Böhnhardt nach bisherigen Ermittlererkenntnissen den zweiten Mord: Er war der Auftakt einer erschütternden Serie im Sommer 2001. In den zehn Monaten nach der ersten Tat sollen die weiteren Morde akribisch vorbereitet, Opfer und Tatorte ausgekundschaftet und entsprechende Skizzen angefertigt worden sein. Auf einem USB-Stick fanden die Ermittler später Datenbanken mit bis zu 5300 Anschriften, darunter die Adressen von Politikern, jüdischen und türkischen Kultureinrichtungen, Asylbewerberheimen und Bundeswehrstandorten.

Am 13. Juni töteten sie demnach in Nürnberg-Steinbühl mit zwei Kopfschüssen den Schneider Abdurrahim Özüdoğru, 49 Jahre alt. Nur wenige Tage später, am 27. Juni, erschossen sie den Obst- und Gemüsehändler Süleyman Taşköprü, 31, in Hamburg-Bahrenfeld. Kurz hintereinander wurde ihm mit zwei Waffen dreimal in den Kopf geschossen. Am 29. August brachten sie Habil Kılıç in seinem Gemüsegeschäft in München-Ramersdorf durch zwei Kopfschüsse um.

In den zweieinhalb Jahren danach geschah kein Mord, den die Ermittler Böhnhardt und Mundlos zuordnen. Am Morgen des 25. Februar 2004 überfiel das Duo nach Ansicht der Generalstaatsanwaltschaft Mehmet Turgut, 25, an einem Rostocker Dönerstand und tötete den jungen Mann mit einem Kopfschuss.

Am 9. Juni 2005 wurde İsmail Yaşar, 50, in seinem Dönerstand an der Scharrerstraße in Nürnberg auf dem Parkplatz eines Supermarktes erschossen. Die beiden Täter radelten kurz vor 10 Uhr an den weißen Container und lehnten ihre Fahrräder außen an. İsmail Yaşar stand hinter dem Tresen. Sie schossen fünf Mal auf ihn. Die Anklagebehörde beim Oberlandesgericht in München geht ebenso wie der Generalbundesanwalt davon aus, dass die Angeschuldigte Zschäpe jeweils an der Planung und Vorbereitung der Taten beteiligt war. Ihre Aufgabe sei es gewesen, die Mordreisen ihrer Komplizen »abzutarnen« und »einen sicheren Rückzugsraum zu schaffen«. Doch bei dem Mord an İsmail Yaşar soll Zschäpe sich auch in Tatortnähe in Nürnberg aufgehalten haben. Eine Zeugin ist sich sicher, sie an dem Junitag dort gesehen zu haben.

Nur sechs Tage später töteten mutmaßlich Mundlos und Böhnhardt im Münchner Westend den Griechen Theodoros Boulgarides, 41, der kurz zuvor mit einem deutschen Partner die Firma »Schlüsselwerk OHG« eröffnet hatte. »24 Stunden für ganz München« stand auf dem blauen Schild neben der Glastür und dem Schaufenster des roten Hauses. Es gab keinen Hinweis darauf, dass hier ein griechischer Kompagnon im Geschäft in der Trappentreustraße mitwirkte. Wie die ostdeutschen Neonazi-Mörder auf Theodoros Boulgarides als Opfer kamen, ist eine unbeantwortete Frage.

Die Mordserie quer durch das Bundesgebiet ging weiter. Mehmet Kubaşik, 39, wurde am 4. April 2006 in seinem Kiosk an der belebten Dortmunder Mallinckrodtstraße hingerichtet, zwei Tage später starb in Kassel kurz nach 17 Uhr der 21-jährige Halit Yozgat durch zwei Schüsse – auch diese beiden Morde schreiben die Ermittler Mundlos und Böhnhardt zu. Bei ihrer letzten rassistischen Tat gingen sie offenbar ein besonders großes Risiko ein: Im Internetcafé an der Holländischen Straße, in dem Halit Yozgat arbeitete, hielten sich zu dieser Zeit mindestens drei Gäste auf.

Der letzte Mord, der der Terrorzelle zugeordnet wird, ist der rätselhafteste – und der, um den sich die meisten Verschwörungstheorien ranken: der tödliche Überfall auf die Polizistin Michèle Kiesewetter, 22, und ihren Kollegen Martin A., 24, der den Angriff schwer verletzt überlebte.

Es war der 25. April 2007, etwa 13.45 Uhr und mit 25 Grad ungewöhnlich warm für diese Jahreszeit, als die beiden Beamten der Böblinger Bereitschaftspolizei, Einheit BFE 523, auf die Theresienwiese in der Heilbronner Innenstadt fuhren. Im Schatten eines roten Trafohäuschens parkten sie ihren Streifenwagen mit dem Kennzeichen GP-3464. Sie blieben in dem 5er BMW-Kombi sitzen, kurbelten die Fensterscheiben hinunter, öffneten ihre Autotüren. Beide uniformierte Beamte rauchten und aßen belegte Brötchen, die sie sich kurz zuvor bei einem Bäcker gekauft hatten. Michèle Kiesewetter saß am Steuer. Von hinten schlichen sich die Täter an. Mutmaßlich soll Mundlos auf der Fahrer- und Böhnhardt auf der Beifahrerseite des Fahrzeugs gestanden haben. Zeitgleich richtete jeder von ihnen eine Pistole an die Schläfe eines Polizisten und drückte ab. Im Fall von Martin A. durchschlug das Projektil dessen Schädel und blieb im Rücksitz stecken. Die Kugel, die Michèle Kiesewetter traf, trat an ihrem Jochbein wieder aus und prallte am Trafohäuschen ab.

Für diese gezielten Kopfschüsse benutzten die Mörder nach Erkenntnissen des Bundeskriminalamtes nicht die bisher bekannte Česká Zbrojovka, Modell 83, sondern eine Random VIS 35 und eine Tokarew TT 33. Und noch etwas unterschied diese Tat von der bisherigen Mordserie: Die Täter raubten ihre Opfer aus und zerrten ihre blutverschmierten Körper halb aus dem Streifenwagen, um deren Dienstwaffen vom Typ Heckler & Koch P 2000 an sich zu nehmen. Es war eine aufwendige Prozedur: Die Waffen steckten in Holstern, gesichert mit speziellen Verschlussbügeln. Von der tödlich getroffenen Michèle Kiesewetter erbeuteten sie außerdem drei Magazine, die Handschellen, ein Multifunktionsmesser, eine Taschenlampe und ein Pfefferspray. Die Täter zeigten sich, den polizeilichen Ermittlungen nach, extrem risikobereit. Die Theresienwiese war wegen des guten Wetters an jenem Tag belebter als sonst, Handwerker bauten Buden für ein bevorstehendes Volksfest auf.

Michèle Kiesewetter hatte keine Chance, die junge Beamtin aus Thüringen war sofort tot. Martin A. überlebte, verlor jedoch jegliche Erinnerung an den Überfall. Unter Hypnose vernommen, sagte er im Juli 2008, er habe im Rückspiegel einen Mann auf seiner Seite am Heck gesehen, 1,70 bis 1,80 m groß, der ein einfarbiges Hemd mit Knopfleiste getragen habe. Der Schütze auf der Fahrerseite habe ein rot-weißes Hemd getragen, seine Armbehaarung sei weiß-grau gewesen, weshalb er ihn auf über 40 Jahre alt schätze. Bei der darauffolgenden ergänzenden Vernehmung widersprach sich der Beamte bezüglich der Kleidung, stufte den Mann auf der Fahrerseite jedoch weiter als dunklen Typ ein. Aus gesundheitlichen Gründen lehnte der Polizist im März 2010 eine weitere Hypnose-Sitzung ab. Durch die Nahschüsse müssen die Täter mit Blut ihrer Opfer in Berührung gekommen sein, besonders, als sie nach der Tat an ihnen herumzerrten. Den Akt der Entwaffnung und den Raub werten Ermittler heute als Machtdemonstration oder Abrechnung mit der Staatsgewalt, während die Morde an den neun Migranten aus rassistischen Motiven erfolgt seien.

Kurz nach den Schüssen auf Kiesewetter und ihren Kollegen leitete die Polizei eine Ringfahndung an den Ausfallstraßen um den Tatort in Heilbronn ein. Am Kontrollpunkt Oberstenfeld notierten Beamte die Kennzeichen auffälliger Fahrzeuge – darunter um 14.37 Uhr das Wohnmobil der vermutlichen Täter, amtliches Kennzeichen: C-PW 87. Weder Fahrzeughalter noch Mieter wurden damals jedoch überprüft. Der Wagen war, wie man heute weiß, mit dem Ausweis des Jenaer Rechtsextremisten Holger Gerlach angemietet worden. Die eingesetzte »Soko Parkplatz« ging 4600 Spuren nach, verfolgte über 1000 Hinweise. Viereinhalb Jahre lang – ohne Erfolg.

Das Motiv für den Mord an Kiesewetter ist bis heute nicht völlig geklärt, die gesammelten Fakten sorgten nicht nur für zahlreiche Ermittlungsansätze, sondern konnten auch Zweifel nicht völlig ausräumen. Mehrere Zeugen gaben an, blutverschmierte Männer gesehen zu haben. Die Polizei ließ mehrere Phantombilder anfertigen, die teils nie veröffentlicht wurden. Auffällig war, dass keine der Zeichnungen den NSU-Terroristen Böhnhardt und Mundlos geglichen haben soll. Die ermittelnden Behörden hielten die Zeugenaussagen teilweise für nicht glaubwürdig, die Phantomzeichnungen für unbrauchbar. Wie ihre mutmaßlichen Mörder stammte die Polizistin aus Thüringen, aus Oberweißbach zwischen Rennsteig und Schwarzatal. Zwei ihrer Böblinger Polizeikollegen gehörten zeitweise einem schwäbischen Ableger des US-Geheimbundes *Ku-Klux-Klan* an. Eine ihrer Freundinnen hatte einen Bekannten, der André Kapke und Zschäpes Cousin kannte. Der Chef des *Thüringer Heimatschutzes*, Tino Brandt, ein unmittelbarer Kamerad des Trios, besaß ausgerechnet ein Haus in Heilbronn. Dann wurde noch bekannt, dass die junge Polizistin Kiesewetter kurz vor ihrem Tod als verdeckte Ermittlerin in einen Fall mit Drogen und Rockerbanden involviert gewesen sein soll. In Zeitungsberichten hieß es, der Patenonkel von Michèle Kiesewetter, ebenfalls Polizist, habe bei seiner Befragung acht Tage nach dem Mord an seiner Nichte – also im Jahr 2007 – zu Protokoll gegeben, dass ein Zusammenhang zu den bundesweiten »Türkenmorden« bestehe.

Bis zur Entdeckung von Kiesewetters Dienstwaffen im Wohnmobil, in dem sich Böhnhardt und Mundlos im November 2011 töteten, hatten Ermittler die Wahrscheinlichkeit, dass die Morde von Rechtsextremen begangen wurden, nicht in Betracht gezogen. Jahrelang wurde über die »Jagd nach dem Heilbronner Phantom« berichtet. Eine Zeitlang wurde sogar das Grab der Polizistin mit einer Videokamera überwacht, in der Hoffnung, die Täter würden die Ruhestätte aufsuchen. Auch die Internetbesucher von Polizei-Seiten wurden überprüft. Heute sind die Ermittler nach mehr als 200 Vernehmungen davon überzeugt: Michèle Kiesewetter war ein Zufallsopfer. Der Überfall auf die beiden Polizisten stellte eine Zäsur auch für die Täter dar – nach bisherigen Erkenntnissen töteten sie danach nicht mehr.

Die Mitglieder des *Nationalsozialistischen Untergrunds* bekannten sich in einem 2011 aufgefundenen 15-minütigen Selbstbezichtigungsvideo neben den Morden auch zu einem Nagelbomben-Attentat in der Kölner Keupstraße, einer belebten Einkaufsstraße im Stadtteil Mühlheim mit vornehmlich türkischen Geschäften, bei dem am 9. Juni 2004 22 Menschen verletzt wurden, einige davon lebensgefährlich. Uwe Mundlos und Uwe Böhnhardt sollen eine mit rund fünf Kilogramm Schwarzpulver und zehn Zentimeter langen Nägeln als Splittermaterial gefüllte Gasflasche auf dem Gepäckträger eines Fahrrades, versteckt in einem Motorradkoffer, vor dem Friseursalon von Özcan Yıldırım abgestellt haben. Gegen 16 Uhr brachten sie den Sprengsatz dann ferngesteuert zur Explosion, mit der Absicht, »so viele Kunden und Passanten wie möglich zu töten oder zumindest zu verletzen«, heißt es vonseiten der Ankläger.

Zuvor hatte bereits eine 19-jährige Frau, Mashia M. aus Köln, bei einem anderen Anschlag schwere Verbrennungen und vielfältige Schnittverletzungen erlitten, als sie am 19. Januar 2001 den Deckel einer Christstollendose löste, die in einem Korb im Aufenthaltsraum des Ladens ihrer Eltern stand. Ein Sprengsatz explodierte. Die beiden Neonazis sollen die mit etwa einem Kilogramm Schwarzpulver befüllte Gasdruckflasche etwa einen Monat zuvor heimlich in einem Lebensmittelgeschäft iranischer Staatsangehöriger in der Kölner Altstadt-Nord liegengelassen haben. Das Opfer war die Tochter der Inhaber.

Im Jahr 2000 hatten Böhnhardt, Zschäpe und Mundlos Chemnitz in Richtung Zwickau, Heisenbergstraße, verlassen. Spätestens ab Mai 2001 zogen sie gemeinsam in die Polenzstraße 2, Erdgeschoss rechts, 77 Quadratmeter mit Keller- und Dachbodennutzung. Die Rollen schienen klar verteilt: Böhnhardt und Mundlos planten die Morde und Banküberfälle. Zschäpe übernahm die Kommunikation nach außen und sorgte für die »Legendierung« des mörderischen Trios, wie die Generalbundesanwaltschaft es nennt. Sie wischte das Treppenhaus, plauderte mit den Nachbarn, mit manchen freundete sie sich gar an. Sie hielt die bürgerliche Fassade aufrecht: konstruierte Legenden, ein Mix aus Lügen und Halbwahrheiten. Einer der Männer sei ihr Freund, der andere dessen Bruder, erzählte sie und nannte sich dabei Liese oder auch mal Susann, die beiden Männer hießen Max und Gerry. Mit Gerry führe sie seit vielen Jahren eine Beziehung, sie arbeite von zu Hause aus. Urlaubsbekanntschaften erzählte Zschäpe, sie arbeite als Verkäuferin in einem Bekleidungsgeschäft in Zwickau.

Für die Ermittler ist Beate Zschäpe eine Art emotionaler Mittelpunkt der Terrorzelle, ihrer selbst gewählten »Familie«. Nach Ansicht der Generalbundesanwaltschaft soll sie Zeitungsberichte über die Morde archiviert und das Geld aus den Überfällen verwaltet haben. Mindestens zwei Mal soll sie in der Nähe eines der Tatorte und bei der Übergabe einer Waffe anwesend gewesen sein. Die Anklagebehörde ist davon überzeugt, dass sie ebenso in die Planung und Vorbereitung aller Verbrechen eingeweiht und hauptverantwortlich für die Tarnung war.

Ihre Rolle beherrschte sie perfekt, für manche Nachbarin in der Polenzstraße avancierte die zierliche Frau mit den langen dunklen Haaren zur Therapeutin für Frauenprobleme. Als »Lisa Dienelt« habe Zschäpe besonders Anteil genommen, sei eine gute Zuhörerin und Freundin gewesen, gaben diese Frauen später zu Protokoll. Dass die gute Bekannte, die mit zwei Männern ihr Leben teilte, auch deshalb mehr zuhörte, weil sie so weniger erzählen musste, schien nicht aufzufallen.

Sie gerierte sich als gute Seele des Hauses, die aus dem Küchenfenster winkte, gerne lachte und immer eine Flasche Sekt parat hatte für eine spontane Frauenrunde oder einen Grillabend hinten im Hof. In Erinnerung behielt eine Nachbarin einen Nachmittag, an dem sie mit der beschwipsten Zschäpe Schlager schmetterte und ausgelassen im Hof herumhüpfte, bis Kunden vom gegenüberliegenden Aldi ihnen einen Vogel zeigten. Es war eine außergewöhnliche Art der Gestaltung von einem Leben im Untergrund.

Es scheint so, als habe Zschäpe die Gratwanderung geschafft, die Sehnsüchte eines Lebens in der Illegalität zu stillen, ohne sich zu verraten. Ihre nach außen getragenen Sorgen kratzten nicht an der Fassade, die das Trio brauchte, um nicht aufzufallen: Zschäpe zeigte sich Nachbarn zufolge nur einmal tieftraurig, als eine ihrer beiden geliebten Katzen Heidi und Lilly ausbüchste. Sie verteilte selbst verfasste Flugblätter in der Nachbarschaft mit einem Foto des Tieres und bat um Hilfe. Ansonsten verbarg sie nach außen Gefühle wie Trauer oder Hass. Sie gab sich bieder, sportlich und unauffällig, lieh in einer Videothek in mehreren Jahren mehr als 250 Filme aus, meist Krimis, beim Friseur sammelte sie Treuepunkte.

Böhnhardt und Mundlos verbrachten viel Zeit vor dem Computer mit Ballerspielen. Anstatt die Lautstärke zu drosseln, kauften sie Dämmwolle für 2000 Euro. Im Keller standen ihre teuren Mountainbikes. Die beiden Männer galten als sehr sportlich, waren stundenlang mit den Rädern unterwegs. Auf dem Klingelschild und unter dem Mietvertrag stand der Name Matthias Dienelt, Fernfahrer aus Johanngeorgenstadt, ein Jugendfreund und Kamerad von André Eminger. Die beiden kannten sich aus Johanngeorgenstadt, einem 4600-Einwohner-Ort direkt an der tschechischen Grenze. Hier gründeten Neonazis erst die *Brigade Ost*, dann die *Weiße Bruderschaft Erzgebirge* (WBE). Matthias Dienelt war einer der Mitgründer. Der 37-Jährige habe in der Annahme gehandelt, dass Liese, Gerry und Max wegen Schufa-Einträgen keine Wohnung bekämen, nur deshalb, so sagte er, habe er ihnen geholfen.

Die Miete kassierte er in bar, und wenn er auf einer seiner Touren in Zwickau Halt machte, übernachtete er bei dem Trio. Mehr will Matthias Dienelt nicht gewusst haben. Bei seiner Festnahme widersetzte er sich und wurde verletzt. Er gehört zu denen, die bis zuletzt Kontakt zu den im Untergrund Lebenden hatten.

Im Frühjahr 2008 zogen Zschäpe, Böhnhardt und Mundlos dann in eine Wohnung in einem Mehrfamilienhaus in der Frühlingsstraße in Weißenborn, einem der besseren Stadtviertel Zwickaus. Es war das perfekte Versteck: eine Gegend mit Ein- und Zweifamilienhäusern, umgeben von gepflegten Gärten mit Holzzäunen und verkehrsberuhigten Straßen, in denen der ehemalige Bürgermeister und der Chef einer Bank zu Hause sind. Drei militante Neonazis vermutete hier niemand. Sie mieteten zwei Wohnungen, die sie nach Rücksprache mit dem Vermieter zu einem 120-Quadratmeter-Quartier umbauten. Sie ergänzten den Schallschutz und bauten eine Stahltür vor dem Kellerabteil ein. Kaltmiete: 500 Euro. Der offizielle Mieter war wieder der treue Kamerad Matthias Dienelt.

Wasser- und Stromverbrauch lassen die Vermutung zu, dass mindestens einer der drei – vermutlich Mundlos – nicht permanent in der Wohnung in der Frühlingsstraße gelebt hat. »Siebzig Prozent der Zeit waren die beiden Männer nicht da«, sagte ein Nachbar »Spiegel Online«. Sollte die Terrorzelle einen weiteren Unterschlupf gehabt haben, ist dieser bisher unbekannt.

Das Neonazi-Versteck glich einer Festung: Vor der Haustür und der Kellertür installierten die drei je einen Bewegungsmelder, in einem Kasten mit künstlichen Blumen vor dem Küchenfenster verbargen sie eine Überwachungskamera, zwei weitere in der Wohnung. Diese war in einen offiziellen und einen inoffiziellen Bereich aufgeteilt: Der Übergang war versteckt hinter einer Garderobe. Im versteckten Teil der Wohnung befanden sich ein Fitnessraum und ein Schreibtisch mit einem Computer, daneben ein Wandtresor. Darin lagen nach Erkenntnissen der Ermittler eine Pistole der Marke Erma mit eingelegtem Magazin und die polnische Pistole Radom VIS 35, die im April 2007 bei dem Mordanschlag auf die Polizistin Michèle Kiesewetter und ihren Kollegen Martin A. in Heilbronn zum Einsatz gekommen war. In einem Schränkchen, gleich im Flur, lag noch eine Waffe, wohl für den Notfall. Insgesamt fanden Ermittler im Brandschutt der Frühlingsstraße Nr. 26 im Herbst 2011 ein Gewehr, eine Maschinenpistole des Typs MPi-Česká 26 sowie zehn Pistolen und Revolver – darunter die seit Jahren gesuchte Česká Zbrojovka, Modell 83, die Tatwaffe der sogenannten Česká-Mordserie. Im Keller entdeckten Beamte außerdem Werkzeug, das zur Reparatur von Waffen geeignet ist, Schwarzpulver, 1424 scharfe Patronen unterschiedlicher Kaliber, eine Flasche 38-prozentiger Schwefelsäure, die unter anderem zum Bau von Sprengstoff verwendet werden kann, und zwei wertvolle Mountainbikes. Fahnder stießen zudem auf eine längliche, selbstgebaute Holzkiste mit Schallschutzdämmung und einer Einbauvorrichtung für eine Langwaffe mit gekürztem Schaft – vermutlich für das Einzelladergewehr Rhöner, Kaliber 9 Millimeter. Durch einen Eingriff konnte der Schütze feuern, obwohl die Waffe von der Kiste umschlossen war.

Im Parterre des Hauses war ein griechisches Restaurant, die Taverne »Thassos«. Vor allem Zschäpe suchte Nähe zu den Betreibern, setzte sich auf einen Ouzo an die Theke, überließ ihnen ihre alte Tiefkühltruhe oder schenkte zur Eröffnung eine Pflanze. Ab und an ging Zschäpe zur »Biertrinkerrunde« in den Keller des Hauses. Wie in der Polenzstraße gab es auch hier rechtslastige Mitbewohner, die ein Hitler-Bild in dem geselligen Kellerraum aufgestellt hatten. Sie befreundete sich mit ihnen und lästerte mit, auch wenn es um den »Gestank« vom griechischen Lokal ging. Die Männer nannten sie liebevoll »Diddl-Maus«. Böhnhardt und Mundlos mieden dagegen die Nachbarschaft eher. Zschäpe hingegen besuchte im Spätsommer 2011 mit ihrer tätowierten Freundin Susann Eminger und deren Kindern das Neuplanitzer Teichfest im Stadtteil und ging am Wochenende manchmal zur »Biertrinkerrunde« von Mitbewohnern auf ein Glas in den Keller hinunter. In der Wohnung hingen Fotos, die Zschäpe, Susann Eminger und deren Kinder in enger, freundschaftlicher Pose zeigten.

Zschäpe jonglierte 13 Jahre lang mit zwölf teils erfundenen, teils existierenden Identitäten. Sie nannte sich Susann Dienelt, Mandy Struck, Silvia Rossberg, Lisa Pohl – je nachdem, ob sie zum Zahnarzt, Optiker oder Tierarzt ging. Selbst im eigenen Wohnumfeld war sie unter verschiedenen Namen bekannt. Doch sie flog nicht auf. Auch Mundlos und Böhnhardt machten sich fremde Identitäten zu eigen, benutzten die der Helfer Max-Florian B., André Eminger, Holger Gerlach und weiterer Bekannter für Pässe, Führerschein, Bahncards.

Die Kameraden, die Böhnhardt, Mundlos und Zschäpe in ihrer Parallelwelt hatten, scheinen nach bisherigem Kenntnisstand überschaubar: Neben Wohlleben, der in der Anfangszeit im Hintergrund die

Strippen zog, hielten sie vor allem Kontakt zu Holger Gerlach, der inzwischen in Niedersachsen lebte und ihnen bewusst seine Identität lieh. Gerlach lieferte ihnen immer wieder Papiere, auch ADAC- oder Krankenkassen-Karten von der Freundin eines Neonazi-Kameraden – und 2002 sogar eine Waffe, die Wohlleben besorgt haben soll. Diese stamme aus dem Jenaer Szene-Laden »Madley«, das habe ihm Wohlleben berichtet, sagte Gerlach bei seinen Vernehmungen. Er habe sie in einer Reisetasche im Zug nach Zwickau transportiert. Wohlleben habe ihm den Auftrag zu diesem Kurierdienst gegeben. Zschäpe holte Gerlach am Bahnhof ab. In der Wohnung habe entweder Mundlos oder Böhnhardt die Waffe vor seinen Augen durchgeladen, berichtete der mutmaßliche NSU-Helfer, der sich inzwischen im Zeugenschutz befindet.

Dem gelernten Steinmetz aus Chemnitz Max-Florian B. schickte das Trio einmal ein Plüschkrokodil, dann schenkten sie seinen Kindern zwei Sparschweine mit jeweils 100 Euro. Dem ehemaligen Neonazi war wohl mulmig, denn er brachte die Kinder aus der Wohnung, bevor die drei ihn besuchten, wie er 2011 zu Protokoll gab. Aber vor allem überprüften sie regelmäßig die Neuigkeiten im Leben ihrer wichtigsten Tarnidentitäten, um für den Notfall gewappnet zu sein: Sind die inzwischen liiert? Wo arbeiten sie? Sind sie straffällig geworden? Holger Gerlach unterzogen sie sogenannten Systemchecks, wie dieser es nennt. Sie besuchten ihn daheim, spendierten ein paar Urlaubstage und baten den treuen Helfer, 10 000 DM für sie aufzubewahren.

Niemand jedoch stand in den Jahren im Untergrund in so engem Kontakt zu den mutmaßlichen Rechtsterroristen wie das Ehepaar Eminger, das inzwischen auch in Zwickau wohnte, keine acht Kilometer vom Versteck des Trios in der Frühlingsstraße entfernt. Ermittlern zufolge gingen Susann und André Eminger bei dem Trio ein und aus, vor allem Susann besuchte ihre Freundin Beate oft mit ihren beiden kleinen Söhnen. Nachbarn stellte Zschäpe die zweifache Mutter als ihre Schwester vor. Gemeinsam spielten sie mit dem Trio im Garten hinter dem Haus, Zschäpe nahm an Aufführungen der Kinder in Schule und Kindergarten teil, die Jungen begleiteten sie bei Tierarztbesuchen.

Susann Eminger, 31, ist groß, schlank und schwarzhaarig, sie überragt ihren Ehemann André, 33, einen kräftigen, untersetzten Mann, um fast einen Kopf. Sie ist großflächig bis zum Hals tätowiert. Beide gelten als überzeugte Neonazis. Er hat seine Gesinnung auf seinem Körper verewigt: ein Hakenkreuz, Wehrmachtssymbole und den Schriftzug der von ihm mitgegründeten *Weißen Bruderschaft Erzgebirge*. Auf seinem Oberkörper sind zudem die Worte »Die Jew die« (Stirb, Jude, stirb) eintätowiert. André Eminger und vor allem sein Zwillingsbruder Maik galten früh als feste Größen innerhalb der rechten Szene Sachsens, dann zog Maik nach Brandenburg, machte dort politisch weiter. Der Kontakt blieb eng. Die NS-Vergangenheit wurde bei Familie Eminger intensiv gepflegt: Auf dem Familiencomputer waren Entwürfe für Weihnachtskarten gespeichert – verziert mit Hakenkreuzen. In der Wohnung fanden Ermittler zahlreiche NS-Devotionalien. Sowohl auf dem Rechner der Emingers als auch auf dem des Trios fand sich ein Verzeichnis mit rund 2900 identischen Dateien, die in Ordnern mit den Namen »Hitlersbilder« oder »Nazibilder« sortiert waren. Gegen Susann Eminger werden im Frühjahr 2013 Ermittlungen wegen des Verdachtes der Strafvereitelung eingeleitet, bisher war sie eine von neun Personen, denen der GBA die Unterstützung einer terroristischen Vereinigung vorgeworfen hat. Die zweifache Mutter soll die flüchtende Zschäpe nach dem Brand mit sauberer Kleidung versorgt haben.

Zum Tarnleben mit bürgerlichem Anstrich zählten auch regelmäßige Urlaube an der See. Schon Monate im Voraus buchte Zschäpe Stellplätze auf Campinganlagen an Nord- und Ostsee. Sie fuhren nach Usedom, Flensburg, Lübeck, Grömitz – mit Zug, Wohnmobil oder Kombi mit Fahrrädern auf dem Dachgepäckträger. Eine Insel jedoch wurde wohl zur Leidenschaft für die sportbegeisterten Männer: Fehmarn.

Ab Sommer 2007 steuerten die drei fast nur noch den Campingplatz am Wulfener Hals auf Fehmarn an, Stellplatz M 80. Legenden zu den einzelnen Lebensläufen des Trios mussten vor allem hier gut durchdacht sein, Urlauber haben Zeit, fragen gern und viel: Mundlos erzählte, er arbeite in einem Computerladen, sein Vater sei Professor. Er treibe viel Sport, jogge, surfe, radele. Böhnhardt gab an, er liefere beruflich Pakete aus. Einige Urlauber wunderten sich, dass er ein Nachtsichtgerät dabei hatte und über seine auffälligen Tätowierungen, am Oberarm einen Totenkopf mit Stahlhelm, am Bein Blumenranken mit Blutspritzern. Beate Zschäpe verwaltete die Reisekasse für die drei, zahlte alles bar. Vor allem Zschäpe und Mundlos gerierten sich als hilfsbereit und kinderlieb. Nur in den Wohnwagen durfte niemand, höchstens ins Vorzelt. Bei der Frage nach ihrer eigenen Telefonnummer wichen sie aus, ihre Wohnadresse in Sachsen gaben sie niemals weiter. Niemand wunderte sich darüber.

Alles ging gut für das Trio bis zum 4. November 2011. Wie Beate Zschäpe in Zwickau vom Tod ihrer Lebensgefährten erfuhr, ist unklar. In einem Papier des Bundeskriminalamtes mit der sperrigen Bezeichnung »ST 14-140006/11« stecken diverse Handynummern und die »Auswertung der Funkzellendaten Frühlingsstraße 26« vom 4. November 2011. Das Mobiltelefon von Beate Zschäpe wies an dem Tag 72 Verbindungen auf, darunter waren 15 Kontaktversuche von Anschlüssen des sächsischen Innenministeriums und der Polizeidirektion Südwestsachsen. Die unzähligen etwa drei Sekunden langen Anrufversuche werfen nach wie vor Fragen auf.

Beate Zschäpe jedoch surfte seit der Mittagszeit nachweislich auf Webseiten zu den Themen Reisen, Musik, Gesundheit und Sex. Um fünf Minuten nach ein Uhr suchte sie nach »Natürlichen Mitteln gegen Übelkeit«. Ab etwa 14 Uhr brachten Radiostationen und Presseagenturen Meldungen von den Vorfällen in Eisenach. Zschäpe wählte keine entsprechende Seite an. Um 14.20 Uhr schaltete sie den Computer aus. Es scheint fast so, als sei sie bis dahin ahnungslos gewesen.

Dann gegen 15 Uhr hastete sie aus dem Mehrfamilienhaus in der Frühlingsstraße, brachte ihre Katzen eilig bei einer Nachbarin unter. Sie klingelte noch bei einer sehr alten, gehbehinderten Mitbewohnerin, wohl um sie zu warnen. Als die nicht öffnete, ging sie weiter. Oben im Dach des Hauses waren Handwerker eingesetzt, die gerade Mittagspause außerhalb des Hauses machten, das rettete ihnen das Leben. Denn wenig später explodierte die Wohnung des Trios. Anwohner sahen, wie die junge Frau die Straße entlang zu Fuß verschwand. Sie trug nicht viel bei sich. In der Wohnung fanden die Ermittler noch 75 000 Euro in bar.

Zschäpe hatte wohl beabsichtigt, durch den Einsatz von Brandbeschleuniger die komplette Wohnung niederzubrennen, doch die Benzingase, die sich in den Zimmern gesammelt hatten, lösten eine Verpuffung aus, die eine der Außenwände heraussprengte und das Feuer teilweise erstickte. So konnten die Ermittler detaillierte Aufzeichnungen zu weiteren möglichen Anschlagszielen sicherstellen: Stadtpläne mit Markierungen, das grausame Video mit den Fotos von den Tatorten und der fröhlichen Paulchen-Panther-Figur, eine Sammlung mit den Namen von Prominenten und hochrangigen Ermittlungsbeamten und ein handschriftliches Adressverzeichnis, in dem Politiker und Journalisten aufgeführt sind.

Das Geld ließ Zschäpe liegen, bevor sie die Wohnung verließ, aber

16 Umschläge mit den Bekenner-DVDs soll sie den Ermittlungen zufolge in ihre Handtasche gesteckt haben. Die Bundesanwaltschaft nimmt an, dass alle Briefe von ihr verteilt wurden und lehnt damit Vermutungen ab, es könnte Helfer gegeben haben. »Der Umschlag an uns hatte weder Briefmarken, noch war er frankiert«, erinnert sich Herbert Fuehr, damals zuständiger Politikredakteur der »Nürnberger Nachrichten«. Eine Mitarbeiterin der Zeitung bestätigt gegenüber der Polizei seine Aussage. »Der Umschlag muss persönlich eingeworfen worden sein, von wem auch immer«, beharrt Fuehr, der mittlerweile im Ruhestand ist. Zunächst schien das Bundeskriminalamt den beiden Nürnbergern zu glauben und schloss eine offizielle Zustellung aus – doch das würde auf Helfershelfer in Bayern deuten, denn Beate Zschäpe war auf ihrer Flucht nicht in Nürnberg. Inzwischen schließen die Ermittler jedoch Fremdhilfe kategorisch aus. Der Journalist ist verwundert über die »Kehrtwende«, »denn bisher wurde uns immer Glauben geschenkt«.

Zschäpe verließ die Frühlingsstraße und floh in Richtung Bahnhof Zwickau. Sie wählte André Emingers Nummer. Um 15.29 Uhr sprachen sie eine Minute und 27 Sekunden miteinander. Zschäpe warf ihr rotes Telefon danach in den Graben. Eilig tippte Eminger eine SMS an seine Frau Susann. Kurze Zeit später soll Eminger Zschäpe mit dem Wagen eingesammelt haben.

Die darauffolgende Nacht, so vermuten Ermittlungsbeamte, könnte sie in Glauchau, elf Kilometer entfernt, verbracht haben. Dort, aus einer Telefonzelle am Bahnhof, wurden zwischen 2.57 und 3.45 Uhr fünfmal Anschlüsse von Eminger angewählt. Danach begann ihre Fluchtodyssee mit der Bahn quer durch Deutschland. Am 5. November 2011 rief Zschäpe gegen 7 Uhr Uwe Böhnhardts Eltern an. »Die beiden Jungs haben sich das Leben genommen, sie haben keinen Ausweg mehr gesehen und wollten aber auch nicht ins Gefängnis«, sagte sie zu Böhnhardts Mutter. Kurz vor 8 Uhr informierte sie Uwe Mundlos' Eltern, die ihren Sohn 2005 als vermisst gemeldet hatten. Ihr Sohn habe sie »sehr lieb« gehabt, es sei ihm wichtig gewesen, dass die Eltern das noch erfahren, sagte Zschäpe. Ihre eigene Familie informierte sie nicht.

Vier Tage lang fuhr Zschäpe anschließend durch die Republik, reiste nach Eisenach, besuchte den Todesort ihrer beiden Freunde, fuhr nach Leipzig, Hannover, Bremen, Braunschweig, Halle und Jena. In Leipzig warf sie einige an Zeitungen, Moscheevereine und Parteien adressierte Briefumschläge mit dem Bekennervideo in die Post. In Weimar könnte sie ein Paket persönlich abgegeben haben, Reisequittungen deuten darauf hin. Sie war erschöpft, übermüdet, verbrachte die Nächte wohl auf Bahnhöfen und in Zugabteilen. Warum sie nach Norddeutschland fuhr, ist ungeklärt. In Halle wurde sie fast von einer Straßenbahn angefahren. Ihre Retterin, eine 66 Jahre alte Frau, die Zschäpe noch zu einem Kaffee einlud, bemerkte ihr verstörtes Verhalten.

Am Dienstag, dem 8. November 2011, war sie zurück in ihrer Heimatstadt Jena. Sie suchte eilig einen Anwalt. Um 13.25 Uhr erschien sie in Begleitung eines Rechtsanwaltes auf einer Polizeiwache mit den Worten: »Ich bin die, die Sie suchen.« Als einzige Überlebende des NSU-Trios ist Zschäpe das Gesicht, die Nachlassverwalterin der braunen Terrorzelle. Mit dem Tod der beiden Männer, mit denen sie 13 Jahre lang im Verborgenen ihr Leben geteilt habe und die sich töteten, habe sie ihre »Familie« verloren, sagte Zschäpe bei ihrer Festnahme.

Andreas Speit

Der Terror von rechts – 1991 bis 1996

Brandanschlag in Rostock-Lichtenhagen – Politische Folgen
und gesellschaftliche Resonanzen – Hoyerswerda – Taten und
Einstellungen – Mannheim-Schönau – Quedlinburg – Neonazis
und Nachbarn – Mölln – Solingen – Gewaltideen und militante
Konzepte der Szene – Verbote und Kameradschaftsgründungen –
Der ungeklärte Anschlag von Lübeck

Hinter der aufgebauten Bühne erhebt sich der kolossale Plattenbau.
Saniert und sauber. Kurz hält Bundespräsident Joachim Gauck inne.
Die überdachten Sitzplätze in der Siedlung mit dem Sonnenblumenhaus sind alle gefüllt. An den Absperrungen erwarten über 2000 Gäste
am 26. August 2012 die Rede. Aus den Fenstern der elfstöckigen Hoch-
häuser verfolgen Rentnerinnen und Rentner die zentrale Gedenkveranstaltung. Vor 20 Jahren, im August 1992, brannte hier im Rostocker
Stadtteil Lichtenhagen die damalige Zentrale Anlaufstelle für Asylbewerber, bangten Menschen um ihr Leben. Tagelang fanden dort, durch
rund 3000 Neonazis und Nachbarn getragen, die größten rassistischen
Ausschreitungen in Deutschland nach 1945 statt.

»Es ist Vergangenheit, was uns heute hier in Lichtenhagen zusam-
menführt – was wir erinnern, was wir beklagen, was uns beschämt«,
sagt Gauck: »Aber der zweite Satz heute kann nur lauten: Es ist die Gegenwart, die unsere Wachsamkeit, unsere Entschlossenheit, unseren
Mut und unsere Solidarität braucht.« Die Gegenwart sei noch immer
»infiziert von Fremdenfeindlichkeit, Hass, Gewalt«. Vorsichtig sucht
der Bundespräsident, der damals in der Nähe als Pfarrer wirkte, die
Worte, möchte er doch die deutsche Gesellschaft ermahnen und die
Rostocker Bevölkerung nicht brüskieren. »Wie konnte die Staatsmacht
das Gewaltmonopol so scheinbar schnell und leichtfertig aufgeben?«,
fragt er. »Heuchler, Heuchler, Heuchler«, rufen plötzlich Gäste, die
nicht nur etwas von »Fremdenfeindlichkeit«, sondern auch von »Rassismus« hören wollen. Ein Transparent »Rassismus tötet« halten sie an
der Absperrung hoch. Unbeirrt erinnert Gauck an die Schwierigkeiten
der Wendezeit: »Ich weiß, dass in Lichtenhagen, in Rostock wie über-

all in der DDR viele Menschen nach der Wiedervereinigung arbeitslos wurden, dass sie sich als Verlierer sahen, enttäuscht waren über die Zustände im neuen Deutschland.« Viele seien »tief verunsichert«, »orientierungslos« gewesen, sagt er, und der »Frust vor der Freiheit« sei in »Wut und Aggressionen« umgeschlagen. Eine Erklärung, die bei einigen Gästen Kopfschütteln, bei vielen aber Zustimmung auslöst. An der Absperrung meint ein 47-jähriger Lichtenhagener: »Ich fand es gut, dass er auch versucht hat, unsere Seite zu sehen. Kein Wunder, er ist ja einer von uns.«

Bis heute hat die Stadt, der Stadtteil, keinen richtigen Umgang mit dem »Brandmal im Antlitz der Hansestadt«, wie Gauck das Geschehene bezeichnet, gefunden. An dem Haus mit der Sonnenblume erinnert keine Gedenktafel an die Tage vom 22. bis zum 26. August 1992. Nach der Gedenkfeier mit Gauck hatte die Stadt Rostock eine Eiche vor den Plattenbau gepflanzt. »Wir haben uns vom Symbol der Friedenseiche inspirieren lassen«, verteidigte Oberbürgermeister Roland Methling den Entschluss, als Kritik aufkam. Die Baumart stehe für Beständigkeit. Zwei Tage später schon, in der Nacht zum 29. August, wurde der Baum abgesägt. Eine »AG antifaschistischer Fuchsschwanz« bekannte sich zu der Baumfällaktion, denn eine Eiche sei das »Symbol für Deutschtümelei und Militarismus« und sei »für die Menschen, die 1992 dem Mob in Rostock-Lichtenhagen ausgesetzt waren, ein Schlag ins Gesicht«.

Hier vor dem elfstöckigen Gebäudekomplex zwischen Fahrschule, Telefonanbieter, Heimeinrichtungsfachmarkt, Restaurant und Lebensmittelmarkt möchten sich Anwohner nicht gern erinnern. Angeblich seien diese Läden schon gleich nach der »Wende« errichtet worden, wie eine Rentnerin, die hier schon seit 35 Jahren lebt, vehement behauptet. Doch im August 1992 standen hier in der Mecklenburger Allee die Zentrale Anlaufstelle für Asylbewerber und ein Wohnhaus für Vietnamesen. Es gab noch keine neuen Geschäfte, sondern Neonazis und Nachbarn mit Bier und Molotowcocktails. »Volksfeststimmung« herrschte auf der Wiese, als Phuong Kollath mit ihren Mitbewohnern um ihr Leben bangte. »Das Feuer, der Rauch erinnerten mich an den Vietnamkrieg, den ich als Kind erlebt hatte«, sagte sie Jahre später gegenüber »Spiegel-TV«. »Ist doch lange her, damit haben wir doch nichts zu tun«, meint ein junges Pärchen 2012 beim Eisessen im Sonnenschein. Ein Mann, bereits mittags ein Bier in der Hand, raunzt: »Ich war dabei, und? Dann waren die endlich weg.« Eine Frau mit Kind ist eine der wenigen, die auf der Straße nicht abwiegeln oder rechtfertigen:

»Schlimm muss es gewesen sein«, sagt sie. »Ach, das meinen Sie«, sagt die Rentnerin. »Da hatte es gebrannt«, erinnert sich nun auch ihr Mann und zeigt auf das Haus mit der Sonnenblume. »Aber glauben Sie mal nicht, was die Presse da so alles schrieb. Wir waren da, wir wissen, wie es war«, sagt er und legt noch nach: »Da war was los, schlimm, wie die vor dem Haus gehaust haben.« Sie ergänzt: »Erst waren die Kubaner da, dann die Vietnamesen, nun die Türken. Seitdem nur noch Mord und Raub.«

Von der Innenstadt ist man über die Stadtautobahn schnell in Lichtenhagen. Am Abend des 22. August 1992 fuhr Andreas Meyer mit mehreren Leuten diese Strecke. »Wir wollten den Betroffenen der Angriffe helfen, uns dem entgegenstellen – wie naiv. Wir hatten die Größenordnung unterschätzt«, sagt Meyer, der damals 19 Jahre alt und in der antifaschistischen Szene aktiv war. Einer seiner Freunde, der schon vorgefahren war, winkte sie eilig am Straßenrand raus: »Der war ganz aufgelöst und meinte: ›Fahr nicht rein, da kommt ihr nicht lebend raus.‹«

Seit Ende 1990 bestand in dem Wohnblock jene Zentrale Anlaufstelle für Asylbewerber, in der die Flüchtlinge ein mehrtägiges Registrierungsverfahren über sich ergehen lassen mussten. Im August 1992 waren die Räume völlig überfüllt, und es fehlte an Personal. In ihrer Not mussten die Betroffenen, überwiegend Sinti und Roma, auf der Wiese leben. Die rund 200 Flüchtlinge campierten tagelang ohne lebensnotwendige Versorgung und sanitäre Anlagen im Dreck. Einige krochen unter die Balkone in den Erdgeschossen des Häuserblocks. Im Stadtteil kam aber kein Mitleid auf. »Über die Ferkel, Drecksäue, die überall hinscheißen und -pissen, wurde geschimpft«, erinnert sich Meyer. »Jetzt kommen auch noch die Zigeuner«, hieß es. In der Lokalpresse beschwerten sich zwei Wochen vorher Anwohner über »die«. Die zuständigen Behörden reagierten nicht. Die örtliche Politik auch nicht.

Schon am Nachmittag jenes Samstages im August 1992 hatten Neonazis und Nachbarn angefangen, die vor der Anlaufstelle im Freien ohne Versorgung ausharrenden Flüchtlinge anzupöbeln. Mehr als 400 Menschen begannen, sich auf der Wiese zusammenzurotten. Ein Polizist wurde verprügelt, schließlich ein Polizeiwagen angezündet. Aus ganz Rostock fuhren Neonazis, »rechte Hooligans« nennt Meyer sie, nun in den Stadtteil. »Auf der Stadtautobahn hielten bewaffnete Neonazis Autos an, um zu schauen, wer drinnen sitzt.« Die Situation für die Flüchtlinge wurde immer bedrohlicher.

Am Abend kamen noch mehr Anwohner und offenkundig Rechte, um ihren »Unmut« laut kundzutun. In der Nacht zum Sonntag, dem 23. August, eskalierte die Situation dann. Überwiegend junge Rostocker umzingelten den Plattenbau mit der Sonnenblume. »Jetzt zeigen wir es den Ausländern mal, jetzt zeigen wir es Bonn, jetzt zeigen wir es Schwerin. Jetzt sind wir endlich wieder wer«, so dachte wohl der Mob, meint Meyer. Die Protestierer standen in Grüppchen zusammen, tranken und grölten Parolen. Unter dem Applaus der Nachbarn aus den anliegenden Hochhäusern flogen, als es dunkel wurde, die ersten Steine auf die schutzlosen Flüchtlinge, die Fensterscheiben der Asylbewerberstelle wurden eingeschmissen. Bis in die Morgenstunden schleuderten dann Neonazis Molotowcocktails gegen das Gebäude. Die Anwohner applaudierten. Einer, so berichtete ein Reporter des Hamburger Magazins »Stern« damals, habe ihn stolz auf die Beteiligung seines Sohnes bei den Angriffen hingewiesen. Der Reporter schrieb: »Der hängt sich richtig rein, um die Ausländer fertigzumachen.« Die Einsatzleitung der Polizei war völlig überfordert. Erst drei Stunden, nachdem die ersten Brandsätze geflogen waren, setzte die Einsatzleitung der Polizei Wasserwerfer gegen die immer aggressiver auftretenden Randalierer ein. Ganze 18 Stunden vergingen, bis Verstärkung gerufen wurde. Die Polizei hatte sich vorher zwischendurch immer wieder zurückgezogen und die Angegriffenen mit dem Mob allein gelassen.

Am Mittag des 23. August rottete sich die Meute vor der Wiese wieder neu zusammen. Spätestens jetzt waren auch Rechtsextreme aus Niedersachsen und Schleswig-Holstein eingetroffen. »Der Event war ein Magnet für die Neonazi-Szene«, erinnert sich Meyer. Mitglieder der *Gesinnungsgemeinschaft der Neuen Front* (GdNF), ein Netzwerk um den früheren Chef Michael Kühnen, agierten vor Ort. Nach Angaben von Fachleuten des Duisburger Instituts für Sprach- und Sozialforschung (DISS) soll der Neonazi Christian Worch, damals Hamburger GdNF-Chef, aus seinem PKW heraus per Funk die Kameraden koordiniert haben. Ab Montag hätten professionelle Neonazi-Anführer angefangen, die Menschenmenge zu steuern und entscheidende Impulse zu geben, rekonstruierten die Experten des DISS. Diese Kader hätten das nötige Know-how für die nun folgenden Angriffe auf Polizei und Flüchtlinge mitgebracht.

In den Tagen zuvor waren fast 100 000 Flugblätter einer Aktion »Rostock bleibt deutsch« verteilt worden. Unter der Überschrift »Widerstand gegen die Ausländerflut« hieß es da: »Heute haben wir sechs

Millionen. Sie nennen sich Einwanderer und erzählen uns, Deutschland gehört jetzt ihnen.« Verantwortlich für die Aktion: Michael Andrejewski, heute in zweiter Legislaturperiode NPD-Landtagsabgeordneter in Schwerin. Im Deutschlandradio erklärte Andrejewski 2007 zu seiner Rolle als Verantwortlicher für die Flugblätter ausweichend: »Da wird kein Bezug genommen auf dieses Asylbewerberheim, es wird nur generell von Ausländern gesprochen, es wird zur Gründung einer Bürgerinitiative aufgerufen.«

Ab Sonntag sendeten Fernsehsender live die Bilder von der grölenden Menge vor dem Sonnenblumenhaus. Erst am dritten Tag, am Montag, dem 24. August, evakuierte die Polizei die verängstigten Flüchtlinge. Die Menschenmenge vor dem Haus war in aufgeheizter Stimmung, sie feierte das Fortbringen als ihren Erfolg. Klatschten, als die beladenen Busse mit den schutzsuchenden Flüchtlingen abfuhren. Trotz des sich feiernden Mobs rückten die Polizeikräfte ab.

In der Nacht griff die völlig unbeaufsichtigte Menschenmenge dann den benachbarten Plattenbau Mecklenburger Allee 19 an. Hier lebten rund 150 Vietnamesen, die meisten arbeiteten in der Industrie der Hansestadt. Unter »Zugabe, Zugabe«-Rufen flogen erneut Brandsätze gegen die Fensterscheiben. Die Notausgänge zum Nachbarhaus hatten Anwohner verrammelt, mit Ketten verschlossen, berichteten später Thomas Eutin und Jochen Schmidt, die sich für das ZDF in dem Wohnheim befanden. An der Seite der Bedrohten aus Vietnam hielten sich auch Antifaschisten auf. »Wir waren am Samstag fast paralysiert, diese Mobstimmung hatten wir nicht erwartet, dann organisierten wir uns, gingen eben auch zum Wohnheim, um Schutz leisten zu können«, erzählt Meyer. Frühmorgens konnten sie schnell unbemerkt ins Haus huschen. Ein Molotowcocktail nach dem nächsten flog, Fensterscheiben splitterten. Wohnungen und Balkone fingen Feuer und brannten. Mit Äxten und Baseballkeulen stürmten aufgebrachte Randalierer das Gebäude. Kanisterweise Benzin wurde für die Brandsätze herangeholt. Der Mob hielt die Feuerwehr über Stunden davon ab, zu löschen. Stockwerk für Stockwerk flüchteten die eingeschlossenen vietnamesischen Arbeiter, Journalisten und Antifaschisten weiter nach oben. Über das Dach konnten sie dann schließlich zum Nachbarhaus fliehen. Eine Anwohnerin half ihnen.

Bis heute sind die Rolle der politisch Verantwortlichen bei den Angriffen und der Zusammenhang zur Asyldebatte nicht aufgearbeitet. In seinem Buch »Politische Brandstifter« wirft der damals anwesende

ZDF-Reporter Schmidt der Politik sogar vor, die Krawalle instrumentalisiert zu haben: »Rostock-Lichtenhagen war eine kontrollierte Eskalation des Volkszorns mit dem Ziel, die SPD zum Einlenken in der Asylfrage zu zwingen«, meint er. Anfang der 1990er Jahre herrschte in Medien und Politik ein heftiger Streit über die Asylgesetzgebung. Schon vorher sprachen CDU und CSU immer mehr von »Wirtschaftsflüchtlingen« und »Asylbetrügern«. Nicht ohne Erfolg, von dem vor allem die rechtsextreme Szene profitierte. *Die Republikaner* (REP) zogen ab 1989 mit über sieben Prozent in Landesparlamente und ins Europaparlament ein. Ihr Plakat »Das Boot ist voll«, auf dem ein Schiff »Arche Deutschland« mit Asylanten überfüllt war, wurde bundesweit aufgehängt. Im Jahr 1992 suchten über 440 000 Menschen in Deutschland Asyl. Ein Höhepunkt der Entwicklung, der auch durch den anhaltenden Bürgerkrieg im früheren Jugoslawien bedingt war. Dass nicht einmal fünf Prozent der Flüchtlinge überhaupt Asyl erhielten, beschwichtigte die öffentliche Debatte nicht. Im Gegenteil, Edmund Stoiber (CSU), damals bayrischer Ministerpräsident, drohte der CDU, falls sie wie SPD und Grüne das Grundrecht auf politisches Asyl nicht ändern wolle, mit dem »Ende der Einheit der Union«.

Einen Tag nach den pogromartigen Ausschreitungen in Rostock erklärte der damalige Ministerpräsident von Mecklenburg-Vorpommern, Berndt Seite: »Die Vorfälle der vergangenen Tage machen deutlich, dass eine Ergänzung des Asylrechts dringend erforderlich ist, weil die Bevölkerung durch den ungebremsten Zustrom von Asylanten überfordert wird.« Zur lebensbedrohlichen Situation für die Betroffenen sagte der CDU-Politiker am 25. August 1992 nichts. Diese Reaktion eines politisch Verantwortlichen ist für Schmidt ein Indiz von vielen, dass nichts ein Zufall war. Noch während der Ausschreitungen nahm die SPD ihr »Nein« zur Änderung des Grundrechts auf Asyl zurück. Am 6. Dezember 1992 stimmten im Bundestag CDU, CSU, FDP und SPD für einen sogenannten Asylkompromiss, mit dem das individuelle Grundrecht auf Asyl stark eingeschränkt wurde.

Die Verfolgung der Straftäter aus den Augusttagen in Rostock-Lichtenhagen lief dagegen schleppend an. Aus den mehr als hundert eingeleiteten Ermittlungsverfahren erfolgten 32 Anklagen. Die Verfahren vor dem Amtsgericht Rostock endeten meist mit Bewährungsstrafen oder Jugendarrest. Drei Neonazis verurteilte das Landgericht Rostock wegen schwerer Brandstiftung und Landfriedensbruch zu Haftstrafen zwischen zwei und drei Jahren. Vier Täter beschuldigte die Staatsanwaltschaft Schwerin des versuchten Mordes, da ein Molotowcocktail, der ihnen zugeschrieben wurde, in einem Raum explodiert war. Erst mit neunjähriger Verzögerung begann 2001 der Prozess. Offizielle Begründung der Jugendkammer: Überlastung. Die Folge: Eines der Verfahren musste eingestellt werden – wegen Verjährung. Die drei anderen Täter erhielten Bewährungsstrafen.

Vor Ort in Lichtenhagen war auch Ingo Hasselbach. 1993 ist er aus der rechten Szene ausgestiegen und gründete 2000 die Ausstiegshilfe »Exit« mit. 1992 war er noch Vorsitzender der *Nationalen Alternative* (NA) und galt als »Führer von Berlin«.

Gegenüber der »taz« bestätigt Hasselbach 2002, dass in Kreisen militanter Rechtsextremisten damals dazu aufgerufen wurde, nach Rostock zu reisen. »Es gab im Vorfeld der Krawalle in der Zeitung ›Aufbruch‹, dem Sprachrohr der *Nationalistischen Front*, eine Seite unter dem Motto ›Come together in Rostock‹«, erinnert sich Hasselbach. »Das war ein sehr merkwürdiges Gefühl für mich«, sagte er dem NDR zu Lichtenhagen. »Ich dachte, das gibt es doch nicht: Der normalste Bürger von nebenan, die Frau, die drüben einen Gemüseladen hat, alle standen da und applaudierten! Wie eine verkehrte Welt.« Bis zu 600 Mitglieder soll seine Gruppe, die NA, gehabt haben, die zur *Gesinnungsgemeinschaft der Neuen Front* von Kühnen gehörte. In Berlin besetzten die Neonazis mehrere Häuser im Oststadtteil Lichtenberg mit Erfolg. Die Kommunale Wohnungsverwaltung des Stadtteils vereinbarte mit ihnen daraufhin einen Mietvertrag für die Weitlingstraße 122. Dort entstand die Parteizentrale der *Nationalen Alternative*. Deren Trupps griffen meist im Osten der Hauptstadt linke Autonome an. Fast täglich wurde auf Asiaten, Schwarze und Südeuropäer eingeprügelt.

1992 waren die gewaltsamen Übergriffe in Lichtenhagen nicht die ersten Ausschreitungen dieser Art. Sie waren ein schrecklicher Höhepunkt rassistisch motivierter Anfeindungen und Angriffe in der Zeit seit der deutschen Vereinigung.

Bereits ein Jahr zuvor, im September 1991, hatte es im sächsischen Hoyerswerda eine Woche lang Übergriffe auf Ausländer und Flüchtlinge gegeben. Auf dem Markt der sächsischen Stadt pöbelten zunächst am Abend des 17. September acht angetrunkene Neonazi-Skinheads vietnamesische Händler an, die gerade ihre Stände abbauen wollten. Aus dem eskalierenden Treiben kristallisierte sich ein Tross von etwa

40 Rechten und Mitläufern heraus, der dann zu einem Wohnheim für mosambikanische Vertragsarbeiter zog. Flaschen und Steine warfen die Angreifer auf das Gebäude mit den ahnungslosen Bewohnern, Scheiben gingen zu Bruch. Die Polizei benötigte ganze drei Tage, um das Haus zu sichern. Am vierten Tag versammelte sich dann ein an die 500 Personen umfassender Mob vor dem Asylbewerberheim in der Thomas-Müntzer-Straße von Hoyerswerda. Nur mit Mühe konnte die Polizei den Sturm des Gebäudes verhindern, es flogen aber weiterhin Flaschen, Leuchtspurmunition und auch Brandsätze. Gegröle und Beifall von Nachbarn und Schaulustigen begleiteten die Angriffe. 32 Hausbewohner wurden im Asylbewerberheim verletzt. »Die sollen raus hier«, hieß es aus der Menge. Es wurde gedroht, so lange weiter zu machen, »bis sie alle weg sind«.

Am 23. September, am fünften Tag, kapitulierten die Verantwortlichen von Politik und Polizei vor den Neonazis und ihren Unterstützern. Unter dem Schutz schmunzelnder Polizisten, schrieb »Der Spiegel« 1991, mussten die rund 150 Menschen aus Rumänien und Vietnam in Verkehrsbusse steigen. Feststimmung herrschte, als sie weggefahren wurden. Vielen reichte das noch nicht. Wieder flogen Steine, Glassplitter einer Busscheibe verletzten den 21-jährigen Tam Le Thanh an einem Auge. »Treffer«, wurde prompt erfreut aus der Menge gerufen. »Frauen haben die vergewaltigt« und »sich nicht gewaschen«, hieß es aus dem Mob heraus. Als die Busse schnell starteten, rief einer gegenüber Deutschlandradio aus, was wohl viele dort dachten: »Hoyerswerda ausländerfrei!« Und gegenüber dem »Spiegel« sagte ein Mann namens Sven stolz: »Wir sind die Ersten in Deutschland, die es geschafft haben, das Gesocks zu verjagen.« Die Politik ging in die Defensive. Eine überraschende Forderung erhob der damals amtierende Ministerpräsident Kurt Biedenkopf (CDU): Sachsen sollten aus dem Westen künftig weniger Asylsuchende zugewiesen werden.

In dieser Atmosphäre fühlten sich Anfang der 1990er Jahre die Neonazis in ihren Ansichten bestätigt und in ihren Taten bestärkt. »Wir handeln, wo andere nur reden«, war ihr Selbstverständnis – und sie erfuhren Zuspruch und Applaus. »Wir begrüßen, dass die Bürger in Hoyerswerda sich gegen die Asylantenflut wehren«, tönte Frank Hübner, Bundesvorsitzender der neonazistischen *Deutschen Alternative*. »Bürger und Nationalsozialisten in einer Front«, das sei »einfach wunderbar«, schwärmt Hübner gegenüber dem »Spiegel« 1991.

Im September desselben Jahres offenbarte eine Umfrage des Meinungsforschungsinstituts Emnid, dass 21 Prozent der Ostdeutschen und 38 Prozent der Westdeutschen »Verständnis« für jene »rechtsradikalen Tendenzen« hätten, die das vermeintliche Ausländerproblem überall aufkommen lasse. Diese Meinung spiegeln Taten wider. Im ersten Quartal 1991 registrierte das Bundesamt für Verfassungsschutz 26 einschlägige Fälle, Mitte September waren es 220 Taten. Bis Ende des Jahres 1991, so eine Chronik der »taz«, wurden 1483 rechtsextreme Gewalttaten bundesweit gezählt – fünfeinhalbmal so viel wie 1990. »Das Werfen von Brandsätzen«, schrieb 1992 Siegfried Jäger vom Duisburger Institut für Sprach- und Sozialforschung, »markiert den Versuch rechtsextremer Terroristen, aus der aufgeheizten Stimmung in der Bevölkerung Nutzen zu ziehen.« Auf der »politischen Bühne«, so Jäger in der Veröffentlichung »Brandsätze – Rassismus im Alltag«, werde aber weiter »unbekümmert um die Änderung des Artikels 16 des Grundgesetzes gestritten, der zu einem Symbol der ›Bedrohung des deutschen Volkes‹ wurde«. In den Medien machten aber nicht bloß die »Bild«-Zeitung oder »Die Welt am Sonntag« Stimmung gegen das Grundrecht auf Asyl. Am 9. September 1991 titelte auch »Der Spiegel«: »Ansturm der Armen. Flüchtlinge – Aussiedler – Asylanten«. Auf dem Cover war neben der Überschrift ein Schiff mit schwarz-rot-goldenem Rumpf abgebildet, vom Zustrom bedroht. Eine Assoziation zum Plakat der *Republikaner* »Das Boot ist voll« drängte sich auf. Am 19. April 1992 zierte das »Spiegel«-Cover die Aussage »Asyl. Die Politiker versagen«, und die Bildmontage zeigte einen Ansturm vermeintlich südländischer Menschen, die durch ein von deutschen Beamten bewachtes Eisentor drängten.

Nicht nur im Osten des Landes rotteten sich Anwohner vor Flüchtlingsunterkünften zusammen. Über Tage belagerten 1992 immer wieder Nachbarn in Mannheim eine Sammelunterkunft für 200 Flüchtlinge aus Jugoslawien, dem Irak und der Türkei. Das Gerücht, einer der Bewohner des Hauses im nördlichen Stadtbezirk Schönau habe ein 16-jähriges Mädchen vergewaltigt, ließ die schon angeheizte Stimmung noch hochkochen. In der Nacht zum 26. Mai zogen Jugendliche, teilweise bewaffnet mit Stöcken, vor die ehemalige Gendarmeriekaserne in der baden-württembergischen Stadt. An die 150 junge, aber auch ältere Bewohner wollten den vermeintlichen Vergewaltiger stellen – dabei war das Gerücht schon öffentlich dementiert worden. Der Täter war der Freund des Mädchens.

Wenig später, am 28. Mai, kursierte am Himmelfahrtstag auf dem Waldfest der Schönauer Siedlergemeinschaft dasselbe Gerücht erneut. Eine Gruppe von Männern zog vom bierseligen »Vatertagsfest« zu der nahe gelegenen Kaserne. In der Nacht wuchs die Gruppe bis auf 400 Schönauer an. Wüste Beschimpfungen wie »Asylantenschweine!« oder »Wir brennen euch ab!« schrien sie, es flogen Steine und Flaschen. Die anwesende Polizei verhinderte dann letztlich die Stürmung des Heimes, sagt Matthias Möller. Der Kulturwissenschaftler veröffentlichte zu der fast vergessenen rassistischen Belagerung fünf Jahre später eine Studie: »Ein recht direktes Völkchen? Mannheim-Schönau und die Darstellung kollektiver Gewalt gegen Flüchtlinge«. 1992 bildete sich eine Woche lang immer wieder ein Mob. Anders als in Rostock waren an den gewaltsamen Aktionen in Schönau aber keine organisierten Neonazis beteiligt. Die örtlichen Politiker, bis zum Oberbürgermeister Gerhard Widder (SPD), äußerten allerdings Verständnis für die aufgebrachten »Lieben Mitbürgerinnen und Mitbürger«. In einem freundlichen Schreiben bat der OB die Schönauer um »Besonnenheit« und versprach, »Provokationen« und »Lärmbelästigung« seitens der Flüchtlinge zu unterbinden.

Der Geist jener Zeit führte zu schrecklichen Taten. Allein in der Woche vom 5. bis zum 11. September 1992 erfolgten laut »Spiegel« mehr als 40 Angriffe gegen ausländische Menschen und ihre Unterkünfte – von Brandanschlägen bis zu schweren Ausschreitungen.

Gemeinsam mit Neonazis gingen auch Anwohner in der historischen Harzstadt Quedlinburg gewalttätig gegen Flüchtlinge vor. Am Sonnabend, dem 6. September 1992, warfen Jugendliche die ersten Steine auf ein ehemaliges Betriebsinternat in der Oeringer Straße, in dem Rumänen und Vietnamesen untergebracht waren. Was die Polizei an dem Abend noch verhindern konnte, geschah dann am darauffolgenden Sonntag. Über 50 Neonazis warfen unter Applaus von Schaulustigen aus der beschaulichen Stadt in Sachsen-Anhalt Molotowcocktails gegen das Gebäude. Sechs Tage dauerten die Angriffe an, an denen sich bis zu 500 Menschen beteiligten, indem sie nur gafften, klatschten, riefen oder gar Gegenstände warfen. In Quedlinburg stellten sich aber auch Anwohner und engagierte Bürger den Angreifern sichtbar entgegen. Eine Mahnwache, an der sich auch Kommunalpolitiker beteiligten, entstand. »Es war eine sehr reale Bedrohung und wirklich auch eine Bedrohung für Leib und Leben«, sagt Martin Heinlein rückblickend, der sich als 17-jähriger Schüler an der couragierten Gegenwehr beteiligte.

Nicht ohne Folgen: Auch die zivilgesellschaftliche Mahnwache wurde wie die Unterkunft vom Mob angegriffen. »Wir haben uns davorgestellt, um die Flüchtlinge in diesem Heim zu beschützen, und sind dafür selbst angegriffen worden. Aber was wäre passiert, wenn sie tatsächlich einen der Flüchtlinge in die Hand gekriegt hätten?«, fragte Heinlein gegenüber dem MDR, der 2012 an die Ereignisse erinnerte. Als Neonazis und Anwohner trotz Polizeipräsenz Rettungskräfte angriffen, ordnete der damalige Landesinnenminister Hartmut Perschau (CDU) die Räumung des Heimes an.

Kaum vier Wochen später starben bei einem Anschlag in Mölln drei Menschen. Die Nacht vom 23. auf den 24. November 1992 kann Ibrahim Arslan nicht vergessen. »Diese Erinnerungen verschwinden nie, sie kommen auch immer wieder«, sagt der heute 27-Jährige. In der Nacht überlebte er den Brandanschlag in Mölln. »Ich denke, weil wohl meine Großmutter mich aus dem Zimmer holte, in die Küche brachte und mich neben den Kühlschrank eingewickelt mit nassen Tüchern setzte«, sagt er und hustet wieder. Sein chronischer Husten ist eine posttraumatische Belastungsstörung, die auch 20 Jahre danach nicht verschwindet. Während er gerettet werden konnte, starben seine Schwester Yeliz Arslan, zehn Jahre, und seine Cousine, Ayşe Yilmaz, 14 Jahre in dem brennenden Haus. Auch seine Großmutter, Bahide Arslan, 51, überlebte den Anschlag nicht. Das weibliche Oberhaupt der Familie verbrannte bei lebendigem Leibe im Flur. Yeliz lebte noch, als sie geborgen wurde, sie rief nach ihrer Mutter und starb wenige Minuten später an Rauchvergiftung und Brandwunden.

Das Reden über die folgenschwere Nacht und »das Danach« fällt dem jungen Mann nicht leicht, doch er wollte das Gespräch. »Wir Opfer müssen reden, damit nicht nur andere über uns reden«, sagt er. Und betont: »Ich finde es sehr gut, dass von den Opfern des NSU Betroffene offen an die Öffentlichkeit gehen und sagen, was sie wie erlebt haben.«

Um ein Uhr morgens warfen die Neonazis Michael Peters und Lars Christiansen gleich mehrere Molotowcocktails in das Haus, in dem zehn Menschen türkischer Herkunft lebten. Als sie sahen, dass der Eingang des Gebäudes im alten Stadtzentrum der schleswig-holsteinischen Kleinstadt Feuer gefangen hatte, riefen sie um 1.08 Uhr die Feuerwehr an: »In der Mühlenstraße brennt es! Heil Hitler!« So steht es in der Urteilsverkündung des II. Strafsenats am Oberlandesgericht Schleswig-Holstein. In der Nacht war es bereits das zweite Haus, das die beiden jungen Männer angezündet hatten. Schon eine halbe Stunde zuvor, gegen 0.31 Uhr, hatten sie bei der Feuerwehr angerufen: »In der Ratzeburger Straße brennt es. Heil Hitler!« Dort in der Ratzeburger Straße 13 konnten sich alle Bewohner retten, indem sie aus dem Haus kletterten oder aus den Fenstern sprangen. In der Mühlenstraße 9 aber brannte der Laden der Großmutter im Erdgeschoss sofort, das Feuer erfasste schnell das Treppenhaus. Über einen Mast gelang es Großvater Nazim, sich zu retten, Mutter Hava warf ihren acht Monate alten Sohn in die Hände von Helfern, bevor sie aus dem zweiten Stock sprang – wie ihre Schwägerin Ayten mit ihrem sechs Jahre alten Sohn Emra im Arm. Schwere Brüche und leichte Schnittverletzungen erlitten sie. »Ich erinnere mich an den brennenden Hintergrund und Töpfe«, sagt Ibrahim Arslan, der damals sieben Jahre alt war, und berichtet weiter, »dann wurde ich ohnmächtig.« »Dreieinhalb Stunden nach dem Brand fand die Feuerwehr meinen Sohn Ibrahim. Er war völlig verrußt und gänzlich vom Löschwasser unterkühlt«, erinnert sich Faruk Arslan, der über Nacht in Hamburg geblieben war, weil er dort für seine Nichte eine Aufenthaltsgenehmigung beantragt hatte. Als ein Bekannter ihn anrief und sagte: »Euer Haus brennt!«, war er sofort losgerast.

Mölln war eine Zäsur. Erstmals waren Menschen in Deutschland durch einen Brandanschlag von Neonazis getötet worden. Noch am Abend kam die Bevölkerung zu einem Schweigemarsch zusammen. Wenige Tage später demonstrierten über 12 000 Menschen in der schleswig-holsteinischen Stadt. Die zehnjährige Yeliz war ein beliebtes Mädchen in ihrer Schule, Freunde trauerten um sie. Bahide Arslan hatte zeitgleich mehrere Arbeitsstellen, arbeitete schwer. Unzählige Beileidsbekundungen von Politikern und spontane Hilfsangebote der Bevölkerung aus dem gesamten Bundesgebiet folgten. Auch damalige Bundes- und Landespolitiker wie Norbert Blüm (CDU) und Björn Engholm (SPD) kamen zu den Ruinen und versprachen Hilfe.

Verbittert erinnert sich Faruk Arslan an jene Wochen. »Die Politiker haben nichts gehalten, und die Polizisten suchten bei den Türken nach den Tätern.« Auch gegen den Vater wurde ermittelt. Um die Betroffenen sei es den Politikern kaum gegangen. »Die sorgten sich vor allem um das Ansehen Deutschlands«, glaubt Ibrahim Arslan. Selbst nachdem Ende November die Polizei die Täter festgenommen hatte, spekulierten Medien noch über Tatmotive aus den betroffenen Familien.

Am 17. Mai 1993 wurde vor dem Oberlandesgericht in Schleswig die Verhandlung gegen Peters und Christiansen wegen Mordes eröffnet.

»Da verschwanden solche Berichte«, sagt Faruk Arslan im Gespräch. Manche Medien schwenkten um. Nach 47 Verhandlungstagen verurteilte das Gericht den 25-jährigen Peters zu lebenslanger Haft und den 19-jährigen Christiansen nach Jugendstrafrecht zu zehn Jahren Gefängnis. Das Gericht, so das Urteil, erkannte sie für schuldig »des Mordes an drei Menschen in Tateinheit mit versuchtem Mord an sieben Menschen und besonders schwerer Brandstiftung sowie des versuchten Mordes an 32 Menschen in Tateinheit mit schwerer Brandstiftung«. Die Höchststrafe begründete der Richter deutlich: »Sie handelten aus purer rechtsradikaler Gesinnung.« Vor Gericht hatte Christiansen noch gesagt, der Anschlag sei »eine gelungene Aktion« gewesen.

»Ich habe immer noch schlaflose Nächte«, sagt Ibrahim Arslan. Als die Verbrechen des NSU bekannt wurden, »habe ich sofort wieder an die Nacht gedacht, wo uns das passiert ist«. Bis heute erschüttert ihn, wie skeptisch sie als Opferfamilie manchmal in der Kleinstadt auch nach der Klärung des Tathintergrunds angeschaut wurden. »Wir waren plötzlich der Schandfleck von Mölln«, sagt er. In der Schule schlugen Schüler ihn, den »Scheißausländer«, zusammen. Ein Beamter sagte ihm am »Tag der offenen Tür« im Polizeigebäude: »Du kommst hier nicht rein, du siehst das bald sowieso von innen«, erzählt er verbittert. Über zehn Jahre lang stritt er um eine Entschädigungsrente. »Erst 2011 habe ich sie zugesagt bekommen«, hebt er hervor.

In der Stadt wird der Anschlag nicht verdrängt oder verschwiegen. Um den Jahrestag finden Gedenk- und Informationsveranstaltungen statt. 2012 nahmen an einer solchen Veranstaltung neben den Angehörigen der Opfer-Familien auch der türkische Botschafter Hüseyin Avni Karşlıoğlu, Schleswig-Holsteins Ministerpräsident Torsten Albig (SPD) und die Bischöfin des Sprengels Hamburg-Lübeck Kirsten Fehrs teil. Albig betonte: »Wichtig ist nicht, wo und wie wir uns einsetzen, wichtig ist, dass wir uns einsetzen.« Am Rande der Veranstaltung überreichte Ibrahim Arslan dem Möllner Bürgermeister Jan Wiegels (SPD) ein neues Schild für das nach seiner Großmutter benannte Bahide-Arslan-Haus. Der Grund, so Arslan: Auf dem Schild steht nur, dass die Frauen seiner Familie Opfer eines Brandanschlages wurden. Auf dem überreichten Schild dagegen wird betont, dass Ayşe Yilmaz, Yeliz und Bahide Arslan durch einen rassistischen Anschlag starben.

Knapp sechs Monate nach dem Brandanschlag in Mölln starben erneut Menschen mit türkischem Hintergrund durch Neonazis. In der Nacht vom 28. auf den 29. Mai 1993 hatten im nordrhein-westfälischen Solingen Hatice Genç, Gülüstan Öztürk, Hülya Genç, Saime Genç und Gürcün Inçe keine Chance. Die Frauen und Mädchen schliefen, als vier Neonazis das Fachwerkhaus in der Unteren Wernerstraße 81 in Brand setzten. Aus allen Fenstern schossen bereits die Flammen, als die Feuerwehr eintraf. An diesem Pfingstwochenende war die zwölfjährige Gülüstan zu Besuch bei der Familie Genç. Sie starb in dem Haus zusammen mit der neunjährigen Hülya und der 18-jährigen Hatice. »Ich brenne«, rief damals, laut einem Bericht der »taz«, der 15-jährige Berkic Genç, als er aus dem Fenster auf ein Polster der Feuerwehr sprang. Schwer verletzt überlebte der Junge. Die 27-jährige Gürcün Inçe und ihre vierjährige Tochter Saime rettete der Sprung aus dem Fenster nicht, sie starben bei dem Versuch.

In der Stadt, die wegen ihrer Messer weltweit bekannt ist, bestand damals eine militante neonazistische Szene. Die Gruppe *Bergische Front* traf sich in der Talsenke, dem »Bärenloch«, trank Bier, schimpfte über »Ausländer« und sang einschlägige Lieder – auch von den »Böhsen Onkelz«.

Die Trümmer des Hauses rauchten noch, als die Polizei einen der ersten Verdächtigen festnahm, den 16-jährigen Schüler Christian R., der zur rechten Szene gehörte. Knapp 50 Meter entfernt vom Haus der Gençs wohnte er. In der Vernehmung gab der Jugendliche an, mit drei anderen die Tat begangen zu haben. Die Beamten konnten dadurch schnell den Sozialhilfeempfänger Markus Gartmann, 23, den Gelegenheitsarbeiter Christian Buchholz, 29, und den Schüler Felix K., 16, festnehmen. Der Anschlag sei jedoch nicht geplant gewesen, hieß es später. In einem Indizienprozess, bei dem frühere Aussagen und Geständnisse widerrufen wurden, erhielten die vier lange Jugend- und Haftstrafen.

Die rechte Szene hatte aber nicht nur einen Treffpunkt. Die jungen Männer konnten in der Kampfschule »Hak Pao« des Kampfsportlehrers Bernd Schmitt trainieren. In den Räumen des Gebäudes In der Freiheit 22 verkehrten auch Gartmann, Buchholz und Felix K. Zuvor hatte Schmitt den paramilitärischen *Deutschen Hochleistungskampfkunstverband* aufgebaut. Als der Prozess gegen die Brandstifter 1994 begann, wurde bekannt, dass der Solinger nicht nur ein Rechter, sondern auch ein V-Mann des nordrhein-westfälischen Landesamtes für Verfassungsschutz war. Enge Beziehungen soll Schmitt auch zur *Natio-*

nalistischen Front (NF) bis zu deren Verbot 1992 gehabt haben. Vorsitzender der Partei war der umtriebige Neonazi Meinolf Schönborn. Der ehemalige Unteroffizier der Bundeswehr Schönborn hatte 1989 im westfälischen Detmold-Pivitsheide ein Anwesen gekauft und zu einem Schulungszentrum ausgebaut. Regelmäßig fanden dort Wehrsportlager statt.

Bereits im Dezember 1988 verübte das NF-Mitglied Josef Saller einen Brandanschlag auf ein Haus im bayrischen Schwandorf, in dem überwiegend Ausländer wohnten. Vier Menschen starben. Nach dem Vorbild der Freikorps in der Weimarer Republik rief Schönborn zur Bildung *Nationaler Einsatzkommandos* (NEK) auf. Die Generalbundesanwaltschaft leitete daraufhin Ermittlungen wegen der Bildung einer terroristischen Vereinigung ein. Längst waren im Umfeld von NF und NEK diverse V-Leute der Geheimdienste aktiv. Das niedersächsische Landesamt für Verfassungsschutz hatte innerhalb der militanten NF einen damals arbeitslosen Skinhead aktiviert, der sich bereits von der Szene abgewandt hatte: Michael Wobbe, Deckname: »Rehkopf«. Der V-Mann, der laut »Spiegel« zwischen 300 und 700 DM monatlich erhalten haben soll, wurde innerhalb kurzer Zeit Sicherheitchef der *Nationalistischen Front*. Aufgabe von NEK und NF sollte es nach Erkenntnissen des Verfassungsschutzes sein, als bewaffnete Kampftruppen gegen »Ausländerverbrecherbanden«, »Linke« und die »Staatsgewalt« vorzugehen. 1993 stellte der Generalbundesanwalt das Ermittlungsverfahren gegen Schönborn und 27 weitere Beschuldigte jedoch ein. Schönborn kam allerdings wegen der Fortführung der verbotenen NF in Haft. 1998 wurde er entlassen. In einem Geheimdienstpapier hieß es, Anhaltspunkte, dass Schönborn weiterhin militante Planungen verfolge, gebe es nicht. Eine Fehleinschätzung, doch ganz im Sinne der Neonazis. Denn die hatten Mitte der 1990er Jahre scheinheilig die Auflösung aller kameradschaftsübergreifenden Organisationsstrukturen verkündet. In einem Pamphlet namens »Aktion« hieß es: »Stützpunkte wurden in die vollständige Autonomie überlassen.« Es sollte den Anschein erwecken, als wenn es keine feste rechte Struktur mehr gebe.

In den Folgejahren traf sich der heute 57-jährige Schönborn regelmäßig mit verurteilten Holocaustleugnern im westfälischen Vlotho und schulte nicht nur den Nachwuchs der Szene. Spätestens seit Juli 2012 wurde gegen ihn wieder ermittelt. Bei einem wenige Monate zuvor an einem Herzinfarkt verstorbenen Gefolgsmann wurden Waffen und scharfe Munition gefunden. Ein Kamerad rief, nachdem er den Mitstreiter in einem ehemaligen Hotel in Herzberg bei Berlin tot aufgefunden hatte, den Notarzt. Die Polizei stelle später in dem Gebäude den Fund sicher, genau wie Flugblätter der *Neuen Ordnung*. Im Februar 2013 zitierte das TV-Magazin »Report Mainz« einen Polizeiermittler zu Schönborns *Neuer Ordnung*, wonach die Organisation »einen Umsturz« herbeiführen wolle. Der Neonazi aus dem Landkreis Gütersloh reagierte auf den Bericht des ARD-Magazins auf seiner Homepage: »Deine Konsequenz sollte sein!!! Komm zur nächsten Wochenendschulung und lass uns gemeinsam Konzepte und Strategien zur Bekämpfung dieser erbärmlichen Volksverräter und -Vergifter entwickeln!«

In Solingen klafft heute eine Baulücke, wo einst das Haus der Familie Genç stand – ganz bewusst. Fünf Eichen für jedes Opfer sind dort auf einer Terrasse gepflanzt. Links am Drahtzaun steht ein Gedenkstein: »An dieser Stelle starben als Opfer eines rassistischen Brandanschlags Gürcün Inçe, Hatice Genç, Gülüstan Öztürk, Hülya Genç und Saime Genç«.

Die verheerenden Brandschläge von Mölln und Solingen erschütterten die deutsche Gesellschaft. »Der hässliche Deutsche« schien wieder da zu sein. In den Jahren 1992 und 1993 verübten nach Statistiken des Bundesamtes für Verfassungsschutz rechtsextrem motivierte Täter 2939 bzw. 2232 Gewalttaten. 1993 zählte der Verfassungsschutz allein 311 Brandanschläge und drei Sprengstoffattentate. Von einer Dunkelziffer darf ausgegangen werden. Nicht alle Übergriffe und Anschläge dürften die Behörden als politische Taten erfasst haben. David Begrich, Bildungsreferent bei *Miteinander e. V. – Netzwerk für Demokratie* in Sachsen-Anhalt, betont, damals wie heute würden immer wieder Straftaten von offizieller Seite nicht als rechtsextrem eingeordnet werden. »Von rivalisierenden Jugendgruppen wird schnell gesprochen« oder von »alkoholisierten Jungs, sprich unpolitischen Bengels«, sagt Begrich, der seit Anfang der 1990er Jahre zur rechtsextremen Szene recherchiert und präventive Konzepte mitgestaltet. Er erlebte auch, dass viele Opfer verängstigt sind und häufig kein Vertrauen in den Staat haben, sich deswegen auch nicht an Behörden wenden. Die Bedrohungslage zu Beginn der 1990er Jahre kennt der Bildungsreferent gut. Er studierte Theologie in Potsdam und arbeitete ehrenamtlich in einem Jugendzentrum. Nach Konzerten lauerten Neonazis den Besuchern auf. Mit Gehwegplatten wurde vom Dach eines Hauses auch nach ihnen geworfen. »Die Neonazis griffen regelmäßig Jugendliche an, die nicht dem damaligen Neonazi-Szene-Chic mit Glatze, Bomberjacke und Springerstiefeln entsprachen. »Das war nicht bloß in Brandenburg so«, hebt Begrich hervor. Auch der Berliner Ex-Neonazi Ingo Hasselbach warnte früh vor wiederaufkeimenden, neuen Formen organisierter Gewalt. »Als ich 1993 aus der Szene ausgestiegen bin, hatte ich monatelang beim BKA (Bundeskriminalamt) gesessen und dort eine Lebensbeichte abgelegt«, sagte der heutige Journalist 2012 dem Deutschlandradio Kultur, »und ich habe sehr klar darauf hingewiesen, dass da Strukturen entstehen, die nicht mehr kontrollierbar sind.« In der Zeit unmittelbar vor seinem Ausstieg hätte sich seine Gruppe »ganz klar mit rechtsterroristischen Gedanken beschäftigt. Wir haben angefangen, Planungen zu machen: Wie finanziert man das, was ist der Hinterhalt in der Öffentlichkeit, in der Legalität? Wo kriegt man Papiere her?« Und er betonte mit Bezug zum NSU: »Diese Hinweise habe ich damals in meinen Aussagen dem BKA gegeben.« So war es für ihn auch »eine große Überraschung, dass die nichts gewusst haben wollen«.

In der Szene kursierte seit Anfang der 1990er Jahre, inspiriert durch US-amerikanische Neonazis, die Idee des »leaderless resistance«. Spätestens 1992 findet das Konzept des führerlosen Widerstandes, als dessen Begründer Louis Beam gilt, Verbreitung. Der frühere Aktivist des *Ku-Klux-Klans* und spätere Anhänger der *Aryan Nations* plädierte im Februar 1992 in der Zeitschrift »The Seditionist« für die Gründung von eigenständig agierenden Kleinstgruppen, die mehr durch eine ideologische Botschaft und weniger durch eine organisatorische Struktur miteinander verbunden sein sollten. Entsprechend der Selbstbezeichnung »führerlos« bedurfte es keiner Führungsfigur oder Kaderstruktur. Auch Anleitungen und Befehle von »oben« seien letztendlich überflüssig, würden doch die idealistischen Aktivisten der jeweiligen Zellen selbst um die angemessenen Handlungen und den richtigen Weg des »Widerstandes« gegen das politische System wissen. In dem Netzwerk *Blood & Honour*, in dem sich auch das NSU-Trio Uwe Mundlos, Uwe Böhnhardt und Beate Zschäpe bewegten, war das Konzept bestens bekannt. Ganz offen hieß es in dem Magazin der »Division Deutschland« des internationalen Netzwerkes 1996, Ausgabe Nr. 2: »Viele werden stöhnen, ›immer der alte Kram‹, langweilig. (...) Manche werden sagen: ›Mir reicht der Spaß am Wochenende, Bier und Weiber.‹ (...) Einige werden meinen: ›Ich höre meine Oi- oder RAC-Muck, ansonsten bin ich Skin, das reicht doch wohl! Oder (...) ?!‹ Eben nicht.« Klar und deutlich wird dargelegt: »Die alten Formen des politischen Aktivismus, wie z. B. der Weg über Wahlen in das Parlament, das medienwirksame Auftreten von fahnenschwenkenden Parteien oder das auf legaler Basis ange-strebte Kaderprinzip, sind überholt (...) Gelingt es uns, mit Phantasie und Humor, aber auch mit der nötigen Entschlossenheit und Ernst-haftigkeit, eine nicht angreifbare, gut vernetzte Bewegung von un-abhängig agierenden Gruppen zu werden, so wird uns das Schicksal den Sieg nicht versagen. (...) Jeder ist dazu aufgerufen etwas zu tun! LEADERLESS RESISTANCE ist die Devise!« Und zum Ende des Arti-kels mit dem Titel »Politik« wurde Beam ausführlich zitiert: »Für den KKK der achtziger Jahre muß der Grundsatz der Qualität und nicht der Quantität gelten. Die Vorstellung von zahllosen Menschenmassen, die unter dem Banner des Klans marschieren, muß als eine gefährliche Illusion kritisiert werden.« Im Text nannte US-Nazi Beam sogleich die Handlungsoption: »Die Lösung, die einzige Lösung, ist die Rückkehr zu den Quellen, zur weißen Revolution durch eine kleine, aber ent-schlossene Gruppe. (...) Die Patrioten von heute müssen sich auf den größten aller Kriege, den Rassenkrieg, vorbereiten, und dafür muß man geheime Strukturen schaffen und bereit sein, sein Leben zu lassen.« In den 1990er Jahren kursierten in radikalen Neonazi-Kreisen, die Inter-esse am bewaffneten Kampf hatten, die »Turner-Tagebücher« – auch bei den mutmaßlichen NSU-Unterstützern Ralf Wohlleben und André Eminger wurden sie auf deren Computern gefunden. Dabei geht es um einen fiktiven US-Roman, der eine »weiße Revolution« propagiert, in deren Verlauf ein weltweiter Genozid an Nicht-Weißen und Juden statt-findet.

Im »Totenkopf Magazin«, Nummer 3, wurde indes auf »Das Weiße Buch« von *Combat 18*, der noch militanteren Struktur von B & H, ver-wiesen: »Wir müssen uns über kurz oder lang auf den bewaffneten Kampf einstellen«, hieß es auch dort, und »*Combat 18* arbeitet nach der Methode des führungslosen Widerstandes«.

Unter der Überschrift »Der politische Soldat« wurden auch gleich Tipps gegeben:

»1. Die Zellen dürfen nicht aus mehr als vier Freiwilligen bestehen, weil ein großer Haufen zu unübersichtlich ist. 2. Keine Zelle sollte ihre Arbeit aufnehmen, bevor sie bewaffnet ist. 3. Keine Zelle sollte in den bewaffneten Kampf einsteigen, wenn sie keinen sicheren Ort hat, wo sie Waffen, Munition und gesammelte Information usw. verstauen kann. 4. Jede Zelle sollte eine Geld- und Waffenquelle haben, wenn eine Zelle ausgehoben wird, muß die andere nicht befürchten, ihre Versorgungs-quellen zu verlieren.«

Zwei Jahre nach dem Erscheinen des *Blood & Honour*-Magazins war das NSU-Trio aus Jena untergetaucht. Mit tatkräftiger Hilfe aus dem Netzwerk. 15 Jahre später erscheinen diese Passagen als Blaupausen für das Handeln der drei. Experte Begrich betont daher auch: »Bei der Entstehung des NSU handelt es sich keineswegs um eine von der Dynamik des Neonazismus abgekoppelte Entwicklung.«

Im Osten ist bis heute die rechtsextreme Gewalt stärker virulent, schreibt Matthias Quent 2012 in der Beilage zum Bundestagsorgan »Das Parlament« unter dem Titel »Rechtsextremismus – ein ostdeutsches Phänomen?«. »Übergriffe auf Ausländer und Ausländerinnen kommen etwa dreimal häufiger vor als im Westen. Bezogen auf die Bevölkerungszahl ist die Zahl gewalttätiger rechtsextremer Jugendlicher, Skinheads und Neonazis ebenfalls dreimal so hoch«, resümiert der wissenschaftliche Mitarbeiter am Institut für Soziologie der Friedrich-Schiller-Universität Jena in »Aus Politik und Zeitgeschichte«.

Das gesellschaftliche Klima im Osten bis Mitte der 1990er Jahre hält David Begrich dabei für nachhaltig prägend. »Nach der Wende war der alte Staat nicht mehr und der neue Staat noch nicht da«, sagt er. Allein 1990 und 1991 verloren 2,5 Millionen Menschen ihre Arbeit, Hunderttausende gingen in Arbeitsbeschaffungsmaßnahmen mit ungewissem Ausblick. Die Strafverfolgung funktionierte kaum, da Polizei und Staatsanwaltschaft noch in der Umstrukturierung steckten und nicht so recht wussten, bis wohin die neue Meinungsfreiheit gelten sollte. In diesem Vakuum konnten Neonazis ohne große Folgen handeln und zuschlagen. Auf die massiven Angriffe von rechten Gruppen, Einzeltätern und Anwohnern schienen die Einsatzkräfte nicht ausreichend vorbereitet zu sein – mental und technisch. Aber auch die Unsicherheit über die eigene Zukunft, denkt Begrich, erhöhte die Motivation der Polizisten nicht gerade. Er verweist zudem darauf: »Damals gab es noch keine Handys, um schnelle Hilfe bei Übergriffen zu rufen. In der Ex-DDR hatte auch nicht jeder einen Festnetzanschluss. Private Telefone waren rar, genau wie öffentliche Fernsprecher.« In den Elternhäusern, Schulen und Sportvereinen herrschte oft eine Sprachlosigkeit. Welche Werte galten noch, welche nicht? Vertraute Strukturen zerfielen. Die tiefe Erschütterung der Ostgesellschaft wirkt noch lange nach, was im Westen oft nicht so richtig verstanden wird, sagt Begrich und versteht seine Überlegungen nicht als entschuldigende Erklärungen. »Diese besondere Situation verschaffte den Neonazis einen Selbstermächtigungsrausch, da sie weitgehend ohne Folgen Gewalt ausüben konnten«, hebt er hervor.

Katharina König erinnert sich noch gut an den Angriff im Sommer 1993. Vier Jugendliche mit rechter Gesinnung hatten der damals 15-Jährigen nahe der *Jungen Gemeinde* in der thüringischen Universitätsstadt Jena aufgelauert. Die kirchliche Einrichtung im Stadtzentrum, die der Jugendpfarrer Lothar König seit langem leitet, war in den Jahren das »Hassobjekt« der rechten Szene schlechthin. Im Gesicht des 59-jährigen Vaters von Katharina König mit dem gewaltigen Bart ist eine Narbe zu sehen, von einem Neonazi-Angriff. In der *Jungen Gemeinde* fanden viele Jugendliche, die von den gewalttätigen Rechten als Feinde ausgemacht wurden, einen Schutzraum – auch zum Reden und einfach zum Abhängen. Viele kreative Aktionen gegen rechts entwickelten sich in den dortigen Räumen. »Die haben uns damals richtig gejagt«, betont Katharina König, die heute für *Die Linke* im Thüringer Landtag sitzt. »Keiner verließ den Club nachts mehr alleine«, erzählt sie weiter. An dem Abend im Sommer 1993 erwischten die Extremisten sie und schlugen mit Baseballkeulen auf sie ein. Eine dünne Narbe unter dem linken Auge trug die Politikerin davon, die sie heute diskret wegschminkt.

Das vorherrschende rechte Selbstverständnis drückte sich auch bei Konzerten aus, die in jener Zeit enormen Zulauf hatten. Auf der städtischen Freilichtbühne auf dem Marienberg in Brandenburg an der Havel standen 1992 die englischen B & H-Bands »No Remorse« und »Skullhead«, die schwedischen Bands »Division S« und »Dirlewanger« mit den deutschen Gruppen »Radikal« und »Bomber«. Vor ihnen stimmten über 800 Fans mit in die Lieder ein, einige hoben den Arm zum verbotenen Hitler-Gruß. 1996 veröffentlichte »No Remorse« den Song »Barbecue in Rostock«. Zynisch spielte die Rechtsrock-Band auf die grausamen Angriffe in Lichtenhagen an: »Sie wollten ihre Stadt nicht im Abschaum ersticken sehen, also gingen sie los und bauten sich Benzinbomben. Dann, eines kalten, klaren Abends, setzten sie die dreckigen Türken in Brand. Es gibt ein Grillfest in Rostock, kommt schnell vorbei. Wie magst du deinen Türken? Magst du ihn gut durch?« In dieser Stimmung und in dieser Szene wurden Uwe Mundlos, Uwe Böhnhardt und Beate Zschäpe politisiert.

Der Verfassungsschutz sah trotz der anschwellenden Gewalt von rechts die Feinde der Demokratie vor allem im linken Spektrum. Fast symptomatisch erscheint da die Aussage des damaligen Zielfahnders des Landeskriminalamtes Thüringen, Sven Wunderlich. Vor dem NSU-

Untersuchungsausschuss des Bundestages sagte der Beamte am 31. Januar 2013 ganz offen, überhaupt keine Ahnung von den Strukturen der rechten Szene gehabt zu haben, als er und seine Abteilung Anfang 1998 auf die Suche nach dem Jenaer Bomben-Trio angesetzt worden waren. Ihrer Bitte nach Fachexperten wurde nicht nachgekommen. Und der Zielfahnder räumte ein, wie sie als fachunkundige Beamte die drei zu diesem Zeitpunkt trotz der Gefährlichkeit der Situation und des TNT-Fundes sahen: »Wir dachten, da machen ein paar junge Leute Blödsinn in einer Garage.«

In der Mitte der Gesellschaft hatten die Brandanschläge 1992 viele Menschen erschüttert. Am Nikolaustag jenes Jahres standen fast eine halbe Million Demonstranten in München auf den Straßen – mit Kerzen, Fackeln und Lampions. Lichterketten gegen rechts wurden danach in Berlin, Köln, Hamburg und weiteren Städten gebildet. Im Ausland beobachteten Medien und Politik besorgt die rechtsextremen Entwicklungen in Deutschland. Von 1990 bis 1995 starben allein 69 Menschen durch rechtsextrem motivierte Täter: Asylsuchende, Emigranten, Obdachlose, Prostituierte, Punker und Juden. Die lang anhaltende Einschätzung der damaligen Bundesregierung von CDU, CSU und FDP vom »fremdenfeindlichen Einzeltäter« ließ sich nicht mehr unwidersprochen aufrechterhalten. Die veränderte öffentliche Wahrnehmung führte zu erstem politischen Handeln. Einzelne Gruppen der rechtsextremen Szene wurden vom Bundesinnenministerium oder von den zuständigen Landesministerien verboten. Die Verbote führten zur Neuorganisation der Szene. Betroffene »Größen« wie Christian Worch und Thomas Wulff von der *Nationalen Liste* und Thorsten Heise von der *Freiheitlichen Deutschen Arbeiterpartei* suchten nach neuen Organisationsformen. Ihr Konzept: »Organisation ohne Organisation«. Statt erneut eine Partei zu gründen, die wieder verboten werden könnte, propagierten sie das Konzept von lokalen Kameradschaften. Dieses modernere Modell der »Freien Nationalisten«, die heute teils auch als »Autonome Nationalisten« auftreten, ist zudem für Jugendliche wesentlich attraktiver. Ab Mitte der 1990er Jahre entstand so ein Netzwerk zahlloser selbständiger Kameradschaften, Gruppen von gewaltbereiten Neonazi-Skinheads und aggressiven Rechtsrock-Musikern, die informell eng vernetzt, aber äußerst klandestin agierten. Sie wechselten oft Namen und Anschriften.

In dieser ideologisch gefestigten Szene geht das Politische mit dem Privaten einher. Rund um die Uhr können Kader, Anhänger und Mitläufer innerhalb ihrer »Bewegung« leben. Es ist eine Erlebniswelt, in der zu Aufmärschen gegangen werden kann, ausgemachte Feinde angegriffen werden, Schulungen stattfinden, Brauchtumsfeiern laufen, Konzerte besucht werden, Szene-Bekleidung angeboten oder einfach zusammen Rechtsrock hörend abgehangen wird.

Im Jahr 1994 zählen die Behörden 1489 Gewalttaten, im darauffolgenden Jahr 837 und 1996 781. Der gesellschaftliche Druck könnte einer der Gründe für den Rückgang auf hohem Niveau sein. Politisch motivierte Taten können aber auch als nichtpolitische Taten erfasst worden sein, um die Statistik zu verbessern. 1996 starben allein in Lübeck bei einem Brandanschlag auf eine Flüchtlingsunterkunft zehn Menschen. Noch 2013 wird diese Brandstiftung von der Staatsanwaltschaft nicht als rechter Anschlag eingestuft, bis heute sind die Morde nicht aufgeklärt.

Kaum 24 Stunden nach dem verheerenden Feuer in der schleswig-holsteinischen Hansestadt ließ die Staatsanwaltschaft am 19. Januar 1996 den damals 20-jährigen Bewohner der Flüchtlingsunterkunft Safwan Eid festnehmen. Verdacht: besonders schwere Brandstiftung. Eine Mutmaßung, die die Ermittler im Verlauf von zwei Gerichtsverfahren nicht belegen konnten. »Der Vorwurf war von Anbeginn unhaltbar«, sagt Rechtsanwältin Gabriele Heinecke. Die Staatsanwaltschaft wollte »damals nicht und will auch heute nicht in Richtung der Rechten ermitteln«.

Um 3.41 Uhr erreichte in jener Januarnacht die Polizei aus dem Eckhaus Hafenstraße 52 / Konstinstraße der Notruf. Mit dem Handy rief Françoise Makudila aufgelöst die Nummer 110 an. In drei Sprachen schrie die 29-jährige Frau. Auf dem Band der Notrufzentrale sei bei den donnernden Feuergeräuschen kaum etwas zu verstehen gewesen, nur ein Gemisch aus Französisch, Lingala, Deutsch und Panik, schreibt Andreas Juhnke 1998 in »Brandherd. Der zehnfache Mord von Lübeck: Ein Kriminalfall wird zum Politikum«. Noch während des Gesprächs erstickte der dreijährige Sohn der Anruferin, ihre anderen Kinder und sie selbst überlebten auch nicht. Gegen 3.42 Uhr erreichte ein zweiter Notruf von Ahmed Eid aus einer Telefonzelle die Polizei. In der Nacht befanden sich 48 Personen in dem weißen Altbau, die aus Angola, Togo, Libanon und Zaire geflohen waren. Keiner der Bewohner konnte sich über die Treppe retten. Ahmed Eid war vor dem Anruf aus einem Fenster im ersten Stock gesprungen. Auf dem Dach, am Sims, standen seine Brüder Mohammed, Ghasswan und Safwan Eid. Barfuß und in

Nachtkleidern waren sie aus einem Dachfenster geklettert. Aus dem nächsten Fenster hörten sie Hilferufe von Aida Alias. Die Brüder halfen der Frau und ihren drei Kindern. Safwan Eid hielt den geistig behinderte Sohn der Alias fest, damit er nicht abstürzte. Als die Feuerwehr eintraf, brannte bereits der Holzvorbau, der den Eingang des dreistöckigen Eckhauses der Diakonie bildete. Rauch und Feuer versperrten das Treppenhaus und zwangen auch João Bunga auf den Dachsims. Bungas Frau Monique und Tochter Suzanna wussten sich nicht anders zu helfen, als aus einem Dachfenster zu springen. Monique Bunga starb vor dem Haus, Suzanna Bunga, sieben Jahre alt, auf dem Weg zum Krankenhaus, schreibt Wolf-Dieter Vogel in dem von ihm 1996 herausgegebenen Buch »Der Lübecker Brandanschlag«. Noch vor der ersten Verhandlung gegen Safwan Eid vom 16. September 1996 bis zum 30. Juni 1997 hinterfragte er die Ermittlungen von Polizei und Staatsanwaltschaft.

Punkt 3.47 Uhr erreichte der erste Löschzug das ehemalige Seemannsheim. Die rettende Leiter konnte nicht so schnell für die auf dem Dach um ihr Leben bangenden Menschen aufgestellt werden. Der alte Wagen der Feuerwehr mit der Drehleiter kippte um, sie knallte auf den Vorbau. Auf dem Dach brach beinah Panik aus. Das Feuer hatte längst auch die Dachkammern erreicht. Erst mit einer Steckleiter konnten Erwachsene und Kinder vom Dach gerettet werden. Sie alle hatten Verbrennungen: George Alias verbrannte sich die Füße, Safwan Eid wurde an den Ohren verletzt. Als Letzter stieg er auf die Feuerwehrleiter. »Herr Eid war damals etwas schwerer. Er hatte Angst, durch sein Gewicht die Leiter zu beschädigen und damit die Rettung der anderen zu gefährden«, sagt seine Anwältin Heinecke und schiebt nach: »Allein schon dieses Verhalten hätte mehr als Zweifel an dem Vorwurf der Staatsanwaltschaft aufkommen lassen müssen.«

In dieser Nacht sterben die drei Erwachsenen Monique Bunga, Sylvio Ammoussou und Françoise Makudila und die sieben Kinder Suzanna Bunga, Rabia El Omari und Jean-Daniel, Christine, Christelle, Miya und Legrand Makudila. 38 Menschen werden schwer verletzt. Der Tod von Sylvio Ammoussou hätte die Staatsanwaltschaft irritieren können: Im Eingangsbereich wurde dessen stark verbrannte Leiche gefunden, umwunden von einem dünnen Draht. »Hat er Geräusche gehört und wollte nachschauen?«, fragt Autor Vogel. Und sein Kollege Juhnke will wissen, warum die Beziehung von Sylvio Ammoussou mit Annegret Sch. nicht weiter verfolgt wurde. Sie trieb sich damals in der

Lübecker Kneipenszene von Kleinkriminellen, Skinheads, Deutschen und Türken herum. Zudem war sie V-Frau der Polizei.

Vor dem Eckhaus am Hafenrand berichtete Safwan Eid an einer Notsanitätsstelle einem Polizeibeamten gleich, was sein Vater Marwan Eid gesagt hatte: »Wir wurden angegriffen, wir wurden in Brand gesetzt.« Das Geräusch der Gartentür, das Klirren einer Scheibe und dann ein »Bumm«, schreibt Vogel, soll Marwan Eid später noch konkretisiert haben. Dem wurde keine große Aufmerksamkeit geschenkt.

Ein anderer vermeintlicher Satz von Safwan Eid blieb jedoch bei den Ermittlern hängen – nachhaltig und unumstößlich. In einem Linienbus wurden die Verletzten um 5.30 Uhr zum Krankenhaus Priewall gebracht. Laut und hektisch war es im Bus, als der Rettungssanitäter Jens L. Safwan Eid schnell medizinisch versorgte. Der 20-Jährige hatte ihn wegen seiner schmerzenden Ohren angesprochen. Eine Salbe gab ihm der freiwillige Helfer des Roten Kreuzes. Der Polizei sagte er später: »Ich ging dann zu ihm hin, habe mich vor ihm hingehockt und habe gefragt, ob alles okay ist. Er sagte dann wortwörtlich: ›Wir waren's‹«. Von einem Streit mit einem Familienvater hätte Safwan Eid gesprochen und berichtet, sie hätten Benzin an die Wohnungstür gekippt und angezündet. In dem Bus hatte niemand anderes diese Sätze gehört, die binnen einer halben Minute gefallen sein müssten. Mit der Aussage von Jens L., dem Sanitäter, die er später mit anderen vermeintlichen Details anreicherte, konzentrierten sich die Ermittlungen fast ausschließlich auf Safwan Eid.

Knapp zehn Minuten vor dem ersten Notruf hatten jedoch drei Mitarbeiter des anliegenden Nahrungsmittelunternehmens »Brüggen« drei Männer an einem parkenden Wagen gesehen. Nach Pausenbeginn hörten die Nachtschichtler dann durch die Lüftungsventilatoren ihres Aufenthaltsraumes Schreie. Sie liefen hinaus, sahen das Haus in Flammen und die Toten Monique Bunga und Suzanna bereits auf dem Fußweg liegen. Die Kollegen, so schreibt Juhnke, liefen zurück, um Hilfe herbeizutelefonieren. Gegenüber der Firmeneinfahrt bemerkten sie die drei Männer, die die Katastrophe beobachteten. Äußerlich sahen sie wie Skinheads aus, sagten die drei Zeugen später der Polizei. Den Beamten waren zu diesem Zeitpunkt schon die Namen der jungen Männer bekannt. Um 3.47 Uhr mussten sich Maik W., Heiko P. und René B. einer routinemäßigen Polizeikontrolle vor Ort unterziehen. Dass Maik W. dabei einen falschen Namen angab, hatte keine Folgen. In der Nacht waren sie aus dem mecklenburg-vorpommerischen Grevesmühlen nach Lübeck gefahren, um ein Auto zu klauen. Der Polizei waren die Männer auch vorher schon aufgefallen. Eine Polizeistreife hatte sie an der Tankstelle Paddelügger Weg, sechs Kilometer von der Hafenstraße 52 entfernt, mit ihrem Wartburg gesehen.

Ein Kassenzettel der Tankstelle, schreibt Vogel, zeige die Uhrzeit: 3.19 Uhr sowie zehn Mark für einen Liter Cola und fünf Liter Gemisch 1:50. Im Verfahren sagte ein Brandexperte später, dass es sehr gut möglich gewesen sein kann, dass 20 Minuten vor der Brandmeldung das Feuer bereits brannte. Ein Freund der drei Grevesmühlener, Dirk T., der mit auf der Tour war, gab an, dann schon auf dem Nachhauseweg gewesen zu sein. In einem Waldstück soll er den geklauten Golf GTI abgestellt haben. Am nächsten Morgen vernehmen Ermittler die drei anderen. Die Polizeikontrolle in der Nacht erweckte den Verdacht, dass René B., damals 26 Jahre, Maik W., 18 Jahre, und Heiko P., 22 Jahre, mit dem Feuer etwas zu tun haben könnten. René B. beteuerte, an dem Anschlag nicht beteiligt gewesen und ganz neutral gegenüber »Juden, Negern, Ausländern oder auch Wessis« zu sein. Beteiligt wollte auch Heiko P. nicht gewesen sein. Auf einem Heuboden hatte er sich allerdings versteckt, als die Polizei zu ihm nach Hause kam. Wegen des Autodiebstahls, behauptete er. Rechtsextrem und gar Brandstifter sei er nicht, beteuerte ebenso Maik W. Früher schon, so bis September 1995, da sei er rechtsextrem gewesen. Anwältin Heinecke erinnert daran, dass W. sich dennoch weiterhin von Freunden gern »Klein Adolf« nennen ließ. Und sie berichtet von einer Aussage eines Bekannten von Maik W., der zufolge dieser erzählt hätte, in Lübeck »etwas angesteckt« zu haben oder etwas anstecken zu wollen. Dirk T. gab auch an, nur früher Neonazi gewesen zu sein. Mit seiner Gruppe war er in Rostock-Lichtenhagen »mit dabei«. 1993 sei er aber aus der Szene ausgestiegen.

»Die Ermittler haben alles getan, um den massiven Verdacht und die Hinweise auf die drei vor dem Haus stehenden Grevesmühlener und auf einen möglichen rechtsextremen Tathintergrund wegzuwischen«, sagt Anwältin Heinecke. Denn nach der Festnahme der drei jungen Männer stellten Gerichtsmediziner bei ihnen typische Brandlegerspuren fest: versengte Haare, Augenbrauen und Wimpern. Beim Hineinleuchten mit einem Feuerzeug in einen Mofatank, erklärte René B., sei eine Stichflamme entstanden. Maik W. sagte, er hätte vier Tage vorher einen Hund zunächst lebendig im Ofen backen wollen, ihn dann mit Haarspray eingesprüht und angezündet. Dirk T. hatte für seine Versengungen lange keine Erklärung. Später, so Heinecke, behauptete er, den Kopf über die Öffnung eines brennenden Kohleofens gehalten zu haben. Ein gerichtsmedizinisches Gutachten, wonach die Brandspuren typisch für Brandleger und nicht älter als 24 Stunden seien, interessierte die Staatsanwaltschaft nicht.

2012 schreibt Autor Vogel in der »taz«: Dirk T. hatte »offenbar vor seiner Festnahme einen Draht zu Staatsschützern des LKA«. Manches spräche dafür, so Vogel, »dass er für die Behörde als V-Mann tätig war. 30 Stunden nach der Festnahme am 19. Januar waren alle drei wieder frei.

In den folgenden Wochen widerlegte die Verteidigung nach und nach vermeintlich wichtige Beweise für den Tatvorwurf gegen Safwan Eid. Mit einem eigenen Brandgutachter und zusammen mit Journalisten des Fernsehmagazins »Monitor« erschütterte die Verteidigung gar den von den Ermittlern ausgemachten Brandverlauf, der demnach im ersten Stock begonnen haben sollte. Der Experte legte aber dar, dass das Feuer vermutlich vom Eingang des Vorbaus im Erdgeschoss ausgegangen sei, dort, wo Sylvio Amoussou starb. Bei der Autopsie der Leiche wurden aber keine Rauch- und Rußpartikel in der Lunge festgestellt. Nach dem rechtsmedizinischen Gutachten ist somit unklar, ob Amoussou noch lebte, als der Brand sich ausbreitete. »Die Staatsanwaltschaft hat nie versucht, diesen rätselhaften Tod aufzuklären«, beanstandet Heinecke. Dass Sanitäter L. sich verhört haben könnte, schloss die Staatsanwaltschaft aus. Auch nachdem die Verteidigung mit einer Dolmetscherin erlebte, wie Safwan Eid in der Untersuchungshaft beteuerte: »Es kann gut sein, dass ich ›die waren das‹ gesagt habe.« Über mehrere Wochen hatte die Staatsanwaltschaft Gespräche des inhaftierten Eid mit Familienangehörigen in der Besucherzelle abgehört. Ein Geräusch, das von dem BKA-Dolmetscher als »Mein Gott, vergib mir« übersetzt worden war, entpuppte sich später nicht als menschlicher Laut, sondern als Türknarren.

Am 2. Juni 1996 zweifelte die Jugendkammer des Lübecker Landgerichts fast alle vermeintlichen Beweise der Staatsanwaltschaft gegen den Beschuldigten an und entließ ihn aus der Untersuchungshaft. 1997 brach die Anklage von dem Landgericht Lübeck endgültig zusammen. Das Gericht sprach Safwan Eid frei. Zwei Jahre später hielt auch das Landgericht Kiel die Beschuldigungen für unhaltbar. Die Neuauflage des Verfahrens war vom Bundesgerichtshof angeordnet worden, da die Abhörprotokolle, in denen der Beschuldigte seine Unschuld beteuert hatte, nicht ausreichend berücksichtigt worden seien. Als »einwandfreien Freispruch« wertet Heinecke das Urteil.

In der Öffentlichkeit wurde damals schnell der Variante eines Anschlages aus dem Inneren des Hauses geglaubt. Autor Vogel erlebte, wie vor der Brandruine deutsche Passanten fragend schimpften: »Und wer entschuldigt sich jetzt bei uns?« Zu Unrecht seien Deutsche als Täter vorschnell angenommen worden. Von »FAZ« bis »taz« hieß es: »Die Mörder kamen nicht von draußen.« Selbstkritisch hinterfragten die Zeitungen, ob nicht vorschnell von einem rechtsextremen Hintergrund ausgegangen wurde.

Dass der Brand in der Hafenstraße nicht der erste Anschlag an der Trave war, wurde kaum noch erwähnt. Bereits zwei Jahre zuvor, am 25. März 1994, hatten vier Rechtsextreme einen Brandanschlag auf die Lübecker Synagoge verübt. Ein zweiter Anschlag auf das Gotteshaus fand am 7. Mai 1995 statt. Am 13. Juni 1995 wurde eine Briefbombe an den damaligen Bürgermeister Michael Bouteiller (SPD) geschickt, ein Mitarbeiter seines Büros verletzte sich beim Öffnen schwer. Hintergrund war wohl das klare Auftreten Bouteillers gegen den wachsenden Rassismus in der Stadt.

Die Berichterstattung änderte sich, als Safwan Eid freikam. Nun erst wurden die Widersprüche, die die Verteidigung herausgearbeitet hatte, stärker publiziert, stellte Miriam Lang im Buch »Der Lübecker Brandanschlag« fest. Der damalige Bürgermeister Bouteiller zeigte jedoch schon in der Brandnacht vor dem Haus, wo er stand – bei den Betroffenen. In der Nacht erlebte der Sozialdemokrat, wie Menschen ihre Angehörigen sterben sahen. Vor laufenden Fernsehkameras liefen ihm Tags darauf die Tränen über das Gesicht. Doch er sagte, was die eigene Partei so nicht gern hören wollte: »Wir müssen die Gemeinschaftsunterkünfte auflösen, das unmenschliche Asylgesetz ändern, zivilen Ungehorsam leisten, um die Menschen vor Abschiebung zu schützen.« Medien und Politik feindeten ihn prompt massiv an. Die »Lübecker Nachrichten« schrieben, dass der Bürgermeister mehr als andere Politiker der Stadt Schaden zugefügt habe. »Ein Sendbote des Betroffenheitskultes«, ätzte der CDU-Kreisvorsitzende Thorsten Geißler über den Bürgermeister. Der FDP-Landtagsabgeordnete Wolfgang Kubicki mahnte, Recht müsse Recht bleiben. Und der Innenminister in Schleswig-Holstein, Ekkehard Wienholtz (SPD), forderte ein Disziplinarverfahren für Bouteiller. Dieser half den Lübecker Überlebenden dennoch sehr unkonventionell. Als in der Bundesrepublik lebende Familienangehörige ihre toten Verwandten in deren Heimatländern beerdigen wollten, stellte er Pass-Ersatzpapiere aus, damit sie wieder nach Deutschland einreisen konnten. Eine rechtswidrige Angelegenheit. Der Innenminister forderte von dem Bürgermeister, die Reisedokumente wieder einzuziehen. Dafür sei es zu spät, ließ Bouteiller seinen Minister wissen, die Betroffenen seien schon unterwegs.

Auf dem Eckstück in Lübeck steht heute kein Haus. In dem teilweise umzäumten Rasenkarree bilden zwei Granitplatten einen Gedenkstein. Zwei Platten, die eine Häuserecke für das nicht mehr bestehende Haus in der Hafenstraße 52 symbolisieren sollen. Seit 2000 erinnert hier im Hafenindustriegebiet ein knapp zwei Meter hoher Gedenkstein an den Brandanschlag. Doch der ist für Passanten kaum sichtbar. Parkende Autos versperren den direkten Anblick, denn der Gedenkstein für die Todesopfer des Brandanschlages steht zwischen abgestellten PKWs auf einem Parkplatz. Die Namen sind auf der zweiten Granitplatte des Gedenksteins zu lesen. Die eingearbeitete Aufschrift auf der nach vorn ausgerichteten Granitplatte spiegelt die unabgeschlossene juristische Auseinandersetzung wider: »An dieser Stelle, Hafenstraße 52, starben am 18. Januar 1996 zehn Menschen durch Brandstiftung. Sie waren nach Deutschland gekommen, um hier Schutz zu finden. Das Ereignis erfüllt uns mit Trauer und Schmerz. Die Verantwortlichen für das Verbrechen sind nicht ermittelt worden. Der Tod der Opfer und das Leid der Hinterbliebenen mahnen uns, für die Rechte und die Sicherheit von Flüchtlingen einzutreten.« Eine politische Einordnung des Anschlags unterbleibt.

Andrea Röpke

Der Nationalsozialistische Untergrund und sein Netzwerk

Die Jenaer Neonazis und die rechte Szene – Ausspähen von Polizei und Antifaschisten – Waffen und Sprengstoff – Fluchthelfer von *Blood & Honour* – Pässe und Hilfe im Untergrund – Freies Netz

Vier Wochen zelten im ländlichen Mecklenburg, auf einem Camping-platz in Krakow am See, nur Uwe Mundlos und seine Freundin Beate Zschäpe, ganz ohne Springerstiefel, Hassmusik und Kameraden – fri-sche Luft und viel Bewegung. Das Urlaubsgeschenk war ein weiterer Versuch des Vaters, seinen Sohn dem braunen Sumpf zu entziehen, in den sich der angehende Datenverarbeitungskaufmann immer mehr hineinbewegte. Doch der gutgemeinte Plan scheiterte. Das junge Pär-chen nutzte den Aufenthalt im Norden Anfang der 1990er Jahre, um neue Kameraden kennenzulernen. Als Mitglieder der Kameradschaft *Nationaler Widerstand Jena* verfügten sie bereits über ein Netzwerk von Kontakten über Thüringen hinaus. Uwe und Beate waren seit 1993 ein Paar. Sie waren nicht nur Liebende, sondern auch Kampfgefährten, die keineswegs Abstand zu NS-Ideologie oder Gleichgesinnten in mecklen-burgischer Abgeschiedenheit suchten.

Seit 1992 hatte die thüringische Szene vor allem durch einen bundes-weit beachteten Aufmarsch zum Gedenken an den Hitler-Stellvertreter Rudolf Heß in Rudolstadt mit rund 2500 Teilnehmern ordentlichen Aufwind erhalten. Die NPD versuchte, in Thüringen Fuß zu fassen. Hauptansprechpartner waren die führenden Kameradschaftsaktivisten Tino Brandt und Ralf Wohlleben. Der spätere langjährige NPD-Lan-desvorsitzende Frank Schwerdt wechselte aus Berlin zunächst zu *Die Nationalen* nach Gera, danach nach Erfurt. Seinem Motto entspre-chend: »Wer sich nicht wehrt – der lebt verkehrt«, baute der spröde Vermessungsingenieur nach und nach überregionale Strukturen auf und übernahm 2000 den Vorsitz des Parteiverbandes in Thüringen. Das NSU-Trio will Schwerdt angeblich nur »ganz flüchtig« gekannt haben, doch sie waren sich bei Zusammenkünften der Freien Kräfte mehrfach begegnet, und Schwerdt ließ sich Anfang 1997 sogar von Uwe Mundlos mit dessen Auto nach Franken fahren, da er seinen Führerschein abgeben musste. Gemeinsam lieferten sie eine neue Auflage der extrem rechten Zeitung »Junges Franken« in der Nähe von Würzburg ab. 1998 trat Schwerdt, der bis heute dem Bundesvorstand der NPD angehört, eine mehrmonatige Haftstrafe wegen Gewaltverherrlichung an. Er hatte über einen eigenen Versand eine CD der Thüringer Rechtsrock-Band »Volksverhetzer« vertrieben. Von den Jenaer Neonazis um Wohlleben fühlte sich der Berliner »intellektuell« angesprochen, wie er 2012 im Verhör erzählte. Zu Wohlleben und auch Tino Brandt hatte Schwerdt den engsten Kontakt, und Mundlos gehörte zu jenen Personen, die zumeist dabei waren.

Das Sagen in Thüringen hatten zu dieser Zeit nicht die Parteifunktionäre der NPD, sondern die militanten Kameradschaften. Erstmalig trat die *Anti-Antifa Ostthüringen* 1994 mit Plakaten an die Öffentlichkeit, um für weitere Gedenkveranstaltungen zum Todestag von Heß zu mobilisieren. Hauptaufgabe der äußerst konspirativen Organisation jedoch war das Ausspionieren und Bedrohen von Antifaschisten und politischen Gegnern. Die *Anti-Antifa* organisierte Konzerte und Schulungsveranstaltungen. Als Köpfe galten neben den Aktivisten des *Nationalen Widerstandes Jena*, Ralf Wohlleben und André Kapke, auch Hintergrunddrahtzieher wie Sven Rosemann oder Andreas Rachhausen aus Saalfeld-Rudolstadt. Die Thüringer Neonazi-Gruppen waren frühzeitig länderübergreifend ausgerichtet. Engste Kontakte gab es vor allem nach Bayern. Als die Behörden ein Ermittlungsverfahren wegen der »Bildung einer kriminellen Vereinigung« gegen die *Anti-Antifa Ostthüringen* einleiteten, gehörte neben dem V-Mann des Thüringer Landesamtes für Verfassungsschutz, Tino Brandt, auch der 2012 als Spitzel des Bundesamtes für Verfassungsschutz geoutete einflussreiche Neonazi Kai Dalek aus dem bayrischen Kronach zu den zwölf Verdächtigten. Die Ermittlungen wurden 1997 allerdings wieder eingestellt. In diesem politischen Umfeld reiften Beate Zschäpe, Uwe Mundlos und Uwe Böhnhardt heran. »Kai D.« stand als persönlicher Kontakt ebenso in der Telefonliste von Mundlos wie »Brandt«.

Die späteren NSU-Terroristen nahmen ungefähr ab Sommer 1995 an den wöchentlichen Treffen der *Anti-Antifa* teil. Der *Nationale Widerstand Jena*, zu dem sie zählten, siedelte sich in der Folgezeit als »Sektion Jena« unter dem Dach des *Thüringer Heimatschutzes* (THS) an. Der

THS erklärte im Jahr 2000 auf seiner Homepage, dass die Errichtung einer multikulturellen Gesellschaft »eines der größten Verbrechen (…) an der Menschheit« sei. Die Gruppe wurde mit Wehrsportübungen und Waffen in Verbindung gebracht, dem »System der Bundesrepublik Deutschland« stand sie äußerst feindlich gegenüber.

Im September 1995 beteiligten sich Ralf Wohlleben und Uwe Mundlos gemeinsam mit rund 50 Kameraden an einer Aktion im südthüringischen Ilmenau. Ziel war es zunächst, eine linke Veranstaltung zu stören, dazu kam es dann aber nicht. Stattdessen griffen die Neonazis mit Steinen Polizeifahrzeuge an. Polizisten wurden von ihnen durch die zwölftgrößte Stadt Thüringens getrieben.

1996 besetzten dann 35 Neonazis unter Führung von Tino Brandt ein Haus in Saalfeld und errichteten Barrikaden. Auf dem Ausspähen von Gegnern und der Polizei lag das Hauptaugenmerk. Uwe Böhnhardt und Uwe Mundlos trieben diese Obsession so weit, dass sie 1997 auf das Gelände der Polizei in Jena eindrangen und versuchten, die Kennzeichen von Zivilfahrzeugen aufzulisten. Beamte erwischten sie, Mundlos leistete Widerstand. Wenige Tage später meldete der empörte Neonazi eine Kundgebung unter dem Motto: »Für eine schärfere Kontrolle der Polizei« an. Die Stadt Jena genehmigte sie nicht. Die zuständigen Staatsschützer zählten die beiden jungen Männer fortan zum »harten Kern« der regionalen Szene. Von den 156 eingeleiteten Strafverfahren gegen Führungspersonen des *Thüringer Heimatschutzes* zwischen 1996 und 2001 führte jedoch keines zu einer Verurteilung.

Bei regelmäßigen Stammtischtreffen in Szene-Gaststätten, wie dem »Heilsberg« in Saalfeld, besprachen die Neonazis gemeinsame Richtlinien, Kampagnen und auch die Zusammenarbeit mit der NPD. Der THS unter Wortführung des Rudolstädters Brandt verfügte bereits über Anerkennung im bundesweiten Neonazi-Spektrum. Es galt, ein Klima der Angst in ausgewählten Regionen zu schaffen, um dort Migranten, Antifaschisten und Staatsvertreter einzuschüchtern. Mitglieder wie Ralf Wohlleben und Uwe Mundlos besuchten Aufmärsche in anderen Bundesländern. Beate Zschäpe nahm nach Angaben des jetzigen Thüringer NPD-Landesvorsitzenden Patrick Wieschke mit ihm und anderen Kameraden Ende 1997 an einer Vortragsveranstaltung des Altnazis Franz Schönhuber, Chef der Partei *Die Republikaner,* im bayerischen Schönbrunn bei Bamberg teil. Der *Thüringer Heimatschutz* stellte im Saal den Ordnungsdienst. Als im Vorfeld einer Demonstration der

THS-Treffpunkt »Heilsberg« 1997 von der Polizei durchsucht wurde, fand man dort 52 Schlagstöcke, vier Schreckschusspistolen, neun Messer, 300 Feuerwerkskörper und 70 Stichwaffen.

Von den zahlreichen politischen Weggefährten des NSU-Trios waren bereits einige in der NPD aktiv. Ralf Wohlleben trat der Partei 1998 bei und wurde 2002 sogar stellvertretender Landesvorsitzender. Der NSU-Waffenbote Carsten Schultze brachte es kurzzeitig zum Landeschef der *Jungen Nationaldemokraten*, bevor er die Szene aufgrund seiner Homosexualität verließ. Patrick Wieschke, damals noch Kameradschaftsaktivist aus Eisenach, inzwischen im Bundesvorstand der NPD angekommen, will das Trio lediglich aus der Ferne wahrgenommen haben und kann sich nicht mehr daran erinnern, mit einem von ihnen je gesprochen zu haben. Doch Ende November 2011 schlug im Innenstadtbereich nahe der Eisenacher Wohnung von Wieschke der von der Polizei eingesetzte Personenspürhund Dandy auf die »Geruchsträgerin« Zschäpe an. Erkenntnisse aus Spürhundeinsätzen werden als Indizien bewertet, denn diese Hunde können den Geruch einer Person bis zu vier Wochen nach deren Anwesenheit verfolgen. Doch auch ein anderer, anonymer Hinweis belastete Wieschke: Jemand wollte Zschäpe zwei Nächte vor dem Überfall auf die Eisenacher Sparkasse bei ihm gesehen haben. Wieschke bestreitet allerdings jeglichen Kontakt.

Die überregionale Anlaufstelle der rechten Szene war die Gaststätte »Heilsberg«. Hier verkehrten *Blood & Honour*-Anhänger aus Zwickau ebenso wie fränkische Neonazis und Rechtsrock-Bands aus Dortmund und Coburg. Beliebt war auch das vom THS ausgerichtete »Wikingerfest« mit Axtwerfen, Hinkelsteintragen und Met in Strömen. Im Sommer 1997 registrierte die Polizei bei Vorkontrollen die Besucher. Uwe Böhnhardt, Beate Zschäpe und ihr Kamerad Holger Gerlach tauchten in den Kontrolllisten auf, bereits mit dem Vermerk »polizeiliche Beobachtung« versehen. Bereits 1996 hatte Uwe Mundlos bemerkt, dass »mit unseren Papieren etwas nicht stimmt«, da sie häufig Probleme auf ihren Reisen nach Tschechien bekamen. Dort deckte sich Mundlos mit Gasflaschen für seine Pistole ein.

Das rechtsextreme Potenzial lag offiziellen Angaben zufolge in diesem Zeitraum in Thüringen bei rund 1000 Personen. Bodo Ramelow, Vorsitzender der Partei *Die Linke* in Thüringen, erklärt den militanten *Thüringer Heimatschutz* im Rückblick als »Turbolader« der zukünftigen

Terrorzelle. In diesem Umfeld radikalisierten sich die drei zusehends. Ihr ehemaliger Jenaer Kamerad Jürgen H. erinnert sich gegenüber den Ermittlern des Bundeskriminalamtes, dass insbesondere Uwe Böhnhardt dafür gewesen sei, »Ausländer in Konzentrationslager zu stecken« oder gar »zu vergasen«. Doch auch bei Uwe Mundlos fielen seit Mitte der 1990er Jahre ähnliche Radikalisierungstendenzen auf. Im Inner Circle der Jenaer Kameradschaft stellte er gemeinsam mit dem stellvertretenden Anführer Uwe Böhnhardt jene Fraktion, die frühzeitig für gewaltbereite Aktionen eintrat. Auch der großgewachsene, sportliche Böhnhardt soll zu diesem Zeitpunkt ohnehin nicht mehr unbewaffnet aus dem Haus gegangen sein. Ein Freund habe einen Wurfstern, ein Butterfly-Messer und eine Armbrust bei ihm gesehen. Die beiden Uwes forderten damals intern die Bewaffnung ihrer Jenaer Kameradschaft. Es gab aber heftige Diskussionen darüber innerhalb der eingeschworenen Clique um Ralf Wohlleben, André Kapke und Holger Gerlach.

»Mundlos war intelligent, auch aufgeschlossen, einer vom Typ Schwiegersohn« beschrieb Neonazi André Kapke aus Jena die ehemaligen Kameraden in seinem einzigen Interview mit der neurechten Wochenzeitung »Junge Freiheit« im Dezember 2011 und ergänzte: »Auch Böhnhardt war kein Proll oder dumm, wie jetzt zum Teil behauptet wird.« Etwa ab 1997 begann Mundlos auch in international agierenden ideologischen Netzwerk-Projekten mitzumischen, das geht aus seinem Schriftverkehr hervor. Er korrigierte Programmentwürfe und »Unterlagen« von Kameraden, habe sie »intensiv überprüft« und »doll überarbeitet«.

Der mehrwöchige Aufenthalt von Uwe Mundlos und Beate Zschäpe auf einem entlegenen Zeltplatz in Mecklenburg konnte die beiden weder isolieren noch deren anwachsende Radikalität mäßigen. Tatsächlich gab es im hohen Norden seit Anfang der 1990er Jahre bereits zahlreiche rechte Jugendcliquen. Erkennungszeichen auch dort: Domestos-Hosen, Glatzen bei den Männern und fransige Feathercuts bei den Frauen. Die beiden jungen Leute aus Jena nutzten den Urlaub, um sich u. a. mit Rechten aus Rostock anzufreunden. Der Kontakt zwischen Uwe Mundlos und Kameraden von der Ostsee hielt über Jahre hinweg. Das erste Mal feierten sie in einer Wohnung in der Rostocker Ulmenstraße. Fotos, die später von der Polizei bei Beate Zschäpe beschlagnahmt wurden, zeigten Uwe mit blonder Stirnlocke in einem Wohnzimmer, er trug ein weißes Shirt und aufgekrempelte Jeans mit Hosenträgern. Bei dieser Party schien der zurückhaltende Mundlos tatsächlich der Auffälligste unter den feiernden jungen Männern zu sein. Er lächelte in die Kamera, für eine Aufnahme hockte er sich ausgelassen neben ein dunkelhaariges Skingirl und formte einen Kussmund. Hinter ihm bauten sich drei Rostocker Kameraden auf, einer zeigte stolz auf das Emblem seines Shirts, ein anderer hob den Arm und streckte drei Finger aus zum Kühnen-Gruß, einer damals in der Szene angesagten Abwandlung des verbotenen Hitler-Grußes. 1995 schrieb Mundlos begeistert, es gäbe dort einen »billigen Waffenladen«, »wo wir uns erst mal alle wieder aufrüsteten«.

Andere Fotos bereiteten mehr Probleme. Im September 1995 musste Beate Zschäpe gegenüber der Polizei erklären, warum auf der Aufnahme eines brennenden Holzkreuzes nachts nahe Jena Kameraden abgelichtet waren, die den Hitler-Gruß zeigten. Unter den Anwesenden der gruseligen Szene im Thüringer Saale-Holzland-Kreis war auch der *Heimatschutz*-Wortführer und V-Mann des Landesamtes für Verfassungsschutz, Tino Brandt.

Bereits früh schien sich Beate Zschäpe im Doppelspiel von bürgerlicher Tarnung und politischer Deckung für die Kameraden zu üben. Bei der Vernehmung auf dem Polizeirevier in Rudolstadt zeigte sie sich zunächst redselig und nannte einige Namen der auf den Fotos Abgebildeten. Doch den engsten Kreis verriet sie nicht. Frech behauptete die junge Aktivistin, die inzwischen mit Uwe Böhnhardt liiert war, dass sie keiner Szene angehöre, ihr Freund ganz harmlos nur privat »rechtes Gedankengut« hege. Auch Holger Gerlach, ein guter Bekannter aus Jena, sei nur »leicht rechts denkend«. Das Gleiche berichtete sie auch über André Kapke, den cholerischen Anführer der Neonazi-Kameradschaft in Jena. Sie ergänzte noch in ihrer Vernehmung, es bestünden keine Kontakte zur rechten oder linken Szene, »von Herrn Böhnhardt und von mir weiß ich das ganz genau«.

Auch *Ku-Klux-Klan*-ähnliche Rituale wie Kreuzverbrennungen, die die jungen Neonazis in den Waldgebieten bei Jena oder Gotha abhielten, seien immer nur Teil »normaler Feten« gewesen, an denen jeder habe teilnehmen können, eben auch »Normalbürger«, behauptete Zschäpe. Die beschlagnahmten Fotos zeigten aber auch etwas anderes: Beate Zschäpe in Umarmung mit einem Geraer Anführer der 2000 verbotenen *White Youth*, einem Ableger des militanten Netzwerkes *Blood & Honour*.

Später räumte sie gegenüber der Polizei ein, dass einige der auf den

Fotos abgebildeten Personen der rechten Szene in Rostock angehörten. Der zuständige Kommissar der »Soko Rex« teilte daraufhin den Kollegen in der Hansestadt mit, dass viele der Fotos, die in Jena beschlagnahmt wurden, nicht nur strafrechtliche Relevanz besäßen, sondern auch die Verbindung der rechten Szene zwischen den Ländern deutlich machten. Die jungen Rostocker besuchten Jena, fuhren 1995 mit zahlreichen anderen Kameraden zum Urlaub in die »Tschechei« und mieteten einen Bungalow nahe Pilsen. Über diese Vernetzung jedoch lagen den Kollegen des Fachkommissariats 4 der Kriminalpolizei in Rostock damals keine Erkenntnisse vor.

Zwei Rostocker Kameraden gehörten zu den etwa 35 Vertrauten, die Uwe Mundlos in den 1990er Jahren in einer persönlichen Telefonliste notiert haben soll. Die sogenannte Garagenliste, 1998 von der Polizei in einem Rucksack in der Bombenwerkstatt gefunden, verstaubte lange Jahre. Zwei vom BKA nach Thüringen entsandte Beamte stellten bereits im Februar 1998 fest, dass die Liste »ohne Bedeutung« sei. Im Zuge der NSU-Ermittlungen wurde deren Bedeutung nach und nach aber durchaus sehr deutlich. So enthielt sie neben dem Namen eines Bundeswehrkameraden aus Quickborn allein zehn Namen von wichtigen Ansprechpartnern aus Chemnitz, zudem Kontakte in Bayern, Baden-Württemberg, Nordrhein-Westfalen und Rheinland-Pfalz. Auch die 2009 verbotene neonazistische *Hilfsorganisation für nationale politische Gefangene und deren Angehörige e. V.* mit Sitz in Mainz wurde aufgeführt. Eingetragen waren auch Namen aus dem Umfeld der Knast-Zeitung »Der Weisse Wolf«. Ihr schickte der NSU später eine Spende. Eine durchdachte Handlung. Ab 2002 war ein Kamerad aus Mecklenburg-Vorpommern für das Blatt verantwortlich, der heute Landtagsabgeordneter der NPD ist.

Ralf Wohlleben, Andre Kapke und Holger Gerlach, die engsten Gefährten jener Zeit, waren mit ihren Telefonnummern natürlich ebenfalls vermerkt. Treu bis zum Ende blieb ihnen aber wohl nur einer von ihnen: Holger Gerlach, jener schlaksige, anhängliche Kamerad, der 1997 mit seiner Mutter von Jena nach Hannover umzog, sich dort der niedersächsischen Kameradschaftsszene anschloss und Böhnhardt noch 2011 den eigenen Ausweis zur Verfügung stellte.

Alle drei aus der Kerntruppe des späteren *Nationalsozialistischen Untergrunds*, auch Beate Zschäpe, hatten früh ein Faible für Waffen. Die Szene rüstete für den »Krieg gegen das System« auf. Nach dem Tod von

Böhnhardt und Mundlos fanden die Ermittler insgesamt 19 Schieß-
geräte, darunter Revolver, Pumpguns, eine Maschinenpistole und eine
Handgranate. Zu dem Waffenlager gehörten auch die beiden Heckler &
Koch P 2000, die sie in Heilbronn der ermordeten Polizistin und dem
schwer verletzten Polizisten abgenommen haben sollen. Die Herkunft
nicht aller Waffen konnte bisher geklärt werden. Der Journalist Maik
Baumgärtner schrieb im November 2012 im »Spiegel«, dass einer der
Zwischenhändler für die Mordwaffe Česká Jürgen L. aus Jena gewesen
sei, eines der Glieder in der langen Beschaffungskette. L. habe sie dann
an Andreas S., Mitarbeiter im Szene-Laden »Madley«, weitergegeben,
und über die Vermittlung durch Ralf Wohlleben und den Boten Carsten
Schultze, den er mit 2500 DM losgeschickt habe, sei die Waffe schließlich beim Trio in Sachsen gelandet. Jürgen L. streitet seine Rolle dabei
ab. Fotos vom Juli 1997 belegen allerdings, dass der Neonazi gemeinsam
mit Uwe Böhnhardt und Holger Gerlach feierte. Er zählte zum Netzwerk gewaltbereiter Neonazis im Raum Saalfeld-Rudolstadt.

Als deren Wortführer galt Sven Kai Rosemann. Der Neonazi ist kein
Beschuldigter im NSU-Verfahren, doch sein Name taucht während der
Ermittlungen immer wieder auf. Er könnte dem Trio als militantes Vorbild gedient haben. »Rosi« stand in der Telefonliste. Böhnhardt lernte
ihn wohl als Erster, 1993 während eines Aufenthaltes in der Justizvollzugsanstalt Hohenleuben, kennen. Dort musste der 15-Jährige aus Jena
eine viermonatige Jugendstrafe wegen Diebstählen, Einbrüchen und
Gewaltdelikten absitzen. Der 1973 geborene Rosemann teilte sich die
Zelle mit Jürgen L. Knastseilschaften verbinden. Beate Zschäpe soll
den windigen Glatzkopf sogar mal »angemacht« haben, wie er später
gegenüber Polizisten prahlte. Auch zu Uwe Mundlos baute »Rosi« ein
freundschaftliches Verhältnis auf.

»Lieber Uwe«, grüßte Rosemann 1996 brieflich aus dem Knast und
vertraute Mundlos an, dass er gern Kinder haben würde, um seinen Teil
»zum Fortbestand der deutschen Rasse« beizutragen. Sentimental be-
schwor der rechte Straftäter seine »einzigen und besten Freunde«, ihm
beizustehen, und bedankte sich dafür, dass Mundlos ihn mit seinen
Zeilen zum Lachen gebracht hätte. Anfang 1997 fragte er in einem Brief
nach: »Soweit alles gut oder gehen Euch die Leute mit den Schlapp-
hüten immer noch auf den Sack?« Bei ihm selber hätten sie es »nach
sechs Versuchen« aufgegeben. Gegen Sven Rosemann war im November 1996 Haftbefehl erlassen worden, weil er zusammen mit einem
Dutzend anderer Rechtsextremer einen Funkstreifenwagen der Polizei

angegriffen und dabei den Beamten gedroht hatte, sie und ihre Familien »kaltzumachen«. Die Polizei ist bis heute ein Feindbild der Szene. Insgesamt wurden fünf Beamte von Neonazis erschossen.

Rosemann war ebenso wie Andreas Rachhausen Führungsmitglied der *Anti-Antifa Ostthüringen*, beide waren über Rudolstädter Grenzen hinweg als besonders militant, Rosemann sogar als Waffendealer bekannt. Auch gegen ihn wurde zwischen 1995 und 1997 erfolglos nach § 129 StGB wegen der Bildung einer kriminellen Vereinigung ermittelt. Bereits Anfang der 1990er Jahre war der umtriebige Südthüringer von den Sicherheitskräften mit Sprengstoffdelikten in Verbindung gebracht worden.

In der folgenden Zeit fand sich in der Region eine hochexplosive Gemeinschaft zusammen, zu der ein Waffenfetischist mit dem Spitznamen »Nazi-Müller«, rechte Bankräuber, ein ehemaliger Oberfeldwebel der Bundeswehr mit einem Hang zum TNT wie auch einige angehende Members des MC *Bandidos* zählten. »Damals war jeder irgendwie auf Waffen aus«, fasste Ex-Szene-Mitglied Michael H. es gegenüber den NSU-Ermittlern zusammen. Ein Aussteiger bestätigte: »Waffen zu beschaffen war in Thüringen kein Problem.«

1995 und 1996 wurden Neonazis in Milbitz bei Teichel im Landkreis Saalfeld-Rudolstadt bei Schießübungen beobachtet. In einem eingeleiteten Verfahren wurde Tino Brandt dabei als Verdächtiger geführt, doch es wurde später eingestellt. Am 10. Januar 1995 hatte es einen Bombenanschlag auf eine Flüchtlingsunterkunft in Jena gegeben. Zum Glück wurde niemand verletzt. Die Täter blieben unerkannt. Im September 1996 bewarfen Böhnhardt, Zschäpe, Kapke und Wohlleben das Rudolstädter Denkmal für die Opfer des Faschismus mit Eiern. Am 1. November marschierte das Trio mit Kameraden von *Blood & Honour* aus Sachsen provozierend im Konzentrationslager Buchenwald auf und erhielt dort Hausverbot. Auf einem Gelände in Kahla nahe Jena fanden immer wieder Schießübungen statt. Der MDR berichtet später, dass Böhnhardt und Kapke beteiligt waren. Das Gelände hatte ein Coburger Altnazi für Brandt gekauft.

1996 standen Böhnhardt und Mundlos dann im Verdacht, Bomben zu bauen. Bereits im April des Jahres hatte Uwe Böhnhardt einen Puppentorso mit Davidstern und der Aufschrift »Jude« von einer Autobahnbrücke an der A4 hängen lassen. Elektrokabel führten von zwei angebrachten Bombenattrappen zur Puppe. Ein Fingerabdruck schließlich brachte die Polizei auf die Spur von Böhnhardt. Als Zeugin versuchte Beate Zschäpe den Freund zu schützen. Die damals arbeitslose Gärtnerin sollte im Juni 1996 vor dem LKA in Erfurt dazu Stellung nehmen, wie der Fingerabdruck an den Tatort auf der Brücke kam. Lapidar antwortete sie: »Wenn dieser Abdruck gesichert wurde, dann ist er halt da.« Aber sie könne sich nicht vorstellen, dass »der Uwe« dabei war. Die Aktivistin des *Nationalen Widerstands Jena* belehrte die Beamten, wenn man mit einem Menschen zwei Jahre lang zusammen sei, dann würde man ihn auch kennen, und »dann müsste er mich ja die ganze Zeit belogen haben«. Sie ergänzte: »Wenn es dann doch so sein sollte, macht es mich sehr betroffen.« Der Neonazi wurde im Berufungsverfahren freigesprochen. Dennoch erhielt Böhnhardt wenig später eine zweijährige Haftstrafe wegen volksverhetzender Tonträger, die man bei ihm fand. Im Dezember 1997 wurde das Urteil rechtskräftig, doch der inzwischen 20-Jährige sollte die Haft niemals antreten.

Bereits im Herbst 1996 hatten Unbekannte eine weitere Bombenattrappe im Jenaer Fußballstadion deponiert. Zum Jahreswechsel dann erreichten drei Briefbomben, die heute dem Trio zugeschrieben werden, eine Zeitungsredaktion sowie die Polizei und das Ordnungsamt der Stadt Jena. Im Begleitschreiben an die Lokalredaktion hieß es: »Von Lüge und Betrug haben wir genug! Das wird der letzte Scherz jetzt sein, ab 97 haut es richtig rein!« Das Wort »rein« war rechts und links mit einem Hakenkreuz eingerahmt.

Im September 1997 entdeckten Kinder vor dem Theater in der Universitätsstadt einen Koffer, auf den zwei Hakenkreuze gemalt waren. Darin befand sich ein Metallrohr, welches mit mehreren Gramm TNT gefüllt war. Die Ermittler schienen elektrisiert. Mit dem TNT bewiesen die Täter, dass sie im Besitz eines hochbrisanten Militärsprengstoffes waren, der eigentlich außerhalb der Bundeswehr nicht verfügbar sein sollte. Zu diesem Zeitpunkt gab es viele Wehrdienstleistende in aktiven Kameradenkreisen. Der MAD knüpfte sich vor allem das militante Umfeld der Saalfeld-Rudolstädter Szene vor und führte intensive Befragungen durch.

Gemeinsam mit dem Jurastudenten Mario Brehme, einem Konkurrenten von Brandt, versuchte Sven Rosemann von der zweiten Kaderebene aus, in die Spitze des *Thüringer Heimatschutzes* vorzudringen. Tino Brandt war bereits vor seinem Outing als VS-Spitzel nicht unumstritten, auch Beate Zschäpe mochte ihn nach eigenen Angaben nicht. Einer der internen Vorwürfe lautete, dass der redegewandte Brandt einige Schlägereien angezettelt habe, sich aber dann, wenn es losging, zurückziehen würde. So etwas kam nicht gut an in einer von Gewalt dominierten Szene. Rosemann konnte einiges vorweisen, galt seit 1995 als Organisator von heidnischen Sonnenwendfeiern und plädierte angeblich für eine offen nationalsozialistische Orientierung der Kameradschaften. Mitstreiter aus seinem Umfeld organisierten einige Jahre lang den sogenannten Ostermarsch über eine Strecke von 200 Kilometern. Eine Herausforderung für alle Kameraden und ein beliebter Event. Übernachtet wurde gemeinsam in Bauernhöfen. Brehme, der Intellektuellere im Gespann, war innerhalb des THS für »Schulungen im Umgang mit Staatsschutzbehörden« zuständig. Alle Mitglieder des *Heimatschutzes* waren verpflichtet, Kontakte zum MAD oder dem Verfassungsschutz an Brehme zu melden und ihn auch über Themen und Inhalte der Gespräche genauestens zu informieren.

Nach erneuten Hausdurchsuchungen in der Szene im Herbst 1997 zog sich die Schlinge polizeilicher Ermittlungen immer enger um das Trio. Mit Hochdruck wurde nach den Verantwortlichen für die Bombenattrappen gesucht. Als misstrauische rechte Akteure ahnten die drei, dass es mehr als nur einen Spitzel der Geheimdienste in ihren Reihen gab. Zahlreiche Neonazis ließen sich von den staatlichen Verfassungsschützern für Informationen bezahlen, darunter Straftäter wie Thomas Dienel, dessen Weg von den *Jungen Pionieren* über die *Deutsche Sex-Liga* bis in die NPD führte.

Unabhängig von monatlichen Berichten der V-Leute observierten Beamte des Thüringer Verfassungsschutzes Mundlos und Böhnhardt inzwischen auch direkt. Vom 24. November bis zum 1. Dezember 1997 beobachteten Beamte, wie sie Rohre aus einer Wohnung schleppten und Brennspiritus kauften. Sie folgten ihnen auf ihren Besorgungsfahrten und wurden so auf eine Garage aufmerksam, die Beate Zschäpe von einem Beamten der Polizeiinspektion Jena angemietet hatte. Davon war vorher nichts bekannt gewesen. Am 26. Januar 1998 stand die Polizei mit umfangreichen Durchsuchungsbefehlen vor der Tür.

Die Polizeitrupps nahmen sich mehrere Wohnungen und sieben Garagen im Jenaer Stadtgebiet vor und fanden schließlich das, was sie suchten: eine geheime Bombenwerkstatt mit 1,4 Kilogramm Sprengstoff. Kaum nachvollziehbar bleibt dabei die Tatsache, dass die Beamten nur halbherzig vorgingen, denn sie verfügten nicht vorsorglich über Haftbefehle. Die wurden erst zwei Tage später vom Amtsgericht Jena ausgestellt. Unbeabsichtigt löste dieses Versäumnis eine Handlungskette aus, die in die Katastrophe führen sollte.

Böhnhardt zeigte der Durchsuchungsgruppe noch den Weg zu einer Garage, fuhr sein Auto, einen roten Hyundai, heraus und verschwand dann vor den Augen der Polizei. Niemand hinderte ihn daran. Der Einsatzleiter der Polizei rechtfertigte das Nichthandeln damit, dass bis zu diesem Zeitpunkt noch kein Sprengstoff gefunden worden war. Davon, dass gegen den jungen Mann seit dem 10. Dezember eine rechtskräftige Verurteilung nach dem Jugendstrafrecht vorlag, wussten sie offenbar nichts. Die Jugendakte, die zur Vollstreckung des Urteils erforderlich war, soll erst wenige Tage zuvor aus Gera in Jena eingetroffen sein und lag wohl noch auf dem Schreibtisch eines Richters.

Uwe Böhnhardt wusste, dass die Beamten den Sprengstoff finden würden. Eilig fuhr er zur Schule der damaligen Freundin von Ralf Wohlleben und gab ihr Instruktionen. Die Kameradschaft wurde informiert, weitere Helfer aktiviert. Aus konspirativen Plan-Spielchen wurde nun Ernst. Mundlos verließ das Ilmenau-Kolleg, an dem er sein Abitur nachholen wollte, und ging vor der Flucht noch mal zum Hausarzt. Wohlleben-Freundin Juliane W. verfügte über einen Schlüssel zur Zschäpe-Wohnung, steckte am Nachmittag Kleidungsstücke in eine blaue Mülltüte und verließ den Plattenbau eilig wieder. Das Gleiche sollte bei Mundlos in Jena-Nord geschehen, doch dort war gegen 16 Uhr bereits die Polizei im Haus. Das Mädchen mit dem Hausschlüssel des Beschuldigten wurde abgefangen. Ihre windige Erklärung verwirrte die Beamten. Sie gab an, in der Wohnung lesen und fernsehen zu wollen. Dabei, so steht es in einem Vermerk des Thüringer Landeskriminalamtes, habe es in der Wohnung des Mundlos weder Fernseher noch Bücher gegeben. Man ließ sie gehen.

Kameradschaftsanführer André Kapke wird sich später im Gespräch mit der rechten Zeitung »Junge Freiheit« überrascht über den Bombenfund geben. »1,4 Kilogramm sind ja nicht gerade wenig.« Er habe das damals vor allem als »dämlich empfunden«, sagt der Neonazi, »weil Böhni und Mundlos den in einer Garage lagerten, die auf Beates Klarnamen angemietet war«.

Mit dem Fahrzeug des Freundes Ralf Wohlleben verschwand das Trio aus Thüringen. Es ist inzwischen nicht ausgeschlossen, dass sie noch mehrmals zurückkehrten. Am 11. Februar 1998, zwei Wochen nach der Flucht, wurden an einem Bankschalter in Jena-Winzerla 1800 Mark von Böhnhardts Konto abgehoben. Die Person auf dem Überwachungsvideo der Bank war nicht identifizierbar. Einen Monat nach der Flucht tauchte Wohllebens Freundin Juliane W. dann mit einer ausgestellten Vollmacht von Beate Zschäpe bei der Polizei in Jena auf und verlangte deren Haustürschlüssel. Auf die Frage, woher sie die Vollmacht habe, gab sie keine Antwort. Am 4. März wollen laut Recherchen der »tageszeitung« mehrere Zeugen den steckbrieflich gesuchten Mundlos in der Jenaer City gesehen haben.

Aus dem Gutachten einer Kommission unter Leitung des ehemaligen Richters am Bundesgerichtshof Gerhard Schäfer zum Verhalten der Behörden bei der Verfolgung des »Zwickauer Trios«, geht hervor, dass Kapke noch ein halbes Jahr nach der Flucht der »Quelle 2045«, also Tino Brandt, berichtete, er benötige 1800 DM, »um sie endgültig aus Jena wegzubringen«. Das Thüringer Landesamt für Verfassungsschutz informierte die Landespolizeibehörde darüber, dass die Fluchtroute der drei über Sofia in Bulgarien nach Südafrika verlaufen könnte. Dort lebten deutsche Neonazis mit Kontakten nach Thüringen. Die Beamten observierten das umtriebige politische Umfeld von Zschäpe, Böhnhardt und Mundlos. Anfang August 1998 fuhr André Kapke ins oberfränkische Coburg zum Arbeitgeber von Tino Brandt, um genügend Geld für einen Passfälscher aufzutreiben.

Der Verleger Peter Dehoust, ein Urgestein der Nachkriegsszene, soll ihm laut Erkenntnissen der Behörden 1500 DM überreicht haben. Dehoust, geboren 1936, ist Mitbegründer des Vereins *Hilfskomitee Südliches Afrika,* welcher für »Solidarität mit Weiß-Afrika« warb. Einige Thüringer Neonazis hatten sich am Kap als Söldner verdingt, einer war bei einer Schießerei verletzt worden. Auch Verfassungsschützer in Brandenburg erhielten im September Hinweise, dass das Trio sich mit geliehenen Pässen nach Südafrika absetzen wolle. Ermittler postierten sich an den entsprechenden Flughäfen, doch trafen sie nur Brehme und Kapke auf dem Weg zum »Arbeitseinsatz« auf der Farm des rechten Publizisten Claus Nordbruch in Südafrika an. Im Januar 1999 erfuhr dann ein »Gelegenheitsinformant«, dass Kapke und Wohlleben das Motto ausgegeben hätten »Keiner wisse was, keiner sage was!« – und fast alle hielten sich daran.

Nach ihrer überstürzten Flucht vor der Polizei tauchten Mundlos, Böhnhardt und Zschäpe in Chemnitz wieder auf. Der Ort war ihnen vertraut und lag nur rund 100 Kilometer von Jena entfernt. Immerhin befand sich dort ein politischer Freundeskreis, der mit Geheimhaltung und Helferseilschaften durchaus Erfahrung hatte, die damals mächtige *Blood & Honour*-Sektion Chemnitz.

Auf den Fahrtenmessern der *Hitlerjugend* waren im »Dritten Reich« die deutschen Worte für *Blood & Honour*, »Blut und Ehre«, eingraviert. Zu den Nürnberger Rassegesetzen gehörte auch das »Gesetz zum Schutz des deutschen Blutes und der deutschen Ehre«. Neonazis griffen diese Worte auf. Unter Beteiligung von Ian Stuart Donaldson, dem Sänger der Band »Skrewdriver«, entstand in den 1980er Jahren in Großbritannien das vom Nationalsozialismus inspirierte Netzwerk *Blood & Honour* (B & H). Als Symbol diente die Triskele, ein dreiarmiges Hakenkreuz, dass auch der rassistische *Ku-Klux-Klan* benutzte. »28« ist noch heute der Szene-Code für die im Jahr 2000 in der Bundesrepublik verbotene Organisation.

1991 überfielen der Brite Stuart und seine Band mit ihrem aufgeheizten Publikum in Cottbus Migranten, demolierten einen Jugendclub. Drei Jahre später gründete sich die deutsche »Division« von B & H. Sie bezeichnete sich als »Stimme der unterdrückten weißen Jugend in Deutschland«, schwadronierte vom »radikalen weißen Gegenschlag in Form einer Endlösung«. In einer ehemaligen Gewerbehalle in Berlin befand sich das Clubhaus der deutschen Abteilung. Die Räume zierten Bilder von Rudolf Heß und dem *Ku-Klux-Klan*. Geschickt wurde eine scheinbar führerlose Struktur nach außen vermittelt. Dabei gab es neben der Divisionsführung auch Sektionschefs. »Erst die Rasse, danach die Nation!«, lautete eine ihrer Parolen. *Blood & Honour* richtete sich laut eigener Order »nicht nach nationalistischen Gesichtspunkten« aus. »Völker, die der weißen Rasse angehören, sind als solche zu respektieren«, hieß es. Anfeindungen gegenüber Angehörigen der osteuropäischen Länder waren »ausdrücklich untersagt«. Pflicht war die Zusammenarbeit mit allen proweißen Organisationen weltweit. Politische Arbeit stand zunächst nicht im Vordergrund, sondern »die Unterstützung« des entsprechenden musikalischen Spektrums. Die Sektionen waren angehalten, Konzerte und Liederabende zu organisieren. Aus den Überschüssen der Veranstaltungen ging ein Teil in die von *B & H-Thüringen* geführte »Deutschlandkasse«.

1997 vermutete das sächsische Landesamt für Verfassungsschutz

40 B & H-Leute in Sachsen, wobei der Schwerpunkt im Raum Chemnitz und Dresden lag. Die Schlapphüte vermerkten: »Die *Blood & Honour-Sektion Sachsen* gehört zu den bedeutendsten in der Bundesrepublik Deutschland. Die Führungsmitglieder dieser Sektion haben es verstanden, kommerzielle und politische Interessen in einen gewissen Einklang zu bringen.« Im Sommer 1998 erschien erstmals eine Publikation mit dem Titel »White Supremacy«. Für diese rassistische Zeitschrift soll auch Uwe Mundlos Artikel verfasst haben. Die Behörden registrierten, dass der Einfluss von B & H auf die regionale rechte Szene wuchs.

Anwärter mussten sich ähnlich wie bei Rockergangs nach oben dienen. Sie hatten sich um die Beschaffung von Lokalen zu kümmern, für die Logistik bei der Anfahrt zu sorgen, Getränke bei Konzerten auszuschenken oder die Security zu stellen. Anerkannte Member (Mitglieder) sorgten für prominente Bands und ausreichende Finanzierung. Ein ehemaliger Neonazi beschreibt das Besondere von B & H-Veranstaltungen so: »Die Leute dort waren offen militant. Überfälle auf Linke und Waffen spielten eine wichtige Rolle.« Auch die Tatsache, »dass bei Konzerten nicht jeder rein kam«, machte die Events umso attraktiver, meinte er. So spielte die Gruppe »Landser« einmal in einem Striplokal, wo nur handverlesenes Publikum zugelassen war. Seiner Erfahrung nach sollen die Chemnitzer Jan Werner, Thomas Starke und Hendrik Lasch vor allem für die Kontakte in die USA gesorgt haben. Insgesamt ging es damals um sehr viel Geld, welches »am Staat vorbei« erwirtschaftet worden ist. Das war aber nicht alles: 1998 beschlossen die B & H-Strategen bei einem Deutschlandtreffen, die »Patrioten« einen zu wollen, »nicht nur in der Musik, sondern auch im Kampf«, denn: »Wir sind mehr als eine Musikbewegung!«

Das NSU-Trio kannten die Anhänger des regionalen sächsischen B & H-Netzwerkes gut, da die meisten zuvor bereits bei den *88ern*, einer Chemnitzer Skinheadkameradschaft, aktiv gewesen waren. Man bewegte sich auf Augenhöhe, denn auch Böhnhardt, Mundlos und Zschäpe zählten zu *Blood & Honour* in Thüringen und auch zu deren Jugendorganisation *White Youth*, die von ihren Bekannten »Bär« und »Zimbo« seit 1997 von Gera aus aufgebaut wurde.

Mundlos interessierte sich schon immer sehr für Musik. Er besuchte an zahlreichen Wochenenden vor allem rechte Konzerte im damals braunen Musik-Mekka Chemnitz. Beate Zschäpe war zwischen

1996 und 1997 mit Thomas Starke, einem der wichtigsten Chemnitzer *Blood & Honour*-Anführer, in enger Beziehung. Starke hatte zuvor von ihnen Briefe im Gefängnis erhalten, die mit »Deine drei Jenaer« unterschrieben waren. Die drei seien unzertrennlich gewesen, erinnert sich Thomas Starke gegenüber den Ermittlungsbehörden. Ihn reizte die verschlossene junge Frau, weil sie keine »typische Szene-Braut« gewesen sei. Die beiden begannen ein »Techtelmechtel«. Starke wünschte sich damals mehr, wie er bei seiner Vernehmung eingeräumt haben soll, scheiterte aber mit seinem Wunsch, »intensiver mit ihr zusammen zu sein«, denn sie habe nur die »beiden Uwes im Kopf« gehabt.

Rechte Partys gingen dem Trio bald auf die Nerven, sie beklagten sich über das ständige Gesaufe und wollten eher politisch aktiv werden. In dieser Zeit besorgte der vorbestrafte Neonazi Starke für Mundlos über rechte Verbindungsleute rund ein Kilo TNT – jenen Sprengstoff, vor dessen Entdeckung das Trio dann abtauchte.

Tatsächlich führte der erste Weg des Trios in Chemnitz zu Starke, dem Vize-Chef von *Blood & Honour* vor Ort. In Thüringer Neonazi-Kreisen war er ebenso bekannt wie in Sachsen. Ihn baten sie um einen »Pennplatz«, wie der Neonazi gegenüber den Ermittlern des BKA im Verhör einräumte. Er beschaffte ihnen dann bekanntlich einen Unterschlupf im braunen Herzen der Stadt, im Heckert-Gebiet. Dort wohnte auch Thomas R., ein *Blood & Honour*-Anhänger und Szene-Musiker, den sie »Dackel« nannten, der bei der Band »Blitzkrieg« spielte und häufig auf Montage unterwegs war. Er gab das Fanzine »Sachsens Glanz« heraus. In R.s Mietshaus in Chemnitz gab es fünf bis sechs rechte Wohnungen, teils mit Wohngemeinschaften. In einer davon lebte auch Andreas G., genannt »Mucke«, einer von den *88er*-Skinheads, der wenig später nach Baden-Württemberg zog und Musiker bei der bekannten *Blood & Honour*-nahen Band »Noie Werte« wurde. R. ließ seine drei Schützlinge etwa zwei, drei Wochen im Februar 1998 bei sich in der kleinen Wohnung schlafen. Später besuchte er sie im neuen Unterschlupf in Zwickau. Bis Ende Juni 2000 blieben sie in Chemnitz, zogen aber von der Limbacher Straße in die Altchemnitzer Straße und danach in die Wolgograder Allee 76.

Als eine der Nächsten half das rechte Skingirl Mandy Struck aus dem Erzgebirge bei der Flucht. Sie quartierte das Trio in der Chemnitzer Wohnung ihres damaligen Freundes ein. Der Steinsetzer wohnte meistens bei ihr. Im Gegensatz zu ihrem Partner galt Mandy zu diesem Zeitpunkt bereits als sehr aktiv mit gutem Draht zur Kameradschaftsszene und zu *Blood & Honour*. In Chemnitz wollte sie bei den recht unpolitischen Skinheads der *88er* »Ordnung reinbringen«. Thomas Starke, selbst Mitglied der in der Szene beliebten *Hilfsorganisation für nationale politische Gefangene und deren Angehörige,* kurz HNG, hatte der engagierten Struck die »Patenschaft« für einen inhaftierten Gewaltverbrecher in der Justizvollzugsanstalt Straubing verschafft. Der von ihr betreute Skinhead hatte 1995 einen homosexuellen Busfahrer in Amberg mit Springerstiefeln halb tot getreten, um »ihm einen Denkzettel« zu verpassen. Mit einem Kumpan warf er den wehrlosen Mann in die Vils, wo er ertrank. Nach Meinung von Neonazistinnen wie Struck sollten diese »Kameraden im Knast« aktiv unterstützt werden.

In den über 13 Jahren im Untergrund verwendete Zschäpe neben zehn anderen Aliasnamen auch immer wieder die Identität der dunkelhaarigen und zierlichen Frau aus Johanngeorgenstadt. Sie nannte sich Susann, Liese oder eben Mandy. In deren Heimatstadt im Erzgebirge hatte Struck sich früh der Szene angeschlossen, lernte die späteren mutmaßlichen NSU-Unterstützer André Eminger und Matthias Dienelt von der *Weißen Bruderschaft Erzgebirge* kennen. Von Chemnitz aus zog sie im Jahr 2000 zu einem Freund nach Büchenbach nahe Roth in Franken. Bei einem Hardcore-Konzert traf sie auf den ehrgeizigen fränkischen Neonazi Matthias Fischer von der militanten *Fränkischen Aktionsfront* (FAF), der auch mit Ralf Wohlleben und André Kapke bekannt war. Fischers Name fand sich bereits in den 1990er Jahren in der Telefonliste von Mundlos. Struck orientierte sich fortan an der militanten Szene in Nürnberg-Fürth. Die bayerischen Seilschaften um Kai Dalek und den jüngeren Matthias Fischer galten intern als besonders konspirativ und wegweisend für die Entwicklung der »Bewegung«.

Die schlanke Frau mit den schwarzen Haaren griff genau diese Verbindungen auf. Sie war mehr als nur die Freundin eines Neonazis, sie machte selbst Politik, beteiligte sich an einer Demonstration in Fürth, nahm an einer Schulung »Grundbausteine nationaler Politik« teil und verteilte 2001 gemeinsam mit Neonazi Gerd Ittner Flugblätter.

Durch ihre Aktivitäten fiel sie den bayerischen Behörden auf. Sie beteiligte sich an Kranzniederlegungen und Sonnenwendfeiern. Gleichzeitig hielt sie den Kontakt zu den Kameraden in Sachsen. Als sie nach Chemnitz zog, hatte sie Plakate der *Fränkischen Aktionsfront* im Gepäck, die sie dort für eine neue *Sächsische Aktionsfront* nutzen wollte.

Im Herbst des Jahres 2000 wurde das Haus in Chemnitz, in dem sie wohnte, von Beamten des Verfassungsschutzes observiert. Kamera-aufnahmen zeigten vier Sekunden lang ein Pärchen, das sich die Klingelschilder an der Haustür anschaute und verschwand. Die Ermittler glauben heute, dass es Uwe Böhnhardt und Beate Zschäpe waren, die Struck besuchen wollten. Doch die Chance zur Ergreifung der beiden Gesuchten wurde vertan.

Für die Justiz ist Mandy Struck als zeitweilige Terrorhelferin verdächtig. Die inzwischen 37-jährige Leiterin eines Friseursalons und alleinerziehende Mutter spielt ihre ehemalige Rolle innerhalb der braunen Szene inzwischen herunter. Gegenüber Reportern tat sie ihre politische Vergangenheit kurz als Jugendsünde ab. Meistens schweigt sie. Ein bulliger Bodyguard schirmte sie einige Zeit am Arbeitsplatz im Erzgebirgsort Schwarzenberg ab. In ihrem einzigen Interview mit der Tageszeitung »Die Welt« zeigte Struck Abscheu für Beate Zschäpe. Scheinbar aber nicht wegen der Opfer der NSU, sondern weil die ehemalige Kameradin gar nicht wisse, was sie ihr angetan habe.

Ab 1. September 1998 fanden Mundlos, Zschäpe und Böhnhardt nicht mehr bei Kameraden Unterschlupf, sondern bezogen ihre erste eigene Wohnung in der Illegalität. Sie wurde bei einem Ehepaar aus Augsburg über einen Strohmann aus der Szene angemietet. Als Bürge für den Mietvertrag in der Altchemnitzer Straße trat ein *Blood & Honour*-Anhänger aus dem direkten Umfeld von Thomas Starke auf – Gunter Frank F., der auch bei der Legendierung von Uwe Böhnhardt half, indem er ihm nicht nur ein Papier zu seiner Biografie samt Angaben zu seinen Eltern und Geschwistern überließ, sondern auch Geburtsurkunde und Personalausweis zur Verfügung gestellt haben soll. Mit dem Ausweis von F. konnte Böhnhardt an eine legalisierte Aliaspersonalie, einen neuen Reisepass mit seinem Bild kommen. Das seien »hervorragende« Papiere gewesen, bestätigte 2012 ein führender Beamter, damit könne sich jeder relativ frei bewegen. Das Dokument ließ Böhnhardt durch Mandy Struck abholen. Bis 2004 stattete er sich auch mit Bahncards auf F.s Namen aus. Ab und zu informierte er sich bei dem Kameraden über dessen Lebensumstände.

Ab 2001 nutzte Uwe Böhnhardt dann überwiegend die Identität von Holger Gerlach aus Hannover. Er nannte sich auch »Gerri«. Nach den ersten Überfällen gaben sie Gerlach, dem Kameraden aus Jenaer Tagen, 10 000 DM zur Aufbewahrung. Auf dessen Frage, woher das Geld stamme, hieß es nur, sie hätten eine Möglichkeit »zu leben« gefunden. Er ging davon aus, dass sie es nicht legal beschafft hatten. Mit der Lieferung einer Waffe im Auftrag von Ralf Wohlleben im Sommer 2001 nach Zwickau wurde seine Loyalität zur Gruppe auf eine harte Probe gestellt. Doch Gerlach machte weiter, seinen neuen Pass, beantragt bei der Stadt Hannover, überließ er »Böhni«. Nach und nach kamen eine Krankenkassenkarte, eine ADAC-Mitgliedskarte und 2005 noch der Führerschein hinzu. Im Sommer 2011 beschaffte Holger Gerlach dem Freund zusätzlich noch einen neuen Reisepass. Sie belohnten ihn mit Geld und Urlauben.

Der 39-jährige Lagerist hatte die Realschule in Jena ohne Abschluss verlassen und danach eine Lehre absolviert. Trotz seines Umzugs nach Niedersachsen hielt er den Kontakt zur Neonazi-Szene in seiner Heimatstadt. Dort war der schlaksige junge Mann den Polizei- und Verfassungsbehörden bestens als Mitglied des *Nationalen Widerstands* bekannt. Sehr oft war er bei Aktionen im Tross mit Mundlos, Böhnhardt und Zschäpe aufgetaucht und gewissermaßen das »vierte Rad am Wagen«. Das Trio beeindruckte ihn. »Sie war durchsetzungsfähig und gewaltbereit«, so beschreibt Gerlach Beate Zschäpe. Auch die beiden Uwes hätte er damals »bewundert«: »Das waren Macher«, die hätten Charakterstärke und Tatendrang gehabt. Ende 1998 nahm Holger Gerlach an einem *Blood & Honour*-nahen Treffen in Hildesheim teil. In Niedersachsen schenkten die Verfassungsschützer dem zugezogenen Neonazi jedoch wenig Aufmerksamkeit, nahmen Gerlach nur zwischen 1999 und 2004 als »Mitläufer« wahr. Der Mann aus Jena kannte seit Ende der 1990er Jahre die wichtigsten Anführer der norddeutschen Szene, vor allem auch aus den Reihen der ehemaligen *Kameradschaft 77* und den *Freien Nationalisten* in Celle. In diesem Umfeld traf er Alexander S., sie wurden Freunde. S. war als gewalttätiger, bewaffneter Skinhead in Hannover bekannt, der über Kontakte zu *Blood & Honour*, rechten Hooligans und *Hells Angels* in der Landeshauptstadt verfügte. Wieder ein Macher, kein Mitläufer. Kein Zufall, dass Beate Zschäpe bald die Identität von S.s Freundin und späterer Ehefrau, Silvia Rossberg, benutzte. Gerlach behauptete gegenüber der Polizei, er habe ihr die Krankenkassenkarte etwa 2006 für 300 Euro »abgequatscht«, weil Beate Zschäpe krank war und dringend zum Arzt musste. Das Trio in Zwickau war über Silvias jeweiligen Wohnort im Raum Hannover ständig informiert, handgeschriebene Notizen dazu fanden sich in der

Brandruine des Hauses in der Zwickauer Frühlingsstraße 26. Gerlach gab in seinen Aussagen an, das befreundete Paar S. / Rossberg wisse von nichts.

2005 plauschten Gerlach und Ralf Wohlleben bei einer Kundgebung in Berlin angeregt miteinander. Wenige Jahre zuvor sollen sie gemeinsam eine der Waffen für das Trio besorgt haben. Anders als vom CDU-Innenministerium zunächst dargestellt, schien Gerlach kein reiner Mitläufer zu sein. Die Behörde in Hannover hatte ihn 2005 vom »Radarschirm« verloren, wie »Der Spiegel« schrieb. Da war der Gabelstaplerfahrer gerade mit einer Frau mit Kindern zusammengezogen. 2009 sollen seine Einträge im Verfassungsschutz-Computersystem Nadis gelöscht worden sein. Tatsächlich beteiligte sich Gerlach wohl bei einem Aufmarsch in Braunschweig 2005 gemeinsam mit der gewaltbereiten *Kameradschaft Weserbergland* zum letzten Mal öffentlich. Doch die Kontakte ins militante Spektrum hielt er. Im selben Jahr war der Mann aus Jena bei einer aggressiven Störaktion von Neonazis gegen eine Veranstaltung im Hannoveraner Stadtteil Garbsen dabei, Fotos einer antifaschistischen Recherchegruppe belegen das.

Nur wenige Tage vor seiner Verhaftung 2011 besuchte er einen Prozess gegen den Anführer der aktivsten Neonazi-Gruppe des Bundeslandes: *Besseres Hannover*. Die Kameradschaft *Besseres Hannover* wurde vom niedersächsischen Innenministerium für ein rassistisches Video verantwortlich gemacht, welches im Dezember 2011 der Sozialministerin Aygül Özkan (CDU) zugesandt worden war. Ein plüschiger, menschengroßer »AbschieBär« diente als Eyecatcher in dem Clip. Hüpfend und stampfend tanzte ein Neonazi in dem Bärenkostüm durch die Stadt, hob vor einem Dönerladen-Besitzer den Arm zum Hitlergruß oder winkte symbolisch Flugzeugen in Richtung Istanbul hinterher. Im Begleittext zum Video heißt es unter anderem: »Wir kündigen hiermit an, dass wir für die Durchsetzung unserer politischen Ziele und zur Bewahrung unserer Kultur im nächsten Jahr eine neue Waffe einsetzen werden.« *Besseres Hannover* wurde 2012 wegen Verfassungsfeindlichkeit verboten.

Gerlach, der gelegentlich das Rauschgift »Speed« konsumierte und sich wegen einer Glücksspielsucht vormals in therapeutischer Behandlung befunden haben soll, wurde von dem Trio mit sogenannten »Systemchecks« kontrolliert. Sie besuchten ihn zu Hause, aber immer nur, wenn die Lebensgefährtin nicht daheim war. Sie holten ihn ab, so Gerlach, und er verbrachte seit 2000 mit dem Trio mehrmals einige Tage

Urlaub auf Campingplätzen. Ungefähr alle zwei Jahre luden sie ihn ein nach Usedom, in die Nähe von Flensburg und nach Lübeck, behauptet er. Mittlerweile ist Gerlach im Zeugenschutzprogramm und hat Angst. Beim Prozess wird er als Mitbeschuldigter voraussichtlich seine Mitstreiter belasten. In der Untersuchungshaft hatte er umfassend ausgesagt. Von den Morden will er aber nichts gewusst haben.

Die wohl engste Bezugsperson des Trios war André Eminger aus Zwickau. Das Bundeskriminalamt geht davon aus, dass er von 1998 bis zum letzten Tag in Kontakt mit Böhnhardt, Mundlos und Zschäpe stand. Ebenso wie Wohlleben und Gerlach war Eminger bis zuletzt aktiver Neonazi. Anders als Gerlach hat er bisher in der Untersuchungshaft geschwiegen. Beim Prozessauftakt im Mai 2013 zeigte Eminger den Medien seinen Mittelfinger. Im Saal verbarg er sein Gesicht hinter einer Sonnenbrille. Sein ebenfalls aktiver Zwillingsbruder Maik saß mit dem verurteilten Rechtsterroristen Karl-Heinz Statzberger aus München im Zuschauerraum. Die Ankläger vor dem Oberlandesgericht München werfen André Eminger vor, das von Mundlos und Böhnhardt benutzte Wohnmobil für ihren Bombenanschlag in Köln 2001 unter seinem Namen angemietet zu haben. Sein Computer mit kompromittierenden Dateien fand sich in der Wohnung des Trios. Er war es auch, den Beate Zschäpe am 4. November 2011, nachdem sie vom Tod ihrer beiden Mitstreiter erfahren hatte, anrief.

Der letzte Zeitvertrag für eine Mietwohnung in Chemnitz lief 1999 auf Emingers Namen. Zwei Jahre nach ihrer Flucht wurde es den dreien dann »zu heiß« in Chemnitz, sie zogen nach Zwickau. Inzwischen orientierte sich auch die sächsische *Blood & Honour*-Fraktion um Jan Werner und Thomas Starke mehr ins Hinterland in Richtung Erzgebirge. Die Städter aus Chemnitz nahmen an einem von den Brüdern Eminger und der *Weißen Bruderschaft Erzgebirge* (WBE) organisierten 30-Kilometer-Marsch teil. »White Pride heißt unsere Religion«, lautete eine der Parolen der rassistischen Kameradschaft, zu der auch ein weiterer mutmaßlicher Terrorhelfer gehörte: Matthias Dienelt, Berufskraftfahrer, Militariafan und ein Freund der Eminger-Brüder. Im Gründungsmanifest der WBE war laut der sächsischen Landtagsabgeordneten Kerstin Köditz die Rede von einer »neuen Art des Kampfes, einer Untergrundbewegung«. Worte, die heute elektrisieren und damals zur Aufmerksamkeit durch die Behörden hätten führen müssen, so Köditz.

André Eminger, der junge stämmige Neonazi aus der grenznahen Provinz, versuchte in sächsischen *Blood & Honour*-Kreisen unterzukommen. Er kannte sie alle: Kicke und Kacke, Die Geklonten, Mucke und Dackel. Doch zunächst musste André Eminger seinen Grundwehrdienst von 1999 bis 2000 bei einem Panzeraufklärungsbataillon im thüringischen Gotha ableisten. Es dauerte nur wenige Tage, und der Neonazi fiel dort auf. Bei einer Anhörung vor den Verantwortlichen der Bundeswehr bekannte er sich offen als nationalsozialistisch. Eminger blieb bei der Bundeswehr, wenig später begann die Schießausbildung mit Sturmgewehren und Handgranaten. Er wurde Gefreiter. Bei der Durchsuchung seiner Wohnung im November 2011 fanden die Beamten auch das Dienstzeugnis von der Bundeswehr. »Im Kameradenkreis war er anerkannt«, bescheinigte der Kompaniechef Eminger. Für seinen weiteren Werdegang wünsche er ihm »alles Gute, viel Glück und Erfolg«.

Der gelernte Maurer ließ sich 2003 zum Fachinformatiker für Anwendungsentwicklung umschulen, im Laufe der Zeit versuchte er sich in verschiedenen Berufen, gründete mehrere Firmen, baute Solaranlagen auf und war längere Zeit arbeitslos. Gemeinsam mit seiner Ehefrau und den zwei kleinen Söhnen blieb er in Zwickau. Insbesondere Beate Zschäpe und Susann Eminger schienen unzertrennlich. Im Sommer 2011 besuchten die beiden dunkelhaarigen Frauen das Planitzer Teichfest in Zwickau. Ganz in Schwarz gekleidet, mit Sonnenbrille und Pferdeschwanz, lächelte Zschäpe bei einer Theateraufführung den Kindern auf der Bühne zu, während die Freundin neben ihr in einer vorderen Reihe den kleinen Sohn filmte.

Von den Zwillingsbrüdern Eminger galt Maik immer als der Aktivere. Er zog in ein Dorf nach Brandenburg, gehörte der 2009 verbotenen völkisch-nationalistischen *Heimattreuen Deutschen Jugend* (HDJ) an und beteiligte sich an den Aktivitäten der NPD-Jugendorganisation *Junge Nationaldemokraten,* wurde sogar im Jahresbericht des Landesamtes für Verfassungsschutz 2010 namentlich erwähnt. Der Kontakt zwischen den Brüdern blieb eng, auch als Maik zeitweilig nach Niedersachsen zog. Gemeinsam mit ihren Frauen fuhren sie zu den Sommerlagern der verschworenen *Artgemeinschaft – Germanische Glaubensgemeinschaft* im nordthüringischen Ilfeld. Dort tauchten nach dem Verbot von *Blood & Honour* im Jahr 2000 auffällig viele aus deren Reihen wieder auf. Als sich Maik Eminger als einer der Macher vom *Schutzbund Deutschland* wegen der Beleidigung des Fußball-Nationalspielers Gerald Asamoah 2008 vor dem Landgericht Neuruppin verantworten musste, wollen Augenzeugen auch Beate Zschäpe im Publikum gesehen haben. Die Ermittler fanden zudem rechte Zeugen, die aussagten, sie hätten das Trio bei einer von den Brüdern Eminger organisierten politischen »Rasse«-Schulung 2005 in einer Kantine in Mariental nahe Zwickau im Erzgebirge mit über 30 Rechten gesehen.

Bei einem traditionellen Volleyballturnier der Neonazi-Szene in Chemnitz 2008 trafen sich *Blood & Honour*-Aktivisten von einst. Einigen fiel bei dem Event auch André Eminger auf. Organisiert wurde das Sportfest von rechten Rockern des MC *Kreuzeiche* und dem Szene-Laden »Backstreet Noise« von Hendrik Lasch. Im Mai 2011 besuchte André Eminger dann das nationale Wohnprojekt im vorpommerschen Salchow. Gemeinsam mit seinem Zwillingsbruder nahm er an der exklusiven Geburtstagsfeier des als äußerst konspirativ geltenden *Kameradschaftsbunds Anklam* teil, der der rassistischen *Hammerskin Nation* nahestehen soll. Mit einem ehemaligen Rechtsrock-Musiker der Band »Eugenik« aus Gera fuhr Eminger noch am 12. November 2011 zum Neonazi-Konzert ins sächsische Geheege, einem Ortsteil von Rothenburg bei Görlitz an der polnischen Grenze. Über 1000 Rechte reisten zur Gaststätte »Zur deutschen Eiche«, um Michael Regener, den Sänger der verbotenen Band »Landser«, zu hören. Eminger musste vorher die Polizeikontrollen passieren, ebenso wie Ralf Wohlleben, der aus Thüringen angereist sein soll. Veranstaltet wurde der Event von führenden NPD-Mitarbeitern. Beim Konzert kam es zu Solidaritätsbekundungen für die Zwickauer Terrorzelle. Das sächsische Staatsministerium des Innern räumte später ein, dass dort eine Gedenkminute für die in Thüringen »zu Tode gekommenen Kameraden« abgehalten wurde. Nur sechs Tage später wurde André Eminger aus dem Schlaf heraus auf dem Sofa im Haus seines Bruders in einem Fläming-Dorf südlich von Potsdam, von Sondereinsatzkräften der GSG 9 festgenommen.

Die mögliche Nähe zwischen den dreien im Untergrund und André Eminger belegt auch die Auswertung der beschlagnahmten Computer. Sowohl auf seinem als auch auf dem des Trios findet sich ein Verzeichnis mit rund 2900 identischen Dateien, die in Ordnern mit dem Namen »Nazibilder« oder »Hitlerbilder« sortiert sind. Unter den Grafiken soll auch ein Bild sein, auf dem Altbundeskanzler Gerhard Schröder hinter Gittern mit einem Judenstern abgebildet ist – ergänzt durch die Drohung: »You're the next«.

Im Laufe der Ermittlungen gab es immer wieder Hinweise darauf, dass die Zwickauer Zelle auch über Kontakte in die alten Bundesländer verfügte. Nach Recherchen der WAZ-Mediengruppe und des Berliner »Tagesspiegels« berichtete ein V-Mann (Deckname »Heidi«) der Dortmunder Polizei, er habe Uwe Mundlos am 1. April 2006, also drei Tage bevor der 39-jährige Kioskbesitzer Mehmet Kubaşik in der Nordstadt ermordet wurde, zusammen mit dem Neonazi Toni Stadler in der Mallinckrodtstraße gesehen, also nur wenige hundert Meter vom Tatort entfernt. Tatsächlich ist der aus dem brandenburgischen Guben stammende Stadler 2003 nach Dortmund gezogen. Ein Jahr zuvor hatte ihn das Berliner Landgericht wegen des Vertriebs der rechtsextremen CD »Noten des Hasses« der Band »White Aryan Rebels« zu zwei Jahren auf Bewährung verurteilt. Auf dem Tonträger wurde unter anderem zum Mord an den Fernsehmoderatoren Alfred Biolek und Michel Friedman aufgerufen. Bis zu seiner Verhaftung 2002 war Stadler zugleich V-Mann des brandenburgischen Verfassungsschutzes.

Der Polizei-Spitzel »Heidi« erzählte von seiner Beobachtung allerdings erst im November 2011, weil er sich nun an die »markanten Gesichtszüge« von Mundlos erinnere. Trotz gewisser Zweifel wollte die zuständige Polizei in Dortmund mit weiteren Ermittlungen den Kontakt zwischen Stadler und dem NSU-Trio prüfen, was laut WAZ jedoch von der Bundesanwaltschaft unterbunden worden sei.

Zudem spekulierten die WAZ-Journalisten über einen möglichen zweiten Anschlag der NSU in Dortmund. In der Nacht vom 30. auf den 31. März 2006, also kurz bevor der V-Mann Mundlos gesehen haben will, wurden Brandsätze auf das türkische Bildungszentrum in der Dortmunder Westhofstraße geworfen. Der Fall wurde nie aufgeklärt. Pikant ist, dass das Bildungszentrum sowohl auf einer im Zwickauer Brandschutt gefundenen Adressliste mit türkischen Institutionen aus Dortmund als auch in einem mit Markierungen versehenen Stadtplan aufgeführt war.

Die Auswahl des Mord-Tatortes erfolgte wohl nicht zufällig, denn der Kiosk von Mehmet Kubaşik lag zwischen den braunen Szene-Treffpunkten »Deutscher Hof« und »Thüringer Hof«. Den Tatort haben die Täter sorgfältig ausgekundschaftet, Fluchtwege wurden geplant. Das mag einige Tage gedauert haben. Sie spähten weitere Ziele in der Stadt aus, zumeist Migranteneinrichtungen oder Treffpunkte, und notierten Sätze wie: »Gutes Objekt, guter Sichtschutz« oder »Personal nicht optimal, noch mal prüfen«. Die WAZ schreibt: »Laut einer Quelle aus dem

Verfassungsschutz liegt es nahe, dass der Mord ein Fanal an die Dortmunder Gesinnungsgenossen sein sollte, Migranten zu töten.«

Das TV-Magazin des WDR »Westpol« berichtete im November 2012 über die mutmaßliche Teilnahme des Zwickauer Trios an einem Neonazi-Treffen 2009 im nordrhein-westfälischen Erftstadt. Axel Reitz aus Pulheim, den die Medien den »Hitler von Köln« tauften, soll laut Aussage eines Augenzeugen die drei dort persönlich begrüßt haben. Reitz, der sich seit 2012 wegen der Mitgliedschaft im militanten *Aktionsbüro Mittelrhein* vor dem Landgericht Koblenz verantworten muss, streitet das ab. Er soll inzwischen »aus der Bewegung« ausgeschieden sein, wie Neonazi-Homepages melden.

1999 war Reitz Mitbegründer und »Gauleiter« des *Kampfbundes Deutscher Soldaten* (KDS), der sich in der Tradition »linker Nationalsozialisten« wie der Brüder Strasser oder SA-Chef Ernst Röhm als Avantgarde-Gruppe sah. Zum KDS gehörte auch Thomas Gerlach aus dem thüringischen Meuselwitz, genannt »Ace«. Der Hammerskin war nicht nur eng mit Ralf Wohlleben befreundet, sondern auch mit Mandy Struck. Die antifaschistische Redaktion »Gamma« in Leipzig fand heraus, dass Reitz-Kamerad Gerlach auch mit den Zwickauer Neonazi-Strukturen bestens vertraut war. 2008 lud er einen Schweizer Neonazi als Referenten im Namen des *Freien Netzes Zwickau* ein.

Das *Freie Netz* ist einer der größten Zusammenschlüsse von *Freien Kameradschaften* bundesweit. Im Internet firmiert das Netz seit 2007 lediglich als Kommunikationsplattform, doch es steckt mehr dahinter. Zum konspirativen Innenleben gehörten Treffen der Anführer, Arbeitsgemeinschaften, Weltanschauungs-Schulungen und Kampfsporttraining. Hinter dem *Freien Netz Köln* verbarg sich die 2012 verbotene *Kameradschaft Walter Spangenberg,* deren Anführer Axel Reitz hieß.

Auch die Freien Kräfte aus Jena schlossen sich unter der Führung von Ralf Wohlleben etwa 2009 dem neuen Dachverband *Freies Netz* an. Zu den wichtigsten strategischen Köpfen des *Freien Netzes Süd* zählen ehemalige Aktivisten der verbotenen *Kameradschaft München* und der *Fränkischen Aktionsfront* um Matthias Fischer aus Fürth, den Mundlos schon seit den 1990er Jahren kannte.

Ralph H. gehört zur Netz-Untergruppe *Nationale Sozialisten Chemnitz.* H.s Personalausweis gelangte in den Unterschlupf der NSU. Er war 1996 in Chemnitz ausgestellt worden und bis 2001 gültig. Der Rechte aus Hohenstein-Ernstthal, geboren 1974, gibt sich jedoch zurückhaltend. Er schickte seinen Anwalt, ein Ratsmitglied der extrem rechten Partei *Pro Chemnitz*, vor, um nicht bei der Polizei aussagen zu müssen. Er wird seine Gründe haben, denn Ralph H. war zeitweilig auch Schriftführer in einer Kameradschaft, die sich *Heimatschutz Chemnitz e. V.* nannte.

Intensiv kümmert sich das *Freie Netz Saalfeld* unter Führung von Steffen Richter aus Rudolstadt um den inhaftierten mutmaßlichen NSU-Waffenbeschaffer Ralf Wohlleben, genannt Wolle. Auf dem Handy von Richter fanden Beamte das Foto einer Pistole Marke Česká. Im Juni 2012 kam es zu Hausdurchsuchungen bei dem 28-Jährigen und zwei weiteren Neonazis. Der Verdacht lautete: »Vorbereitung einer schweren staatsgefährdenden Gewalttat«. Richter hält seit Wohllebens Festnahme im November 2011 regelmäßig Kontakt zum persönlichen Umfeld des mutmaßlichen NSU-Waffenbeschaffers aus Jena und organisiert Musikevents zur finanziellen Unterstützung des Kameraden und seiner Familie. Das *Freie Netz* hatte auf Internetseiten nicht nur gepostet »Freiheit für Wolle«, sondern auch die Message: »Wir vergessen keinen!« Rund 140 Mal sollen Richter und die Ehefrau von Wohlleben, eine ehemalige Schatzmeisterin des NPD-Kreisverbandes Jena, 2012 miteinander telefoniert haben, belegen Behördendokumente. Aufgrund von Abhörmaßnahmen gab es im Sommer 2012 Hinweise bei der Polizei, dass Neonazis versuchen würden, die Postkontrolle zu umgehen und unbefugte Nachrichtenübermittlungen an Wolle zu ermöglichen. Im April 2012 war Wohlleben von Wuppertal in die Thüringer Justizvollzugsanstalt Tonna nahe Gotha verlegt worden. Anfang September 2012 durchsuchten Beamte seinen 5,50 Meter mal 2,50 Meter großen Haftraum nach geheimen Kassibern. Mehrere Briefe wechselten zwischen Wohlleben und einem »Richard Kreuch« hin und her. Sie wurden in Wohllebens Zelle sichergestellt. Hinter diesem Namen verbarg sich der Aktivist des *Freien Netzes Saalfeld* Steffen Richter. Zudem gab wohl ein inhaftierter Rechter, der keiner so scharfen Kontrolle unterzogen war, Briefe bei Hofgängen an Wohlleben weiter. In einem konkreten Fall konnten die Behörden den unbefugten Nachrichtenaustausch feststellen. Wohlleben wurde von den Mitgefangenen getrennt und schließlich, trotz Protestes seiner Anwälte, nach München-Stadelheim verlegt. Im Beschluss des Ermittlungsrichters vom 7. September 2012 heißt es, es läge die Annahme nahe, dass die unüberwachte Kommunikation mit Dritten dazu genutzt werden könnte, auf Mitbeschuldigte oder Zeugen einzuwirken oder gar Maßnahmen zu einer Flucht zu ergreifen.

Offiziell war der NSU ein Dreier-Kommando. Für die Generalbundesanwaltschaft handelte es sich um eine »singuläre Vereinigung«. Nur für die Anfangszeit nach dem Abtauchen 1998 ist die Behörde bereit, ein »breites Unterstützerfeld« einzuräumen. Danach hätten die drei sich von der Szene gelöst. Davon sei auszugehen, weil nach den vielen V-Mann-Berichten im »Anfangsumfeld« ab etwa 2000 kaum noch Spitzel-Tipps eingingen. Die Selbstdarstellung der Untergrundgruppe in Videoclips und im Internet, sie stelle »ein Netzwerk von Kameraden mit dem Grundsatz: Taten statt Worte« dar, wird von den zuständigen Justizbehörden für programmatische Prahlerei gehalten. Solchen Aussagen schenken sie keinen Glauben. Und dennoch ermittelt die Generalbundesanwaltschaft weiter gegen Verdächtige aus dem Umfeld der NSU, denn Parolen wie »Steh zu deinem Volk, steh zu deinem Land, unterstütze den NSU« könnten ja doch Sympathien geweckt haben. Wie diverse Medienrecherchen zeigen, waren die Terroristen auch in Zwickau keinesfalls isoliert. Sie trafen Kameraden und Kameradinnen, fuhren in die Heimat Thüringen oder in andere vertraute Gegenden. Und Beate Zschäpe pflegte zudem über Jahre hinweg Freundschaften zu Hausbewohnern mit rechten Einstellungen. Auch der Vorsitzende des NSU-Untersuchungsausschusses im Bundestag, Sebastian Edathy (SPD), befürchtet, dass es noch mehr Unterstützer als die fünf Angeklagten und acht weiteren mutmaßlichen Beschuldigten gegeben haben könnte. Die bisher bekannt gewordene Zahl von 129 Helfern und Helfershelfern sei »eine vorläufige Zahl«.

Andrea Röpke

Der Terror von rechts – 1996 bis 2011

Begleitmusik zum Terror – »Landser« im Visier der Behörden –
Rechtsrock-Band als kriminelle Vereinigung – Generalbundes-
anwaltschaft ermittelt – *Blood & Honour*-Terrorgruppen und Musik –
Netzwerke von *Ku-Klux-Klan* bis *Combat 18*

»Ein Schlitzauge grinst dich an, bietet dir Zigaretten an. Du nimmst dir
'ne Stange mit, doch statt der DM kriegt er 'nen Tritt!« singt die Neonazi-
Band »Landser« im Lied »Fidschi, Fidschi, gute Reise«. Im August 1999
wurde die Hass-Botschaft des Songs unheilvoll umgesetzt und kostete
zwei Menschen fast das Leben. Der Ort: Eggesin in Ostvorpommern.
Ein Volksfest auf der Wiese, das Festzelt gleich hinter dem leerstehen-
den Hotel »Mecklenburg«, auf dessen Wand »Freiheit für Nationalisten« gesprüht stand. Früher war die Kleinstadt Standort der Nationalen
Volksarmee der DDR, 1999 lebte man dort von der Bundeswehr. Sie
hieß auch trostlos Stadt der drei Meere: Sandmeer, Kiefernmeer, gar
nichts mehr. Soldaten grauste es vor der Betonwüste kurz vor der polnischen Grenze, berichtet »Der Spiegel«. Das Magazin nennt Eggesin nur
die »Stadt der Glatzen«. Denn dort wurden zwei junge Vietnamesen
fast totgetreten, weil sie es wagten, auf dem Volksfest an einem war-
men Augusttag ein Bier zu trinken, der Kapelle zu lauschen, sich unter
Gleichaltrige zu mischen. »Fidschi, Fidschi«, rumorte es beim Anblick
der ungebetenen Gäste wohl in den Köpfen der Glatzen. Sie trugen
Springerstiefel und Bomberjacken, nannten sich *Arischer Widerstand
Eggesin* und störten sich daran, dass Ausländer mitfeiern wollten. Gegen 3 Uhr nachts fielen sieben rechte Skinheads vor dem Zelt über die
beiden wehrlosen 24- und 29-jährigen Männer her. Sie traten sie zu
Boden, auf ihre Köpfe. Sprangen auf den Gesichtern herum und einer
grölte dabei den »Landser«-Refrain: »Fidschi, Fidschi, gute Reise«.

Die oberste Anklagebehörde in Karlsruhe begann sich für den Fall
zu interessieren. Die Generalbundesanwaltschaft (GBA) übernahm
nicht nur als Präzedenzfall den rassistischen Übergriff, wertete ihn
als politisch motiviert und die Sicherheit der Bundesrepublik gefähr-
dend, sondern interessierte sich auch für die Begleitmusik zum Terror.

Erstmals rückte mit »Landser« eine Rechtsrock-Band in deren Visier. Der Vorwurf: Bildung einer kriminellen Vereinigung. Zuvor hatte der Bundesgerichtshof den Weg freigemacht und mit einem wegweisenden Grundsatzurteil im Januar 2000 bestätigt, dass der GBA auch solche Fälle an sich ziehen konnte. Zwei Jahre später erhob Generalbundesanwalt Kay Nehm Anklage. Das Hauptanliegen der Ermittler war es, mit dem Vorgehen gegen »Landser« als Musterfall vor allem das schwer greifbare kulturelle Umfeld der rechten Szene zu treffen, aus dem sich viele der Aktivisten rekrutierten. Die Bundesbehörde beschuldigte die Berliner Bandmitglieder, zwischen 1997 und 2001 durch das Verbreiten von Tonträgern »in volksverhetzender Weise zu Hass und Gewalt gegen Teile der Bevölkerung« aufgestachelt zu haben.

Das Urteil gegen fünf der Angreifer von Eggesin fiel im Jahr 2000. Die Opfer werden für immer gezeichnet sein, sie hatten lebensbedrohliche Hirnblutungen und erhebliche Nierenverletzungen. Nur durch eine Notoperation konnte einer der beiden gerettet werden, er bleibe auf Dauer schwerstbehindert, hieß es in einer Pressemitteilung der Justiz. Vor dem Staatsschutzsenat des Oberlandesgerichtes in Rostock bedauerten die rechten Schläger aus Ostvorpommern die Tat und baten um milde Beurteilung. Sie erhielten Freiheitsstrafen zwischen vier und sechs Jahren. Der damals 20-jährige Neonazi Henry Schenz galt als Haupttäter. Sein Tatmotiv: Ausländerhass. Zwölf Jahre später zählt der 32-Jährige zum neonazistischen *Heimatbund Pommern*, einer überregional aktiven Organisation, die eng mit der *Völkischen Kampfgemeinschaft Eggesin* kooperiert, wie sich die örtliche Kameradschaft inzwischen nennt. 2011 wurde Schenz vom NPD-Landtagsabgeordneten Tino Müller als »sachkundiger Einwohner« des Landkreises Uecker-Randow als Mitarbeiter für den Kreistag vorgeschlagen und bei fünf Enthaltungen gewählt. Das neue Aufgabengebiet des »berufenen Bürgers« mit der brutalen Vergangenheit in der kommunalen Vertretung: der Ausschuss für Gesundheit und Soziales.

Rechtsrock ist ein wichtiger Ideologieträger. Nach dem Einstieg in eine braune Erlebniswelt mit eigenen Klängen und Konzerten geht es nicht mehr nur um Abenteuer oder Protest, sondern vor allem um den propagierten Kampf zum Erhalt der »weißen Rasse« und für die Vorherrschaft des »deutschen Vaterlandes«. Mitte der 1990er Jahre gab es nur etwa 30 bis 40 rechte Bands, heute sind es bereits rund 200 aktive

Rechtsrock-Combos, die jährlich mehr als 100 Tonträger veröffentlichen. Deren Interpreten werden als mutig verehrt, da sie vorgebliche Wahrheiten aussprechen, die sich sonst kaum jemand zu sagen traut. Als Sprachrohr der »Bewegung« tragen sie eine besondere Verantwortung, denn Hass-Gesänge können mobilisierende Wirkung haben, auch in Richtung Terror.

Im Juli 2003 eröffnete das Kammergericht in Berlin den Prozess gegen drei Musiker der Band »Landser«. Der Sänger Michael Regener, Jahrgang 1965, erhielt eine mehrjährige Freiheitsstrafe, Bassist und Schlagzeuger kamen mit Bewährungsstrafen davon. Im März 2005 bestätigte der Bundesgerichtshof letztinstanzlich das Verbot der Gruppe als kriminelle Vereinigung. Von dem Urteil erhoffte sich auch Bundesanwalt Joachim Lampe eine präventive Wirkung, es werde »richtungsweisend sein in der Bekämpfung des Rechtsextremismus«. Die Szene dagegen feierte ihr Idol. Mit einem exklusiven Konzert verabschiedeten über 1000 Neonazis im Jahr 2005 »Landser«-Chef Michael Regener im thüringischen Pößneck, bevor der seine Haftstrafe antrat. Ein Jahr später zog dieselbe Menge an Anhängern vor die Justizvollzugsanstalt in Berlin-Tegel und forderte lautstark mit Musik die Freilassung des dorthin verlegten Regeners. Die Berliner NPD hatte den Aufzug angemeldet, der verurteilte Musiker war seit 2004 Parteimitglied.

Zehn Jahre lang hatte »Landser« außerhalb der Legalität agiert. Provozierende Texte wie im Song »Rock gegen ZOG« (»Zionist Occupation Government«) waren ihr Markenzeichen: »Herzlich willkommen in meiner braunen Musik-Fraktion. Wir bringen mal wieder geistigen Sprengstoff zur Explosion. Bis an die Szene bewaffnet mit Schlagzeug und E-Gitarren, wir sind die Bomben in diesem Käfig voller Narren. Terroristen mit E-Gitarren – Der Innenminister hat mal wieder gewarnt, neue Anschläge sind schon geplant. Die Terrorband aus Terrortown, Deutschland Multikulti, wir bleiben braun.« Die Identität der Musiker war nur einem engsten Kreis von wichtigen Szeneaktivisten bekannt. Die ersten Fotos zeigten tatsächlich keine Skinheads, sondern Männer mit Sonnenbrillen und Vollbärten, im klassischen Rockeroutfit.

Durch ausgewählte martialische Auftritte, mit Gasmasken und Tarnanzügen, inszenierte sich »Landser« als Projekt aus dem Untergrund. Alle fünf Alben waren wegen Jugendgefährdung indiziert. Im Ausland wurden die Lieder aufgenommen, produziert, illegal nach Deutschland geschmuggelt, teilweise konspirativ in Erddepots oder Garagen gelagert und dann unter der Hand von Mittelsmännern, vorrangig aus dem *Blood & Honour*-Netzwerk, verkauft. Mehr als 100 000 zumeist selbstgebrannte CDs von »Landser« kursieren Schätzungen zufolge seit Jahren in der Bundesrepublik. Gemessen an offiziellen Maßstäben, hätte die Band damit mindestens eine »goldene Schallplatte« verdient, erklären die ausgewiesenen Szene-Kenner Jan Raabe und Christian Dornbusch. Die Autoren des Standardwerkes »Rechtsrock. Bestandsaufnahme und Gegenstrategien« warnen, dass das Ziel des Vernichtungswahns solcher Bands nicht nur Migranten sind, sondern alle Menschen, die Neonazis ablehnen – politische Gegner, Juden, Obdachlose, Behinderte, Journalisten und Polizisten. Einwanderer werden in den Liedern in der Regel nur mit Schimpfwörtern wie »Kanake«, »Asylbetrüger«, »Nigger«, »Bimbo« oder »Pollaken« benannt. Die Songs »offenbaren die zutiefst rassistische Weltsicht der Interpreten, die bewusst Vorurteile schüren wollen«, betonen Raabe und Dornbusch. Beispiele für den menschenverachtenden Hass solcher Bands gibt es zuhauf, so die Autoren. Exemplarisch benennen sie eine Gruppe namens »Braunau«, die sang: »Bombardiert die Ghettos, diese Scheiß-Kanaken-Ghettos. Scheiben zerplatzen vom Gemüseladen, Kanaken sollen heute alle in Feuer baden. Lebende Fackeln, die durch die Straßen rennen. Stinkende Türkenweiber, wie wunderschön sie brennen.«

Mitten im Berliner Stadtteil Lichtenberg, im »Judith-Auer-Klub«, einem Szene-Treffpunkt, probten die Gründungsmitglieder von »Landser«, die sich zuvor »Endlösung« genannt hatten. Michael Regener stieß dazu. 1992 gab die Band ihr erstes Konzert in Hennigsdorf bei Berlin, spielte »Kanake verrecke«. Während in Rostock-Lichtenhagen ein Hochhaus mit vietnamesischen Vertragsarbeitern unter dem Beifall Hunderter Zuschauer in Brand gesetzt wurde, türkische Migranten in Mölln und Solingen bei hinterhältigen Anschlägen auf ihre Häuser starben, verbreitete die Musikcombo aus Berlin auf Demotapes ihre Songs mit Titeln wie »Schlagt sie tot« oder »Berlin bleibt deutsch«.

Regener, nach einer DDR-Wodka-Marke »Lunikoff« genannt, war seit Anfang der 1990er Jahre auch bei der berüchtigten Berliner Neonazi-Rockergang *Vandalen* führend aktiv. Diese »ariogermanische Kampfgemeinschaft« hatte sich bereits 1982 im Osten der geteilten Stadt gegründet. In den 1990er Jahren bauten die *Vandalen* maßgeblich die radikalen Kameradschaftsstrukturen in der Hauptstadt mit auf. Das Clubhaus der *Vandalen* befand sich im Berliner Bezirk Weißensee. Aushängeschild der Truppe, die eine krude Mischung aus SS-Ideologie und rechter Esoterik vertrat, war der langmähnige Rocker Arnulf Priem, dessen Anhänger wegen ausufernden Drogenkonsums und krimineller Geschäfte innerhalb der Szene nicht unumstritten waren. Der 1968 freigekaufte DDR-Häftling Priem war wegen »Hetze und Unzucht« wie auch »staatsgefährdender Hetze und Propaganda« verurteilt worden. 1969 trat er der NPD bei und gründete 1974 die *Kampfgruppe Priem*. Seit 1983 führte er auch die Kameradschaft *Wotans Volk* an. 1994 wurde er mit 26 weiteren Neonazis in seiner Wohnung in West-Berlin verhaftet. Die Polizei fand Sprengstoff, Waffen und Molotow-Cocktails. Daraufhin musste der Neonazi-Rocker 1995 eine über dreijährige Freiheitsstrafe wegen »Bildung eines bewaffneten Haufens und Verunglimpfung des Staates« antreten. Einen Teil seiner Haft verbüßte er als Freigänger.

Die Anfänge der militanten Szene gehen auf das Jahr 1990 zurück und sind mit dem damaligen Zentrum der *Nationalen Alternative* in der Ost-Berliner Weitlingstraße verbunden. Es folgten Jahre ideologischer und militärischer Schulungen, inklusive Wehrsportübungen bei Königs Wusterhausen und auf Rügen, berichtet Heike Kleffner in der »taz«. Beim Anleiten in Sachen Sprengstoff und Bombenbau halfen polizeibekannte Neonazis wie Eckart Weil. Auch der später zu lebenslanger Haft verurteilte Mörder Kay Diesner gehörte früh zum *Vandalen*-Umfeld.

Diesner stellt bis heute in den Medien den Prototyp des amoklaufenden Einzeltäters mit rechtsradikalem Hintergrund dar. Sein Porträt mit dem hasserfüllten Blick avancierte zum Gesicht des rechten Terrors in Deutschland, nachdem der Ost-Berliner 1997 mit einer Pumpgun in den Krieg gezogen war. Erstes Opfer des glatzköpfigen Neonazis wurde der linke Buchhändler Klaus Baltruschat aus Marzahn, den er in seinem Antiquariat so schwer verletzte, dass er einen Arm verlor. Vier Tage später starb der 34-jährige Stefan Grage. Auf Diesners Flucht auf der A24 wurde der Autobahnpolizist bei einer Verkehrskontrolle von dessen Kugeln tödlich getroffen, ein weiterer Kollege schwer verletzt. Bekleidet mit einer schusssicheren Weste, den Kofferraum voller Waffen, hatte der 24-Jährige seine Fahrt in den Norden angetreten. »Wahnsinn« nennt der in der Justizvollzugsanstalt Lübeck einsitzende Kay Diesner das heute. Er hat sich nach eigenen Angaben von der Neonazi-Szene losgesagt, beklagt aber: »Ich werde leider immer noch gerne als Symbolfigur des Widerstandes« benutzt. »Die Schuld, die ich mit der Tat auf mich geladen habe, und meine Reue, mein tiefes Bedauern«, schreibt Diesner, »scheint in den rechtsradikalen Kreisen niemanden zu interessieren.« Der amputierte 77-jährige Baltruschat erzählte 2012 der »taz«, dass er eigentlich jeden Tag an Diesner denken müsse: »Das wirste einfach nicht los.«

Der Amoklauf des Neonazis fiel in eine Zeit, in der in Saarbrücken bei der Ausstellung »Verbrechen der Wehrmacht« eine Bombe explodierte und in Berlin der Grabstein des früheren Vorsitzenden des Zentralrats der Juden, Heinz Galinski, gesprengt wurde. Der damalige Berliner Innensenator Eckart Werthebach (CDU) warnte Ende der 1990er Jahre vor »Ansätzen von rechtsterroristischen Tendenzen« in der Hauptstadt.

Die offizielle Zahl gewaltbereiter Rechtsextremisten stieg in Deutschland von 7600 im Jahr 1997 bis auf 10 400 im Jahr 2001 an.

1997 tauchte in der thüringischen Stadt Altenburg ein Flugblatt mit einem Mordaufruf gegen einzelne Engagierte auf, die »geschnappt und ausgerottet« werden sollten. Unterzeichnet war es mit *Blood & Honour*. Bei den sieben »Todeskandidaten« handelte es sich Medienberichten zufolge um sechs linke Aktivisten und den CDU-Oberbürgermeister Johannes Ungvari, der als »korrupte Judensau« beschimpft wurde. Zeitgleich registrierten die Behörden allein im Bundesland Thüringen einen dramatischen Anstieg rechtsextremistischer Straftaten. Gegenüber dem Hamburger Nachrichtenmagazin »Der Spiegel« warnte der damalige SPD-Landesinnenminister Richard Dewes: »Seit eineinhalb Jahren hat sich in Thüringen ein rechtsextremer Kern etabliert, dessen Logistik, bundesweite Vernetzung und intellektuelle Führung früheren Strukturen deutlich überlegen ist.« Der Staat müsse sich auf Terroranschläge aus der Neonazi-Szene vorbereiten.

Doch Alarm allein reicht nicht zur Prävention. Dewes' Ressort fehlten Hintergrundinformationen. So berief sich der Minister bei der Beantwortung der »Kleinen Anfrage 618« vom Mai 1997 zur Gefahr von *Blood & Honour* auf das sehr gut recherchierte antifaschistische »Handbuch Deutscher Rechtsextremismus«, das 1996 von Jens Mecklenburg herausgegeben worden war. Darüber hinaus lägen dem Ministerium »keine weiteren« eigenen Erkenntnisse vor. Die bundesweiten Behörden taten rechte Skinheads und deren Kultur gefährlich lange als unpolitisch ab. Dabei hatten sich diese längst schon in entsprechenden Aktionsbündnissen und Widerstandsgruppen wie der *Hammerskin Nation* oder *Blood & Honour* zusammengetan.

Musikalisch hatten die Anführer von *Blood & Honour* das Sagen. Die drei Jenaer Neonazis Uwe Mundlos, Uwe Böhnhardt und Beate Zschäpe zählten für das Landeskriminalamt bereits in Jena zum »harten Kern der *Blood & Honour*-Bewegung«. Der 3. Oktober 1998 wurde ein wichtiger Tag für diese Organisation. Das bundesweite Herbst-Treffen von B & H diente dazu, den Mitgliedern eine neue Fahrtrichtung zu verkünden. Den Geheimdiensten dürfte der Termin kaum entgangen sein, war das militante Netzwerk doch durchsetzt mit diversen bezahlten Informanten. Allein in Thüringen standen mindestens zwei der wichtigsten Funktionäre auf deren Payroll. Intern fiel an diesem Oktobertag die Entscheidung, dass die konspirative Bruderschaft mehr zu sein habe »als eine Musikbewegung« und es Aufgabe sei, »Patrioten verschiedener Stilrichtungen zu sammeln und zu einen« – und das »nicht nur in der Musik, sondern im Kampf«. *B & H Scandinavia* verbreitete auf seiner Webseite ein mehrseitiges Strategiepapier zum bewaffneten Kampf, welches mit der Aufforderung endete: »Die Zeit des Geredes ist wirklich vorbei. Wir haben ein Stadium erreicht, in dem jegliche Form der Aktion der Inaktivität vorzuziehen ist. (...) Laßt uns das multikulti, multikriminelle Inferno von ZOG zerstören.«

Auf rund 17 Sektionen waren die über 300 Mitglieder der deutschen *Blood & Honour*-Division verteilt. Stephan Lange, genannt »Pinocchio«, fungierte als Deutschland-Chef und Kopf der 1994 gegründeten Berliner Sektion. Hauptfanzine war das »Blood & Honour-Magazin«, aber im Umfeld gab es zahlreiche weitere Publikationen wie »White Supremacy«, »Axtschlag« oder »The New Dawn« aus Sachsen-Anhalt. Ausführlich berichtete das Berliner »Antifaschistische Infoblatt« im Jahr 2000 über *Blood & Honour*. Die Autoren kamen zu dem Schluss: »Die konspirativen Strukturen dienen nicht nur zur Organisierung von Konzerten und dem Versand von CDs und Videos, sondern auch zum Aufbau militanter Terrorzellen.«

Es handele sich um ein Netzwerk mit einem »hochgradig militanten und terroristisch ambitionierten Potenzial«, warnten vor dem Verbot im September 2000 auch die Autoren des Buches: »White Noise – Einblicke in die internationale Neonazi-Musik-Szene«. In den unter der Hand gehandelten, brutalen »Kriegsberichter«-Videos des »NS 88«-Versandes aus Dänemark wurden Mordaufrufe gegen Linke (»a bullet in the head«), Bombenbau-Anleitungen und Schießübungen mit Kalaschnikows gezeigt. Spätestens seit 1998 ermittelten auch deutsche Behörden gegen den dänischen Versand des deutschen Neonazis

Marcel Schilff »NS 88«, der in Verbindung zu B & H stand. Gemeinsam mit der britischen Neonazi-Terrorgruppe *Combat 18* plante der damalige »NS 88«-Mitarbeiter Thomas Derry Nakaba Briefbombenanschläge. Bevor Nakaba jedoch drei Bomben von Schweden nach England schicken konnte, verhaftete ihn die Polizei. Dabei erschoss Nakaba einen Beamten, weshalb ihn ein Kopenhagener Gericht zu acht Jahren Haft verurteilte.

»The 4th Reich is what we are fighting for. Our terrorist attacks will change the world«, sang die Band »Race War« aus Schwäbisch Gmünd und kündigte Terror an. Der Fachjournalist Thomas Kuban, der sich jahrelang undercover im Neonazi-Musikspektrum bewegt hat, ordnete die Band dem Umfeld von *Combat 18*, dem bewaffneten Arm von *Blood & Honour, zu.* Der schwäbische Frontmann von »Race War« lobte in einem Interview: »Die Idee von *Combat 18* ist sehr gut.« Der aus Großbritannien stammenden paramilitärischen Gruppierung, nach dem Prinzip des »Führerlosen Widerstands« oder der »Lone Wolf«-Taktik kaum überschaubar, werden Todeslisten und Briefbombenumschläge an schwarze Sportler zugeschrieben. Kämpfer des 1992 gegründeten *Combat 18* präsentierten sich Kubans Recherchen zufolge im Internet mit Gewehren des Waffenherstellers Heckler & Koch. Im geheimen B & H-Handbuch »Der Weg vorwärts« erklärten die militanten Rechten ihr Konzept: »C 18 muss als der bewaffnete Arm der *Blood & Honour*-Bewegung agieren. (...) Es gibt viele Wege, Furcht und Terror unter den Feinden zu verbreiten.«

1999 wurden einige Länder Europas von gewalttätigen Aktionen der militanten *White Power*-Bewegung erschüttert. Neonazistische Attentäter verübten mehrere blutige Nagelbombenanschläge in England mit vielen Opfern. Im Visier stand auch der C 18-Ableger *White Wolves,* der hatte in Briefen an einen britischen Radiosender gedroht: »Juden und Nichtweiße, die noch bleiben, wenn das Jahr 1999 vorüber ist, werden ausgelöscht.« In Schweden gab es eine Reihe von Banküberfällen. Zwei Polizisten starben dabei in der Nähe von Malexander. Im selben Jahr wurden ein schwedischer Journalist und dessen achtjähriger Sohn bei einem Bombenanschlag auf ihr Auto schwer verletzt. Im Oktober 1999 starb Björn Söderberg, kaltblütig hingerichtet. Drei schwedische Neonazis einer militanten Splittergruppe schossen dem engagierten Gewerkschafter im Treppenhaus seines Hauses sechs Mal in den Kopf. Die Oberstaatsanwaltschaft sprach von einem »politischen Mord«. In der Bundesrepublik galt insbesondere das Umfeld der Dortmunder Band

»Oidoxie« als *Combat 18*-nah. »Die brauchten gar nicht mit C 18 zu werben«, erinnert sich der *Blood & Honour*-Aussteiger, der noch nach dem Verbot weitermachte und die Untergrundszene kannte. »Jeder wusste, wo die stehen!«

»Komm zu uns! Sturm 18 stellt Freiwillige ein« wirbt eine andere Rechtsrock-Band aktuell auf der Internet-Plattform »YouTube«. »Sturm 18« singt: »Wir werden Terroristen sein, ja, und ich bin dabei. Wir räumen hier auf, wir räuchern sie aus. (...) Wir gehen in den Untergrund, autonom und militant. Wir werden erst ruhen, bis der Letzte von euch aus diesem Land ist verbannt.«

Früh interessierten sich auch die Thüringer Neonazis Böhnhardt und Mundlos für rassistische Klänge. Bereits 1996 hortete Uwe Böhnhardt in seiner Jenaer Wohnung Tonträger, die zum Verkauf bestimmt gewesen sein sollen, darunter »Berlin bleibt deutsch« von »Landser«, »NSDAP« der Gruppe »Macht und Ehre« sowie »Breslau« der Hamburger Band »Commando Pernod«. Bei einer polizeilichen Vernehmung im Juli 1996 wurde er auf den illegalen Besitz sichergestellter Tonträger von »Kraftschlag«, »Freikorps«, »Noie Werte« und »Endstufe« angesprochen. Der junge Neonazi gab an, einige davon »aus der Tschechei« mitgebracht zu haben, andere bei Oi-Konzerten, also Skinhead-Konzerten, gekauft zu haben. Dort würden speziell diese Tonträger immer noch zwischen 30 und 40 DM kosten. Uwe Mundlos besuchte seit Anfang der 1990er Jahre zahlreiche Rechtsrock-Konzerte, oft gemeinsam mit Beate Zschäpe, berichten ehemalige Kameraden. Meistens fuhren sie über die Landesgrenze nach Sachsen, denn dort »war mehr los«.

Mundlos lernte wichtige Ansprechpartner aus dem Musikbusiness und Musiker selbst kennen. Auch zu regionalen Mitgliedern von Rechtsrock-Bands und Händlern aus Thüringen pflegte er Kontakte. Tom T. stand ganz oben in seiner Telefonliste, die er Mitte der 1990er Jahre führte. Gleich dreimal war der Bekannte aus Jenaer Jugendtagen, der nach Stadtroda gezogen war, darin notiert. T. zählte 1996 für das Landeskriminalamt in Erfurt ebenso wie Böhnhardt, Mundlos und Zschäpe zur *Kameradschaft Jena,* auch er war demnach bereits »einschlägig« in Erscheinung getreten. Ein Polizeibeamter erinnerte sich 2012 vor dem Thüringer NSU-Untersuchungsausschuss an eine zurückliegende Vernehmung des Neonazis, bei der dieser munter drauflosgeplaudert und über die Aktivitäten von *Blood & Honour* berichtet hätte. Der 1977 geborene Stahlbetonbauer gehörte damals zum Business und war Sänger in der Thüringer Rechtsrock-Band »Vergeltung«. Die Gruppe spielte auch im »Winzer-Club«, den das Trio damals regelmäßig besuchte. »Vergeltung« aus Jena hätte sich »musikalisch wie auch textlich« einer »härteren Gangart« verschrieben, hieß es in einem *Blood & Honour*-Fanzine 1998 mit dem Zusatz »The unbended voice of the underground«.

Uwe Mundlos' Freund Holger Gerlach, ebenfalls Mitglied der *Kameradschaft Jena,* nutzte den Besuch bei der Hochzeitsfeier des einflussreichen Musikproduzenten und mehrfach verurteilten Neonazis Thorsten Heise im niedersächsischen Northeim im Juni 1999, um für die Kumpels von »Vergeltung« zu werben. Bei 1000 Litern Freibier und Szene-Prominenz wie »Landser«-Sänger Michael Regener oder Daniel Giese, später Sänger von »Gigi & die braunen Stadtmusikanten«, fehlten auch die Spitzel der Geheimdienste nicht. Das Thüringer Landesamt für Verfassungsschutz bekam Wind von den Bemühungen Gerlachs durch seinen V-Mann Tino Brandt, der ebenso Gast bei der exklusiven Feier war. In den als geheim eingestuften Akten aus Erfurt wurde vermerkt, dass der spätere NSU-Unterstützer Gerlach dem Bräutigam Heise ein Demo-Band der Gruppe »Vergeltung« mit »illegalen Texten« überreicht hätte mit der Bitte, zu prüfen, ob das Band für eine CD-Produktion geeignet sei. Kameradschaftsaktivist Holger Gerlach spielte bis zu seiner Verhaftung 2011 immer wieder den treuen Paladin.

Ein Festsaal bei Hildesheim 1999. Lautes Stimmengewirr. Glatzköpfige Männer in schwarzer Kleidung mit Springerstiefeln, junge Frauen mit blonden Skinhead-Frisuren saßen an Tischen mit weißen Decken. »Deutschland« stand auf ihren dunklen Pullovern oder »Club 88«, so heißt eine Szene-Kneipe in Neumünster, die bis heute besteht. Auf dem Schoß seiner Mutter wippte ein kleines Mädchen im Takt. Ein riesiges schwarzes Banner zierte die Bühne. »Blood & Honour Niedersachsen« prangte darauf und: »Against Red Front and Mass Reaction«. Davor stand der Sänger Steve Calladine, genannt »Stigger«, mit seiner Gitarre. Seinetwegen waren sie gekommen. Er hatte ihr musikalisches und politisches Idol, den britischen *Blood & Honour*-Gründer Ian Stuart Donaldson, gut gekannt, spielte mit ihm in der legendären Band »Skrewdriver«. Der vom Punk zum Skinhead gewandelte Donaldson hatte bereits Ende der 1980er Jahre erkannt, dass Musik das ideale Mittel sei, um Jugendlichen den Nationalsozialismus näherzubringen. »Skrewdriver«, »No Remorse«, »Störkraft« oder »Endstufe« boten mit ihrem »Rock against Communism« (RAC) sowie dem Bekenntnis zur weißen Rasse eine attraktive Alternative zur vorherrschenden Marschmusik der vergangenen Jahrzehnte. 1993 verunglückte Ian Stuart Donaldson bei einem Autounfall tödlich. Mit Konzerten wie diesem, sechs Jahre später, wollten auch regionale niedersächsische *Blood & Honour*-Aktivisten wie Dieter Riefling den Mythos aufrechterhalten.

Das Duo »Eichenlaub« aus Jena betrat die Bühne. Anders als die auffälligen Skingirls im Saal sah die junge Sängerin mit Pseudonym »Jecha« natürlich aus, ohne jedes Styling. Ihre Seidenbluse trug sie in der Hose, stand sehr aufrecht, bewegte sich kaum. Auch ihr Begleiter »Erlwig« mit blonder Scheitelfrisur, Brille und Bundfaltenhose verkörperte eher den Habitus des Völkischen. »Ihr kennt uns noch nicht, ihr kennt unsere Lieder auch noch nicht«, leitete die 22-Jährige ein. Dann sang das Duo Stücke vom beliebten Szene-Liedermacher Frank Rennicke mit Refrains wie »Deutschland, Deutschland über alles und das Reich wird neu entstehen«. Etliche Skinheads wippten mit, andere sprangen von den Stühlen, stellten sich auf, grölten mit. Einige reckten den rechten Arm hoch. Liedzeilen wie »Weißer arischer Widerstand« oder »Blut und Ehre« machten gute Stimmung. Als das Duo auf der Bühne daraus »Weißer Thüringer Heimatschutz« formte, sprang vorn in der ersten Reihe ein schlaksiger junger Mann begeistert auf, klatschte und reckte dann die Faust nach oben. Holger Gerlach aus Jena fühlte sich angesprochen. Der gesellige Neonazi, kürzlich nach Niedersachsen verzogen, hatte sich nicht nur für die musizierenden Kameraden von »Vergeltung« eingesetzt, sondern gab auch dem Liedermacher-Duo aus seiner Heimatstadt Rückendeckung – immerhin war es ein Life-Konzert bei der elitären Truppe *Blood & Honour*. Denen hatte das Duo etwas zu bieten: ein Lied als Hommage an flüchtige Bombenbastler:

»Die Polizei kam euch auf die Spur. Nun hieß es Abschied, für wie lange nur?«, beginnt der Song »5. Februar« von »Eichenlaub«. – Er war den Kameraden Beate Zschäpe, Uwe Mundlos und Uwe Böhnhardt gewidmet, die ein Jahr zuvor, im Januar 1998, geflohen waren. Dieses Lied glich einer Botschaft, denn ansonsten handelten die Lieder vom »Raub der deutschen Gebiete«, von deutschen Wehrmachtssoldaten und der Vertreibung der Deutschen nach dem Zweiten Weltkrieg. »Eichenlaub« war zwar erst nach der Flucht gegründet worden, doch »Erlwig«, das Trio und Gerlach kannten sich bestens aus der rechten Szene der Universitätsstadt. In Jena herrsche »echte Kameradschaft« und »nationale Solidarität«, schwärmten Rechte. Unmittelbar nachdem »drei Kameraden von uns beim Bombenbasteln aufgeflogen« waren, habe er die Ballade geschrieben, berichtete »Eichenlaub«-Mitglied »Erlwig« einem *Blood & Honour*-Fanzine. Wohl kein Zufall. Immerhin gehörten sächsische *Blood & Honour*-Mitglieder ab Februar 1998 zu den wichtigsten Fluchthelfern. Begleitet von Gitarrenklängen, sang »Jecha« mit klarer Stimme: »Warum habt ihr das getan? Wir alle glaubten nicht daran. Ihr saht wohl keinen anderen Weg. Keinen Ausweg, doch nun ist es zu spät. (…) Zurück könnt ihr jetzt wohl nicht mehr. Doch euer Platz bleibt so lange leer. Wir denken so oft an euch drei. Eines Tages seid ihr wieder frei. (…) Die Kameradschaft bleibt bestehen, sollten wir uns auch nicht mehr wiedersehen. Der Kampf geht weiter, nur voran: Für unser deutsches Vaterland.«

Hinter dem Pseudonym »Erlwig« verbarg sich der jüngere Bruder des Jenaer Kameradschaftsführers André Kapke, selbst eine Zeitlang in einigen rechten Organisationen aktiv. Im April 1996 hatte der 17-jährige »kleine Kapke« die älteren Freunde Uwe Böhnhardt, Uwe Mundlos, Beate Zschäpe und Ralf Wohlleben zu einer Party eines Gleichaltrigen in einen Ort südlich von Jena mitgenommen. In der darauffolgenden Nacht soll Uwe Böhnhardt, dessen Fingerabdrücke am Tatort gefunden wurden, den Puppentorso mit dem Schild »Vorsicht, Bombe« an einer Autobahnbrücke bei Pösen aufgehängt haben. Böhnhardt wurde vom Landeskriminalamt als Täter ermittelt, aber freigesprochen. Wegen des Vertriebes der sichergestellten, volksverhetzenden Tonträger wurde Böhnhardt dann zu zwei Jahren und drei Monaten Haft verurteilt.

Welches Ausmaß der Hass auf Ausländer zum Zeitpunkt der Flucht des Trios im Januar 1998 bereits annahm, hätten die Ermittler auf einer beschlagnahmten Diskette mit dem Dateinamen »ALI.000« erkennen können. Darauf befand sich ein Gedicht mit den Zeilen: »Ali Drecksau, wir hassen dich. Ein Türke der in Deutschland lebt und sagt, er ist auch hier geboren, den sehen wir schon als verloren. Er darf jetzt rennen oder flehen, er kann auch zu den Bullen gehen, doch helfen wird ihm alles nicht – denn wir zertreten sein Gesicht.« Die Untergrund-Band »Macht & Ehre«, deren CDs bei Böhnhardt gefunden wurden, könnte als Inspirationsquelle für das grausame Gedicht gedient haben. 1996 veröffentlichte die in der Berliner Justizvollzugsanstalt gegründete Rechtsrock-Band, die ebenso wie »Landser« den *Vandalen* nahestand, den Song »Ali Drecksau«. Alle sieben Tonträger der Band wurden indiziert, auch deshalb, weil es einen Text mit der Aufforderung zum Mord gab.

Hass-Musik heizte den braunen Terror an. Der »Tagesspiegel« bezeichnete »Landser« 2011 als einen »mentalen Brandbeschleuniger für Schläger und Terroristen«. Auch die Generalbundesanwaltschaft erkannte, dass der Stimulierung durch rassistische Lieder bei der »situativen Entwicklung von Gewaltbereitschaften« eine zentrale Bedeutung zukommt. In der Anklageschrift gegen die Band »Landser« führte sie schockierende Beispiele für deren Mitverantwortung auf.

So lief der Song »Afrika-Lied« der Berliner Rechtsrock-Band in den Fahrzeugen der Schläger, die 1999 in Guben den algerischen Flüchtling Farid Gouendul in den Tod trieben. In einer Februarnacht jagten elf Männer im Alter von 18 bis 22 Jahren ihn und zwei afrikanische Freunde vor sich her. Sie schrien: »Türken raus!« Auf der Flucht trat der 28-Jährige panisch eine Glastür ein, und sie schlüpften hindurch, um sich zu zweit im Haus zu verstecken, während der dritte Flüchtling bereits verprügelt wurde. Gouendul verblutete an einer tiefen Schnittwunde in der Kniekehle. Zum Schutz seiner Familie hatte der Algerier unter dem Decknamen Omar Ben Noui in Brandenburg gelebt. Die Polizei nahm zuerst seinen Begleiter fest, da dieser das Blut des Toten an den Händen hatte. Die wirklichen Täter wurden von der Polizei als »normale kriminelle Jugendliche« aus dem Ort bezeichnet. Einer der drei damals zu Haftstrafen verurteilten Haupttäter wurde zwischenzeitlich stellvertretender Vorsitzender des NPD-Verbandes Lausitz.

Als sie an Hitlers Geburtstag, dem 20. April 2000, in Erfurt die Synagoge in Flammen setzten, waren die jugendlichen Brandstifter durch »Musikstücke rechtsradikalen Inhalts geprägt und von Hass gegen Juden, Ausländer mit dunkler Hautfarbe und Linke gekennzeichnet«, heißt es in der Anklage gegen »Landser«. Einer der Erfurter Beschuldigten hatte »Landser« als seine bevorzugte Gruppe angegeben.

Im Walkman der drei jungen Mörder dröhnte die Liedzeile »Afrika für Affen, Europa für Weiße« von »Landser«, bevor sie im Juni 2000 den mosambikanischen Familienvater Alberto Adriano in Dessau tottraten. Die Musik habe zwei von ihnen als häufige Konsumenten von »Landser« in ihrer ausländerfeindlichen Gesinnung bestärkt, registrierte die Generalbundesanwaltschaft. Es war die Zeit der Fußballeuropameisterschaft. Die drei Neonazis hatten ihren Zug verpasst, sich in Dessau betrunken und waren Parolen brüllend – »Hier marschiert der Nationale Widerstand« – durch die Straßen gezogen. Niemand schritt ein. Der Vertragsarbeiter, Vater von drei kleinen Kindern, lief ihnen auf dem Heimweg durch den Stadtpark direkt in die Arme. Mit unsagbarer Brutalität wurde er zu Tode gequält. Er erwachte nicht mehr aus dem Koma. Ein Zeuge hörte, wie die Täter schrien: »Du Negerschwein, scher dich aus unserem Land!« »Der Ungeist des Afrika-Lieds entfaltete seine Wirkung«, resümierten die Richter vor dem Oberlandesgericht Naumburg, die den Prozess außergewöhnlich zügig durchführten. Nur zwei Monate lagen zwischen Tat und Urteil. Reue zeigte keiner der Neonazis, Fremdenhass war ihre Motivation.

Der Mord löste eine Welle an öffentlicher und medialer Empörung aus. 5000 Menschen demonstrierten in Sachsen-Anhalt. Einige Wochen nach der Gewaltorgie besuchte der damalige Bundeskanzler Gerhard Schröder den am Tatort aufgestellten Gedenkstein.

Mit feuchtfröhlichen Gesängen feierten sie in Wolfen den Geburtstag eines 16-jährigen Kameraden, grölten ab und zu »Heil Hitler« und hörten Musik von »Landser«. Dann brachen einige von ihnen in der Nacht vom 30. Juni 2001 auf, um Molotowcocktails in ein Haus voller schlafender Menschen im benachbarten Jessnitz zu werfen. Zuvor füllten sie Flaschen und einen Kanister mit brennbarer Flüssigkeit. Gegen zwei Uhr nachts zerschlug einer die drei Glasfensterscheiben, die anderen entzündeten die Lunten und warfen die Brandsätze ins Haus. Im ersten Stockwerk schliefen acht Menschen, darunter zwei Kinder. Die vietnamesischen Ladenbesitzer wachten durch den Lärm auf und konnten das Feuer in letzter Minute löschen, verletzt wurde niemand. Es entstand ein Schaden von 50 000 DM. Fünf Jugendliche mussten sich Ende 2001 wegen schwerer Brandstiftung gegen den Asia-Imbiss in Jessnitz und gemeinschaftlich versuchten Mordes vor Gericht verantworten.

Jessnitz sollte Symbolwert erhalten. Erneut versuchte die Generalbundesanwaltschaft den fremdenfeindlichen Übergriff wegen seines »fanalartigen Charakters« zu übernehmen. Die Karlsruher Kläger vertraten die Ansicht, der menschenverachtende Brandanschlag diente allein der rechtsextremistischen Zielsetzung, den kleinen Ort »ausländerfrei« zu machen. Mit der Wahrnehmung der Bundeskompetenz sollte die Entschlossenheit zur rückhaltlosen Bekämpfung »der Gewalt und Willkürherrschaft propagierenden sowie praktizierenden rechtsradikalen Strukturen« verdeutlicht werden. Doch dieses Mal erkannte der Bundesgerichtshof die »besondere Bedeutung« nicht an und wies die Bundesanwaltschaft 2002 in ihre Schranken. Begründung: »Eine Gefahr für die innere Sicherheit ist nicht erkennbar.« Die Anklage wurde herabgestuft und vom Oberlandesgericht Naumburg an das Landgericht in Dessau verwiesen. Diese Entscheidung hatte eine fatale Signal-wirkung. Der Drang der Bundesankläger, die Verfolgung rassistischer Verbrechen zu übernehmen, ging erkennbar zurück. Seither überließ man rechte Anschläge zumeist den örtlichen Staatsanwaltschaften.

Ungeklärt ist bis heute der Sprengstoffanschlag am Bahnhof Wehr-hahn in Düsseldorf vom Juli 2000. Durch eine mit TNT gefüllte Rohr-bombe wurden zehn Menschen zum Teil lebensgefährlich verletzt, eine schwangere Frau verlor ihr Kind. Die Opfer kamen von einem Sprach-kurs, waren Migranten aus der ehemaligen Sowjetunion, sechs mit jü-dischem und vier mit muslimischem Hintergrund. Als sie eine Fuß-gängerrampe betraten, explodierte die in einer Plastiktüte versteckte Bombe. 2009 wurden die Ermittlungen ergebnislos eingestellt. Erneute Spurenauswertungen im Zusammenhang mit den Anschlägen des NSU ergaben keine sicheren Erkenntnisse. Infolge der Ereignisse rief die SPD-geführte Bundesregierung im Oktober 2000 den »Aufstand der Anständigen« aus. Bundesweite Aktionen gegen Rechtsextremismus und Rassismus und für Toleranz folgten. Zu den Auslösern hatten auch zwei weitere Vorfälle gezählt – ein Brandanschlag auf die Düsseldor-fer Synagoge und der Tod eines kleinen Jungen im Schwimmbad von Sebnitz – an denen keine Neonazis beteiligt waren, wie sich später her-ausstellte. Doch es gab Anlass genug. Der massive Aufschwung rechter Gewalttaten ließ sich nicht länger übersehen. Aktionspläne, Initiativen und Opferhilfen wurden eilig ins Leben gerufen.

Das gefährliche Zusammenspiel von Hass-Musik und Terror manifes-tierte sich in dieser Zeit immer deutlicher. Ein Brandstifter aus Berlin gestand, er sei von rechtsextremer Musik geprägt worden, bevor er am 1. Februar 2002 einen türkischen Imbiss abbrennen wollte. Sein Favorit sei »Landser«.

Zehn Jahre nach dem Pogrom von Lichtenhagen kam es am 20. Juli 2002 erneut zu einer Brandstiftung am Sonnenblumenhaus. Einer der Täter machte mit Musik auf sich aufmerksam. Der geständige Jugend-liche Stefan S. skandierte zwei Tage nach der Brandnacht »im Tatort-bereich« lauthals das »Landser«-Lied »Morgen brennt Bonn« mit der Strophe: »In Rostock und Hoyerswerda, und bald im ganzen Land, da kämpfen deutsche Skinheads mit dem Molli in der Hand.«

Auch am Wagen des Dortmunder Neonazis Michael Berger, der im Jahr 2000 zunächst die drei Polizisten Yvonne Hachtkemper, Matthias

Larisch von Woitowitz und Thomas Goretzky kaltblütig hinrichtete und sich dann selbst erschoss, klebte das Logo der Band »Landser«. Den zuständigen Ermittlern wurde schnell klar: Berger hatte sich auf eine solche Tat vorbereitet. Er war ein geübter Schütze, in seiner Wohnung befand sich ein ganzes Waffenarsenal. Einer Ex-Freundin soll er fünf Jahre zuvor gesagt haben: »Wenn ich gehen muss, werde ich so viele Polizisten mit in den Tod nehmen, wie ich kann.« Die drei Opfer tauchten bis 2012 in keiner offiziellen Statistik rechter Gewalt auf. Der Täter wurde in der Öffentlichkeit als schwermütiger Psychopath dargestellt. Staatsanwaltschaft und Polizeileitung ließen abwiegelnd verlauten, Berger sei »zum Zeitpunkt der Tat kein Mitglied einer rechtsextremen Partei gewesen«. Bei einer Hausdurchsuchung waren lediglich Bergers alte Ausweise der *Deutschen Volksunion* (DVU) und der *Republikaner* gefunden worden. Dabei kannte der 31-jährige Dortmunder die Neonazi-Szene bestens. An einen simplen Selbstmord von ihm wollte dort niemand glauben. Die *Kameradschaft Dortmund* verkündete stolz: »3:1 für Deutschland«. Das hieß sinngemäß: Der »Sieg« lag bei ihnen, denn sie konnten drei Tote verbuchen, während der Staat nur einen toten Feind geltend machen konnte. Auf ihrer Homepage erinnerten Neonazis aus dem westfälischen Hamm 2010 erneut an die blutige Tat des Waffennarrs und erklärten trotzig: »Zum 10. Todestag: Berger war ein Freund von uns!«

»Da klumpt sich was zusammen«, warnte der Leiter des Zentrums Demokratische Kultur in Berlin, Bernd Wagner, 2000 gegenüber dem Nachrichtenmagazin »Der Spiegel«. Viele Rechte dächten über terroristische Kampfformen nach, so der Präventionsexperte, »die Militanz ist groß«. Wegen anhaltender rassistischer Übergriffe und Anschläge waren zwischen 1992 und 1995 zahlreiche extrem rechte Gruppierungen und Parteien wie die *Nationale Liste* und die *Freiheitliche Deutsche Arbeiterpartei* (FAP) verboten worden. Deren Anhänger mussten sich neu orientieren. Ab etwa 1996 wendeten sich Neonazi-Skinheads verstärkt den »Freien Kameradschaften« zu. Rechte Publizisten wie der 77-jährige Peter Dehoust aus Coburg, ehemaliger Chefredakteur von »Nation und Europa«, erkannten früh das Potenzial der Neonazi-Skins und ihrer Musik, die in den eigenen Kreisen teilweise noch als »entartet« angesehen wurden. Dehoust mahnte: »Wir müssen uns dieser jungen Deutschen annehmen und froh sein, dass es nichtangepasste junge Deutsche gibt.« Der heute noch einflussreiche Szene-Vordenker Jürgen

Schwab forderte verstärkte Anstrengungen zur Einbindung und Disziplinierung der »neuen Jugend-Subkultur«: »Ein nationales Netzwerk ist zu schaffen, das tief in den vorpolitischen und kulturellen Raum hineinreicht«, meinte er. Nationalismus müsse jungen Leuten als ein spannendes Erlebnis oder gar Abenteuer »verkauft« werden. Hierzu sollte eine »möglichst große Bandbreite an Medien« einbezogen werden, vom privaten Fernsehen über den Hörfunk und das Internet bis hin zu Zeitschriften, Videos und Tonträgern. Nachdem der ehemalige Bundeswehr-Hauptmann Udo Voigt die marode NPD 1996 übernommen hatte, öffnete er diese schrittweise für die radikalen Kameradschaften und bezog bewusst auch Straftäter mit ein, die in den eigenen Reihen »sozialisiert« werden sollten. Nie war der innere Kreis der Partei derart radikal wie in den Jahren ab 2000, auch wenn sich die NPD den bürgerlichen Anstrich einer »Kümmerer«-Partei gab und alles daransetzte, über Bürgerinitiativen und sogenannte Heimatbünde eine kommunale Verankerung herzustellen und in die Mitte der Gesellschaft hineinzustrahlen.

Ab 2001 beschäftigte sich dann eine gemeinsame »Projektgruppe Rechtsextremistische Kameradschaften« von Bundeskriminalamt und Bundesamt für Verfassungsschutz intensiver mit dieser Entwicklung. In Berlin hatte sich mit der *Kameradschaft Tor Berlin* eine professionelle, vorwiegend autark agierende Organisation von jungen Männern und Frauen gebildet, die NS-Ideologie unter dem dynamischen Agit-Prop-Label der *Autonomen Nationalisten* verbreiteten. Ihr Kameradschaftsführer stellte Fotos von politischen Gegnern und von Polizisten ins Internet. Die Behörden reagierten nun. Die erfassten Daten der Projektgruppe sollten Erkenntnisse liefern über »den Aktivitätsgrad der Gruppierung, ihre Einbindung in die regionale oder bundesweite rechtsextremistische Szene oder ihre Akzeptanz in der Bevölkerung«. Man wollte analysieren, ob aus den erfassten aktiven Kameradschaften heraus Straftaten »geplant und begangen« wurden. Ein längst überfälliger Schritt. Über fünf Jahre lang war präventiv wenig geschehen. Doch die Ergebnisse blieben mager.

2004 legte das Bundesamt für Verfassungsschutz eine Studie mit dem Titel »Gefahr eines bewaffneten Kampfes deutscher Rechtsextremisten – Entwicklungen von 1997 bis Mitte 2004« vor, die allerdings den Stempel trug: »Für den internen Dienstgebrauch«. Mehrfach wurde in dem 50 Seiten umfassenden Material zwar auf die militante Gruppierung *Combat 18* hingewiesen und vor deren Abspaltung *Racial Volunteer Force* gewarnt, doch insgesamt kam der Geheimdienst zu der Einschätzung, dass C-18-Strukturen in Deutschland nicht erkennbar seien.

Das Landeskriminalamt in Schleswig-Holstein sah das ganz anders. Spezialkommandos der Polizei waren dort im Oktober 2003 mit über 300 Beamten gegen die Gruppierung *Combat 18 Pinneberg* vorgegangen. Aus den Strukturen der *Kameradschaft Pinneberg* um Neonazi Klemens Otto hatte sich eine militante Kampftruppe entwickelt, deren Mitglieder den Ermittlungen der Kieler Staatsanwaltschaft zufolge Waffen für den »nationalen Kampf« gehortet, Dossiers über die »Feinde der Bewegung« geführt und »Anleitungen zum Herstellen von Sprengsätzen« besessen hatten. Wie Matthias Hennig, Pressesprecher des Landeskriminalamtes in Schleswig-Holstein, sagte, wollte die Polizei nicht zusehen, bis die Neonazis »ihre primären Ziele umsetzen«. Das britische *Combat 18*-Vorbild hatte deutlich gemacht, dass es hier um Terror gehen konnte. Beschlagnahmt wurden vier großkalibrige Revolver, eine Pumpgun sowie eine Schrotflinte. Erste Hinweise auf die Existenz der Gruppe C 18 in Norddeutschland hatte es bereits seit Mitte 2000 gegeben. Aus dem Umfeld der *Kameradschaft Pinneberg* waren Morddrohungen gegen den Elmshorner IG-Metall-Chef Uwe Zabel aufgetaucht. Bei Farbanschlägen auf das Verlagsgebäude des »Pinneberger Tageblatts« und jüdische Gedenkstätten war das Kürzel C 18 aufgefallen. »Die Gruppierung hat sich zunächst auf Schleswig-Holstein konzentriert, um sich eine wirtschaftliche Basis aufzubauen«, sagte LKA-Sprecher Hennig.

Im März 2005 begann vor dem Landgericht in Flensburg der Prozess gegen fünf Mitglieder der Kampfgruppe *Combat 18 Pinneberg,* genannt C 18 PI, was sich mit »Kampftruppe Adolf Hitler Pinneberg« übersetzen ließ. Wegen der Bildung einer kriminellen Vereinigung, Verstoßes gegen das Waffengesetz und räuberischer Erpressung mussten sich die 23- bis 30-jährigen Neonazis aus Schleswig-Holstein und Hamburg verantworten. Sie sollten zudem Tonträger mit gewaltverherrlichenden Texten gegen Ausländer, Juden, Punks und Kommunisten hergestellt haben. Nach Erkenntnissen des Staatsschutzes der Polizei hatte Ottos *Kameradschaft Pinneberg* die »direkte Nachfolge« von *Blood and Honour* in der Region übernommen. Die Gruppe wurde für illegalen CD-Handel »im großen Stil« verantwortlich gemacht und soll dabei von rechten CD-Labels Schutzgeld erpresst haben. Da der wegen Körperverletzung mehrfach vorbestrafte Klemens Otto nach Neumünster umgezogen war, dort in einem Tattoo-Studio arbeitete, welches nach Insider-Informationen dem Hells-Angels-Umfeld zugerechnet wurde, hatten sich auch die *Combat 18*-Aktivitäten von Pinneberg dorthin verlagert. Von der großangelegten Razzia waren auch Objekte im Rotlicht-Bezirk betroffen. Es verstärkte sich der Verdacht, dass der bundesweit bekannte Kameradschaftsfunktionär und ehemalige NPD-Landeschef von Schleswig-Holstein Peter Borchert als Waffenhändler agierte. Er galt als Mann mit Beziehungen in beide Milieus. Borchert gehörte damals zum *Aktionsbüro Nord* und zu dem Szene-Lokal »Club 88« in Neumünster. Sein anrüchiger Ruf, den er wegen seiner Kontakte ins Kieler Rotlichtviertel und des Überfalls auf eine Tankstelle 2003 genoss, hatte ihm bis dahin wenig geschadet. Als Waffenlieferant der Rechten wurde ein Mitarbeiter des Eckernförder Waffenproduzenten J. P. Sauer & Sohn ermittelt. Ihm wurde vorgeworfen, über längere Zeit Waffenteile aus der Fabrik geschmuggelt und dann zusammengebaut zu haben. Borchert, der später zur kriminellen Rockergang MC *Bandidos* übertrat, soll auf diese Weise mehr als 20 Waffen bestellt haben.

Ende 2003 tauchte erneut ein *Combat 18*-Bezug in Schleswig-Holstein auf. Am Gedenkstein für die jüdischen Opfer der »Cap Arcona«-Tragödie in Neustadt an der Ostsee war ein aufgeschlitztes totes Ferkel abgelegt worden und der Gedenkstein mit den Zeichen C 18 beschmiert worden. Auf einer Internetseite hatte sich *Combat 18 Deutschland* zu der Tat bekannt und darüber hinaus örtliche Politiker und einen Staatsanwalt mit der Abbildung einer Pistole bedroht sowie verkündet: »Wer den Juden dient, ist Feind. Ihr seid die Nächsten.« Als Täter wurde Alexander Hardt ermittelt, ein in Ostholstein bekannter Neonazi, dem in den Medien Kontakte zu *Blood & Honour* in Skandinavien zugeschrieben wurden und der nachweislich in den illegalen Handel mit Tonträgern involviert war. Hardt wechselte zwar später ebenso wie Peter Borchert zu den Outlaws des MC *Bandidos*, doch von der rechten Szene distanzierten sie sich nie öffentlich. Hardts Handgelenk zierte das legendäre Tattoo »1 %«, ein Bekenntnis dafür, dass er sich zu dem einen Prozent Rockern zählte, die sich nicht an das Recht halten.

Das Bundesamt für Verfassungsschutz verglich in seinem lückenhaften Spezial-Dossier für den internen Dienstgebrauch einen möglichen rechten »Kampf aus der Illegalität« mit den bekannten Erscheinungsformen der »linksextremistischen Seite der *Rote Armee Fraktion*« und kam dabei zu der Einschätzung, dass ein vergleichbarer Terror von rechts nahezu ausgeschlossen sei. Im Nachhinein verwundert dies, denn bei einer gemeinsamen Besprechung von Bundeskriminalamt, Bundesamt für Verfassungsschutz und Militärischem Abschirmdienst am 6. November 2003 in Meckenheim ging es explizit um mögliche rechtsterroristische Gruppierungen. Wenige Wochen später stand bei einem Treffen mit Vertretern des britischen Dienstes und der britischen Metropolitan Police »die gesamte C-18-Problematik« auch in Bezug auf den Vorfall in Neustadt in Holstein auf dem Plan. Wie sich in Protokollen nachlesen lässt, gab ein Vertreter des BKA zu, dass die beiden deutschsprachigen *Combat 18*-Publikationen »Stormer« und »Totenkopf Magazin« in seiner Behörde kaum bekannt waren. Lediglich ein möglicher »Feierabendterrorismus« in der Bundesrepublik wurde für möglich gehalten. Was genau darunter zu verstehen war, blieb allerdings unerklärt.

Dabei hatte die Entwicklung in den Jahren zwischen 2000 und 2004 genügend Anhaltspunkte dafür geliefert, dass es in der Neonazi-Szene eine »hochexplosive Stimmung« gab. Allein im Jahr 2000 verdoppelten sich die Funde von Waffen, Munition und Sprengstoff im Vergleich zum Vorjahr. 48 Vorfälle wurden verzeichnet. Im Mai 2000 nahm beispielsweise die Polizei in Brandenburg den Berliner Anhänger der Rechtsrock-Band »Landser« Jean René Bauer fest, als er ein halbautomatisches Gewehr mit Schalldämpfer und Zielfernrohr an einen Brandenburger Neonazi verkaufen wollte. Der Szene-Musiker wurde dafür zu einer Bewährungsstrafe verurteilt. In den Folgejahren entstanden zahlreiche militante Gruppen, es wurden reichlich Waffen gefunden und Pläne zum Bombenbau aufgedeckt. Zwischen 1997 und 2004 registrierte das Bundesamt für Verfassungsschutz 15 Homepages mit Bombenbauanleitungen. 2000 machte eine militante *Nationale Bewegung* in Brandenburg mit rassistischer Hetze auf sich aufmerksam. »Kampf gegen unarische Überbevölkerung und Kanakenfraß« propagierte die anonyme Gruppe, deren Mitglieder für Brandanschläge gegen ausländische Imbissbesitzer verantwortlich gemacht wurden. Es gab insgesamt 16 Straftaten und zahlreiche Hinweise auf die Täter – und doch konnten keine konkreten Erkenntnisse erzielt werden.

2003 wurden Neonazis in Ostsachsen wegen illegalen Waffenhandels verurteilt. Im selben Jahr gab es in Bayern einen Brandanschlag auf das Auto des Vaters eines antifaschistischen Aktivisten. Die Tat wurde der wenig später verbotenen *Fränkischen Aktionsfront* zugeordnet, die auch im Verdacht stand, in den Jahren 2001 und 2002 gewaltsame Übergriffe auf linke Objekte verübt zu haben. Zu den fränkischen Anführern zählten Matthias Fischer und Norman Kempken. Fischer hatte sich bereits in jungen Jahren häufig in Thüringen aufgehalten. Sein Name nebst Telefonnummer waren in Mundlos' Telefonbuch festgehalten. Norman Kempken aus Nürnberg war 1992 Mitinitiator einer bundesweiten *Anti-Antifa*-Kampagne, bei der 250 Namen von Einzelpersonen und Institutionen mit Adressen und Telefonnummern in der Szene-Zeitschrift »Der Einblick« veröffentlicht wurden. Mit diesen Listen sollten politische Gegner eingeschüchtert werden. 1995 kam es zum Prozess gegen die Macher des »Einblicks«. Kempken wurde zu einer Haftstrafe auf Bewährung verurteilt.

Stolz lobte das Bundesamt für Verfassungsschutz 2004: »Besonderen Eindruck haben in der Szene auch die Exekutivmaßnahmen gegen den Personenkreis um Martin Wiese im September 2003 hinterlassen.« 2002 hatte der aus Anklam stammende Neonazi Wiese die etwa 50 Köpfe starke *Kameradschaft Süd* in München übernommen und eine abgeschottete *Schutzgruppe* zusammengestellt. Neben Wehrsportübungen mit militärischem Drill, körperlicher Ertüchtigung und Schießübungen mit Softairwaffen gehörte das Horten von Sprengstoff und Waffen zu deren Aufgabe. Die *Schutzgruppe* plante nach Angaben eines V-Mannes konkret die Vorbereitung eines Sprengstoffattentates auf das Gelände des jüdischen Kulturzentrums am St.-Jakobs-Platz in München, schreibt das Bayerische Staatsministerium des Innern 2011 auf seiner Homepage. Der Anschlag konnte, wie der Verfassungsschutz prahlte, dank dieses Einsatzes verhindert werden. Schon bald stellte sich aber heraus, dass der Staat »bei den Neonazis mit im Boot« saß, wie es im Beitrag »Die unterschätzte Gefahr« im November 2011 vom Deutschlandfunk formuliert wurde. Der französische Neonazi Didier Magnien, der laut Recherchen des Radiosenders zuvor in einer faschistischen Terrorgruppe in Frankreich aktiv gewesen war, wurde vom Bayerischen Landesamt für Verfassungsschutz in die Münchner Szene eingeschleust. Danach mischte der Staatsspitzel selbst kräftig mit: Magnien trainierte die Kameraden bei Wehrsportübungen, in der Observierung von politischen Gegnern, und er soll, heißt es in der Sendung, sogar selbst Anschlagsziele vorgeschlagen haben. Die Generalbundesanwaltschaft schaltete sich ein. Wiese und drei weitere Angehörige des »inneren Führungszirkels« der *Kameradschaft Süd* wurden im Mai 2005 wegen Mitgliedschaft in einer terroristischen Vereinigung zu mehrjährigen Freiheitsstrafen verurteilt. Die Polizei hatte mehr als ein Kilogramm TNT, eine Handgranate und zwei Waffen gefunden. Vier Pistolen blieben bis heute verschollen. Während der Verhandlung wurde bekannt, dass innerhalb der Schutzgruppe auch von einem Selbstmordattentat auf dem belebten Marienplatz in München die Rede gewesen sein soll. Der Prozess lief noch, da kündigte Wiese einem Bericht der »Süddeutschen Zeitung« zufolge in mehreren Briefen an, er werde nach der Haft »neue Wege im nationalpolitischen Kampf« gehen, die »Judenrepublik plattmachen« und erst Ruhe finden, wenn der »Endsieg« erreicht sei. Im Frühjahr 2013 sagte Wiese auf die Frage zum NSU nur einen Satz: »Wir werden gewinnen!«

Ganze zwei Seiten in dem 50-seitigen Dossier widmeten die Verfassungsschützer 2004 der wohl größten und gefährlichsten paramilitärischen Kameradschaft nach dem Ende der *Wehrsportgruppe Hoffmann*. Die *Skinheads Sächsische Schweiz* (SSS) nutzten Tschechien als Hinterland für Waffengeschäfte, Camps und Ausbildung an schwerem militärischen Gerät. Die Gruppierung war 2001 verboten, im Sommer 2003 vom Landgericht in Dresden als »kriminelle Vereinigung« eingestuft worden und dennoch weiterhin aktiv. Eine ausführlichere Aufklärung über die SSS wäre in dem Geheimdienstdokument logisch gewesen, denn die Ermittlungen gegen die Truppe hielten an. Sächsische Beamte durchsuchten 2004 wegen des Verdachts der Fortführung eines verbotenen Vereins erneut Wohn- und Geschäftsräume ehemaliger SSS-Aktivisten und beschlagnahmten Waffen und Sprengstoff.

Bereits im März 1993 waren in der Nähe von Königstein in der bizarrgebirgigen Sächsischen Schweiz einige Sprengkörper explodiert. Auf alten Truppenübungsplätzen und in abgelegenen Waldgebieten fanden Wehrsportübungen der *Skinheads Sächsische Schweiz* statt. Einer ihrer Anführer, Thomas Sattelberg, Jahrgang 1974, hatte vor deren Verbot Erfahrungen in der sächsischen Sektion der militanten *Wiking-Jugend* gesammelt und baute etwa 1996 die SSS als paramilitärische Truppe mit auf. Sattelberg, regional bestens verankert, arbeitete zunächst als Erzieher im Behindertenbereich und in der Familienhilfe. Er will dort »völlig unideologisch« gewirkt haben. Später schulte der Neonazi zum Fahrschullehrer um. Im Oktober 1997 gewann seine Band »14 Nothelfer« aus Pirna den von der »Sächsischen Zeitung« ausgelobten Nachwuchswettbewerb und heimste die Prämie von 1100 DM inklusive der 500 DM der örtlichen Sparkasse ein. Die Band war mitnichten harmlos und zählte seit der Gründung 1996 zum Rechtsrock-Spektrum. 1998 veröffentlichten die »14 Nothelfer« dann ganz offen den bekennenden Titel »14 Words«, angelehnt an das gleichnamige Glaubensbekenntnis des in den USA inhaftierten Rechtsterroristen David Lane: »We must secure the existence of our people and a future for white children.« 2002 kam es zu Hausdurchsuchungen gegen die Rechtsrock-Band wegen des Verdachtes auf Volksverhetzung. Anlass dazu gab deren CD namens »Einstand«, produziert von dem damals führenden *Hammerskin* Mirko Hesse mit einer Auflage von 1000 Stück, in Italien gepresst und danach über die Firma »Movement Records« des Chemnitzer *Blood & Honour*-Chefs auf den Markt gelangt. Im Song »Assi« der Sattelberg-Band hieß es: »Sie ficken wie die Hasen und haben hundert Kinder (…) Waschen und sich pflegen, das tun sie nie, lieber, lieber stinken sie wie das Vieh. Hass im Gesicht, die Faust geballt, wieder ein Tier, niemals so sein, niemals so werden, Abschaum, Abschaum, jetzt geht's ran!«

Heute ist Sattelberg, der 2007 als einziger SSS-Anführer eine Haftstrafe wegen der Fortführung einer verbotenen Organisation absaß, Mitarbeiter der NPD-Landtagsfraktion in Dresden. Anfang Januar 2013 wählten ihn die Mitglieder des NPD-Kreisverbandes Sächsische Schweiz – Osterzgebirge in Pirna zum neuen Vorsitzenden. Rückblickend war die SSS für ihn nur ein »loses Aktionsbündnis«. 2013 lässt er in einem Interview auf der Homepage seines Kreisverbandes verlauten, es sei zwar »hier und dort zu handgreiflichen Auseinandersetzungen mit anderen gekommen«, doch das Verbot der Gruppe als kriminelle Vereinigung, so Sattelberg, war »eine juristische Luftnummer des Systems«. Fotos zeigen die Kameraden der SSS in Uniformen, getarnt mit Sturmhauben. Die Ermittler des Landeskriminalamtes fanden im Zuge der Durchsuchungen auch den Plan für eine »Operation Alpha«, bei der eine Menschenjagd in einem alten Fabrikgelände organisiert werden sollte. Das Innenministerium in Dresden stufte die Kameradschaft als eine der gefährlichsten Vereinigungen in Deutschland ein, deren Mitglieder Informationen über politische Feinde sammelten, junge Leute überfielen oder sie mit Drohanrufen terrorisierten. Bei Hausdurchsuchungen fand die Polizei immer wieder Sprengstoff, Waffenteile und Pistolen. 2001 sagte der zuständige Dresdener Oberstaatsanwalt den Medien, die SSS habe »das Stadtbild von Pirna bestimmt« und »Angst und Leid« verbreitet. Die Truppe hatte es sich zur Aufgabe gemacht, Hegemonie in der Sächsischen Schweiz auszuüben und sie von Ausländern, Drogenabhängigen und Linken »zu säubern«.

Ein weiterer Anführer hatte Computerdateien mit Informationen über politisch Andersdenkende angelegt. »Die Sammlung dient dazu, bestimmte Personen festzulegen, gegen welche Aktionen durchgeführt werden. Dies sind zum Beispiel Telefonterror, fingierte Warenbestellungen bei Versandhäusern, Farbschmierereien, Werfen von Farbbeuteln und körperliche Misshandlungen«, hieß es in der Verbotsverfügung des sächsischen Innenministeriums. Um die bei einer Großrazzia im Juni 2000 beschlagnahmten Waffen, NS-Devotionalien und Propagandamittel präsentieren zu können, musste die Polizei eine Turnhalle anmieten. Die Staatsanwaltschaft ermittelte über 80 Beschuldigte, von denen fast alle, bis auf Sattelberg, in drei Prozessen mit Bewährungs- oder Geldstrafen davonkamen. Vor Gericht litten die meisten Zeugen unter »komplettem Gedächtnisverlust«, wie ein Gerichtsbeobachter der »Sächsischen Zeitung« 2003 meldete.

Vor den Razzien gegen die SSS wurden die eingesetzten Beamten zum Großteil aus anderen Bundesländern beordert, die angesetzten Termine glichen gar polizeilichen Geheimoperationen. Den Verantwortlichen in Dresden erschien die Gefahr zu groß, dass die bürgerlich verankerten Neonazis gewarnt werden könnten. Denn trotz aller Militanz hatten regionale Behörden, Lokalpolitiker und Bevölkerung die Neonazis fünf Jahre lang gewähren lassen. In Reinhardtsdorf-Schöna etwa sind NPD-Mitglieder angesehene Bürger, fest verwoben in der Dorfgemeinschaft. Jeder Vierte wählte die Neonazi-Partei. Der Klempnermeister, dessen Söhne zur SSS gehörten, ist ein angesehener Mann, auch wenn in seinem Schuppen 2006 Sprengstoff und Waffen gefunden wurden. Bei der Kommunalwahl 2010 erhielt die NPD mit rund 20 000 Stimmen viel Zuspruch in der Region. Für Sebastian Reißig, Geschäftsführer der *Aktion Zivilcourage* in Pirna, war diese Entwicklung absehbar: »Seit Jahren weisen wir und viele andere Initiativen aus ganz Sachsen darauf hin, dass die NPD keine Berührungsängste zur gewaltbereiten Szene kennt«, sagt der Mitbegründer des Vereins für Toleranz und demokratische Kultur.

Chemnitz, rund 100 Kilometer westlich der Sächsischen Schweiz gelegen, galt als weitere rechte Hochburg in Sachsen. Ende der 1990er Jahre etablierte sich das ehemalige Karl-Marx-Stadt als »Mekka« des Rechtsrock in Ostdeutschland. Ende des letzten Jahrtausends stand deren *Blood & Honour*-Sektion in mehrfacher Hinsicht im Fokus der Strafverfolgungsbehörden. Sie war nicht nur eine der aktivsten, sondern in deren Umfeld vermuteten die eingesetzten Zielfahnder auch Mundlos, Böhnhardt und Zschäpe. Zeitgleich ermittelten die Polizeibehörden dort wegen der illegalen Produktion und Verbreitung von Tonträgern der Berliner Band »Landser«. Trotz der überwiegend illegalen Vertriebswege lag der Umsatz mit Neonazi-Musik nach Einschätzung des Verfassungsschutzes allein im Jahr 1999 bundesweit bei etwa acht Millionen Mark.

Die ermittelnden Beamten gegen die Berliner Gruppe »Landser« fanden durch Telefonüberwachungen heraus, dass es Querverbindungen zur sächsischen Szene gab. Man traf sich bei gemeinsamen Musikproben, die sonntags als »Frühschoppen« getarnt waren. Am 5. November 2000 stand wieder so ein Treffen an. Sänger Michael Regener hatte keinen Führerschein, er ließ sich abholen. Polizisten verfolgten ihn durch Berlin bis nach Bornim und Bornstedt im Norden von Potsdam. Zur gleichen Zeit tauchte auch der Chemnitzer Jan Werner dort auf. Werner betrieb gemeinsam mit anderen Neonazis die Firma »Movement Records« und verfügte über internationale Kontakte. Ab August 1998 liefen bereits Abhörmaßnahmen der Zielfahndung des Thüringer Landeskriminalamtes gegen ihn, Thomas Starke und Hendrik Lasch, da die Beamten auf der Suche nach dem Jenaer Trio waren. Die Chemnitzer galten als enge Bekannte der drei, zumal Zschäpe mal mit Starke vorübergehend liiert gewesen war. Obwohl sich hier zwei Behördenfährten kreuzten, gelang es den Fahndern nicht, eine Spur ins Versteck des Trios zu finden. Die Ermittlungen verliefen im Sande. Den Berliner »Landser«-Ermittlern gelang es immerhin, das Geheimnis der Untergrund-Combo zu entschlüsseln. Sie fanden unter anderem heraus, dass Regener sich mit US-Nazis traf, gern in der Kutte des *Ku-Klux-Klans* posierte und seinem Sohn den Zweitnamen Adolf gegeben hatte. Am 3. Juli 1998 waren sie über den V-Mann Carsten Szepanski alias »Piatto« indirekt dabei, als sich Regener mit einer Schar Männer aus dem Umfeld der *Blood & Honour*-Sektion Sachsen in einem Jugendclub in Riesa traf, darunter Thomas Starke, Hendrik Lasch und Jan Werner aus Chemnitz. Werner trat dabei als Sprecher der Sektion auf. Starke war für die Ausgaben des Fanzines »White Supremacy« zuständig, für das auch Uwe Mundlos geschrieben haben soll. Unternehmer Lasch verantwortete den musikalischen Part. Als Ansprechpartner für Zwickau galt der ehemalige Musiker der Band »Westsachsengesocks« Ralf Marschner, genannt »Manole« oder »der Halslose«. Der bekannte Skinhead betrieb in Zwickau Szene-Läden wie den »Last Resort Shop«,

Kneipen, ein Werbe-Studio und zwei Jahre lang eine Baufirma. Als Quelle »Primus« arbeitete der Mann, der gern mit einer Pumpgun im Arm posierte und 2007 aus Zwickau verschwand, zugleich für den Verfassungsschutz. Von Drogen und Zahlungsschwierigkeiten ist die Rede, wird sein Name genannt. Mehrere Zeugen berichteten den Ermittlern im NSU-Verfahren, sie hätten Beate Zschäpe in einem von Manoles Läden gesehen. Seit 2009 lebt Marschner im Ausland. Die Ermittler gehen dem Verdacht nach, der bezahlte Spitzel könnte im Zusammenhang mit der Mordserie im Jahr 2001 Wagen für den NSU angemietet haben.

Wie sich herausstellte, bestanden zwischen den Sektionen Sachsen und Berlin erhebliche Spannungen. Die selbstbewussten Chemnitzer wollten keine Weisungen mehr befolgen und die führende Rolle des Berliner B & H-Chefs Stephan Lange alias »Pinocchio« nicht länger akzeptieren. Dessen Gruppe war geschwächt, da ihr eine wichtige Location in Klein Bützow bei Anklam verlorengegangen war und es kaum noch Konzertmöglichkeiten gab. Die Chemnitzer Sektion hatte sich 1999 abgespalten und war daher vom anschließenden Verbot der Deutschland-Division von *Blood & Honour* durch das Bundesinnenministerium im September 2000 wenig betroffen. Doch letztlich half dies wenig. Die Schlinge um den illegalen »Landser«-Vertrieb zog sich zu, die Ermittler hatten genug Informationen. Die Band flog 2001 auf. Es folgten diverse Gerichtsverfahren.

Beim anschließenden Prozess vor dem Landgericht Dresden 2004 wegen der Verbreitung von Propagandamaterial einer verfassungsfeindlichen Organisation kamen die Chemnitzer Drahtzieher Starke und Werner mit Bewährungsstrafen glimpflich davon. Thomas Starke hatte gegenüber der Polizei umfangreich über den »Landser«-Deal ausgesagt, was nicht ohne Folgen blieb. Ein »Landser«-Mitglied stattete dem »Verräter« einen handfesten »Hausbesuch« ab. Michael Regener alias »Lunikoff« drohte in einem Song mit dem Titel »Verräter«: »Jetzt ist es raus, du bist erkannt, du bist ein Informant, der V-Mann, der als Topquelle galt, doch jetzt bist du verbrannt. (...) Musst du abends auf der Straße dich ständig umdrehen? Ja, fühlst du dich sicher, ich sag dir Nein, du wirst niemals sicher sein, Verräter, Verräter, nein, du wirst niemals sicher sein.«

Dass die Chemnitzer Werner und Starke mehr waren als nur braune Musik-Manager, zeigte sich später im Zuge der NSU-Enthüllungen. Es stellte sich heraus, dass Starke bereits in den 1990er Jahren den Sprengstoff für die Bombenattrappen von Böhnhardt geliefert hatte.

Und der Brandenburger V-Mann »Piatto« verdächtigte Jan Werner als möglichen Waffenbeschaffer des geflohenen Trios. Mysteriös bleibt auch, dass ausgerechnet das Protokoll einer polizeilichen Beschuldigtenvernehmung von Jan Werner vom 17. Januar 2002 in der niedergebrannten Wohnung in der Zwickauer Frühlingsstraße 26 gefunden wurde. Dort hatten Beate Zschäpe, Uwe Böhnhardt und Uwe Mundlos das Dokument offenbar aufbewahrt. Doch wie waren sie dazu gekommen?

Im Hintergrund bei all den Ermittlungen blieb der Chemnitzer Hendrik Lasch. Dabei war der Gründer von Firmen wie »PC Records« und »Backstreet Noise« bereits sehr früh mit Uwe Mundlos bekannt. Schon 1994 waren die beiden zusammen mit Jenaer und Chemnitzer Rechtsextremisten zu einer Party nach Niederbayern gefahren, wo in einer Kiesgrube bei Straubing nach einschlägiger Musik gefeiert wurde. Einige grölten den Song von »Tonstörung« mit: »Wetzt die langen Messer auf dem Bürgersteig / Lasst die Messer flutschen in den Judenleib / Blut muss fließen knüppelhageldick / Und wir scheißen auf die Freiheit dieser Judenrepublik.«

Die bereits informierte bayerische Polizei schritt ein. Bei den Vernehmungen gab Uwe Mundlos wie fast alle Kameraden an, er sei betrunken gewesen und hätte das Lied nicht mitgesungen. Es klang abgesprochen. Der damals 20-jährige Lasch, genannt »Laschi«, sagte frech, den Inhalt des Liedes habe er nicht verstanden, er befasse sich »nicht mit rechten politischen Inhalten und deren Musik«. Keine sechs Jahre später gründete der Chemnitzer das extrem rechte Musiklabel »PC Records«, heute eines der größten in der Szene. Der Jahresumsatz soll sich laut einem Bericht der sächsischen »Freien Presse« aus dem Februar 2013 auf »mehrere 100 000 Euro« belaufen. 2004 übernahm Laschs Angestellter Yves Rahmel die Firma, sie gehört mit fast 170 produzierten Rechtsrock-CDs zu den aktivsten. 47 Produktionen wurden wegen jugendgefährdender Inhalte bisher indiziert, drei wegen volksverhetzender Inhalte beschlagnahmt.

Uwe Mundlos, der gern zeichnete, entwarf ein Comic-Motiv, welches sein Bekannter Hendrik Lasch auf T-Shirts druckte und verkaufte, die »Skinsons«. Bei anderer Gelegenheit zeichnete Mundlos ein Porträt von Rudolf Heß oder ein Wappen der »Skinheads Blut & Ehre« mit einem Adler und dem Umriss der Grenzen des »Deutschen Reiches« von 1937. Die »Skinsons« seien eine »Veralberung« gewesen, gab Händler Lasch 2012 gegenüber den NSU-Ermittlern zu Protokoll, zusammengesetzt aus einem Skinhead und Mitgliedern der gelbhäutigen, amerikanischen TV-Comicfamilie, den Simpsons. Noch im geheimen Versteck in der Altchemnitzer Straße besuchte der rechte Geschäftsmann seinen untergetauchten Kameraden aus Jena, weil dieser ihm Vorlagen liefern sollte. 200 T-Shirts will der Chemnitzer Szene-Unternehmer mit den Mundlos-Zeichnungen angefertigt haben. Der Kaufpreis betrug 20 DM pro Stück. Seit 2004 widmete sich Lasch ganz dem Bekleidungsbusiness, das Musiklabel gab er an einen Angestellten ab. Seine Firma »Backstreet Noise« hat ihren Sitz, ebenso wie »PC Records« in einem Flachdachgebäude zwischen den Plattenbauten des Heckert-Gebiets in Chemnitz. In diesem Stadtteil war das Thüringer Trio ja nach 1998 zunächst abgetaucht.

Ob Zufall oder auch nicht: »PC Records« veröffentlichte 2010 den berüchtigten »Döner-Killer«-Song auf dem Tonträger »Adolf Hitler lebt«, gesungen von »Gigi & die braunen Stadtmusikanten«. In dem Lied werden die sogenannten Česká-Morde thematisiert. Es heißt: »Neun Mal hat er es jetzt schon getan, die SoKo Bosporus, sie schlägt Alarm, die Ermittler stehen unter Strom. Eine blutige Spur und keiner stoppt das Phantom.«

Ob die Macher des Liedes Tatwissen hatten, ist bisher unklar. Die ehemalige Neonazi-Radiomoderatorin Franka S., die auch für das niedersächsische Landesamt für Verfassungsschutz spitzelte, sagt 2013 gegenüber SternTV, dass sie der Meinung ist, es habe einige »auserkorene Mitwisser« gegeben. Die Aussteigerin hat während ihrer aktiven Zeit bis 2009 mitbekommen, dass weitere Kameraden »im Untergrund arbeiten«, und glaubt: »Da steckt noch viel mehr dahinter!«

Subtile Mordandrohungen gehören seit der Existenz des Rechtsrock dazu. Ab 1997 tauchten sie auch in braunen Schunkelliedern auf. Das Cover des Tonträgers »Doitsche Stimmungshits« der klandestinen »Zillertaler Türkenjäger« schmückte eine Fotomontage: Nebeneinander hingen der Sänger der Ärzte Farin Urlaub, VIVA-Moderator Mola Adebisi und Campino von den »Toten Hosen« an einem Galgen. Die Lieder waren umgetextete Versionen bekannter Schlager wie »Kreuzberger Nächte« oder »Dadada«. Die »Zillertaler Türkenjäger« machten auf den Schulhöfen ebenso die Runde wie die »Landser«, sie waren bei vielen Jugendlichen populär. 1999 brachte *Blood & Honour* dann über Skandinavien einen Sampler auf den Markt, der an die Neue Deutsche Welle mit einer von rechts politisierten »National Deutschen Welle«

anknüpfen wollte. Wegen ihres volksverhetzenden Inhalts durften die CDs in Deutschland nicht verbreitet werden, doch die Urheber konnten nie ausfindig gemacht werden. Ohne Erfolg hatten Justizbehörden versucht, Daniel Giese, Sänger zahlreicher Bands wie »Saccara«, »Stahlgewitter« und »Gigi & die braunen Stadtmusikanten«, eine Beteiligung bei den »Zillertaler Türkenjägern« nachzuweisen. Der Vertrieb lief über den damaligen Nibelungen-Versand seines Freundes Jens Hessler aus Lingen. Beide, Giese und Hessler, waren bereits seit Mitte der 1980er Jahre im rechten Musikgeschäft im Kontakt zu *Blood & Honour*, der Nibelungen-Versand wurde deren erstes Deutschland-Label. Beide arbeiteten mit den Chemnitzern zusammen. 1997 trat Giese mit seiner Band »Stahlgewitter« in Beuren in Baden-Württemberg und 1999 in Schorba in Thüringen auf. Der NSU-Beschuldigte Ralf Wohlleben und dessen Mitstreiter hatten den »Stahlgewitter«-Nachfolger »Gigi & die braunen Stadtmusikanten« 2006 für eines ihrer »Feste der Völker« angekündigt, doch die Veranstaltung wurde verboten.

»In dem guten, alten Süden brennen Kreuze in der Nacht. Und ein Reiter in weißer Robe hält auf dem Hügel Wacht«, der Titel des »Klan-Songs« machte klar, worum es »Landser« ging. Der Tonträger mit dem Titel »Republik der Strolche« war 1995 erschienen, wenige Jahre, nachdem die Rassisten-Organisation in Berlin, Brandenburg, Bielefeld und einigen anderen Orten wieder aufgetaucht war. Die neonazistische Skinhead-Szene zeigte sich beeindruckt von terroristischen Geheimbünden wie dem *Ku-Klux-Klan*. Nicht nur die Neonazi-Rocker von »Landser« schwärmten von Kapuzen, weißen Roben, Kreuzverbrennungen und dem »Reich des *Ku-Klux-Klan*«. Zwei Mitglieder der Rechtsrock-Gruppe »Kraftschlag« sollen die weißen Spitzmützen sogar selbst getragen haben. Sie sangen im Lied »Klansmen«: »Ein brennendes Kreuz in der rechten Hand, so säubern wir zusammen unser Vaterland. Wir sind stolz, stark, arisch und rein und absolut stolz, weiß zu sein.«

Im Berliner Clubhaus der *Blood & Honour*-Division Deutschland hing ein großes Bild vom *Klan*, der durch Lynchmorde an Schwarzen in den USA seit über hundert Jahren berüchtigt ist. Bereits 1988 hatte B & H-Gründer Ian Stuart Donaldson in einem Interview betont, dass seine Organisation in den USA durch den KKK ein Netz von Kontakten aufbauen konnte, die Kapuzenmänner sogar für sie »Gefolgsleute« rekrutierten. Der deutsche Neonazi-Anführer Michael Kühnen hatte in seinem Buch »Die Zweite Revolution« die Aktivisten des *Ku-Klux-Klans* als »unsere Brüder« gerühmt, die wie die hiesigen Neonazis »für Rasse und Nation« kämpften. Am Rande eines Konzertes in Brandenburg, bei dem die Donaldson-Band »Skrewdriver« sowie »Noie Werte« aus Baden-Württemberg spielten, sollen sich nach Recherchen des »Antifaschistischen Info-Blatts« 1991 Donaldson und der US-Chef der White Knight of KKK getroffen haben. Die Zusammenkunft sei zur »Initialzündung« zur Schaffung einer deutschen Klan-Sektion geworden. Der umtriebige Neonazi-Skinhead Carsten Szczepanski aus Königs Wusterhausen gründete 1991 die KKK-Gruppierung *White Storm Berlin*, die allerdings über eine mediale Inszenierung für einen TV-Sender nicht hinausgekommen sein soll. In der Nähe seiner Heimatstadt am Rande Berlins brannten rund ein Dutzend maskierter Neonazis, einer mit Pistole, vor laufender Kamera ein Holzkreuz ab. Vor lauter Rassenwahn und Fanatismus gaben sie sogar Interviews. Nach den blutigen Ausschreitungen in Hoyerswerda gefragt, erklärte einer vor der Kamera: »Kann ich nur begrüßen. Und ich hoffe, dass das weitergeht so.«

Szczepanski galt auch als verantwortlich für einige wenige Ausgaben des »Feuerkreuz«. Die »White Power«-Faust war das Symbol, gegen »Niggerkinder« wurde gehetzt, der Songtext »White Rider« von »Skrewdriver« abgedruckt. Eine Zeichnung zeigte einen Menschen, der tot an einem Seil hing, sein Kopf war mit einem Sack verhüllt. Ein Schild mit den Worten »Race Traitor« (Verräter der Rasse) hing um seinen Hals. Daneben hatten sich stolz ein Skinhead und ein *Ku-Klux-Klan*-Mann mit weißer Kapuze aufgebaut. Auf der nächsten Seite wurden Privatadressen von Leuten, die sich »dem Erwachen des weißen Mannes entgegenstellen wollen«, veröffentlicht, ergänzt durch Kommentare wie »taz-Redakteur«, »Antifaschist« oder »Juso« und den Hinweis: »Phantasie ist gefragt (...)« Unter der Todesliste war ein keuleschwingender Mann mit Springerstiefeln zu sehen.

Nach der Rundreise des »Imperial Dragon« der White Knights of the *Ku-Klux-Klan*, Dennis Mahon, durch Deutschland kam es zur Bildung von Ablegern in Ostwestfalen, Elmshorn und anderen Orten. Aufkleber eines *KKK Herford* wurden nach einem Anschlag auf ein Flüchtlingsheim im nordrhein-westfälischen Neuenrade 1991 gefunden. Sie zeigten einen Kapuzenmann mit Axt, daneben stand die offizielle Anschrift einer deutschen Klanfiliale: Postfach 1747, Bielefeld.

Zu diesem Zeitpunkt hatte Achim Schmid noch nichts mit den Kapuzenmännern im Sinn. Ab etwa 1995 trat der Schwabe als Sänger in der Rechtsrock-Szene auf. 1998 gründete Schmid in Crailsheim die

»White Power«-Band »Celtic Moon« und stand nach eigenen Angaben bereits im Kontakt zu einer *Ku-Klux-Klan*-Gruppe in Baden-Württemberg. Er sei »fest in der rechtsextremen Szene verwurzelt« gewesen, schreibt Schmid 2013 auf seinem Internet-Blog. Bei einer Reise in die USA ließ sich Schmid vom rassistischen Geheimbund zum »Grand Dragon« des »Realm of Germany« schlagen. In Schwäbisch Hall gründete er etwa 1999 als »Reverend Ryan Davis« einen deutschen Ableger der *European White Knights*. Etwa 1996 hatte er sich vom Landesamt für Verfassungsschutz in Stuttgart anwerben lassen, die Zusammenarbeit endete mit dem Beginn der Aktivitäten im Klan.

In einem Internet-Chatroom 1998 traf dann V-Mann auf V-Mann. Der Metzgerlehrling aus Süddeutschland lernte den äußerst aktiven ostdeutschen Neonazi Thomas Richter, genannt »HJ-Tommy«, aus Sachsen-Anhalt kennen und rekrutierte ihn für seinen Klan. 20 Jahre lang spionierte Richter für mehrere Dienste die Szene aus. Deckname: »Corelli«. Sein Name stand im Telefonverzeichnis von Uwe Mundlos. Schmid erinnert sich gut an ihn. Richter sei »rege im Verkauf von rechtsextremen CDs und Merchandising-Artikeln tätig«, bloggt Schmid.

Auch ein Thüringer kam zum KKK in Schwäbisch Hall. Der Eisenacher war Musiker bei der Band »Legion Ost« aus Gera und zählte Mitte der 1990er Jahre zur kleinen, elitären *Blood & Honour*-Sektion Thüringen, genau in der Zeit bewegten sich auch Mundlos, Böhnhardt und Zschäpe in diesem Umfeld. Schmid verließ nach eigenen Angaben 2003 den Klan und distanziert sich heute offen vom Rassismus.

Brauner Terror inspiriert rechte Musik. Rechte Musik stimuliert zu Terror. Terroristen erfahren Solidarität durch rechte Musik. Als im Juli 2012 zum zehnten Mal das »Rock für Deutschland«-Festival mit über 700 Neonazis, mit einem Ex-*Blood & Honour*-Aktivisten als Redner und der Band »Oidoxie« aus Dortmund als Hauptmusikact stattfand, forderten nach Recherchen des Fachmagazins »Der Rechte Rand« »fast alle Bands und Redner« Freiheit für ihre inhaftierten Gesinnungsgenossen wie Ralf Wohlleben.

Während sich führende NPDler öffentlichkeitswirksam von den »irren Verbrechern« distanzierten, offenbarte sich im Hintergrund der braunen Musikszene ein anderes Bild, denn der neue Sampler »Solidarität IV« wurde Ende 2012 für inhaftierte Kameraden wie auch den mutmaßlichen NSU-Unterstützer Ralf Wohlleben produziert. Bei der CD mit dabei: die Bands »Blitzkrieg« aus Sachsen und »Sonderkommando Dirlewanger« (SKD) aus Thüringen. Der »Blitzkrieg«-Musiker

Thomas R., Spitzname »Dackel«, gehörte zu *Blood & Honour* und gewährte den untergetauchten Mundlos, Böhnhardt und Zschäpe nach der Flucht als Erster mehrere Wochen lang Unterschlupf in seiner Wohnung im Chemnitzer Heckert-Viertel. Die Rechtsrock-Band »Sonderkommando Dirlewanger« (SKD), benannt nach einer verbrecherischen Sondereinheit der SS, entstammt dem militanten Spektrum Gothas. Als 1997 am Ortsrand der Stadt ein Wehrsportlager stattfand und die Polizei Waffen, Kampfausrüstung, Feldbetten, Luftgewehre, eine Reichskriegsflagge, Drosselschlingen, Gasmasken, Stahlhelme sowie ein Lagerfeuer mit Holzkreuz beschlagnahmte, wurden Ermittlungen wegen Bildung einer bewaffneten Gruppe eingeleitet. Im selben Jahr schoss einer aus der Gothaer Kameradschaft beim Hantieren mit einer Pumpgun einem Kameraden ins Bein. Der Schütze war Mitglied der Band SKD.

Während sich die Szene zu Zschäpe oder Eminger eher zurückhaltend verhält, bekennt man sich zu Wohlleben öffentlich und nahezu rückhaltlos. Alles andere gilt als Verrat. Dass er die wichtigste Tatwaffe für eine Mordserie organisiert haben soll, scheint kein Grund zur Distanzierung zu sein. Auf Facebook verkündet die Band SKD: »Der komplette Erlös wird Ralf Wohlleben für seinen bevorstehenden Prozess zugute kommen!!!« Der Inhaftierte bekam sogar ein eigenes Lied. Im Track 7 »Nationale Solidarität« des Samplers »Solidarität Vol IV« grölt eine Gruppe bei Minute 0:29 lautstark »Freiheit für Wolle« ins Mikrofon und: »Man sperrt dich weg als Terrorist (...) wir stehen zu dir. Mit jedem Strich an deiner Wand wächst unser Zorn auf diesen Staat (...), niemals werden wir vergessen all die treuen Kameraden, die trotz Stacheldraht und Ketzer unsere Sache nicht verraten«.

Andreas Förster

Das Versagen der Sicherheitsbehörden bei der Bekämpfung des Rechtsterrorismus

Neonazi-Treffen mit Tonband – Die Karriere des Topspitzels Tino Brandt – Geheimoperation Rennsteig – V-Leute im Umfeld der Terrorzelle – Braune Seilschaften in den Geheimdiensten seit 1945 – Antikommunismus als Staatsauftrag – Fragwürdige V-Mann-Politik – Geheimes BKA-Papier warnt vor »Brandstifter-Effekt« durch Spitzel

Das Haus von Thorsten Heise ist das auffälligste in Fretterode. Es liegt mitten in dem Eichsfelder Dorf in Nordthüringen, auf einer kleinen Anhöhe gleich hinter dem grauen Kriegerdenkmal mit den eingemeißelten Namen toter Soldaten. Durch das schmiedeeiserne Tor führt eine Auffahrt hoch zu dem denkmalgeschützten Gutshaus, einem massiven weißen Gebäude mit viel Fachwerk und schwarzen Schindeln. Ein Treppenportal aus Felssteinen führt zum Eingang. Auf der rechten Seite erhebt sich eine riesige Terrasse mit Sonnenschutz. Kinderspielgeräte stehen im Garten. Versteckt unter den Bäumen ist der vom Hausherrn errichtete Stein für die Gefallenen des I. Panzer-Korps der Waffen-SS erkennbar. Das Anwesen soll imponieren.

Beeindruckt wird Tino Brandt gewesen sein, als er Heise am 20. Januar 2007 daheim besuchte. Brandt und seiner Familie gehören einige, wenn auch nicht so prächtige, Grundstücke im Raum Rudolstadt. Die beiden Männer kannten sich. Brandt hatte mit über hundert anderer Neonazis 1999 an der Hochzeit des damaligen niedersächsischen Kameradschaftsführers Thorsten Heise in Northeim teilgenommen. Freunde wurden sie allerdings nicht. Brandt war in den 1990er Jahren eine der zentralen Figuren der rechtsextremen Szene Thüringens und damit ein Konkurrent für den ehrgeizigen Heise. Dieser ahnte vielleicht auch, dass Brandt zugleich für das Erfurter Landesamt für Verfassungsschutz spitzelte. Das war innerhalb der argwöhnischen Neonazi-Szene nicht allen verborgen geblieben. Auch Uwe Mundlos in Jena hegte bereits vor der Enttarnung Brandts als V-Mann 2001 den Verdacht und erzählte einem Schulfreund davon. Der damals 19-jährige Tino Brandt war 1994 angeworben worden und hatte seitdem viel Geld nebenher verdient. Brandt erzählte dem Deutschlandradio von der Anwerbung: Damals sei jemand mit Ausweis vom Innenministerium in Erfurt erschienen, der gesagt hätte, sie fänden »seinen Weg« gut. Brandt: »Sie wollten das unterstützen, weg von der Gewalt hin zur Politik.« Die vom Verfassungsschutz wollten wissen, »wie wir uns das vorstellen«, und dafür auch bezahlen.

Der gelernte Einzelhandelskaufmann hatte es in den 1990ern geschafft, den heruntergekommenen NPD-Landesverband im Freistaat wieder in Schwung zu bringen. Vor allem aber baute er den *Thüringer Heimatschutz* (THS) auf, eine Art Dachorganisation der wichtigsten regionalen Kameradschaften. Mit seinem V-Mann-Outing 2001 zerfiel diese Gruppierung aber nach und nach. Die Freien Kräfte organisierten sich neu – ohne Brandt. Der ehemalige Spitzel hielt jedoch weiterhin Kontakt ins radikale politische Milieu.

Das Treffen im Hause Heise 2007 war eine bemerkenswerte Episode. Zumal – was keiner der beiden Hauptprotagonisten ahnte – der Verfassungsschutz wieder mit am Tisch saß – in Gestalt von Kai-Uwe Trinkaus, damals aufstrebender Erfurter NPD-Funktionär, der zu dem Treffen bei Bio-Wurst und Tee in Fretterode eingeladen war. Seine Geheimdiensttätigkeit unter dem Decknamen »Ares«, der griechische Gott des Krieges, flog erst im Dezember 2012 auf.

Die Einladung zu dem Treffen hatte Thorsten Heise ausgesprochen, wohl um im Gespräch mehr Details über die Zusammenarbeit von Brandt mit dem Verfassungsschutz zu erfahren. Der mehrfach verurteilte, 1969 in Göttingen geborene Niedersachse war Bundesorganisationsleiter in der 1995 verbotenen *Freiheitlichen Deutschen Arbeiterpartei* (FAP) gewesen. Er führte die militante *Kameradschaft Northeim* mit an, die sich nach seinem Umzug in *Kameradschaft Dreiländereck* umbenannt hatte und nun Treffen im Gutshaus in Fretterode abhielt. Nebenher stieg Heises Einfluss im Rechtsrock-Geschäft. Im Jahr 2004 war er Mitglied im Bundesvorstand der NPD geworden und schickte sich an, den Thüringer Landesverband der Partei in eine schlagkräftige Truppe umzubilden, um mit ihr mittelfristig in den Landtag einzuziehen. In dem Gespräch im Januar 2007 wollte der NPD-Mann wissen, welche Kader der Thüringer NPD sich nach Brandts Meinung vom Landesamt für Verfassungsschutz bezahlen lassen könnten. Folgsam antwortete Brandt. Er ahnte nicht, dass der Gastgeber in der Hosentasche ein Aufnahmegerät mitlaufen ließ. Für wen Heise das tat, ob das kleine Tonband zu seiner eigenen Sicherheit mitlief oder für Dritte bestimmt war, die ihn womöglich dazu beauftragt hatten, ist bis heute ungeklärt. Die Kassette wurde zusammen mit anderen Gesprächsmitschnitten und mehreren Waffen im Oktober 2007 beschlagnahmt, als das Bundeskriminalamt (BKA) Heises Anwesen in Fretterode durchsuchte. Es ging um illegale Tonträger, die der Neonazi vertrieben haben soll. Erst fünf Jahre später erfasste das BKA die Tragweite des bis dahin kaum beachteten Gesprächsmitschnitts, denn in ihm ging es auch um die seinerzeitige Unterstützung der drei 1998 geflohenen Jenaer Neonazis Uwe Mundlos, Uwe Böhnhardt und Beate Zschäpe.

Im Januar 2013 ließ sich die Bundesanwaltschaft das Protokoll überstellen, im gleichen Monat erhielt der NSU-Untersuchungsausschuss des Bundestages Kopien davon. Der Gesprächsmitschnitt gewährt einen verstörenden Einblick in den offenbar lange Zeit praktizierten Umgang des Verfassungsschutzes mit seinen rechtsextremen V-Leuten. So berichtete Brandt damals, dass er von seinen V-Mann-Führern regelmäßig vor Durchsuchungen der Polizei gewarnt worden sei. Das Erfurter Landesamt habe ihm auch Geld gegeben, um sich SIM-Karten für die verschiedenen Handys kaufen zu können. Die rührigen Staatsbetreuer hätten ihm ebenfalls geraten, diese Beschaffungen von Dritten durchführen zu lassen, damit der Polizei und dem Bundesamt für Verfassungsschutz seine Nummer verborgen blieb. Er, Brandt, habe zudem internes Material von gegnerischen Antifaschisten bekommen, an das er ansonsten nicht gelangt wäre.

Und wenn sein Telefonanschluss damals gerade abgehört wurde, habe er das auch von seinen Verbindungsleuten beim LfV erfahren, erzählte Brandt weiter. »Auf einmal riefen sie bei mir an auf Arbeit, (wir) können erst mal nicht mehr bei dir anrufen, weil Handy und Dings ist Papi. LKA hängt drinne oder der große Bruder hängt drinne, sprich Bundesverfassungsschutz«, sagte Brandt laut Mitschnitt.

Bei allem Misstrauen schien Heise in dem Gespräch aber von Brandts Bericht auch beeindruckt gewesen zu sein. »Schön zu wissen, dass der Verfassungsschutz die nationale Bewegung in Thüringen aufgebaut hat«, sagte er laut Protokoll zu Brandt. »Das ist schon … ja … sehr cool.« Das Protokoll vermerkte an dieser Stelle »Gelächter«.

Ob der seit 2006 spitzelnde Trinkaus, Teilnehmer des Treffens in Fretterode, seinem V-Mann-Führer davon berichtet hat, ist bis heute unklar. Doch nur zwei Tage später, am 22. Januar 2007, informierte der Chef des Landesamtes Thomas Sippel den damaligen Innenminister Karl-Heinz Gasser (CDU) über Trinkaus' Tätigkeit. Kurze Zeit später übernahm der Wortführer zahlreicher rechter Tarngruppen auch den Kreisvorsitz der NPD in Erfurt. Insgesamt soll Trinkaus 14 700 Euro für seine Dienste erhalten haben. Ein führender Neonazi wie er hätte von den Geheimdiensten eigentlich gar nicht geführt werden dürfen, meint Martina Renner, stellvertretende Vorsitzende des Thüringer NSU-Untersuchungsausschusses im Landtag, denn das Amt verstieß damit gegen die von seinem Chef erlassene Hausverfügung Nr. 1 aus dem Jahr 2000, in der es ausdrücklich heißt, dass bei der Führung von Vertrauensmännern (VM) darauf zu achten sei, dass der VM »weder die Zielsetzung noch die Aktivitäten eines Beobachtungsobjekts entscheidend bestimmt«.

Seit den Enthüllungen zu den Verbrechen der Zwickauer Zelle rückte auch die umstrittene Beschäftigung Tino Brandts als Informant des Thüringer Geheimdienstes in den Fokus der Öffentlichkeit. Rund 200 000 D-Mark soll Brandt für seine Dienste erhalten haben. Er war einer der engsten Weggefährten des Terror-Trios bis zu dessen Abtauchen 1998, wusste über viele geheime Aktionen Bescheid; doch von dem genauen Aufenthalt der drei in Sachsen will der als intelligent geltende Wortführer wenig mitbekommen haben.

Bereits 1996 hatte das Thüringer Landeskriminalamt intern vermerkt, dass der Neonazi mit dem pausbäckigen Jungengesicht und dem blonden Lockenschopf sich gegenüber dem MDR zu einem »radikalen Antisemitismus« bekannt habe. Außerdem war er wiederholt ins Visier von Polizei und Staatsanwaltschaften geraten. Doch von den 35 gegen ihn angestrengten Strafverfahren seien alle wieder eingestellt worden, wie »Report Mainz« berichtete. Als 1997 von der Exekutive ein Ermittlungsverfahren wegen der »Bildung einer kriminellen Vereinigung« gegen Aktivisten der militanten *Anti-Antifa-Ostthüringen* eingeleitet wurde, war auch der Geheimdienstspitzel Brandt unter den Beschuldigten. Scheinbar kein Problem für die Verfassungsschützer. »Brandt hat jede Woche auf höchstem Niveau berichtet«, erinnerte sich Norbert Wiesner im Juli 2012 vor dem NSU-Untersuchungsausschuss des Erfurter Landtages. Wiesner war derjenige, der Tino Brandt 1994 als V-Mann angeworben hatte. Immer donnerstags, vor Aufmärschen von Rechtsextremisten, habe Brandt berichtet, seine Angaben seien stets »zu 90 Prozent bestätigt worden«, so Wiesner. Auch für Peter-Jörg Nocken, damals Vizepräsident des LfV, war der THS-Anführer der wichtigste V-Mann des Landesamtes gewesen. »Ohne ihn waren wir blind in der rechten Szene«, sagte Nocken, der von 1994 bis 2001 die für die V-Mann-Führung zuständige Beschaffungsabteilung geleitet hatte, vor dem NSU-Ausschuss.

Mindestens 25 Verbindungsleute der Landesämter und des Bundesamtes für Verfassungsschutz, des Militärischen Abschirmdienstes und des polizeilichen Staatsschutzes waren nach bisherigen Erkenntnissen im Umfeld des NSU-Trios und des *Thüringer Heimatschutzes* aktiv. Dennoch hat der Verfassungsschutz nach eigenen Aussagen nur vergleichsweise wenige Informationen über das Neonazi-Trio in den Archiven der Bundes- und Landesämter gefunden. Sollten die vielen V-Leute wirklich nichts gewusst haben? Sollten sie in der alles andere als verschwiegenen Neonazi-Szene nicht mehr Informationen aufgeschnappt haben? Schwer zu glauben, aber ein Gegenbeweis scheitert auch daran, dass viele Quellen- und Personenakten vernichtet worden sind, auch noch nach dem Auffliegen der NSU-Gruppe am 4. November 2011. Die Verfassungsschutzämter beteuern zwar, dass dies ausschließlich erfolgte, um die datenschutzrechtlichen Bestimmungen einzuhalten. Juristisch mag das Vorgehen korrekt sein, aber es nährt auch Zweifel am Aufklärungswillen des Verfassungsschutzes in dieser einmaligen rassistischen Mordserie.

Immerhin haben auch gleich fünf Verfassungsschutzchefs seit 2012 Konsequenzen aus dem Versagen ihrer Behörden und der Vernichtung von Akten gezogen.

Ob die geheimen Akten über V-Leute und observierte Neonazis tatsächlich alle verschwunden sind oder einfach nur unter Verschluss liegen, darf keine unabhängige Institution überprüfen. Der Verfassungsschutz besitzt nach wie vor die Hoheit über die Akten und entscheidet letztlich selbst darüber, welche Berichte und Dokumente er Ermittlern und Untersuchungsausschüssen übergibt.

Eine wichtige Erkenntnis der Untersuchungen durch die Parlamentarier ist, dass aus dem von dem Neonazi und V-Mann Tino Brandt angeführten *Thüringer Heimatschutz* Mundlos, Zschäpe und Böhnhardt als Kerntruppe des Terrors hervorgingen. Das aber rückt auch den Verfassungsschutz ins Zwielicht. Denn untrennbar verbunden ist Brandts Name mit dem damaligen Thüringer LfV-Chef Helmut Roewer. Roewer war im April 1994 aus dem Bonner Innenministerium nach Erfurt versetzt worden, um dort das bis dahin chaotisch und ineffektiv arbeitende Landesamt zu übernehmen. In seiner bis zum Jahr 2000 andauernden Dienstzeit krempelte Roewer die Behörde kräftig um. Zumindest anfangs sorgte er tatsächlich für funktionierende Strukturen im Amt und den Aufbau eines in Ansätzen leistungsfähigen V-Mann-Netzes. Seine autokratische Führungsmethode und eine unverhohlene Günstlingswirtschaft führten jedoch schon bald zu einer tiefen Verunsicherung in der in konkurrierende Lager gespaltenen Belegschaft seines Hauses. Hinzu kam, dass er als Chef des Landesamtes einige dubiose Geheimdienstoperationen persönlich führte, in deren Folge große Geldsummen in unbekannte Kanäle versickert sein sollen.

Emsig trieb Roewer die Sonderstellung seiner Behörde voran und versuchte, sie als eine Art Gegenermittlungsbehörde zum Landeskriminalamt zu positionieren. Das führte angeblich sogar so weit, dass er eigene Informationsquellen im LKA rekrutierte. Gleichzeitig soll er mit dafür gesorgt haben, dass der Informationsaustausch mit der Polizei stark eingeschränkt wurde. Das behaupteten leitende Mitarbeiter des LKA vor dem Thüringer NSU-Untersuchungsausschuss. Roewer wies diese Vorwürfe jedoch stets zurück.

Doch auch gegenüber der vom Innenministerium nach dem Auffliegen des NSU 2011 eingesetzten Schäfer-Kommission nannten LKA-Mitarbeiter den Informationsfluss zwischen den Behörden eine »Einbahnstraße«. Lediglich wenn es um Erkenntnisse des LfV zu geplanten Aufmärschen und Konzerten der rechten Szene gegangen sei, habe der Informationsaustausch gut funktioniert. Im Fall der Fahndung nach dem flüchtigen Neonazi-Trio aus Jena hingegen seien dem LKA Quellenerkenntnisse und andere wichtige Informationen des LfV vorenthalten worden. In ihrem Gutachten resümiert die Schäfer-Kommission dann auch, es sei nicht auszuschließen, dass das Konkurrenzverhältnis zwischen beiden Behörden, insbesondere auch zwischen den jeweiligen Leitern, die Mitarbeiter des Verfassungsschutzes bei der Zusammenarbeit mit dem Landeskriminalamt »negativ beeinflusst« hat.

Aber es waren nicht nur die Informationen von Roewers Spitzeln, die die Thüringer Polizei damals nicht erreichten. Auch das Bundesamt für Verfassungsschutz und eine Reihe von Landesämtern wie etwa die in Sachsen und Brandenburg, ebenso der Militärische Abschirmdienst (MAD) und das Berliner Landeskriminalamt behielten das Wissen für sich, welches sie von eigenen Quellen in der rechten Szene erlangt hatten. Wichtige Spuren in Richtung NSU wurden so nicht weiter verfolgt.

Ab Mitte der 1990er Jahre waren die Thüringer Neonazis gut organisiert – und verstärkt gewaltbereit. Fanatische Jugendliche trainierten mit scharfen Waffen auf stillgelegten Übungsplätzen der Armee, der *Thüringer Heimatschutz* (THS) koordinierte die Aktionen der versprengten Neonazi-Kameradschaften des Freistaats. In anonymen Schreiben drohten Thüringer Rechtsextremisten Ende 1996 mit einem bewaffneten Kampf gegen den Staat.

Auch deshalb regte das Bundesamt für Verfassungsschutz zu dieser Zeit eine gemeinsame Geheimdienstoperation in dem Freistaat an, um V-Leute anzuwerben. Diese Operation mit dem Decknamen »Rennsteig«, der sich noch eine Nachfolgeoperation »Saphira« anschloss, war eine sogenannte nachrichtendienstliche Anspracheaktion. In deren Verlauf sollten bis zum Jahr 2004 mehr als 70 Thüringer Neonazis kontaktiert werden mit dem Ziel, unter ihnen Informanten für den Verfassungsschutz zu werben. Eine Operation solcher Dimension, an der neben dem BfV und den Landesämtern von Thüringen und Bayern auch der Militärische Abschirmdienst einbezogen war, ist außergewöhnlich. Das spricht dafür, wie ernst die Sicherheitsbehörden seinerzeit die Gefahr nahmen, die von militanten Neonazi-Strukturen in Thüringen ausging.

Dass dabei der für die Spionage- und Extremismusabwehr innerhalb der Bundeswehr zuständige MAD in die Vorauswahl möglicher Quellen eingebunden wurde, hat seinen Grund: Der MAD holt üblicherweise Informationen über Bundeswehrrekruten, die vor der Einberufung stehen, beim Verfassungsschutz ein. Sollten dabei Hinweise auf eine »extremistische« Einstellung oder Verbindungen in ein entsprechendes Milieu bekannt werden, führen MAD-Mitarbeiter Informationsgespräche in den Kasernen mit den jeweiligen Soldaten. Dabei geht es darum, das Szene-Wissen der Soldaten abzuschöpfen sowie eine mögliche Sicherheitsgefährdung der Truppe abzuschätzen.

Auch Uwe Mundlos befragte der MAD während seines Wehrdienstes, den er vom 1. April 1994 bis zum 31. März 1995 in Bad Frankenhausen ableistete. Doch wie bei so vielen anderen Vorgängen, die das Trio betreffen, sind auch hier entscheidende Punkte bis heute ungeklärt. Das fängt damit an, dass nicht eindeutig klar ist, wie oft Mundlos befragt worden ist. Der frühere MAD-Abteilungsleiter Dieter Huth gab am 8. November 2012 im Berliner NSU-Untersuchungsausschuss an, der Jenaer sei nur einmal befragt worden. Dieses Gespräch habe angeblich erst am 9. März 1995 stattgefunden, also drei Wochen vor seiner Entlassung. Laut dem überlieferten Protokoll wurde Mundlos dabei nicht nach Details der Thüringer Szene gefragt. Aber kann das zutreffen?

Ein früherer Schulfreund von Mundlos, der sich auch während der Bundeswehrzeit regelmäßig mit dem Jenaer Neonazi traf und als zuverlässiger Zeuge gilt, erinnerte sich in seinen Vernehmungen beim Bundeskriminalamt im Dezember 2011 und März 2012 an anderes. »Uwe sagte mir damals auch, dass er selbst Kontakt zum Verfassungsschutz hatte«, gab der Zeuge zu Protokoll. Der Freund habe gesagt, er sei wegen verschiedener Disziplinarverstöße »gelegentlich in seiner Kaserne im Arrest (gewesen), und dort soll er Kontakt bzw. Besuch vom Verfassungsschutz bekommen haben«. Auf Nachfrage räumte der Zeuge in der Vernehmung ein, dass es sich beim »Verfassungsschutz« durchaus auch um Vertreter des MAD gehandelt haben könnte. Was wahrscheinlicher ist, da das dem Bundesinnenministerium unterstellte Amt keine eigenständigen Befragungen in Kasernen, also dem Ressort des Verteidigungsministeriums, durchführen darf.

In den Gesprächen in der Kaserne – so habe es ihm Mundlos erzählt – seien wiederholt Fragen zu internen Vorgängen der Szene gestellt worden, die eigentlich dort im engen Kreis geheim bleiben sollten, gab der Zeuge, heute Akademiker, weiter an. Mundlos habe ihm gegenüber die Vermutung geäußert, dass seine Befrager ihre Informationen von Tino Brandt bekommen haben könnten, mit dem er damals eng zusammengearbeitet habe und von dem der vorsichtige Jenaer Neonazi Mundlos ja bereits ahnte, dass er ein V-Mann sein könnte.

Hat es also doch mehrere Befragungen von Mundlos beim MAD gegeben? Und wenn es so war – was hat der Rekrut über seine Kameraden preisgegeben? Die Frage ist kaum mehr aufzuklären. Der MAD gibt an, keine Akten mehr über Mundlos zu besitzen. Die Unterlagen seien den Datenschutzbestimmungen entsprechend vernichtet worden. Das Protokoll der angeblich einzigen Mundlos-Befragung vom März 1995 fand sich deshalb auch nur in den Archiven des BfV und des sächsischen Verfassungsschutzes. Das BfV hatte am 27. Juni 1995 die Protokolle mehrerer MAD-Befragungen an die Landesämter in Thüringen, Sachsen-Anhalt und Sachsen versandt. Sie betrafen neben Mundlos weitere fünf Rekruten aus der Kaserne in Bad Frankenhausen. Alle sechs waren am 8. und 9. März 1995 befragt worden, nachdem sie »durch gemeinsames Hören von Skin-Musik und teilweise mit rechtsextremistisch zu wertendem Verhalten aufgefallen« waren, wie es in dem Anschreiben des BfV zu den Protokollen heißt.

Aus anderen MAD-Protokollen, die dem NSU-Untersuchungsausschuss des Bundestages vorliegen, geht hervor, dass der Nachrichtendienst ab 1997 im Zuge der Operation »Rennsteig« eine Reihe von Thüringer Neonazis, die ihren Wehrdienst antraten, detailliert zu Personen und Aktionen in der regionalen Szene befragte. Die Soldaten waren zum Teil erstaunlich auskunftsfreudig. Die Aussageprotokolle gingen deshalb auch an das BfV und an das Thüringer Landesamt. In einigen Fällen war dies verbunden mit dem Hinweis, dass der entsprechende Rekrut auch nach Beendigung seiner Armeezeit bereit sei, mit Sicherheitsbehörden zusammenzuarbeiten.

In mindestens einem Fall führte der MAD aber auch selbst über mehrere Jahre hinweg einen Spitzel in der Thüringer Neonazi-Szene. Vor dem nichtöffentlich tagenden Verteidigungsausschuss informierte MAD-Präsident Karl-Heinz Brüsselbach Ende November 2011 die Bundestagsabgeordneten, dass diese Quelle im *Thüringer Heimatschutz* von Mai 1999 bis Mai 2003 geführt worden sei. Ob dieser V-Mann speziell für die Operation »Rennsteig« angeworben war, ist unklar – ebenso seine Identität.

Denkbar wäre es, denn das BfV hatte die Operation »Rennsteig« gemeinsam mit dem MAD zum Jahresbeginn 1997 gestartet. Schwerpunkt war das östliche Thüringen, darunter Jena, Gera, der Landkreis Saalfeld-Rudolstadt – das Kernland des *Heimatschutzes* sozusagen. Als Zielpersonen sind in Verfassungsschutzakten insgesamt 35 Thüringer Neonazis namentlich aufgelistet – die Dienste wollten ihre Lebensumstände und politischen Aktivitäten in Erfahrung bringen sowie versuchen, sie als Informanten zu gewinnen. Unter den ausgewählten Spitzelkandidaten befanden sich demnach auch Mundlos und Böhnhardt sowie mit Holger Gerlach und Ralf Wohlleben zwei Helfer der späteren mutmaßlichen NSU-Terroristen.

Im Laufe der Operation warb das BfV dann allein neun Neonazi-Spitzel aus dem THS und seinem Umfeld an. Ihre Decknamen begannen alle mit dem Buchstaben T: »Treppe« wurde als Erster rekrutiert, ihm folgten »Tobago« und »Tonfall«, die immerhin bis 2001 Informationen lieferten. Auch zwei Jahre lang, ab 2000, spitzelte »Tonfarbe«; »Tusche« hingegen blieb nur ein Jahr bei der Stange. Länger hielten es »Terrier«, »Tinte« und »Trapid« aus, von denen die beiden Letztgenannten spätestens mit Ende der »Rennsteig«-Aktion 2003 vom BfV an den Thüringer Verfassungsschutz übergeben wurden. Und dann gab es da noch den V-Mann »Tarif«, der aus Thüringen stammte, vor allem aber über die rechte Szene in Niedersachsen berichtete. Auch dessen Identität blieb bisher im Verborgenen.

Nach Abschluss der Operation »Rennsteig« im Jahr 2003 startete das BfV eine Nachfolgeoperation in Thüringen unter der Bezeichnung »Saphira«. In drei Wellen wollten die Verfassungsschützer vom BfV und dem Thüringer Landesamt dabei zwischen 2003 und 2004 noch einmal rund 40 Neonazis ansprechen. In mindestens zwei Fällen war eine Werbung erfolgreich, bestätigte der damalige BfV-Chef Heinz Fromm 2012 vor dem Berliner NSU-Untersuchungsausschuss. Einer dieser beiden V-Leute sei demnach 2005 an das Erfurter LfV übergeben worden. Details über diese Spitzel oder gar deren Identität sind bislang aber nicht bekannt. Der tatsächliche Umfang und ein möglicherweise über die Quellenwerbung hinausgehendes Ziel der Operationen »Rennsteig« und »Saphira« sowie das Zusammenwirken der Nachrichtendienste konnte im Nachhinein nicht mehr aufgeklärt werden. Mitarbeiter der Landesämter von Bayern und Thüringen bestritten vor den NSU-Untersuchungsausschüssen sogar, in »Rennsteig« und »Saphira« einbezogen oder überhaupt darüber informiert gewesen zu sein. Der MAD bezeichnete seine Mitwirkung an der Operation als »bestenfalls peripher«.

Auffällig ist auch, dass das BfV sowohl vor dem Parlamentarischen Kontrollgremium des Bundestages als auch gegenüber den BKA-Ermittlern der Besonderen Aufbau-Organisation (BAO) »Trio« die immerhin sechs Jahre andauernde Operation »Rennsteig« zunächst verschwieg. Erst nach einem Bericht der »Berliner Zeitung« im Juni 2012 räumte das Bundesamt ein, diese Werbeoperation durchgeführt und die Quellenakten zu dem Vorgang vernichtet zu haben. Angeblich habe aber keiner der V-Leute zum Führungskreis der Thüringer Nazi-Szene gehört; auch hätten »sämtliche damals geworbenen V-Leute nicht zum Nationalsozialistischen Untergrund berichtet«, wie es in einem Report des damaligen BfV-Chefs Heinz Fromm heißt. Zweifel bleiben. Fromm jedenfalls musste wegen der »Rennsteig«-Affäre zurücktreten.

Die übergebenen Akten aus dem Archiv des Thüringer Landesamtes bergen auch kaum weiterführende Hinweise auf die Operation »Rennsteig«. Also muss weiterhin davon ausgegangen werden, dass der wichtigste V-Mann des Thüringer Landesamtes in der rechten Szene der bereits erwähnte Anführer des *Thüringer Heimatschutzes*, Tino Brandt aus Rudolstadt, war. Das LfV führte ihn als V-Mann Nr. 2045 beziehungsweise 2150 mit den Decknamen »Otto« und »Oskar«. Zu Beginn seiner Spitzeltätigkeit hatte Brandt 1994 die *Anti-Antifa-Ostthüringen* gegründet, aus der zwei Jahre später der *Thüringer Heimatschutz* hervorging. Insgesamt 120 gewaltbereite Neonazis – unter ihnen Mundlos, Böhnhardt und Zschäpe – rechnete der Verfassungsschutz damals dem *Heimatschutz* zu. Der aus Bayern stammende Brandt, der seine Ausbildung in einem Kaufhaus absolviert haben soll, knüpfte seelenruhig Kontakte zu militanten Neonazi-Organisationen in Franken, koordinierte politische Aktionen und organisierte Wehrsportübungen mit Waffen für THS-Mitglieder. Auch im Untersuchungsbericht der Schäfer-Kommission wird Brandt alias »Otto / Oskar« als »zuverlässige Quelle« bezeichnet, die viele wichtige Informationen geliefert habe. Es sei zu keinem Zeitpunkt der Eindruck entstanden, »Otto / Oskar« habe das LfV bewusst in die Irre geführt, heißt es in dem Bericht der Prüfungskommission weiter. Einen Großteil seines Spitzellohnes will Brandt nach eigenen Angaben jedoch in den Ausbau des THS investiert haben.

Nach dem Abtauchen des NSU-Trios 1998 bezog ihn das Landesamt auch in die Fahndung nach Mundlos, Böhnhardt und Zschäpe ein. Tatsächlich war »Otto / Oskar« von allen bislang bekannten V-Leuten auch derjenige, der in Thüringen dem Trio am nächsten stand. Die drei sollen in Gesprächen mit ihrem Kontaktmann Ralf Wohlleben selbst angeregt haben, Brandt in den Unterstützerkreis hineinzuholen. Diese Information erscheint seltsam, denn schon vor ihrer Flucht im Januar 1998 war in der Thüringer Szene doch ganz offen von dem Verdacht gesprochen worden, dass Brandt mit dem Verfassungsschutz kooperieren könnte. Auch hatte Beate Zschäpe als gleichberechtigtes Mitglied des Trios bereits in den 1990er Jahren bei einem Verhör der Polizei zu Protokoll gegeben, dass sie Brandt nicht möge.

Doch ein Quellenbericht von Brandt deutet darauf hin: In dem am 8. Februar 1999 vom V-Mann-Führer verfassten Vermerk über ein Treffen mit »Otto« heißt es laut Schäfer-Bericht, Wohlleben »habe die Quelle gebeten, eine anrufbare Telefonzelle in Coburg zu suchen und ihm die Nummer mitzuteilen; über die Telefonzelle wollten die Flüchtigen mit der Quelle sprechen«. Das Telefonat kam zustande. Der Anrufer – ob es Böhnhardt oder Mundlos war, ist nicht geklärt – wollte von Brandt unter anderem Details über eine angeblich von THS-Mittelsmann André Kapke unterschlagene Geldspende an das Trio wissen. Zudem war die Geldnot der drei Flüchtigen ein Thema. Auch Wohlleben sprach demnach in der Folge Brandt mehrmals wegen finanzieller Unterstützung für das Trio an. Das LfV reagierte darauf und ließ Brandt Geld für die Flüchtigen zukommen. Man erhoffte sich davon, dem Trio und seinen Helfern auf die Spur zu kommen – nahm aber gleichzeitig billigend in Kauf, dass die drei das Geld für Straftaten oder den Kauf von Waffen verwendeten.

Der in Stadtroda lebende Neonazi Tom T., ein enger Vertrauter des Trios seit der gemeinsamen Zeit in der von ihm 1995 mitgegründeten *Kameradschaft Jena*, hatte ebenso wie andere seiner Kameraden keinen Zweifel daran, dass Brandt auf »zwei Schultern trägt«. Das geht aus einem Vernehmungsprotokoll von T. vom 21. Januar 1997 hervor. Er war damals unter anderem zusammen mit Beate Zschäpe Beschuldigter in einem Ermittlungsverfahren der Staatsanwaltschaft Gera. Laut Aussageprotokoll sagte der Rechtsrock-Musiker, zu Brandt hätten er und viele andere Kameraden kein Vertrauen mehr. »Brandt arbeitet mit staatlichen Organen zusammen«, so T. in der Vernehmung. »Er versucht, den Boss in der Szene zu spielen und zu organisieren, und dann steht der Verfassungsschutz im Konzert.«

Wenn aber schon 1997 in der Jenaer Szene die V-Mann-Tätigkeit von Brandt bekannt war – warum sollen Böhnhardt, Mundlos und Zschäpe dennoch darauf bestanden haben, Brandt als Fluchthelfer einzubeziehen? Nahmen sie den Spitzelverdacht nicht so ernst? Wollten sie den Verfassungsschutz herausfordern? Oder hatten sie so viel Vertrauen in Brandt, dass sie einen Verrat ihrer Verbindung nicht für möglich hielten?

Von V-Mann »Otto / Oskar« stammen laut Schäfer-Bericht die meisten der insgesamt 47 Quellenmitteilungen, die das Thüringer Landesamt zwischen Februar 1998 und Dezember 2001 zu den flüchtigen Jenaer Neonazis erhielt. Der entscheidende Hinweis war aber offenbar nicht dabei. So gab Brandt schon frühzeitig Informationen »zum mutmaßlichen Aufenthalt des Trios in Chemnitz«, wie es im Schäfer-Bericht heißt. Er organisierte mit Wissen des LfV Spendensammlungen auf einschlägigen Konzerten und berichtete seinen V-Mann-Führern, dass er die Einnahmen seinen Freunden Ralf Wohlleben und André Kapke übergeben habe, die damals im Kontakt mit dem Trio standen.

Das Thüringer Amt selbst ließ sogar Bargeld über seinen V-Mann »Otto« in die Unterstützerszene fließen, um mutmaßlichen Helfern auf die Spur zu kommen. Einmal waren es 2000 Mark, mit denen sich die drei gefälschte Pässe organisieren sollten; ein anderes Mal ließ das LfV 300 Mark springen, damit Brandt drei Exemplare des von Zschäpe, Mundlos und Böhnhardt hergestellten antisemitischen Brettspiels »Pogromly« kaufen konnte, dessen Erlös dem Trio zugute kam. Das

Landesamt revanchierte sich für »Ottos« Dienste auch schon mal mit der Warnung, dass Brandt von der Konkurrenz, dem LKA, observiert werde und eine Zeitlang vorsichtig sein solle. So erzählt es zumindest Brandt – wenn das aber stimmen sollte, dann liegt die Vermutung nahe, die Verfassungsschützer hätten verhindern wollen, dass ihr V-Mann die Polizeifahnder auf die Spur der Gesuchten bringt.

Neben Brandt konnte auch eine sogenannte Gewährsperson des Thüringer LfV mit Decknamen »Tristan« ihrem Gesprächspartner vom Amt einen Hinweis auf den Aufenthaltsort des militanten Trios liefern. Der ehemalige Thüringer Neonazi Tibor R., der sich hinter »Tristan« verbarg, meldete laut Schäfer-Bericht im März 2001 dem LfV, dass die drei »nach Szeneinformationen vermutlich in Chemnitz untergetaucht« seien. Auch habe Mundlos seit 1996 intensive Kontakte in die Chemnitzer Skinhead-Szene.

Über eine andere Gewährsperson, Deckname »Alex«, hätte das LfV sogar noch schneller auf die Spur der drei flüchtigen Neonazis kommen können. Andreas Rachhausen aus Saalfeld, der 1996 in der Haft angeworben wurde und bis mindestens August 1998 dem LfV aus der rechten Szene berichtete, hatte dem Trio beim Abschleppen seines defekten Fluchtwagens geholfen. Wie »Der Spiegel« schrieb, war das Fahrzeug, mit dem sich die drei Anfang 1998 aus Jena in den Untergrund abgesetzt hatten, auf dem Weg in ein Versteck auf der Autobahn in Sachsen liegengeblieben. Kurz nach der Panne, so gab es Rachhausen erst Anfang 2013 in einer Vernehmung durch das BKA zu, fuhr er im Auftrag von Wohlleben ins Nachbarbundesland und transportierte das Fluchtauto zurück nach Thüringen. Seinen Kontaktleuten vom LfV erzählte er jedoch nichts darüber, obwohl die ihn auf das Abschleppmanöver angesprochen hatten, von dem sie offenbar aus anderer Quelle, wohl von Brandt, erfahren hatten. Einem Aktenvermerk vom 20. Juli 1998 zufolge habe die Gewährsperson »Alex« glaubhaft mitgeteilt, dass Rachhausen das Fahrzeug nicht abgeschleppt habe. Heute steht fest: Der Spitzel konnte sich selbst einen Persilschein ausstellen.

»Rachhausen war aus meiner Sicht einer der gefährlichsten Rechtsextremisten«, berichtete der frühere Leiter der Saalfelder Staatsschutzabteilung K33 im Juni 2012 dem NSU-Untersuchungsausschuss im Thüringer Landtag. Der als militant geltende Neonazi organisierte im Jahr 1992 bereits einen der größten Aufmärsche Thüringens mit 2000 Teilnehmern zum Gedenken an Hitler-Stellvertreter Heß in Rudolstadt.

Der umtriebige Aktivist hatte zudem Erfahrungen mit rechten Fluchtseilschaften. 1993 erhielt der Saalfelder Anführer einen Haftbefehl wegen gefährlicher Körperverletzung vom Kreisgericht Rudolstadt. Er floh zunächst zu Kameraden nach Belgien, danach nach Dänemark, fand Unterschlupf beim ehemaligen SS-Sonderführer und Holocaust-leugner Thies Christophersen, einer mittlerweile verstorbenen, bekannten Szene-Größe. Knapp ein Jahr lang konnte sich Rachhausen verstecken, dann wurde er entdeckt und der Haftbefehl vollstreckt.

Ein weiterer V-Mann des Erfurter Landesamtes war der Geraer *Blood & Honour*-Sektionschef Marcel Degner (Deckname: »Hagel«). B & H galt vor allem in der Anfangszeit als äußerst konspirativ und elitär. Mit Degner aber hatte das Amt einen »hochrangigen« Spitzel anwerben können, denn er war einer von neun führenden B & H-Aktivisten, an die 2000 die Verbotsverfügung des Bundesinnenministeriums erging. In der Szene hieß er nur »Riese«.

Degner lieferte allerdings nur zwei Informationen über das Trio. Aber die hätten die Fahnder auf eine wichtige Spur bringen können, wenn man die Hinweise an das LKA weitergegeben hätte – was aber nach Erkenntnissen der Schäfer-Kommission 2012 damals unterblieb. V-Mann »Hagel« wies im September 1998 und im November 1999 auf den führenden Chemnitzer B & H-Aktivisten Thomas Starke als einen möglichen Verbindungsmann des Trios hin: Starke sei früher einmal mit Zschäpe liiert gewesen und habe 1999 eine ihm angebotene finanzielle Spende für die Untergetauchten mit der Bemerkung abgewiesen, dass die drei kein Geld mehr bräuchten, weil sie jetzt jobben würden.

Der Tipp von »Hagel« ging in die richtige Richtung. Tatsächlich hat Starke den Flüchtigen geholfen – der Sachse vermittelte ihnen einen ersten Unterschlupf bei seinem Freund in Chemnitz. Später stellte er für sie vermutlich auch den Kontakt zu der im Raum Johanngeorgen-stadt aktiven Kameradschaft *Weiße Bruderschaft Erzgebirge* (WBE) her. WBE-Aktivisten wie André Eminger und Thomas Dienel sollten bis zum Auffliegen des NSU im November 2011 wichtige Bezugspersonen des Trios bleiben. Auch Mandy Struck, die in der WBE zeitweise mit-machte, half dem Trio zumindest anfangs dabei, sich zu verstecken.

Starke selbst behauptet in seinen Vernehmungen durch das BKA im Jahre 2012, im April oder Mai 1998 den letzten Kontakt zu den drei Jenaer Neonazis gehabt zu haben. Allerdings kannte er offenbar Kameraden, die in die Betreuung des Trios eingebunden waren. Was er von ihnen erfuhr, hätte er bereits vor Jahren der Polizei erzählen können, denn seit 2000 war auch Thomas Starke ein Spitzel. Beamte des Berliner Landeskriminalamtes hatten ihn angeheuert, obwohl gegen Starke seinerzeit wegen des bundesweiten Vertriebs verbotener Neonazi-Musik ermittelt wurde. Die Staatsschützer im Berliner LKA führten den sächsischen Aktivisten bis zum Januar 2011 als Vertrauensperson »VP 562«, mehr als zehn Jahre lang. Zeitweilig arbeitete Starke auch in Dortmund, baute dort Kontakte auf.

Die Berliner Staatsschutzbeamten waren vor allem an seinen Kenntnissen über die bundesweite rechte Musikszene interessiert. Fünfmal – am 9. August 2001, am 13. Februar 2002, am 29. Januar 2003, am 27. August 2003 und am 20. Dezember 2005 – erzählte Starke bei den Gesprächen mit seinen Verbindungsführern darüber, was er über das flüchtige Trio oder andere Personen, die mit den dreien zu tun hatten, gehört habe. So gab er etwa am 13. Februar 2002 den Tipp, sein Freund und einstiger *Blood & Honour*-Anführer in Sachsen, Jan Werner, sollte »zu den drei Personen aus Thüringen« Kontakt haben, »die wegen Waffen- und Sprengstoffdelikten per Haftbefehl gesucht werden«. Als brisant schätzten die Berliner Ermittler die Informationen aber offenbar nicht ein, weder an die Thüringer noch an die sächsischen Behörden gaben sie Starkes Mitteilung weiter.

Starke kannte Mundlos, Böhnhardt und Zschäpe bereits seit Anfang der 1990er Jahre sehr gut. Als Starke 1967 geboren wurde, hieß seine Heimatstadt noch Karl-Marx-Stadt. Er wurde Fußballfan, einer von der harten Sorte. »Satan Angels« nannten sie sich, Hooligans, die weniger wegen ihres Klubs FC Karl-Marx-Stadt ins Stadion gingen als vielmehr wegen der Randale. Nicht nur deswegen fiel Starke immer wieder auf: In Diskotheken prügelten er und seine Freunde sich mit anderen Jugendlichen, sie zerkratzten Autos und warfen Grabsteine um. Er geriet ins Visier der Volkspolizei – als Rowdy, und wurde bald zum Informanten. Die eng mit der Stasi kooperierende Kripoabteilung K 1, vergleichbar mit dem heutigen Staatsschutz, führte ihn als Spitzel.

Nach 1989 lebte Starke seine rechtsextreme Gesinnung offen aus. Er war Skinhead, ging oft auf Konzerte von rechtsradikalen Bands. Auf einem davon, nach seinen Angaben war es 1991/92, lernte er Beate Zschäpe und einen »Uwe« kennen – vermutlich Mundlos. Anders als er selbst, der »Action« bevorzugte, seien die Thüringer Neonazis aber politisch orientiert gewesen, erinnert sich Starke 2012 in seiner Vernehmung. 1993 musste er in Haft, zweieinhalb Jahre wegen gefährlicher

Körperverletzung und schwerer Brandstiftung. Es war seine erste Verurteilung, drei weitere sollten bis 2005 folgen. Es ging um szenetypische Straftaten – Landfriedensbruch, Körperverletzung, Volksverhetzung. In Chemnitz gehörte er zu den sogenannten *88ern*, einer radikalen Skinhead-Kameradschaft. Auch war er Mitglied der 2009 verbotenen *Hilfsorganisation für nationale politische Gefangene und deren Angehörige* (HNG) und schrieb 1996 für die Knast-Zeitung »Der Weisse Wolf«. »Starke verfügt über eine Vielzahl auch überregionaler Kontakte … (und) ist außerdem für die Erledigung konspirativer Aufgaben … einschlägig bekannt«, heißt es in einem Verfassungsschutzbericht aus den 1990er Jahren.

Bei seiner ersten Haftstrafe, die er in der sächsischen Justizvollzugsanstalt Waldheim absaß, wurde er von Zschäpe, Böhnhardt und Mundlos betreut: Sie besuchten ihn, schrieben ihm Briefe, die mit »Deine drei Jenaer« unterzeichnet waren. Auch der mutmaßliche Terrorhelfer Holger Gerlach will bei einem der Besuche während eines Freigangs von Starke dabeigewesen sein. Er berichtet den Ermittlern später, dass Mundlos Starke wohl dankbar gewesen sei, denn Starke hatte ihn bei einer Schlägerei mit Bundeswehrsoldaten nicht verraten. Nach der Entlassung 1996 hatte er eine kurze Affäre mit Beate Zschäpe. Als Mundlos bei dem Freund wegen Sprengstoffs anfragte, lieferte der Sachse ihm – »in einem Päckchen in der Größe eines kleinen Schuhkartons«, wie er 2012 aussagt – rund ein Kilo TNT. Nur wenig später, Ende Januar 1998, fand die Polizei das TNT in einer Garage in Jena, der Bombenwerkstatt des Trios.

Starke, mittlerweile 44 Jahre alt, wohnt heute noch mit seiner Familie in Dresden, in einem Mehrfamilienhaus an einer verkehrsberuhigten Seitenstraße. Mit der Szene hat er vor gut zehn Jahren gebrochen, sagt er. Die Bundesanwaltschaft führt noch ein Verfahren gegen ihn, aber es wird wohl eingestellt werden, denn die Übergabe des Sprengstoffs von 1997 und sein Beitrag zur Fluchthilfe von 1998 sind verjährt.

Brisant ist zudem, dass sich neben denen von Tino Brandt und Thomas Starke noch die Namen von zwei weiteren Spitzenquellen des Verfassungsschutzes auf der 1998 beschlagnahmten »Garagenliste«, dem persönlichen Telefonverzeichnis von Mundlos, befanden. Einer davon war Thomas Richter alias V-Mann »Corelli«. Der Neonazi, der seit Anfang der 1990er Jahre bundesweit ein wichtiger Aktivist in der rechten Szene war, hatte Mundlos 1995 auf einem Skinhead-Konzert in Dresden kennengelernt. Laut einem Treffbericht teilte »Corelli« dem

BfV seinerzeit unter anderem mit, dass Mundlos mit Freunden zusammen die *Kameradschaft Jena* gegründet habe. Weitere Berichte von »Corelli« über Mundlos oder auch Böhnhardt und Zschäpe sind bisher nicht bekannt.

Dennoch findet sich Richters Name in dem Telefonverzeichnis. Das lässt den Schluss zu, dass es doch eine zumindest informelle Verbindung zwischen dem Trio und »Corelli« gab. In seiner knappen Vernehmung im Juni 2012 gab Richter an, keinen Kontakt gehabt zu haben. Offiziell wird eingeräumt, dass sich Mundlos und Richter mindestens im Jahr 1995 begegnet sind. Das wäre brisant, denn Richter war einer der bedeutendsten Zuträger des Verfassungsschutzes – und zwar von spätestens 1993 an bis zu seiner Abschaltung als Quelle im November 2012. Das geht aus den umfangreichen »Corelli«-Akten hervor, die der NSU-Untersuchungsausschuss des Bundestages nach langem Hin und Her im Februar 2013 vom BfV erhielt.

Richter diente – das gab der Innenminister von Sachsen-Anhalt im März 2013 in einer Sitzung der Parlamentarischen Kontrollkommission des Magdeburger Landtages bekannt – vor seiner 1994 erfolgten Übernahme durch das BfV bereits dem LfV Nordrhein-Westfalen als V-Mann. Zu dieser Zeit gehörte er der *Nationalistischen Front* (NF) von Meinolf Schönborn an. Richter wohnte damals im Hauptquartier der im November 1992 verbotenen rechtsextremen Partei in Detmold-Privitsheide. Als es im Sommer 92 zu internen Konflikten in der Front kam, schlug sich Richter laut Verfassungsschutzakten auf die Seite von Schönborns Widersachern und sagte auch bei der Polizei gegen ihn aus. Ungeklärt ist bislang, ob es in der Folge dieser Aussage zu einer Anwerbung durch das Landesamt kam.

Nach dem Ende der *Nationalistischen Front* tauchte Richter bei der im Juli 1993 gegründeten Partei *Deutsche Nationalisten* auf. Dort wurde er Vizechef, Parteivorsitzender war Michael Petri – auch Petri soll einem Papier des BKA vom Februar 1997 zufolge V-Mann des Verfassungsschutzes gewesen sein.

In dem gleichen Jahr war Thomas Richter auch Mitbegründer des Thule-Netzes, des ersten und damals wichtigsten rechten elektronischen Kommunikationsnetzwerks. Das Thule-Netz veröffentlichte auch eigene Publikationen und entwickelte sozusagen die *Anti-Antifa*, also die Ausspähung des politischen Gegners. Maßgeblicher Mann neben »Corelli« bzw. Richter war bei dieser Aufgabe Kai Dalek, zu diesem Zeitpunkt ein V-Mann des bayerischen LfV.

In den folgenden Jahren entwickelte sich der heute 42-jährige, aus Halle (Saale) stammende Richter zu einem wichtigen Verbindungsglied zwischen den militanten Neonazi-Strukturen in verschiedenen Bundesländern. »HJ Tommy«, wie ihn seine rechten Kameraden nannten, galt laut einem internen Bericht des Bundeskriminalamtes als »Namengeber und Initiator« des *Nationalen Widerstands Halle / Saale*. Unter dem Dach dieser am Vorbild des *Thüringer Heimatschutzes* orientierten Sammlungsbewegung hatte sich auch die regionale Sektion von *Blood & Honour* organisiert. Er gab die Zeitung »Nationaler Beobachter« heraus und betrieb zahlreiche Internetseiten mit rechtsextremer Hetze. Auf einer dieser Seiten befand sich die Internetpräsenz des rassistischen Fanzines »Der Weisse Wolf«; das Knast-Magazin erhielt im Jahr 2002 2500 Euro von der Zwickauer Zelle und bedankte sich dafür mit den Worten: »Vielen Dank an den NSU, es hat Früchte getragen. Der Kampf geht weiter …«

Offiziell heißt es vonseiten des BfV, der V-Mann habe mit dem NSU nichts zu tun gehabt und auch nicht über das Trio berichtet. Das kann man glauben, muss es aber nicht. Denn »Corelli« gehörte zu den wenigen Topquellen des BfV in der rechten Szene, was sich auch in seiner Bezahlung widerspiegelt: In den 18 Jahren seiner Spitzeltätigkeit für das BfV hat er insgesamt 180 000 Euro kassiert, eines der bislang höchsten bekanntgewordenen V-Mann-Honorare. Amtsintern wurde Richter mit der höchsten Bewertungsstufe »B« geführt – das bedeutet, die Quelle war zuverlässig, ihre Informationen waren zutreffend, sie hatte Kontakte zu führenden Aktivisten und besaß eine absolute Vertrauensstellung in der Szene.

Nach Einschätzung von Abgeordneten aus dem Bundestag und dem Erfurter Landtag, die einen Teil der »Corelli«-Berichte lesen konnten, basierten die Informationen des V-Manns durchweg auf unmittelbarer Teilnahme an Treffen, Planungen und Vorgängen. Er gab dem Verfassungsschutz gegenüber Vier-Augen-Gespräche mit Anführern der Szene ebenso wieder wie interne Informationen über strategische Fragen und Diskussionen, weil er einem auf den Führungszirkel eng beschränkten E-Mail-Verteiler der Szene angehörte. Dem BfV ermöglichte Richter darüber hinaus den Zugang zu geschlossenen Chat-Räumen der Szene im Internet. Auch soll er eine Vielzahl von Fotos weitergereicht haben, weil er aufgrund seiner Vertrauensstellung im Inner Circle einer misstrauischen Szene als einer der wenigen autorisiert war, Bildaufnahmen von Treffen und Demonstrationen zu machen.

»Corelli« berichtete intensiv und detailliert über Hinterleute und Vertriebswege der rechtsextremen Musikszene, über militante Organisationen wie *Blood & Honour* und *Hammerskin Nation* sowie über die Nazi-Szene in Baden-Württemberg, Sachsen-Anhalt, Mecklenburg-Vorpommern und Thüringen. Ein besonderer Schwerpunkt seiner Spitzeltätigkeit war zwischen 1998 und 2002 die von dem baden-württembergischen Neonazi Achim Schmid gegründete deutsche Sektion des rassistischen Geheimbundes *Ku-Klux-Klan* (KKK). In Schmids Organisation stieg »Corelli« schnell zu dessen rechter Hand auf. Was er damals vermutlich nicht wusste – auch KKK-Anführer Schmid war wie er ein V-Mann des Verfassungsschutzes. Zwischen 1994 und November 2000 soll dieser mit dem Stuttgarter Landesamt kooperiert haben, berichtete die »Süddeutsche Zeitung« im Februar 2013 unter Berufung auf LfV-Akten. Wie schon im Thule-Netz und bei den *Deutschen Nationalisten* agierte damit auch beim KKK eine Doppelspitze, die sich vom Verfassungsschutz gut bezahlen ließ.

»Corellis« Berichte aus dem KKK waren detailliert und faktenreich. In dem am 25. März 2013 erstellten Abschlussbericht des Sonderermittlers des Bundestagsuntersuchungsausschusses, Bernd von Heintschel-Heinegg, heißt es über »Corelli«, die Quelle habe aufgrund ihrer Position innerhalb des KKK »umfangreich und werthaltig über Mitglieder, Sympathisanten und Veranstaltungen« berichtet. »Aufgrund seiner Angaben wurde u. a. die Deckblattmeldung 125/02 verfasst, welche auf eine Polizeianwärterin aus dem Stuttgarter Raum hinweist, die im Bereich der Rauschgiftkriminalität tätig sei und einen ›Hass auf Schwarze‹ habe«, heißt es in dem Bericht von Heintschel-Heinegg.

Besonders erfolgreich war Richter beim Aufbau des internen Chatforums des *Ku-Klux-Klans* und der deutschen KKK-Splittergruppe in enger Abstimmung mit dem BfV. Der Verfassungsschutz war somit – auch ohne komplizierte Antragstellung bei der parlamentarischen G-10-Kommission, die die Überwachung von Kommunikationsverbindungen durch die Nachrichtendienste genehmigen muss – stets online, wenn sich die Rassisten zum Gedankenaustausch im Netz trafen. »Corelli« lieferte auch die Klarnamen aller Mitglieder und Sympathisanten des deutschen KKK-Ablegers, darunter fünf Polizisten aus Baden-Württemberg.

Damit könnte sich eine mögliche Verbindung zum NSU ergeben: Denn einer der Beamten, den Richter und seine Kapuzenbrüder 2001 in den Geheimbund aufgenommen hatten, war laut Untersuchungsbericht des baden-württembergischen Innenministeriums schwerpunkt-mäßig an Einsätzen mit »rechtem Hintergrund« beteiligt. In der Bereit-schaftspolizei Böblingen wurde der Beamte darüber hinaus zusammen mit Michèle Kiesewetter eingesetzt. Am 25. April 2007, als die junge Polizistin mutmaßlich von Böhnhardt und Mundlos in Heilbronn er-schossen wurde, war das frühere Klan-Mitglied sogar als ihr Dienstvor-gesetzter im Einsatz.

Richter, der sich zuletzt im Umfeld militanter Kameradschaften be-wegt hatte, soll nach seiner Enttarnung im Ausland untergetaucht sein und dort in einem staatlichen Schutzprogramm betreut werden.

Noch ein vierter V-Mann steht auf der 1998 von der Polizei so fahrläs-sig oberflächlich ausgewerteten »Garagenliste«: Kai Dalek, eine weitere Topquelle des Verfassungsschutzes und – wie erwähnt – ein Vertrauter von Thomas Richter aus den Thule-Netz-Zeiten. Dalek war – so steht es in einem Schreiben des bayerischen Innenministers Joachim Herr-mann (CSU) an den Vorsitzenden des NSU-Untersuchungsausschusses im Bundestag vom 28. September 2012 – in den 1980er und 1990er Jahren V-Mann des Berliner und dann des Bayerischen Landesamtes für Verfassungsschutz. 1998 sei er vom LfV in München abgeschaltet, wegen eines laufenden Ermittlungsverfahrens allerdings noch bis zum Jahr 2000 »betreut« worden. 2008/2009 habe man die abgeschaltete Quelle wieder aktiviert – diesmal habe Dalek den Verfassungsschutz aber nicht über politische Aktivitäten, sondern über Vorgänge bei der Organisierten Kriminalität ins Bild setzen sollen.

Dalek war eine der zentralen Figuren in der westdeutschen Nazi-Szene. Während seiner Agentzeit gehörte er zu den maßgeblichen Aktivisten der von Michael Kühnen 1988 gegründeten *Gesinnungs-gemeinschaft der Neuen Front* (GdNF). Die GdNF war Ende der 1980er, Anfang der 1990er Jahre die wichtigste und in der Szene einflussreichste nationalsozialistische Kaderorganisation. Die hierarchisch gegliederte Gruppe sah sich selbst in der Tradition der SA, sie orientierte sich nach Kühnens Worten am NSDAP-Parteiprogramm und strebte eine »natio-nalsozialistische Revolution in Deutschland« an. Nach dem Mauerfall intensivierte die GdNF, zu deren Anführern neben Kühnen der Öster-reicher Gottfried Küssl, der Hamburger Christian Worch und der Berli-ner »Vandale« Arnulf Priem gehörten, den Aufbau von Organisations-strukturen in der ehemaligen DDR und das paramilitärische Training der dortigen Mitglieder.

Immer vorn dabei war Dalek, der laut bayerischem Innenminister »bis zu seinem Umzug im September 1987 nach Bayern geheimer Mitarbeiter des LfV Berlin« war und seine V-Mann-Tätigkeit für das Münchner Landesamt zunächst bis Juni 1998 fortsetzte. Innerhalb der GdNF stieg Dalek nach Kühnens Tod 1991 zur Nummer zwei hinter Worch auf. Schon vor Gründung der Organisation leitete der V-Mann die Gruppe *Antikommunistische Aktion*, ein Vorläufer der *Anti-Antifa*, deren Ziel die gewaltsame Verfolgung politischer Gegner war. Dalek war an der Erstellung der Publikation »Einblick« beteiligt, in der Linke und Antifaschisten mit Foto und privater Anschrift bloßgestellt und in Gefahr gebracht wurden. Außerdem betrieb der Computerexperte für die GdNF die Mailbox »Kraftwerk.BBS«, die dem bundesweiten Neonazi-Internetdienst Thule-Netz angeschlossen war und unter anderem Fotos neonazikritischer Journalisten veröffentlichte. Unklar ist, ob und mit wie viel Geld der Verfassungsschutz Daleks Computeraktivitäten subventioniert hat. Als Dalek im NSU-Verfahren vernommen werden sollte, hieß es vonseiten des BKA im Juli 2012, »sein Aufenthalt konnte nicht ermittelt werden«. Verwunderlich bei einem so umtriebigen Spitzel im Dienste des Staates.

Nicht auf der »Garagenliste« stehen zwei weitere Nazi-Informanten des Verfassungsschutzes, die dennoch nach 1998 in der Umgebung des NSU auftauchten. Einer von ihnen ist der in Berlin-Neukölln geborene und nach der Wiedervereinigung nach Königs Wusterhausen umgesiedelte Carsten Szczepanski. Er galt zeitweilig als einer der umtriebigsten radikalen Aktivisten, der Kontakte von den *Nationalrevolutionären Zellen* bis *Combat 18* gehabt haben soll.

In der Haft warb ihn das Brandenburger LfV 1994 als V-Mann »Piatto« an. Der extrem gewalttätige, heute unter einer mit Steuergeldern finanzierten neuen Identität lebende Neonazi-Straftäter habe »als bundesweit einzige Informationsquelle weiterführende Hinweise auf den Verbleib dreier flüchtiger Neonazis aus Thüringen« gegeben, wie es ein Abteilungsleiter des LfV in einem Vermerk zusammenfasste.

Szczepanski hatte Anfang der 1990er Jahre versucht, einen eigenen deutschen *Ku-Klux-Klan*-Ableger in Brandenburg zu etablieren. Bei der Durchsuchung einer seiner Wohnungen wurden Rohrbomben gefunden, was aber erstaunlich folgenlos blieb, vielleicht weil sich Szczepanski schon damals sehr auskunftsbereit gegenüber dem Bundeskriminalamt zeigte. 1992 führte er eine Neonazi-Meute an, die in einer Diskothek im brandenburgischen Wendisch Rietz einen nigerianischen Lehrer und Asylbewerber überfiel und fast zu Tode prügelte. »Anstecken die Kohle … verbrennt das Schwein«, hatten sie gebrüllt, bevor ihr Opfer im Scharmützelsee ertränkt werden sollte. Szczepanski habe seine Kameraden in einen »Tötungsrausch« getrieben, berichtet der Journalist René Heilig. Als Rädelsführer wurde er wegen versuchten Mordes 1995 zu acht Jahren Haft verurteilt.

Noch in der Untersuchungshaft, im Juli 1994, ließ sich der Neonazi vom Potsdamer LfV anwerben, welches die neue Quelle hegte und pflegte. 1999 bescheinigten die Verfassungsschützer vor Gericht ihrem »Piatto« wider bessern Wissens eine positive Entwicklung und eine glaubhafte Abkehr von der rechten Szene, was ihm eine vorzeitige Haftentlassung einbrachte.

Tatsächlich hatte sich Szczepanski nie von seiner Gesinnung und seinen Kameraden losgesagt – was auch der Verfassungsschutz wusste. Schließlich holten doch die V-Mann-Führer ihn regelmäßig vom Knast ab, als »Piatto« Anfang April 1998 Freigänger wurde und nur noch zum Schlafen ins Gefängnis musste. Mit dem Dienstwagen karrten die Beamten ihren Zögling zu seinen Treffs mit Neonazis, zahlten ihm jeden Monat 1000 Mark und sorgten dafür, dass er sein vom LfV gestelltes Handy auch im Knast benutzen durfte.

Auch seine Jobsuche verfolgten die Verfassungsschützer mit Wohlwollen. Szczepanski hatte schon als Freigänger ein Praktikum bei einer – wie er sie in seinen Schreiben an die Staatsanwaltschaft von 1998 nennt – »Firma Probst« im sächsischen Limbach absolviert, von der er schließlich auch einen Arbeitsvertrag erhielt. Die Brandenburger Richterin stimmte nicht zuletzt wegen dieses, auf eine scheinbar günstige Sozialprognose hinweisenden Anstellungsverhältnisses der vorzeitigen Haftentlassung Szczepanskis zu. Was ihr der Verfassungsschutz dabei verschwieg: Die »Firma Probst«, die mit NS-Devotionalien handelte, gehörte zwei sächsischen Blood & Honour-Aktivisten. In Chemnitz betrieb das Ehepaar zudem den einschlägigen Szene-Laden »Sonnentanz«. Szczepanski hatte also mitnichten die Szene verlassen, sondern bestenfalls seine Wirkungsstätte gewechselt. Dort in Chemnitz tauchte »Piatto« in das Unterstützerumfeld des Trios ein und hatte Kontakt mit B & H-Aktivisten, die Zschäpe, Mundlos und Böhnhardt unterstützen wollten. Geschah dies alles auftragsgemäß? Seinen Brandenburger Führungsleuten jedenfalls berichtete »Piatto«, dass seine Arbeitgeberin bereit sei, ihren Pass Beate Zschäpe zur Verfügung zu stellen. Und gab an,

dass der sächsische *Blood & Honour*-Chef, Jan Werner, für das untergetauchte NSU-Trio Waffen beschaffen sollte. Die Genannten leugnen
die Anschuldigungen.

Die vielen V-Männer im Umfeld des NSU-Trios sollen laut Aktenlage
indes nichts über das Doppelleben der drei in Zwickau gewusst haben. Dabei hat das Trio vermutlich über zehn Jahre in der sächsischen
Kreisstadt nahe Chemnitz gelebt, und keine Information dazu soll zu
den Behörden durchgedrungen sein? 2013 wurde bekannt, dass einer
der wichtigsten NPD-Funktionäre der Stadt, der ehemalige Landtagsabgeordnete der Partei Peter Klose, Anfang der 1990er Jahre ein Spitzel
des Verfassungsschutzes war. Klose nannte sich im Jahr 2011 bei Facebook übrigens »Paul Panther« – gut ein halbes Jahr vor dem Auffliegen
des NSU und deren vermeintlichem Paul-Panther-Selbstbekennungs-
video.

Doch wichtiger erscheint ein anderer V-Mann, der im Zusammenhang mit der weitgehend noch unklaren Zeit in Zwickau eine Rolle
gespielt haben könnte. Unter dem Decknamen »Primus« spitzelte der
sächsische Szene-Musiker Ralf Marschner bis 2002 für den Verfassungsschutz. Als »reisender Händler für Textilien und CDs« tauchte
der Zwickauer im November 1997 in der Thüringer Szene-Gaststätte
»Heilsberg« bei einem Skinhead-Konzert mit den Bands »Kampfzone«
aus Coburg und »Rabauken« aus Dortmund auf. Der ihm von der Polizei zugeordnete Wagen trug an dem Abend eine »28« im Kennzeichen,
das Kürzel für »Blood & Honour« In diesem Treffpunkt verkehrte auch
das Trio kurz vor seiner Flucht. In Zwickau führte Marschner nach und
nach mehrere Geschäfte. Eines davon hieß »The Last Resort Shop«, in
dem er szenetypische Artikel wie Bomberjacken und Springerstiefel sowie CDs einschlägiger Bands anbot.

In der Neonazi-Szene hieß Marschner nur »Manole« oder auch »der
Halslose«. Aussagen, wonach die im Jahr 2000 mit Mundlos und Böhnhardt nach Zwickau umgesiedelte Beate Zschäpe zeitweise als Verkäuferin in dem Laden gearbeitet haben soll, konnten durch die Ermittlungen nicht bestätigt werden. Aber mehrere Zeugen wollen sie in einem
von Marschners Läden gesehen haben. Ein weiterer Zeuge gab Anfang
2012 an, Ralf Marschner am Pfingstwochenende 1998 in Begleitung von
Mundlos und Böhnhardt beim »Pfingstochsen-Cup«, einem Fußball-
Turnier, auf dem Sportplatz im ostthüringischen Greiz gesehen zu haben. Da war das Trio bereits einige Monate abgetaucht.

Marschner selbst, der seit einigen Jahren in der Schweiz lebt, bestreitet die Vorwürfe, wie es heißt. In seiner Vernehmung durch die Bundesanwaltschaft 2012 beteuerte der damals 40-Jährige, nie persönlich mit einer Person des Trios Umgang gehabt zu haben. Gleichwohl räumte er Kontakte zu André Eminger und dessen Frau Susann ein, die beide zum engsten Bekanntenkreis von Zschäpe, Mundlos und Böhnhardt zählten. Außerdem gab er zu, lange Jahre mit Angehörigen der sächsischen *Blood & Honour*-Sektion verkehrt zu haben, die in der Unterstützung des Trios zumindest in den Anfangsjahren eine wichtige Rolle spielten.

Der damals sachsenweit bekannte Skinhead Marschner gehörte 2005/2006 zu den Beschuldigten im Ermittlungsverfahren gegen Mitglieder und Unterstützer der als kriminelle Vereinigung verurteilten Nazi-Rockband »Landser«. Er wurde jedoch freigesprochen. Mit seiner Nazi-Rockband »WestSachsenGesocks – WSG« (die Abkürzung kann man auch als Anspielung auf das Szene-Synonym für »Wehrsportgruppe« verstehen) veranstaltete er in einem einschlägig bekannten Gartenlokal in Zwickau regelmäßig Konzerte. Am Rande dieser Auftritte wurde auch das Skinzine »Der Vollstrecker« verteilt, an dessen Herstellung »Primus« mitgewirkt haben soll.

Im Frühjahr 2013 berichteten die »Süddeutsche Zeitung« und »Der Spiegel« über den Verdacht der NSU-Ermittler, Ralf Marschners damalige Baufirma könnte Fahrzeuge für die Terrorgruppe angemietet haben. In Unterlagen einer Zwickauer Autovermietung fanden Beamte demnach Verträge für Fahrzeuganmietungen auf den Namen des V-Mannes, die zeitliche Überschneidungen mit zwei Morden des NSU im Juni und August 2001 in Nürnberg und München aufweisen. Bei beiden Taten fehlten bisher Hinweise zu Fluchtwagen. Marschner bestritt aber in seiner Vernehmung, dass die Autoanmietungen etwas mit den Taten zu tun hätten.

Hinsichtlich der erschreckenden Vielzahl von V-Männern in einflussreichen Positionen innerhalb des militanten braunen Spektrums stellt sich die Frage, wie groß der Anteil deutscher Nachrichtendienste tatsächlich am Aufbau radikaler neonazistischer Strukturen war. Gab es womöglich sogar interne Seilschaften innerhalb der Behördenapparate, die Sympathien für die braune Ideologie pflegten – und flossen dafür auch indirekt finanzielle Mittel?

Diese Frage wird diskutiert, seit das ganze Ausmaß des behördlichen Versagens bei der Verfolgung des NSU, aber auch bei der wirksamen und nachhaltigen Unterbindung rechtsradikaler und terroristischer Strukturen offenbar wird. Nur unzureichend wurden in diesem Zusammenhang bisher die braunen Wurzeln bundesdeutscher Sicherheitsbehörden beleuchtet. Nur wenige Experten wie der Weilheimer Geheimdienstforscher Erich Schmidt-Eenboom haben in der Vergangenheit immer wieder darauf hingewiesen, dass beim Aufbau des deutschen Sicherheitsapparates nach Kriegsende bedenkenlos und mit Billigung der westlichen Alliierten auf alte Nazi-Kader zurückgegriffen wurde – NS-Verbrecher, die schon unter Hitler willige Vollstrecker eines rassistischen und völkischen Wahns gewesen waren.

In dem am 7. November 1950 in Köln gebildeten Bundesamt für Verfassungsschutz etwa arbeiteten – zum Teil in leitenden Positionen – bis in die 1960er und 1970er Jahre hinein frühere Mitarbeiter von SS (Schutzstaffel der NSDAP), Gestapo (Geheime Staatspolizei) und anderen NS-Geheimdiensten, von denen einige sogar an Kriegsverbrechen beteiligt gewesen sein sollen. Die ehemaligen Nazis schafften es bis in die Amtsspitze: Hubert Schrübbers beispielsweise, der von 1955 bis 1972 das BfV als Präsident leitete, soll vor 1945 als Staatsanwalt in Hamm an Verfahren gegen Regimegegner beteiligt gewesen sein. Sein Vize Albert Radke, der aus der *Organisation Gehlen* kam, war laut NS-Akten als Oberst im Amt Ausland/Abwehr des Oberkommandos der Wehrmacht tätig. Und Gustav Halswick, der bei Schrübbers das Amt eines Sonderbeauftragten des BfV-Präsidenten bekleidete, wird vorgeworfen, vor 1945 als SS-Obersturmbannführer an Kriegsverbrechen in Polen und der Sowjetunion beteiligt gewesen zu sein. Auch Richard Gercken, der in Schrübbers' Amtszeit die Spionageabwehr im BfV leitete, war als SS-Hauptsturmführer als Chef des Sicherheitsdienstes beim Reichsführer SS (SD) in den besetzten Niederlanden tätig.

Andere hochrangige BfV-Mitarbeiter arbeiteten in den ersten Jahren unter falschem Namen beim Verfassungsschutz mit, weil sie fürchteten, wegen Kriegsverbrechen verfolgt zu werden, so etwa Kurt Marschner alias »Fischer«, der als SS-Sturmbannführer im Vernichtungslager Auschwitz eingesetzt war. Auch Karl-Heinz Siemens, der als SS-Obersturmführer in der für viele Kriegsverbrechen verantwortlichen »Leibstandarte Adolf Hitler« diente, war zunächst als Dr. Kaiser in der Bundesrepublik untergetaucht und wurde später Oberregierungsrat in der für »Linksradikalismus« zuständigen Abteilung III des BfV.

Auch der Bundesnachrichtendienst und sein 1946 gegründeter Vorgänger, die *Organisation Gehlen*, übernahmen unter ihrem ersten Chef, dem Wehrmachtsgeneral Reinhard Gehlen, Hunderte ehemalige Mitarbeiter der nationalsozialistischen Geheimdienste. Aus freigegebenen CIA-Unterlagen über die Organisation Gehlen geht hervor, dass im Sommer 1949 rund 400 Mitarbeiter – die meisten von ihnen in leitenden Positionen – aus den Nachrichtendiensten der Nazis, der SS und der Gestapo stammten. Noch Anfang der 1960er Jahre wurden bei einer internen Untersuchung rund 200 BND-Mitarbeiter als frühere Angehörige von NS-Sicherheitsbehörden identifiziert. Eine Reihe von ihnen war an Kriegsverbrechen beteiligt. Eine Historikerkommission soll jetzt diese Verstrickungen aufarbeiten.

Auch das 1951 gegründete Bundeskriminalamt wurde von früheren Nazi-Tätern aufgebaut. So hatten bis auf zwei alle 50 Führungskräfte, die das Amt bis in die 1960er Jahre hinein prägten, eine »braune Weste«. Die Hälfte von ihnen war im Zweiten Weltkrieg als Angehörige des Reichssicherheitshauptamtes oder sogenannter Einsatzgruppen in Polen und der Sowjetunion direkt an Verbrechen des NS-Regimes beteiligt. Auch der erst als Vizepräsident und dann – bis 1971 – als BKA-Chef amtierende Paul Dickopf war während des Krieges als Agent des SS-Geheimdienstes SD im Einsatz.

Auf der Landesebene setzte sich ab 1950 mit der Gründung der Landesämter für Verfassungsschutz die Rekrutierung des Personals aus den NS-Nachrichtendiensten fort, am stärksten ausgeprägt in der amerikanischen Besatzungszone und oft genug aus dem Personal der *Organisation Gehlen*, erläutert Erich Schmidt-Eenboom. Als signifikantestes Beispiel verweist er auf das LfV Bayern, wo der ehemalige Offizier der Geheimen Feldpolizei Max Noeth Vize-Chef war, wo der SS-Sturmbannführer Joseph Schreieder ab 1953 die Spionageabteilung leitete und wo auch der Gestapo-Offizier Leonhard Halmansegger ein Unterkommen fand. Selbst als nach der Wiedereingliederung des Saarlands in Saarbrücken ein LfV gegründet wurde, machte man den Gestapo-Beamten Werner Otto Klemmer zum stellvertretenden Leiter. Erst in den späten 1960er und 1970er Jahren setzte bei den Landesämtern eine Neubesetzung des Leitungspersonals ein, teils aus Überalterung, teils als Befreiung von NS-Altlasten. In anderen Fällen wurden Entlassungen oder Versetzungen in weniger sensible Bereiche in aller Stille vorgenommen.

Viele ehemalige Hitler-Anhänger und überzeugte Nationalsozialisten waren fast übergangslos in den Dienst der neuen Bundesrepublik übernommen worden. Elitegedanke und NS-Ideologie hielten sich in den Behördenapparaten. Aber konnte der braune Geist der Gründergeneration tatsächlich bis in die heutige Zeit nachwirken? Es gibt durchaus Anzeichen dafür, dass sich die personelle Kontinuität der Anfangsjahre in eine ideologische Kontinuität in den Sicherheitsbehörden verwandelt hat, die dazu führte, dass sich Geheimdienste und Polizei immer wieder auf dem rechten Auge blind zeigten. Der Kalte Krieg zwischen den Ost- und Westmächten bestimmte nachhaltig das Wesen der Dienste. Die propagierte kommunistische Gefahr wurde zum bestimmenden Politikum.

Eine mentalitätsgeschichtliche Analyse der Führungskader der westdeutschen Nachrichtendienste in den Gründerjahren der Bundesrepublik steht noch aus, bedauert Schmidt-Eenboom. Auf der einen Seite haben NS-Belastete die Dienste zwangsläufig geprägt, auf der anderen Seite gibt es zahlreiche Indizien dafür, dass sie in der nachfolgenden Generation von Geheimdienstlern nicht mehr als Vorbilder betrachtet wurden. Das lag weniger an der hinter vorgehaltener Hand berichteten braunen Vergangenheit, mehr an der von ihren Nachfolgern beklagten eklatanten Leistungsschwäche. Selbst die große Gemeinsamkeit der alten und neuen Mitarbeiter, ihr Antikommunismus, war von unterschiedlicher Natur. Basierte er in der Gründergeneration noch vielfach auf der NS-Ideologie, so nährte er sich bei den neu Eingestellten eher aus der täglichen nachrichtendienstlichen Auseinandersetzung mit den Staaten des Warschauer Vertrages und ihren tatsächlichen oder vermeintlichen Bataillonen in der Bundesrepublik, wie der Geheimdienstforscher meint. Dieses Denken wirkte auch nach dem Ende des Kalten Krieges nach. Die bis weit nach dem Jahrtausendwechsel agierende Führungsgeneration in Verfassungsschutz und BKA war noch lange von dem alten Feindbild und vom Antikommunismus geprägt. In den östlichen Bundesländern, wo nach 1990 die Sicherheitsbehörden mit westdeutschem Personal neu aufgebaut wurden, brachten einige altgediente Westimporte dieses Denken mit.

Kein Wunder also, dass sich Verfassungsschutzämter und Polizeibehörden in den vergangenen Jahrzehnten dann auch mehr um linke Gewerkschafter und PDS-Genossen, alternative Hausbesetzer und Autonome kümmerten als um extrem rechte Jugendliche, deren radikale Einstellungen man im Wesentlichen für weniger gefährlich einschätzte. Vor zahlreichen militanten Neonazi-Gruppierungen wurde erst gewarnt, nachdem die Öffentlichkeit Druck gemacht oder Medien ausführlich berichtet hatten.

Hinzu kam, dass sich Polizei und Verfassungsschutz keineswegs immer einig waren, was die Art und Weise des Vorgehens gegen rechtsradikale Aktivisten anging. In den Jahren 1996/97 etwa schaukelte sich ein solcher Konflikt zwischen Bundeskriminalamt und Bundesamt für Verfassungsschutz derart auf, dass am Ende das Bundesinnenministerium schlichten musste. Der Anlass für den Konflikt war, dass das BKA bei seinen Ermittlungen gegen maßgebliche Anführer der deutschen Neonazi-Bewegung immer wieder auf V-Leute gestoßen war, die unter den Augen des Geheimdienstes – und damit des Staates – Straftaten initiierten sowie Organisierungsgrad und Schlagkraft der Szene entscheidend vorantrieben.

In der sogenannten Präsidentenrunde am 25. November 1996 sollten die damaligen Chefs von BKA und BfV, Klaus-Ulrich Kersten und Peter Frisch, auf Drängen des BKA das Thema intern ausdiskutieren. In einer Vorlage für dieses geheime Treffen vom 13. November 1996, die für BKA-Chef Kersten erstellt wurde, heißt es: »Von etwa dreißig führenden Personen des rechtsextremistischen Spektrums sind acht als besonders aktiv und gleichzeitig als Quellen des Verfassungsschutzes festgestellt worden. Sie beteiligen sich u. a. an der Gründung von rechtsextremistischen Vereinigungen und Organisationen, der Reaktivierung einer verbotenen Vereinigung unter neuer Bezeichnung und den Versuchen der Gründung krimineller Vereinigungen. Weiter organisierten sie Veranstaltungen und Aktionen und stellten Kommunikationstechnik zur Verfügung. Zugleich wurden die Gruppen fachlich beraten und betreut. Vier andere Personen wurden ebenfalls als Quellen erkannt; Reaktionen weiterer Personen legten den Verdacht einer Zusammenarbeit mit dem Verfassungsschutz nahe.«

Das Bild des Rechtsextremismus in der Öffentlichkeit, so heißt es warnend in dem brisanten BKA-Papier, werde »nicht zuletzt durch die Quellenaktivitäten geprägt«. Dazu gehörten die zwischen 1994 und 1996 von V-Leuten organisierten Aktionen anlässlich des Hitler-Geburtstages und des Todestages von dessen Stellvertreter Rudolf Heß. Auch hätten zwei Quellen des bayerischen und des nordrhein-westfälischen Verfassungsschutzes die Personalien von mehr als 200 politischen Gegnern gesammelt und veröffentlicht. »Es gibt Anzeichen, dass dies zum Teil mit Wissen und insbesondere auch mit finanzieller Unterstützung der Ämter für Verfassungsschutz geschieht«, heißt es in der BKA-Vorlage weiter, »obwohl hier der Verdacht naheliegt, dass einige Quellen ›aus dem Ruder laufen‹.«

Das erste Gespräch zwischen Kersten und Frisch brachte offenbar keine Einigung in dem Konflikt. Aber das BKA beharrte auf seiner Kritik am Verfassungsschutz. In einem als »Positionspapier« bezeichneten Schreiben vom 3. Februar 1997, das acht Tage später an das BfV übersandt wurde, beklagte das BKA die »in den letzten Jahren zunehmende Divergenz zwischen Verfassungsschutzoperationen und exekutiven Maßnahmen«. Mit anderen Worten: Immer häufiger war das BKA bei seinen Ermittlungen gegen Neonazis auf V-Leute des Amtes gestoßen, wodurch – wie es in dem BKA-Papier weiter heißt – »einerseits sowohl die Führung der Quellen und operativen Maßnahmen des Verfassungsschutzes als auch die Beweisführung in Ermittlungs-/Strafverfahren erschwert oder sogar unmöglich geworden sein dürfte«.

Ausdrücklich warnte das BKA in seinem Papier vor einem »Brandstifter-Effekt«: »Es besteht die Gefahr, dass Quellen sich gegenseitig zu größeren Aktionen anstacheln. Somit erscheint es fraglich, ob bestimmte Aktionen ohne die innovativen Aktivitäten dieser Quellen überhaupt in der späteren Form stattgefunden hätten!«

Die Unterlagen über diesen Konflikt zwischen BKA und Verfassungsschutz, der 1996/97 nicht nach außen drang, sind jetzt im Zuge der Aufarbeitung der NSU-Affäre öffentlich geworden. Die Dokumente zeigen aber auch, dass sich das BfV seinerzeit im Bundesinnenministerium durchsetzen konnte und das BKA klein beigeben musste.

Und so existiert der alte, schwelende Konflikt zwischen Polizei und Verfassungsschutz bis heute, nicht nur auf Bundesebene. Auch in den Ländern herrscht oftmals Konkurrenz oder Kompetenzgerangel zwischen den Sicherheitsbehörden. Denn die Verfassungsschutzämter unterliegen dem Legalitätsprinzip, das heißt, es liegt in ihrem Ermessen, Informationen aus dem »extremistischen« Bereich und der Organisierten Kriminalität an die Exekutivorgane, also Polizei und Justiz, weiterzugeben. Ausgenommen davon sind lediglich Erkenntnisse über geplante oder begangene schwerste Gewaltdelikte und terroristische Straftaten. Vor allem im Deliktfeld der politisch motivierten Kriminalität aber führt das zu einem großen – und oftmals auch begründeten – Misstrauen aufseiten der Polizei, weil es immer wieder Fälle gibt, in denen Verfassungsschützer Informationen zurückhalten, um ihre Quellen nicht zu gefährden. Einige Mitglieder des Erfurter Untersuchungsausschusses vermuten zudem, dass in der rechtsextremen Szene seinerzeit nachrichtendienstliche Operationen liefen, von denen die Öffentlichkeit noch immer nichts weiß.

Andrea Röpke und Andreas Speit

Der Terror von rechts – aktuelle Entwicklungen

Fast vergessenes Verbrechen in Winterbach – Die *Hammerskin Nation*, der NSU und das Blutbad von Wisconsin – Halberstadt: Angriff auf Theatergruppe – *Sturm 34* – Pölchow: Angriff auf Gegendemonstranten – Autonome Nationalisten – Kiel: Schlag auf Balletttänzer – Bückeburg: Angriff auf Jugendlichen – Oschatz: Ermordung eines Obdachlosen – Radikale NPD – Gewaltbereite Kameradschaften – Mammutprozess gegen *Aktionsbüro Mittelrhein*

»Die bringen uns alle um!« Der Notruf kam aus Winterbach. Fünf junge Menschen bangten in der Nacht zum 10. April 2011 in ihrem Gartenhäuschen aus Holz um ihr Leben. Draußen brüllten Angreifer: »Scheißkanaken, los, kommt raus!« An die 60 Neonazis hatten bei lauter Musik und viel Alkohol auf dem Grundstück der Gartenkolonie nebenan gefeiert, einige waren im Laufe des Abends gegangen. Dann war die Situation zwischen den gewaltbereiten Rechten und den neun italienisch- und türkischstämmigen jungen Männern, die neben ihrer Gartenlaube auf dem Engelberg grillten, eskaliert. Es fing mit Kleinigkeiten an, bevor ein Tross Neonazis die kleinere Gruppe angriff und Einzelne wild verprügelte. Drei Jugendliche retteten sich voller Angst ins Häuschen und waren eingeschlossen, umgeben von Angreifern. Laut schrie eine Frau etwas. Einer der Angreifer, dessen Gesicht in der Dunkelheit nicht zu erkennen war, nahm einen brennenden Ast aus dem Feuer, kam auf das Gartenhäuschen zu und zündete es an. Während zwei gejagte Opfer noch hineinstürzten und Schutz suchten, hatte die Laube bereits Feuer gefangen. Schnell brannte alles lichterloh. Der Beamte am Notruftelefon schrie die verzweifelten Anrufer an, sie sollten sofort ausbrechen: »Mensch, lieber ihr werdet verprügelt als dass ihr verbrennt.«

Die Eingeschlossenen in der baden-württembergischen Gemeinde folgten dem Rat des Polizisten und brachen aus, manche stürzten, wurden gegriffen und verprügelt, aber sie überlebten. Ein Milzriss und eine Gehirnerschütterung waren die körperlichen Folgen. Erkennen konnten die Opfer keinen der Angreifer. Einige von ihnen leiden bis heute an den psychischen Folgen der Attacke. »Ich hatte so eine Angst wie noch nie«, gestand Fatih A. später als Zeuge vor Gericht. Auch ein 28-Jähriger kann nichts vergessen, er musste seinen Job als Reifenhändler wegen Depressionen aufgeben. Er erklärte verzweifelt: »Mein Leben ist zerstört.«

In zwei getrennten Prozessen müssen sich insgesamt 14 Neonazis überwiegend aus dem Landkreis Rems-Murr, darunter eine junge Frau, vor der Strafkammer des Landgerichtes in Stuttgart wegen gemeinschaftlicher Körperverletzung, Meineides und Falschaussagen verantworten. Ihre Kameradschaften heißen: *Nationale Rebellion Calw, Freie Kameradschaft Fichtenberg, Blood Brothers* (Fellbach) und *Chaos Crew*. Von den 18- bis 37-jährigen Beschuldigten saßen bis zum Herbst 2012 noch acht in Untersuchungshaft, unter ihnen der ehemalige Pressesprecher des NPD-Kreisverbandes Rems-Murr. Bereits im Jahr 2000 hatte er einen griechischen Geschäftsmann zusammengeschlagen und dafür eine Bewährungsstrafe erhalten.

In einem ersten Prozess verurteilte das Landgericht Stuttgart im März 2012 zwei der Angreifer, Dominik F. und Dennis K., zu jeweils zwei Jahren und fünf Monaten Haft wegen gemeinschaftlicher gefährlicher Körperverletzung. Das Landgericht Stuttgart bescheinigte den beiden, eine »regelrechte Hetzjagd« mit Vorsatz entfesselt zu haben. Dominik F. und Dennis K. schlossen sich demnach einer Meute an, deren Ziel »glasklar« gewesen sei, da sie in den Opfern nur »Kanaken« gesehen hätten. Mit dem Verfahren war, den »Stuttgarter Nachrichten« zufolge, Richter Joachim Holzhausen nicht zufrieden, bezeichnete es als »extrem unbefriedigend«, da die Schlüsselfrage, wer die Hütte in Brand gesteckt hatte, nicht geklärt werden konnte und weil in dem Verfahren insgesamt »verschleiert, gemauert und gelogen wurde, bis sich die Balken biegen«.

Der Richter hinterfragte aber auch die Einlassungen der Opferzeugen, die teils unglaubwürdig die Eskalationsentwicklung geschildert hätten. In den Verhandlungstagen sah sich das Gericht vor allem aber durch die Neonazis mit einer völligen Missachtung konfrontiert. Ein Zeuge habe »den Debilen gegeben«, der Nächste offenbare Erinnerungslücken, »dass man sich eigentlich nur noch verhöhnt fühlt«, die Dritte erklärte, »ohne rot zu werden«, dass sie manche Leute bewusst decke, und der Folgende »schwört(e) einen Meineid«, so die »Stuttgarter Nachrichten«. Dieser Prozess, bilanzierte Holzhausen dann vor den wenigen Zuhörern bitter, habe gelehrt, dass es »mitten unter uns Menschen gibt, die aus gruppenspezifischer Menschenfeindlichkeit bereit sind, schwerste Straftaten zu begehen« – und »Menschen, die bereit sind, solche Verbrecher zu decken – ohne Gewissensbisse, ohne Gefühl für die Opfer«. Betroffenheit habe er bei den Angeklagten nicht verspürt, sie seien »ohne einen Funken menschlichen Anstands«.

Im Schatten von NSU-Ermittlungen und Mammutprozess in München wird etwa zeitgleich seit Ende 2011 in Baden-Württemberg ein Verbrechen verhandelt, welches weitaus mehr Aufmerksamkeit verdient hätte. Die lokalen Medien berichteten regelmäßig, überregionale Redaktionen zeigen dagegen wenig Interesse. Lucius Teidelbaum, Fachjournalist aus Stuttgart, der sich bei der langwierigen Prozessbeobachtung mit drei Kollegen abwechselt, sagt: »Überwiegend wurde vor leeren Stühlen im Saal verhandelt.«

In Winterbach selbst, einem kleinen Ort im Rems-Murr-Kreis, nordwestlich von Stuttgart gelegen, wird aber mit einer Kundgebung regelmäßig an den rassistischen Übergriff, bei dem nur zufällig niemand ums Leben kam, erinnert. Der Landkreis galt lange Zeit als rechte Hochburg in der Region nahe Ludwigsburg.

Schwere Vorwürfe gegen die Ermittlungsbehörden erhob ein Sprecher der Initiative *Rems-Murr nazifrei*, da erst eine Woche nach dem Feuer Brandsachverständige die Reste der Gartenlaube untersucht hätten, und kritisierte, dass die Kontrollen der Polizei nur »lückenhaft« gewesen waren, obwohl sie von der Neonazi-Feier gewusst hatte. Es wurde weggeschaut. Eine junge Frau muss sich wegen Strafvereitelung verantworten. Sie hat eine in der Szene prominente Verteidigerin: Nicole Schneiders. Die mit ihren feuerroten Haaren sehr auffällige Juristin aus Baden-Württemberg vertritt auch Ralf Wohlleben, einen der Hauptangeklagten im NSU-Verfahren. Ihr Mandant und sie kennen sich aus ihrer gemeinsamen politischen Zeit in Jena. Während ihres Studiums war Schneiders stellvertretende Kreisvorsitzende der NPD in der Thüringer Universitätsstadt.

Mitte April 2013 ging der zweite Winterbach-Prozess in Stuttgart in seine Endphase. Der Staatsanwalt forderte Haftstrafen, und auch die Verteidiger hielten ihre Plädoyers. Teilweise müssen sie für die Opfer schwer erträglich gewesen sein, betonen die Anwälte der Täter doch, dass die Brandursache »noch immer völlig ungeklärt« sei, es müsse sich nicht »zwingend« um Brandstiftung gehandelt haben, der Kleingrill neben der Hütte könnte auch »umgekippt« sein. »Der Grund für die Eskalation war nicht die rechte Gesinnung«, resümierte der Stuttgarter

Verteidiger Steffen Wilfried Hammer, den Anlass hätten vielmehr die »Geschädigten« selbst geliefert.

Der braungebrannte Mann mit den dunklen, geschorenen Haaren war lange in derselben Stuttgarter Kanzlei wie die Wohlleben-Verteidigerin Nicole Schneiders beschäftigt und hat ebenso wie sie eine extrem rechte Vergangenheit: 23 Jahre lang, bis 2010, war Hammer Sänger von »Noie Werte«, jener 1987 gegründeten Gruppe, die Mitte der 1990er Jahre zur »Pionierband« von *Blood & Honour* (B & H) in Deutschland wurde. Seine Band sang Zeilen wie: »Ich kenne deinen Namen, ich kenne dein Gesicht, du bist die Faust nicht wert, die deine Nase bricht.« Diese Musik war dem NSU-Trio sehr bekannt. Sie wählten zwei Lieder von »Noie Werte« zur Untermalung einer ersten Version ihres grausamen Bekenner-Videos: »Kraft für Deutschland« und »Am Puls der Zeit«. Darin heißt es: »Wir sind am Puls der Zeit, der Widerstand ist bereit!«

Inzwischen teilt sich Hammer eine Kanzlei in Stuttgart mit dem 42-jährigen Alexander Heinig, der dritte Verteidiger im Winterbach-Prozess. Heinig war Frontmann von »Ultima Ratio«, einer Band, die von sich selbst erklärte, »100 % Blood & Honour« zu sein. Im April 2012 sagte Landesinnenminister Reinhold Gall (SPD) den »Stuttgarter Nachrichten«: »Wir wissen, dass Mitglieder der NSU-Terrorzelle früher öfters im Land waren«, vor allem zu Konzerten rechtsextremer Gruppen. Man habe in den Unterlagen des Trios auch Stadtpläne von Stuttgart, Ludwigsburg und Heilbronn gefunden, auf denen unter anderem Banken, Polizeidienststellen und Parteibüros angekreuzt waren.

Seit Jahren ist die Region um Stuttgart eines der rechtsextremen Schwerpunktgebiete in Baden-Württemberg. Es waren allerdings nur zwei kurze Zeilen in dem geheimen Verfassungsschutz-Dossier »Gefahr eines bewaffneten Kampfes deutscher Rechtsextremisten – Entwicklungen von 1997 bis Mitte 2004«, die darauf hinwiesen, dass sich dort eine über das übliche Gewaltniveau hinausreichende Neonazi-Struktur entwickelte. Im Januar und Februar 2003 waren Hakenkreuzfahnen an Brücken aufgetaucht. Neben dem Schriftzug »C 18« für *Combat 18* – sinngemäß: Kampfgruppe Adolf Hitler – befanden sich Drohungen gegen namentlich benannte Polizeibeamte. Dies war der Auftakt zu einer Serie von insgesamt 43 rechtsextremistischen Straftaten. Bei etwa der Hälfte der Taten verwendeten die Täter die Bezeichnung *Combat 18* oder die Formel C 18. In der Nacht vom 15. Juli 2003 warfen drei Unbekannte zwei Molotowcocktails in einen Wohncontainer für Asylbewerber in Marbach-Rielingshausen. Ein Flüchtling aus Pakistan sowie eine Chinesin und deren zweijähriges Kind konnten sich vor den Flammen gerade noch retten. Im April 2004 verurteilte das Landgericht Stuttgart vier Neonazis, nachdem sie die Straftaten gestanden hatten. Als »Leitfigur« der Angreifer galt Jochen S. aus Backnang, der einem zögernden 16-Jährigen aus der Gruppe, der sich Sorgen um die Menschen im Container machte, kurzerhand erklärte: »Mach dir keinen Kopf, das ist nur Sachbeschädigung und gibt 'ne schöne Schlagzeile.«

Im Jahr vor dem Brandanschlag bedrohten sechs Rechte einen Inder im Regionalzug zwischen Backnang und Murrhardt, sie zündeten dem 52-jährigen Mann den Bart an. Ebenfalls 2002 brannten mehrere Wohncontainer für Obdachlose in Murrhardt ab. Die Polizei erklärte, dass ein Tatmotiv nicht erkennbar sei – obwohl die »Stuttgarter Zeitung« ein Foto mit zwei aufgesprühten Hakenkreuzen neben den Containern veröffentlicht hatte. 2003 verübten fünf Neonazis erneut in Murrhardt einen Brandanschlag gegen ein türkisches Kultur- und Jugendheim. Bis 2007 sollen der Polizei rund 90 Skinheads im Landkreis bekannt gewesen sein. Allein in jenem Jahr wurden 85 Straftaten mit rechtsextremem Hintergrund registriert, etwa jeden dritten Tag eine.

Eine Regionalstudie über den Landkreis Rems-Murr mit dem Titel »Rechtsextremismus und sein Umfeld« der Universität Tübingen, die sich 2008 mit dem Einfluss der politischen Kultur auf die Entstehung rechtsextremer Einstellungen auseinandersetzte, kam zu dem Ergebnis, dass nicht die Existenz rechtsextremer Gruppen das eigentliche Problem darstelle, sondern eher die politische Kultur, die eine Akzeptanz gegenüber dem Rechtsextremismus entwickelt habe. Die Wissenschaftler warnten, die rechten Gruppen der Gegend fühlten sich »anerkannt« und seien »offenbar gut in ihr Gemeinwesen integriert«. Bereits die Gewaltexzesse und Pogrome Anfang der 1990er Jahre hatten gezeigt, dass politisch motivierte junge Täter oftmals von der Annahme ausgehen, im Sinne der Mehrheit der Bevölkerung zu handeln, die ausgeprägte Vorurteile gegen Flüchtlinge und Migranten hegt.

Für die Opfer interessiert sich zumeist niemand, oder sie werden selbst noch verdächtigt. Im Laufe der Prozesse mussten die Familien der Winterbacher Opfer Ähnliches erleben wie die Familien der Opfer der NSU-Verbrechen. Sie gerieten ins Visier der Sicherheitsbehörden, bevor ein rechter Hintergrund ausreichend beleuchtet wurde. Inzwischen ermittelt die Staatsanwaltschaft gegen die Opfer von Winterbach wegen Sachbeschädigung, Falschaussage und Körperverletzung – wegen eines angeblichen Veilchens am Auge eines Angreifers, das aber niemand gesehen hatte. Rechtsanwalt Walter Martinek, der für mehrere Opfer die Nebenklage vertritt, ist entsetzt über die Haltung von Polizei und Justiz: Die Vorwürfe seien »an den Haaren herbeigezogen«.

Am 18. April verurteilte das Landgericht Stuttgart neun der Angeklagten wegen gemeinschaftlicher gefährlicher Körperverletzung zu Haftstrafen von bis zu zwei Jahren und acht Monaten, einer von ihnen bekam eine Bewährungsstrafe. Zwei weitere Angeklagte erhielten ebenfalls Bewährungsstrafen wegen Anstiftung zur gefährlichen Körperverletzung. Eine Beteiligung der jungen Frau an der Hetzjagd hält das Gericht nicht nur für möglich, sondern »für wahrscheinlich« – vom Vorwurf der Strafvereitelung wurde sie allerdings freigesprochen. Die Urteile sind noch nicht rechtskräftig, aber das Motiv ist eindeutig: Ausländerfeindlichkeit. Auch nach 40 Verhandlungstagen konnte die Frage nicht beantwortet werden, wer die Gartenlaube angezündet hat, die zur Todesfalle hätte werden können.

Im oft leeren Zuschauerraum im Stuttgarter Landgericht tummelten sich immer wieder auffällige Kameraden der Angeklagten – stark tätowiert und selbstbewusst. Einzelne der Herren sind Prospects (Anwärter) und Members (Mitglieder) des Chapters Württemberg der im Verborgenen agierenden *Hammerskin Nation* (HSN). Kurz nach dem Verbot von *Blood & Honour* 2000 erwog das Bundesinnenministerium in Berlin auch ein Verbot des Konkurrenz-Netzwerkes HSN, doch dazu kam es nicht. Die nächsten zehn Jahre beachteten die Behörden die bundesweite *Hammerskin*-Verbindung kaum noch. In den jährlichen Berichten der Landesämter für Verfassungsschutz tauchten die regionalen Chapter meist gar nicht mehr oder nur mit kurzer Erwähnung auf. Doch 2012 gelang dem deutschen *Hammerskin*-Chapter »Westmark« mit rund 2000 einschlägigen Gästen eines der größten Konzerte, wodurch die Größe und Organisationskraft der Gruppierung nicht mehr zu übersehen war. Sie veranstaltete das Treffen in der lothringischen Kleinstadt Toul. Lange schon ist Frankreich Rückzugsraum der deutschen Führung der *Hammerskins* um Neonazi Malte Redeker aus Ludwigshafen.

»Hammerskins, die Elite aus der Masse, Skinheads aus der Arbeiterklasse, den Hammern immer treu verbunden, im Kampf um unsere weiße Rasse, wir sind Nationalisten aus der ganzen Welt, unsere Bruderschaft uns ewig zusammenhält«, besingt die Bremer Band »Hetzjagd« den braunen Underground. Sie tragen *European Hammerskin*,

Prospect of the Nation oder *Bruderschaft Berlin* auf ihrer Kleidung. Redeker vom Chapter »Westmark« soll für alle europäischen Divisionen verantwortlich sein, darunter auch die starke Schweizer Sektion. Er betreibt den Internetversand mit dem Label »Gjallarhorn Klangschmiede« in Ludwigshafen sowie einen Laden in Mecklenburg-Vorpommern und verfügt nach aktuellen Erkenntnissen des Bundeskriminalamtes (BKA) über »zahlreiche bundesweite Kontakte zu Betreibern von Musikverlagen, zu rechten Musikgruppen aus dem In- und Ausland, zu verschiedenen Kameradschaften und zu NPD-Funktionären«. »Brüder auf die Straße, Kampf dem System«, heißt es in den Texten der *Hammerskin*-Bands. Oder noch eindeutiger: »Schwarz ist die Nacht, in der wir euch kriegen. Wir sind die Männer, die für Deutschland siegen. Rot ist das Blut auf dem Asphalt.«

Die straff organisierte *Hammerskin Nation,* 1986 in Texas gegründet, ist seit Anfang der 1990er Jahre auch in der Bundesrepublik aktiv. Ihre Anhänger verfügen über mehrere große Immobilien wie eine ehemalige Bäckerei in Anklam, das festungsähnliche »Thinghaus« in Grevesmühlen oder ein ehemaliges Gasthaus im oberfränkischen Oberprex.

Im Juli 2012 gab das Bundeskriminalamt erstmals ein internes Dossier mit dem Titel »Hammerskin Nation« heraus. Darin spricht das BKA von 193 namentlich bekannten Mitgliedern und Sympathisanten. Doch die Informationen der Behörden sind sichtbar lückenhaft. Immerhin zeigen sie, dass »zu 45 Prozent« der Genannten Erkenntnisse zu Straftaten vorlägen. Der Verfassungsschutz will trotz des weitreichenden Einflusses der militanten Struktur »nur wenige Aktivitäten mit Außenwirkung« erkennen. Nach einer Großrazzia gegen das HSN-Chapter »Charlemagne« im Februar 2012 in Südfrankreich sprachen die französischen Ermittler von einer Gruppe, die »in ganz Europa 2000 Anhänger« habe und »perfekt organisiert« sei. Nur Vollmitglieder dürfen sich *Hammerskin* nennen. Auch Frauen werden inzwischen geduldet. In Deutschland existieren derzeit zehn Chapter, die aber aus Gründen der Konspiration immer wieder aufgelöst, umgestaltet oder umbenannt werden. So trafen sich 2012 führende *Hammerskins* als »Wanderverein« getarnt im Odenwald oder mieteten für eine angebliche »Familienfeier« ein Dorfgemeinschaftshaus bei Braunschweig an, um ihr National-Officers-Meeting durchzuführen.

Die sächsischen *Hammerskins,* 1993 gegründet, pflegten gute Kontakte zur Sektion von *Blood & Honour.* Ihr Anführer Mirko Hesse aus

Langburkersdorf, »Munin« genannt, war Herausgeber des Fanzine »Hass Attacke«. Er präsentierte sich auf Fotos gern mit einem Schnellfeuergewehr oder einer Armbrust. In seiner Wohnung waren bei einer Razzia auch Materialien der Terrorgruppe *Combat 18* sichergestellt worden. Die Polizei wies darauf hin, dass sich die *Hammerskins* um Hesse die »Bildung einer ›bewaffneten Eliteeinheit‹, Schaffung einer ›reinen Rasse‹« und den »Angriff auf die Grundsätze des Staates und seiner Einrichtungen« zum Ziel gesetzt hatten. Hesse, der mit Rechtsrock handelte und mehrfach verurteilt wurde, war als V-Mann für das Bundesamt für Verfassungsschutz tätig.

Den kriminellen Rockergangs ähnlich, gelten in dieser elitären Szene eine strenge Hierarchie und ein internes Regelwerk. Ein Teil des Erlöses aus den Verkaufsgeschäften fließt an politische Gefangene in Haft oder an die Hinterbliebenen »unserer verstorbenen Brüder und Schwestern«. Immer wieder ist im Zusammenhang mit den *Hammerskins* auch von Waffenschmuggel und Schießtrainings die Rede. Tatsächlich richtete einer dieser internationalen Rasse-Krieger 2012 ein Blutbad an. Der amerikanische *Hammerskin* Michael Wade Page erschoss sechs Menschen in einem Sikh-Tempel in Oak Creek. »Steht auf und kämpft«, hatte der 40-jährige US-Neonazi zuvor im Internet propagiert und zu »aktivem Widerstand« aufgefordert – »unabhängig vom Ausgang«. Ähnlich den deutschen Rechtsterroristen der NSU, die in internen Schreiben »Taten statt Worte« gefordert hatten, war auch Page in rassistischer Mission unterwegs und predigte jahrelang im Internet den »heiligen Rassenkrieg«, was auch hierzulande Widerhall fand. Internationale terroristische Tendenzen werden von militanten Neonazis in der Bundesrepublik sehr genau wahrgenommen, das zeigte sich bereits bei dem »Vorbild« *Combat 18*.

In der amerikanischen »White Power«-Musikszene war der Attentäter längst kein Unbekannter mehr. Seit 2000 agierte US-Neonazi Page als Sänger und Gitarrist bei Rechtsrock-Bands wie »Blue Eyed Devils«, »Max Resist« und »Youngland« und trat auch in Deutschland zusammen mit solchen Gruppen auf, unter anderem mit »Radikahl« aus Nürnberg. 2007 gründete der bärtige Skinhead mit Brille seine eigene Gruppe: »End Apathy«. Die Namenswahl »End Apathy« erklärte er in einem Interview so: »Die Leute reden viel, aber tun nichts. Ich will sie aus ihrer Apathie aufrütteln.«

Der selbsternannte Rasse-Krieger, einst bei der US-Armee Experte für psychologische Operationen, trat der elitären Skinhead-Bruderschaft bei. Kein einfacher Prozess, doch Page wurde Ende 2011 »Patchholder«, also Vollmitglied. Um seiner geheimen Glatzen-Sekte Repressalien zu ersparen, kündigte Page kurz vor dem Blutbad die Mitgliedschaft. Das erfuhren die deutschen Brüder anscheinend von den zuständigen Mitgliedern des US-Chapters *Northwest Hammerskins* (NHS). Demnach habe auch Pages Ex-Freundin Misty ihr »Patch« abgegeben. Das Paar war zudem bei der *Volksfront International* in Oregon aktiv, deren Motto lautete: »Race over all«.

Beide Gruppen, *Volksfront* wie auch die *Hammerskins* aus dem Nordwesten der USA, verehrten die Terrororganisation *The Order*. Auf deren Konto gingen in den 1980er Jahren Banküberfälle und Morde wie an dem liberalen jüdischen Radiomoderator Alan Berg. Von ihrem Mitbegründer, dem verurteilten Mörder David Lane, stammt der auch in der Bundesrepublik verbreitete Szene-Code »14 Words«: »We must secure the existence of our people and a future for white children« – »Wir müssen den Erhalt unsere Rasse sichern und eine Zukunft für weiße Kinder«. *The Order* wurde schließlich vom FBI zerschlagen. Die US-*Hammerskins*, mit denen die deutschen »Officers« in regem Austausch stehen, veranstalten Gedenkfeiern für einen weiteren *The Order*-Anführer, der sich bei einem Schusswechsel mit der Polizei auf seiner Farm verschanzte, getötet wurde und seither als Märtyrer gefeiert wird.

Wichtigste Treffen der rassistischen Bruderschaft sind die internationalen »Hammerfeste«, an denen sich auch Mitglieder beteiligten, die für die NPD aktiv sind. Bei einem der letzten spielte die deutsche Band »Sturmwehr«. Sie singt Texte wie: »Wir werden Terroristen sein, wir räumen hier auf, wir räuchern sie aus, macht der Rattenbande den Garaus.«

Bereits 2003 sorgte ein französischer *Hammerskin* in der Bundesrepublik für Schlagzeilen. Didier Magnien, 1969 in Nantes geboren, schleuste sich in eine rechte Terrorgruppe in der Landeshauptstadt München ein. Das bayerische Landesamt für Verfassungsschutz hatte Magnien angeworben. Ein fragwürdiges Unterfangen, denn den Recherchen des Fachjournalisten Robert Andreasch zufolge gehörte der Neonazi in Frankreich bereits der terroristischen *Parti nationaliste français et européen* (PNFE) an. Deren Mitglieder verübten Bombenanschläge auf ein vollbesetztes Café in Paris und auf Büros einer Migrantenorganisation, mit einem Toten und 14 Verletzten.

1998 war Magnien vom jetzigen NPD-Bundesvorsitzenden Holger Apfel beim 4. Europäischen Kongress der *Jungen Nationaldemokraten* in Fürth begrüßt worden und seitdem in der bayerischen Neonazi-Szene unterwegs. Er ließ sich bei einem Ex-Mitglied der *Wehrsportgruppe Hoffmann* in Neuburg an der Donau nieder. Der Franzose wohnte unter einem Dach mit dem NPD-Mann Apfel und dem damals führenden militanten *Anti-Antifa*-Aktivisten Norman Kempken. Nach der Razzia mit den Waffenfunden konzentrierte sich der französische *Hammerskin*, unterwegs im Auftrage des Freistaates Bayern, auf die terroristische *Schutzgruppe* der *Kameradschaft Süd* in München.

Den jungen Anhängern der Kameradschaft um Martin Wiese brachte der ehemalige Fallschirmjäger schließlich das Marschieren bei, sie absolvierten ab 2003 paramilitärische Übungen. Vom 12. bis zum 14. April des Jahres fuhr Magnien mit seinem Wagen Wiese und einige Mitstreiter zum Waffenkauf, wie aus der Broschüre des »AIDA Archivs« mit dem Titel »Sprengstoff in München. Martin Wiese, Kameradschaft Süd, NPD« hervorgeht. In Güstrow erstanden sie für 4000 Euro sechs Pistolen und Munition. Für den Fall einer eventuellen Polizeikontrolle auf der Rückfahrt soll Magnien empfohlen haben, sich nichts anmerken zu lassen und die Beamten dann »wegzublasen«. »Dann haben wir zwei Waffen mehr«, habe Wiese erklärt. Die rechte Terrortruppe wurde hochgenommen, neben Waffen fand man auch Sprengstoff. Wiese wurde als Rädelsführer einer terroristischen Vereinigung zu sieben Jahren Haft verurteilt. Das Bundesamt für Verfassungsschutz verkündete 2004 in einem geheimen Dossier: »Der Einsatz einer V-Person des LfV Bayern hatte zum rechtzeitigen Einschreiten der Exekutivbehörden beigetragen.« Vor Gericht allerdings wollte sich der Spitzel nicht mehr an mögliche Anschlagspläne erinnern.

Nach und nach konnten die öffentlichkeitsscheuen *Hammerskins* in Europa und der Bundesrepublik als militant enttarnt werden. Ähnlich *Blood & Honour* werden sie vordergründig als Musiknetzwerk wahrgenommen, produzieren Tonträger mit Hass-Musik und veranstalten überregionale Konzerte. Doch im Inner Circle geht es durchaus radikal zu. So zeigte sich ein saarländisches Mitglied beim »European Hammerfest« 2008 in Ungarn in einem »Erinnerungsalbum Budapest 18. 10. 08« vor einem riesigen Waffenlager mit Pistolen und Panzerfäusten.

Eine verschworene rassistische Gruppe, auf deren Konto zahlreiche Morde hinter Gittern gehen, ist die in den USA weit verbreitete *Aryan Brotherhood* (Arische Bruderschaft). Es heißt, wer in die »härteste Gefängnis-Gang der Welt« aufgenommen werden will, muss jemanden getötet haben. Laut FBI sollen ihre Anhänger für 18 Prozent der Morde in den amerikanischen Gefängnissen verantwortlich sein. Kahlrasierte Köpfe, große Schnauzbärte, dickrandige Brillen sind ihre Markenzeichen.

Kameradschafts-Bezeichnungen wie *Arische Bruderschaft* oder *Weiße arische Bruderschaft* verwenden auch Neonazis in der Bundesrepublik, unter ihnen der kriminelle Kasseler Bernd Tödter. 2012 hatte der in der hessischen Justizvollzugsanstalt Hünfeld einsitzende Kameradschaftsanführer in der Motorrad-Zeitung »Biker News« für den Aufbau eines Vereins »AD Jail Crew (14er)« offen geworben, soll heißen: »Aryan Defence Jail Crew«. Im April 2013 wurden seine Zelle durchsucht und Listen mit Namen Inhaftierter gefunden, darunter war auch der Name von Beate Zschäpe, die Tödter wohl anschreiben wollte. Die Staatsanwaltschaft Frankfurt am Main ermittelt wegen des Verdachts der Bildung einer kriminellen Vereinigung und der möglichen Gründung einer Ersatzorganisation für die 2011 verbotene, deutlich größere *Hilfsorganisation für nationale politische Gefangene und deren Angehörige* (HNG). Bereits im Herbst 2012, kurz nach dem Erscheinen der »Biker News«, hatte die sächsische Landtagsabgeordnete der Linken, Kerstin Köditz, beim hessischen Innenministerium wegen der »Crew« nachgefragt. Mitte Februar 2013 erhielt sie die knappe Antwort: Zu »Bestrebungen« unter diesem Namen lägen »keine Erkenntnisse vor«. Abgeordnete ihrer Partei im hessischen Parlament bekamen bereits im November zu hören: »In keiner hessischen Justizvollzugsanstalt liegen Erkenntnisse über Versuche von Neonazis und Neofaschisten vor, sich innerhalb der Justizvollzugsanstalt zu organisieren.« Dann fragte Anfang 2013 ein Fachjournalist aus Hessen beim Justizministerium nach, und die Sache kam ins Rollen. Die Justiz handelte endlich.

Tödter ist kein Unbekannter in Hessen, Experten sehen in ihm eine »tickende Zeitbombe«. »Eine Spur der Gewalt zieht sich seit 20 Jahren durch seine Vita«, heißt es etwa auf dem NSU-Watch Blog. Als Jugendlicher tötete der 38-Jährige in Bad Segeberg einen Obdachlosen, saß dafür eine mehrjährige Jugendstrafe ab. Ab 2002 war Waffennarr Tödter in der militanten Kameradschaft *Sturm 18 Cassel* aktiv, die sich weniger konspirativ als offen gewaltbereit zeigte. Straftaten säumten seinen politischen Weg. In der Haft soll sich der Kasseler damit gebrüstet haben, die Kerntruppe des NSU zu kennen. Demnach behauptete er, Uwe Mundlos und Uwe Böhnhardt 2006 in Kassel getroffen zu haben. Der Wahrheitsgehalt der Aussage ist unklar. Immerhin soll sein Bruder bis 2005 in Zwickau gewohnt haben, Zeugen berichten von Sachsen-Besuchen. Kennengelernt haben will er die beiden bei einer »Garagenfeier« in Zwickau. In der nordhessischen Stadt Kassel geschah 2006 die letzte Tat der Česká-Mordserie.

Waffen und Sprengstoff, Übergriffe und Anschläge: Im neuen Jahrtausend findet die menschenverachtende Ideologie vielerorts ihren realen Niederschlag. Das äußere Erscheinungsbild der Rechtsradikalen wandelte sich, man bemüht sich um ein bürgerliches Antlitz, doch Gewalt bleibt fester Bestandteil. In den Jahren 2003 bis 2007 starben 24 Menschen in Ost und West durch rechtsextreme Täter. Allein 2003 gab es mehr als 10 000 registrierte Straf- und Gewalttaten aus der rechten Szene, 2007 waren es schon weit über 15 000.

Am 9. Juni 2007 griffen Neonazis im sachsen-anhaltinischen Halberstadt Mitglieder des Nordharzer Städtebundtheaters an. Der Freitagabend war bis dahin bestens verlaufen. Die Premiere von »The Rocky Horror Show« des Bergtheaters Thale war gut besucht. Für die Zuschauer gab es Wasserpistolen und Klopapier, um aktiv mitwirken zu können. Mit großem Applaus wurde das Ensemble verabschiedet. Gut gelaunt zogen 14 Mitglieder der Gruppe nach der Premierenfeier gegen drei Uhr morgens noch für einen Absacker durch Halberstadt. Vor einer Gaststätte trafen sie auf acht Männer aus der rechtsextremen Szene, die die Schauspieler angriffen. Brutal und rücksichtslos schlugen und traten sie zu. Fünf Ensemblemitglieder im Alter von 19 bis 32 Jahren erlitten Nasenbeinbrüche, Augen-, Rippen- und Kieferverletzungen. Das Verhalten der eintreffenden Polizisten, die schon wenige Minuten nach der Meldung des Überfalls vor Ort waren, erschütterte die Betroffenen. »Die ersten Beamten haben unsere Personalien geprüft, während die Angreifer noch in der Nähe waren und in Ruhe wegspazierten«, sagte eine der Betroffenen. Noch unglaublicher war für sie die Situation, als einer der Angreifer zum Tatort zurückkehrte. Als er von den Opfern erkannt wurde, ließen sich die Beamten lediglich seinen Ausweis zeigen, danach konnte er unbekümmert gehen. Erst 40 Stunden später kam der 22-Jährige, bereits vorbestraft wegen Körperverletzung und Verwendung von Nazi-Symbolen, in Untersuchungshaft.

»Das ist ein eindeutiges Fehlverhalten, der Mann hätte sofort festgenommen werden müssen«, sagte später Sachsen-Anhalts Innenstaatssekretär Rüdiger Erben (SPD). Insgesamt räumte die Polizei zahlreiche »Fehler und Pannen« ein. Der zuständige Dienstgruppenleiter verlor seine Position. Nach Polizeiangaben könnte der Auslöser für den Überfall die Punkfrisur eines der Opfer gewesen sein.

Ein genauer Tathergang konnte vor dem Amtsgericht Halberstadt 2008 wegen Ermittlungslücken nicht schlüssig rekonstruiert werden. Der Anwalt eines Opfers machte darauf aufmerksam, dass es »keine objektiven Spuren« gebe, keine Fingerabdrücke der vermuteten Täter genommen worden waren. Von den vier Angeklagten sprach der Richter nur einen schuldig und verurteilte ihn zu zwei Jahren Haft ohne Bewährung. »Es gibt für alle Angeklagten belastende Momente«, sagte er bei der Urteilsverkündung am 28. Mai des Jahres, aber es fehlten Zeugen und Beweise, um alle zu verurteilen. »Wir haben dieses Urteil aufgrund des Prozessverlaufes erwartet, aber es ist ernüchternd«, sagte einer der Schauspieler. Die Mobile Beratung für Opfer rechter Gewalt attestierte damals einigen Polizeibeamten, aber auch der Justiz und kommunalen Behörden ein »Wahrnehmungsproblem« in Sachen Rechtsextremismus. Auch die Polizei sprach in einem internen Untersuchungsbericht von einem »Gesamtversagen« und konstatierte zu geringe Sensibilität für Straftaten dieser Art, obwohl es in Halberstadt immer wieder zu Übergriffen gegen Menschen mit dunkler Hautfarbe oder Punkeroutfit gekommen war.

Ihr Ziel war es, in Mittelsachsen eine »ausländerfreie Zone« zu errichten – auch mit Gewalt. Sechs Jahre beschäftigte die 24-köpfige Kameradschaft *Sturm 34* die Justiz. 2007 war sie wegen ihrer »Wesensverwandtschaft mit dem Nationalsozialismus« und erheblicher Gewalttaten verboten worden. Bei einer Großrazzia im April 2007 fanden Polizisten in 27 Wohnungen Waffen und umfangreiches Propagandamaterial. »Sie hatten Menschen terrorisiert, geschlagen und bedroht, Restaurants verwüstet, Massenschlägereien angezettelt«, schrieb Anetta Kahane in der »Berliner Zeitung«. Den wichtigsten Rädelsführern wurde zwar nachgewiesen, dass sie eine kriminelle Vereinigung gegründet und geführt hatten, doch kamen die fünf Angeklagten mit Geld- und Bewährungsstrafen davon. Das milde Urteil schockierte nicht nur die Expertin.

Die Staatsanwaltschaft beim Landgericht in Dresden berücksichtigte deren »veränderten Lebenswandel«, so würden die militanten Neonazis jetzt mehrheitlich einer geregelten Arbeit nachgehen und hätten teils auch Familie. Genug Grund, um Milde walten zu lassen. Der sächsische Rechtsextremismus-Experte Volkmar Woelk zeichnete in der Sommerausgabe von »Der Rechte Rand«, einem antifaschistischen Magazin, ein etwas anderes Bild: Demnach terrorisiere einer der *Sturm 34*-Gründer, Alexander G., weiterhin seine Umgebung, allerdings jetzt in Bodensee-Nähe. Zwar sei G., genannt »Stürmer«, jetzt verheiratet, aber »resozialisiert« scheint der Neonazi keinesfalls zu sein. Sein Pitbull heiße Odin, an der Wand in seinem Haus hinge eine Hakenkreuzfahne, und auf seinem Shirt trage er den Schriftzug »White Power«, berichteten Nachbarinnen, die sich beschwerten und danach von dem mit einer Bewährungsstrafe Davongekommenen eingeschüchtert wurden.

In einem Zug bei Pölchow nahe Bad Doberan an der Ostsee ereignete sich am 20. Juni 2007 ein besonders brutaler Überfall. Mit Gewalt drangen Neonazis in einen Waggon ein und schlugen und traten rücksichtslos zu. »Ich dachte, das war's«, sagte ein Geschädigter. An dem Tag waren mehrere Jugendliche vom »Fusion«-Festival aufgebrochen, um in Rostock gegen die NPD zu demonstrieren, die dort einen Aufmarsch angemeldet hatte. Im selben Zug reisten zahlreiche Neonazis in Richtung Hansestadt, so auch NPD-Fraktionschef Udo Pastörs, sein Vize Tino Müller sowie der parlamentarische Geschäftsführer Stefan Köster. Als der Zug in Pölchow hielt, rekonstruiert Tim Bleis vom Opferverein *Lobbi* (Landesweite Opferberatung, Beistand und Information für Betroffene rechter Gewalt), starteten rund 100 Rechtsextremisten einen Angriff: Einige versperrten die Notausgänge, andere drangen in den Waggon ein. Fensterscheiben gingen zu Bruch. »An den Haaren haben sie die Leute rausgezogen und auf sie eingeschlagen«, erzählte wenig später eine 19-Jährige. »In Gruppen prügelten sie auf Einzelne ein«, berichtete eine 18-Jährige: »Die Übergriffe filmten sie mit Handys.« Trotz dieser Vorkommnisse im Zug ließ die Polizei die NPD-Anhänger zu deren Kundgebung weiterziehen. Auf dem Neonazi-Aufmarsch erklärte Pastörs dann prompt, bei den Übergriffen habe es sich um »Notwehr« gehandelt. Opferberater Bleis zufolge nahm die Polizei keinen Einzigen der Aggressoren fest. Vielmehr erklärte ein Polizeisprecher, es sei ja »kein Linker« verletzt worden. Derselbe Sprecher räumte später ein, »Einzelheiten bewusst zurückgehalten zu haben, um eine Eskalation zu vermeiden«. Dies trug allerdings dazu bei, dass den Opfern des Angriffs zunächst kaum Glauben geschenkt wurde. Später räumte die Polizei dann doch insgesamt 14 Verletzte ein. Laut Bleis waren darunter auch bis zur Bewusstlosigkeit Verprügelte. Einer der rechten Schläger konnte bereits an jenem Samstag identifiziert werden: Michael Grewe. Die politische Karriere des bulligen NPD-Mitarbeiters im Schweriner Landtag hatte in der Hamburger Skinhead-Szene begonnen. Zusammen mit seinem Bruder betrieb er dort einen der ersten Szene-Läden: »Buy or die« – »Von der Bewegung für die Bewegung«, so das Motto. Die Brüder veranstalteten Fußballturniere, bei denen bis zu 150 rechtsradikale Skinheads gegeneinander antraten. Im August 1997 fand die Polizei eine Maschinenpistole, einen Karabiner, zwei Pistolen und mehr als 1000 Schuss Munition in Grewes Wohnung. Um das Jahr 2000 erwarb der heute 40-Jährige zusammen mit dem Neonazi-Strategen Thomas Wulff ein Gutshaus im mecklenburgischen Teldau. Hier saß er keine vier Jahre später im Gemeinderat – für die NPD. In der Partei hat Grewe diverse Funktionen inne. Er war damals Beisitzer im Landesvorstand sowie stellvertretender Vorsitzender in Westmecklenburg. Die Polizei fahndete dennoch anfangs mit Foto nach einem unbekannten, »aus dem Bundesgebiet zugereisten Veranstaltungsteilnehmer«.

Weil die Polizei voreilig von einer »Schlägerei zwischen Rechtsextremisten und Anhängern der linken Szene« ausgegangen war, ermittelte die Staatsanwaltschaft Rostock zunächst gegen zwölf junge Frauen und Männer, die sie der linken Szene zurechnete. Die Beamten hatten in Pölchow ihre Personalien aufgenommen und sie gefilmt. Bei den Neonazis dagegen wurde an diesem Tag weitestgehend auf Video- und Bildaufnahmen verzichtet, auch Durchsuchungen gab es bei ihnen am Tatort nicht. Ein Vorgehen, das bei den Anwälten der Opfer, die auch über weitere »Versäumnisse und Schlampereien« bei der Polizei klagten, auf scharfe Kritik stieß.

Am 25. März 2011 bestätigte der Bundesgerichtshof das Urteil des Landgerichts Rostock gegen Grewe. Der Neonazi war in erster Instanz zu einer Bewährungsstrafe von einem Jahr und fünf Monaten verurteilt worden. Er galt als Rädelsführer des Angriffs und als einer, der sich »durch das Austeilen von Schlägen besonders hervorgetan« hätte. Doch für die Mehrheit der Schläger blieben die Taten folgenlos, so Opferberater Bleis von *Lobbi*, da die Ermittlungen einfach zu schlampig geführt worden waren.

»Es hätte Tote geben können«, sagte der Hamburger Polizeieinsatzleiter Peter Born auf einer Pressekonferenz einen Tag nach dem 1. Mai 2008. Am Tag zuvor waren rund 1000 Rechtsextreme in der Hansestadt an der Elbe aufmarschiert, um den »Tag der Arbeit« zu feiern. Unter dem Motto »Sozial geht nur national« waren Anhänger der NPD, Freier Kameradschaften und vor allem der Autonomen Nationalisten (AN) im Stadtteil Barmbek zusammengekommen. Bereits auf dem Weg zum Versammlungspunkt griffen die schwarz vermummten Nationalisten Gegendemonstranten an. »Auf Stichwort schlugen diese auf Linksautonome ein«, berichtete Born und betonte: »In den rechten Reihen hat ein enorm hohes Gewaltpotenzial geherrscht.«

Über 10 000 Menschen protestierten an diesem Tag gegen den Neonazi-Marsch auf den Straßen des Stadtteils. Aus dem rechten Tross griffen Marschierende um den damaligen NPD-Bundesvize und Hamburger Landeschef Jürgen Rieger immer wieder Polizisten und Gegendemonstranten an. Gezielt attackierten sie auch Journalisten. Werner Jantosch, Hamburgs Polizeipräsident bis 2012, sagte auf der Pressekonferenz im Polizeipräsidium: »Das kennen wir nicht so.«

Auf dem Hinweg hatten schon etwa 60 vermummte Neonazis zwei Waggons eines Regionalzuges aus Pinneberg gekapert. Über deren Lautsprecheranlage grölten sie: »Ab heute transportiert die Deutsche Bahn AG Ausländer und Deutsche getrennt.« Für Ausländer stünden »Güterwagen zur Verfügung«. Diesmal wurden auf der Pressekonferenz die martialisch auftretenden Autonomen Nationalisten unmissverständlich als Täter ausgemacht. Eine »neue Qualität der Gewalt« stellte die Polizei fest.

Ein verändertes braunes Erscheinungsbild stellten auch die Medien fest. Vorherrschende Klischees von Bomberjacken und Springerstiefeln wurden durch schwarz gekleidete Neonazis mit Basecaps und Sonnenbrillen ersetzt. In der Szene selbst feierten die jungen Rechtsextremisten das neue Interesse an ihren Taten als »Wendepunkt«. Doch an dem Tag schlugen auch altgediente Neonazis aus den Kameradschaften zu.

Einen der Angriffe löste das damalige NPD-Bundesvorstandsmitglied und heutiger Hamburger Landesvize Thomas Wulff aus, in dem er über das Megaphon namentlich auf einen Journalisten hinwies. »Berufsrisiko«, kommentierte der damalige Hamburger Kameradschaftskader Christian Worch lapidar die scheinbar gezielten Übergriffe auf anwesende Medienvertreter. Doch weder die Gewalt bei Neonazi-Märschen noch die Autonomen Nationalisten waren 2008 neu. Die

Behörden nahmen sie jetzt nach den Angriffen auf Beamte nur anders wahr.

Schon 2003 hatten bei einen NPD-Marsch zum 1. Mai in Berlin junge Neonazis ein Transparent mit der Aufschrift getragen: »Organisiert den nationalen schwarzen Block – Wehrt euch, schlagt zurück – Unterstützt die örtliche Anti-Antifa-Arbeit – Autonome Nationalisten Berlin«. Aus dem Spektrum der Freien Kameradschaften in Nordrhein-Westfalen und Berlin entwickelten sich die Autonomen Nationalisten. Ihre Zeichen: dunkle Kleidung, Piercings, Graffiti-Parolen und spontane Aktionen. Das ist ebenfalls nicht neu. Linke Styles und autonome Aktionsformen kopierten Neonazis in den letzten Jahrzehnten schon des Öfteren. Doch die AN sind eine relativ junge Gruppe, eine Subform jugendkulturell orientierten Neonazismus, betont Jan Schedler, Mitherausgeber der Studie »Autonome Nationalisten – Neonazis in Bewegung«. Der Kameradschaftskader Worch gibt unumwunden zu, bei den Linken abgeguckt zu haben. Nach Verboten von neonazistischen Kleinstparteien und Vereinen Anfang der 1990er Jahre überlegte er, warum »bei der radikalen Linken und Antifa Verbote ohnehin nicht greifen«. In seinen »Gedanken über freien und autonomen Nationalismus« betonte er 2005: »Von den Linken zu lernen, erschien höchst sinnvoll.«

Anna war Autonome Nationalistin. Als sie nach Jahren ging, war sie 21 Jahre alt. Die Fluktuation ist ebenso hoch in diesen Strukturen wie die Hemmschwelle mitzumachen niedrig ist. Anna faszinierte dieses Ineinandergehen von Politik, Action und Privatem. Als eine Hochburg der schwarzen »Pop-Nazis« etablierte sich Dortmund. Auch Anna fuhr in die nordrhein-westfälische Industriestadt. »Ich war öfters dort, dieses Auftreten und Handeln jenseits der traditionellen rechten Vorstellungen gefiel mir«, sagte die Aussteigerin. Themen und cooler Auftritt interessierten auch zahlreiche junge Frauen. Im Stadtteil Dorstfeld konnte über Jahre der moderne Nachwuchs um Dennis Giemsch und Alexander Deptolla sein »Revier« abstecken, immer in unmittelbarer Nähe zum starken militanten Kameradschaftsmilieu, der *Skinhead-Front Dortmund-Dorstfeld*. Bereits in den 1990er Jahren hatte es hier mit der von Siegfried Borchhardt (genannt »SS-Siggi«) angeführten *Borussenfront* eine starke und gewaltbereite Neonazi-Mischkultur gegeben. An Stromkästen und Laternen prangten ihre Aufkleber mit Sprüchen wie »Nationaler Sozialismus jetzt«. Auch mit Gewalt versuchten sie ihr »Revier« zu beherrschen. Immer wieder schlugen vermummte

Aktivisten auf nichtrechte Jugendliche ein, Scheiben von Parteibüros der Grünen, Linken und SPD wurden beschädigt – teilweise auch mit Stahlkugeln zerschossen.

In der Innenstadt griffen Neonazis in den vergangenen Jahren immer wieder alternative Treffpunkte an. 18 Mal wurde die Glasfront der Kneipe »Hirsch-Q« in der Brückstraße zerstört. Ganz gezielt tyrannisierten die Autonomen Nationalisten, organisiert im *Nationalen Widerstand Dortmund*, eine besondere Familie im Stadtteil. Im Jahr 2008 hatte eine Musiklehrerin regelmäßig Neonazi-Aufkleber entfernt. Ihren volljährigen Sohn fotografierten die Nationalisten bei einer Demonstration. Wenig später folgten im Internet und per Post Drohungen, danach Farbanschläge und Steinwürfe auf Haus und Auto der Lehrerin. Ein Jahr später zog die Familie aus Dorstfeld weg.

Der *Nationale Widerstand Dortmund* organisierte zeitweise fast wöchentlich Aktionen in der Stadt. Das reichte vom Flugblattverteilen vor Schulhöfen über konspirative Konzerte bis hin zu militanten Angriffen. Zur Selbstinszenierung gehörte es, auch die kleinste Aktion gleich ins Internet zu stellen. Die entsprechenden Videoplattformen sind voll davon. In Dorstfeld lebten 80 Aktivisten, die bis Anfang 2009 ein Ladengeschäft, in dem Szene-Bekleidung und Rechtsrock-CDs erworben werden konnten, als Anlaufpunkt nutzten. In der Rheinischen Straße 135 befand sich bis Ende 2011 das »Nationale Zentrum«.

Die Übergriffe blieben für die Täter zumeist ohne Folgen. »Gerade in Dortmund haben wir uns oft gewundert, wie es sein kann, dass wir solche Dinge tun können wie körperliche Angriffe auf Antifaschisten, ohne dass es Konsequenzen gegeben hat«, sagte ein ehemaliger AN-Angehöriger dem Westdeutschen Rundfunk (WDR). Es sei trotz der zahlreichen Provokationen oft nicht mal zu Anzeigen, geschweige denn Festnahmen gekommen. Ab 2009 jedoch wuchs die Empörung über den *Nationalen Widerstand Dortmund,* nachdem am 1. Mai des Jahres rund 300 *Autonome Nationalisten* mit Holzstangen und Steinen den zentralen Demonstrationszug der Gewerkschaften angegriffen und dabei zahlreiche Teilnehmer und Einsatzkräfte verletzt hatten. Die Dortmunder Polizei war von der brutalen Aktion völlig überrascht worden. Erst als Hundertschaften aus anderen Städten zu Hilfe gekommen waren, konnten die Rechten zurückgedrängt und einige festgenommen werden.

Der Angriff blieb für Dennis Giemsch und Alexander Deptolla juristisch ohne Folgen, obwohl beide bei den Behörden als »Rädelsführer«

galten. Sie gehörten zum sechsköpfigen gleichberechtigten Führungszirkel des *Nationalen Widerstandes Dortmund*, Giemsch gilt als »Chefideologe« der jungen Szene. 2012 sprach das Erweiterte Schöffengericht in Dortmund die beiden vom Vorwurf frei, maßgeblich den Angriff initiiert zu haben. Der Vorsitzende Richter erklärte: »Aus den Bildern ist nicht ersichtlich, wer angegriffen hat.« Aus dem Kreis der Betroffenen wurde beklagt, dass das Verfahren erst drei Jahre nach dem Angriff begann, als die Beamten sich nicht mehr richtig erinnern konnten, zumal sie damals auch keine Gedächtnisprotokolle verfasst hatten. »Die Empörung und das Bedauern der Zivilgesellschaften über den Freispruch für die angeklagten Autonomen Nationalisten wegen Landfriedensbruch können wir mehr als nachvollziehen«, sagte nach dem Urteil Jutta Reiter, Vorsitzende der DGB-Region Dortmund-Hellweg.

Solche Freisprüche aufgrund gescheiterter Ermittlungen ermutigten die Szene zu neuen Taten. Fünf der 28 Todesopfer rechter Gewalt in Nordrhein-Westfalen seit Beginn der 1990er Jahre starben in Dortmund. Auch die terroristische Zwickauer Zelle mordete hier 2006. In der Stadt hat bei Politik, Verwaltung und Polizei inzwischen ein Umdenken stattgefunden – weggeschaut wird nicht mehr.

Das Phänomen der Autonomen Nationalisten beschäftigte in den vergangenen Jahren auch die Forschung. Professor Fabian Virchow, Leiter des Forschungsschwerpunktes Rechtsextremismus und Neonazismus an der Fachhochschule Düsseldorf, betont: »Die ANs haben trotz der stylischen Pop-Ups auf den Webseiten und der radikalen Rhetorik auf den Straßen keine eigenständige Ideologie entwickelt.« Im Interview mit dem neonazistischen FSN-Internet-TV bezeichnete der NPD-Landesvorsitzende Alexander Neidlein die AN gar als »Strohfeuer«. Mit ihrem biologistischen Menschenbild und nationalistischen Volksgemeinschaftsverständnis reproduzieren sie einen traditionellen völkischen Nationalismus. Selbst der NPD- und Kameradschaftskader Thomas Wulff muss einräumen, dass »die Leute heute wesentlich unpolitischer« in die Szene kommen. Aussteigerin Anna berichtet, dass da viel von Familie und Antiamerikanismus geredet werde, aber im Alltag der AN haben Kinder keinen Platz, und zu McDonald's würde man auch gehen. »Vieles geht da einfach nicht zusammen«, meint Anna.

Am 23. August 2012 hatte das militante Agieren der AN doch noch Folgen – politische. Das nordrhein-westfälische Innenministerium verbot die Gruppen *Nationaler Widerstand Dortmund*, *Kameradschaft*

Hamm und *Kameradschaft Aachener Land.* Es sei gelungen, »wichtige Strukturen zu zerschlagen«, sagte der zuständige Minister Ralf Jäger (SPD) in Düsseldorf. Mehr als 900 Beamte durchsuchten an diesem Tag 146 Objekte in NRW. Nach Angaben des Innenministeriums wurden neben umfangreichem Propagandamaterial auch Schusswaffen, Schlagringe, Teleskopschlagstöcke, Springmesser, Baseballschläger, ein Morgenstern und eine Zwille sichergestellt. Der Szene-Laden »Resistore« wurde ebenfalls verboten, nachdem Beamte dort neben Kapuzenpullovern mit dem Aufdruck »Revolution since 1933« reichlich Pfefferspray, Schlagstöcke und Schleudern mit Stahlkugelmunition gefunden hatten. Der Versand dieser Materialien habe »die Voraussetzungen für gewalttätige Aktionen« geschaffen, denn es handele sich um »die Ausrüstung für den Nahkampf«. Als Beispiele aus der jüngsten Vergangenheit werden genannt: eine Pfeffersprayattacke gegen einen Polizeibeamten im November 2010, der Überfall auf das Lokal »Hirsch-Q« im Dezember 2010, bei dem ein Gast durch Messerstiche verletzt wurde, eine Schlägerei in einer Bochumer Bar, der Überfall auf zwei türkischstämmige Jugendliche beim Weihnachtsmarkt 2011.

Drei Wochen nach dem Verbot bauten AN-Anhänger aber bereits eine neue politische Struktur auf. Der langjährige Vordenker der Freien Kameradschaften Christian Worch und der jüngere Vormacher der Autonomen Nationalisten Dennis Giemsch treiben seitdem die neue Partei *Die Rechte* voran. In Nordrhein-Westfalen haben sie den ersten Landesverband gegründet. Auf der Internetseite von *Die Rechte* wird nicht verheimlicht, dass deren Personal aus verbotenen Strukturen kommt. Seit der Gründung ist Giemsch Landesvorsitzender, weitere ehemalige Wortführer aus den Kameradschaften gehören ebenfalls zur Führungsriege. Der Eintritt der Autonomen Nationalisten, so Virchow, widerlege aber eine Einschätzung der Sicherheitsbehörden, dass die Akteure verbotener Gruppen alle in den Untergrund abtauchen würden.

2008 registrierten die bundesdeutschen Behörden fast 20 000 rechtsextreme Straf- und Gewalttaten, 773 Menschen wurden verletzt. Die Medien sprachen von »Rekordniveau«. Im Jahr darauf gingen die Vorfälle statistisch etwas zurück. Rechte Gewalt ist in Deutschland alltäglich geworden. Statistiken und Zahlen erschrecken die breite Öffentlichkeit kaum noch, stellen zivilgesellschaftliche Opferberatungen fest. Die Zahlen selbst sagen wenig aus über die konkreten Vorfälle und die damit verbundenen Schicksale.

Ein einziger, gezielter Schlag zerstörte das Leben von Claudius C. Der schmächtige Balletttänzer hatte sich am 18. April 2009 für ein Picknick mit zwei Kollegen nach der Probe auf einer Wiese nahe dem Opernhaus in Kiel niedergelassen. Nur wenig entfernt griffen kurz danach rund 30 Neonazis einen Infostand des »Runden Tisches gegen Rassismus« an. Kaum hatten die drei die Rangelei mitbekommen, beschlossen sie, sich lieber zu entfernen. Doch sie kreuzten dabei den Weg eines Neonazis. Als dieser zwischen den drei Künstlern hindurchging, schlug er C. ohne jede Vorwarnung von hinten auf die linke Kopfseite – so stark, erinnert sich später ein Zeuge, dass der sich noch halb umdrehte und dann ungeschützt auf den Asphalt stürzte. Der Schlag führte zu einer Schädelfraktur, der Sturz zu einer weiteren. Als der Gewalttäter sich festnehmen ließ, grinste er. Zögernd erzählte Claudius C. später vor dem Kieler Landgericht: »Ich bin persönlich aus der Umlaufbahn geworfen worden. Es ist ein nicht endender Alptraum.« Bei der Berufungsverhandlung am 12. Mai 2011 berichtete er, wie anstrengend jeder Tag sei, mit taubem linken Ohr und beeinträchtigtem Gleichgewichtssinn, und wie schwer ihm die Umschulung zum Ergotherapeuten falle. Nach Reha-Maßnahmen sowie Praktika als Licht- und Tontechniker stand fest, dass eine Arbeit am Theater nicht mehr möglich sei, sagte der ehemalige Tänzer. Der Attentäter Christopher R. hatte gegen das Urteil des Amtsgerichts Kiel, das ihn am 6. Juni 2010 zu zwei Jahren und acht Monaten Haft verurteilt hatte, Berufung eingelegt. Er hoffte nun auf eine Bewährungsstrafe. Die erhielt er nicht, aber das Gericht reduzierte genau ein Jahr später die ursprüngliche Strafe um vier Monate. Claudius C. sei zu wenig beeinträchtigt, um ein härteres Urteil zu rechtfertigen, erklärte die Richterin.

Am 10. Dezember 2010 war Martin K. abends mit Freunden in der niedersächsischen Stadt Bückeburg unterwegs. In der Bahnhofstraße stießen sie auf vier Neonazis und wurden von ihnen attackiert. »Ich rutschte auf dem Schnee aus, lag am Boden, da traten die auf meinen Kopf ein«, berichtete der 20-Jährige. Zur Polizei seien sie nach dem Vorfall nicht gegangen – da hätte doch eh nur Aussage gegen Aussage gestanden und man ihnen nicht geglaubt, meinte Martins Freund Paco M., der drei Wochen später attackiert wurde und die Vorgänge der »taz« berichtete. Vor seiner Wohnung in der Innenstadt kamen vermeintlich Unbekannte zusammen und warfen Bierflaschen an seine Fenster im ersten Stock. Nach Paco M.s Umzug erfolgte im Juli 2011 ein Angriff auf die neue Wohnung. In der Kleinstadt kennt halt jeder jeden, hier kann man nirgends anonym leben. Bei Paco M.s Freundin versuchten es die Neonazis mit einer Art Psychoterror, erzählte die 19-Jährige. Nachts, wenn sie im Elternhaus allein war, habe jemand angerufen und mit verzerrter Stimme behauptet, er sehe genau, in welchem Zimmer sie sich gerade aufhalte, und ihr gedroht: »Pass auf, dass du nicht bald unter der Erde liegst.«

Bückeburgs Bürgermeister Reiner Brombach waren die Vorfälle bekannt. »Wir dachten erst, es gebe bei uns keine Szene, Polizei und Staatsschutz wussten anfänglich nichts«, sagte der Sozialdemokrat. Recherchen hätten dann aber das Bild einer durchaus vorhandenen, sehr jugendlich geprägten rechtsextremen Szene ergeben. »Ideologisch gefestigt ist das aber nicht.« Arbeitskreise seien gegründet worden. Es hätten sich auch Eltern gemeldet, »deren Kinder in den rechtsextremen Sympathisantenkreis geraten waren«, sagte Brombach. »Die wissen, warum sie uns angreifen«, erzählte Martin K. Die örtliche Neonazi-Szene mit rund 30 festen Anhängern und mindestens noch mal so vielen »Freunden« sei fest ins Kameradschaftsnetzwerk eingebunden. »Wir sehen zu, dass abends keiner von uns alleine nach Hause geht«, berichtete Martin K.

In der Stadt agieren die Rechtsextremen 2013 noch als *Autonome Nationalisten Bückeburg*. Auf ihrer Webseite beschweren sie sich über Hausdurchsuchungen wegen Sprengstoffverdachts und beklagen eine Resolution der Stadt. Darin warnt die Stadtverwaltung, dass »inmitten unserer Gesellschaft« Menschen »aufgrund ihres Geschlechts, ihres Alters, ihrer Religion, Nationalität oder Herkunft, ihrer Hautfarbe, ihrer sexuellen Identität, ihrer Behinderung, ihrer sozialen Stellung oder ihrer persönlichen Umstände ausgegrenzt, benachteiligt und auch mit Gewalt bedroht werden«.

Im Jahr 2011 stiegen die rechten Straf- und Gewalttaten im Vergleich zum Vorjahr statistisch leicht an. Das Bundesinnenministerium zählte 12 381 entsprechende Taten, 119 mehr als im Jahr zuvor. 607 Menschen wurden von rechtslastigen Tätern verletzt. Die Bundestagsabgeordnete der Linken und Vizepräsidentin des Bundestages Petra Pau weist auf mögliche Ungenauigkeiten bei der Erfassung hin: »Allein die Statistiken über Todesopfer rechtsextremer Gewalt belegen eine gravierende Differenz zwischen den Regierungsangaben und den tatsächlich Betroffenen.«

»Jamel – das ist doch dieses braune Dorf in Mecklenburg, in dem die Nazis das Sagen haben ...« Ein Satz, der immer wieder fällt. Jahrelang war der rechten Landgewinnung tatenlos zugesehen worden. In Jamel, nahe Grevesmühlen, hatte der Chef der lokalen Neonazi-Kameradschaft, Sven Krüger, die Gelegenheit, seine Handwerksfirma mit einschlägigem Personal und so ungestört eine radikale Anhängerschaft aufzubauen. 2011 dann wurde der berüchtigte *Hammerskin* verhaftet, nachdem die Polizei Wohnhaus und Firmenräume von »Krüger-Bau – Die Männer fürs Grobe« durchsucht hatte und dabei neben einer funktionstüchtigen Maschinenpistole samt Munition auch gestohlene Baumaschinen gefunden hatte. Wegen gewerbsmäßiger Hehlerei und illegalen Waffenbesitzes verurteilte ein Gericht ihn zu vier Jahren Haft. Krügers Frau führt derweil mit der Unterstützung durch die »Bruderschaft« die Geschäfte im Abbruchunternehmen, und sie hält auch die Szene vor Ort zusammen.

Krügers *Hammerskin*-Gefolgschaft aus dem Chapter »Mecklenburg« agiert seither noch konspirativer. Es wurde verlagert und in »Nordmark« umbenannt, um Jamel aus dem Blickpunkt der Öffentlichkeit zu bekommen. Bei Neonazi-Aufmärschen treten einige nun als *Freie Kameradschaft Wismar* auf. Nur bei geheimen Feiern und Treffen werden Transparente und Flaggen mit den zwei gekreuzten Zimmermannshämmern gezeigt. Auffällig viele Mitglieder der Rassistentruppe sind selbständige Unternehmer. Immerhin existiert in dem nordöstlichen Bundesland an der Ostsee eine konspirative Logistik, die seit dem Ende von *Blood & Honour* ihresgleichen sucht.

Als Krüger und seine langjährige Freundin mitten auf dem Dorfplatz in Jamel heirateten, erschienen neben zahlreichen NPD-Funktionären aus Mecklenburg-Vorpommern auch etliche Mitglieder der »Division Deutschland« der internationalen *Hammerskin Nation*, um mit ihrem »Bruder« zu feiern. Die Polizei, die während des Sommers mehrfach das Dorf Jamel aufgesucht hatte, fand vor dem einschlägigen Fest Fotos von prominenten Politikern wie Charlotte Knobloch, Silvia Bretschneider, Lorenz Caffier, Ariel Sharon und dem inzwischen verstorbenen Nazi-Jäger Simon Wiesenthal, alle Porträts versehen mit einem Fadenkreuz. Es wurde bekannt, dass Krügers ihren Hochzeitsgästen eine besondere Attraktion bieten wollten: Schießübungen auf Politikerporträts.

Seit Mitte der 1990er Jahre tyrannisierte der Glatzkopf gemeinsam mit Kameraden die übrigen Anwohner des Dorfes. Viele zogen daraufhin weg, seine Anhänger siedelten sich an. Drei Viertel der Häuser sollen inzwischen den Nationalen gehören, die dort gemeinsam Hitlers Geburtstag feiern und Wehrübungen abhalten. Am 7. Juni 2003 beobachtete ein Revierförster in einem Waldstück nahe Jamel sechs Personen in Tarnanzügen mit Langwaffen. Die Polizei stellte später vier Luftdruckgewehre, zwei Schreckschusspistolen sowie acht Übungshandgranaten sicher. Insgesamt sollen bis zu 20 Personen der Wehrsportgruppe angehört haben, vorübergehend wurden Ermittlungen wegen des Verdachts auf »Bildung einer bewaffneten Gruppe« eingeleitet. Inzwischen prangt ein selbstgemaltes Gemälde an einer Wand mitten im Ort, darauf ist eine völkisch anmutende Familie zu erkennen sowie der Spruch: »Dorfgemeinschaft Jamel – frei – sozial und national«. Nicht alle jedoch zählen sich dazu: Das couragierte Künstlerehepaar Birgit und Horst Lohmeyer tritt im Ort offen gegen Neonazis auf. In ihrem »Forsthaus« richten die ehemaligen Hamburger seit Jahren ein antirassistisches Musikfestival mit dem Titel »Jamel rockt den Förster« aus. Dafür erhielt das Paar 2011 vom *Zentralrat der Juden* den Paul-Spiegel-Preis für Zivilcourage.

Am 11. Juli 2011 stand in großen schwarzen Lettern auf einem Transparent über der einzigen Straße: »Willkommen in Jamel«. Musik dröhnte aus aufgebauten weißen Zelten. Ordner liefen herum und wiesen die Fahrzeuge der über 200 Besucher des geheimen *Hammerskin*-Konzerts ein. »Freiheit für Sven Krüger« und »Jamel bleibt deutsch« prangte auf ihren roten Shirts. Bullige Männer mit schwarz-weiß-roten Pullovern, viele mit schwarzen Lederwesten, Vollbärten und Glatzen, entstiegen den Autos und begrüßten sich cool. Die bewährten Brüder aus dem Netzwerk der *Hammerskins* warben nach der Inhaftierung Krügers um finanzielle Unterstützung für ihn und seine Familie. Ein Mann trug die Kutte des Motorradclubs *Gremium East District* aus Brandenburg. Keine Seltenheit im Umfeld der rassistischen Bruderschaft, gerade auf der Officers-Ebene legen die *Hammerskins* anscheinend Wert auf gute Kontakte zu berüchtigten Motorradclubs wie den *Hells Angels* oder den *Bandidos*. Der *Hammerskin*-Europachef betreibt einen Szene-Laden direkt auf dem Anwesen der *Bandidos* in Stralsund. Die militante Neonazi-Untergrundszene zeichnet sich nicht nur durch auffällig gute Kontakte zu einschlägigen Security-Unternehmen und ehemaligen Söldnern aus, sondern verstärkt eben auch durch ihren heißen Draht zu den Outlaw Motorcycle Gangs (OMCG), wie kriminelle Rockergruppen im Polizeijargon heißen.

Der staatliche Verfolgungsdruck nach dem Verbot von *Blood & Honour* im Herbst 2000 bewirkte die verstärkte Suche nach vermeintlich sicheren Rückzugsräumen. Rechtsrock-Konzerte wurden in die gut bewachten Clubhäuser von Rockergangs verlegt, der Schutzmantel des Hausrechts ausgenutzt. Die kriminellen Outlaw-Motoradclubs steckten am Anfang des neuen Jahrtausends gerade in massiven Expansionsbemühungen vor allem in den neuen Bundesländern und nutzten die bestehenden konspirativen rechten Netzwerkstrukturen allzu gern. Aus einem internen Statement des Bundesamtes für Verfassungsschutz in Köln geht hervor, dass von 50 exemplarischen Rechtsrock-Konzerten zwischen 2001 und 2008 33 beim MC *Bandidos* durchgeführt wurden, die meisten davon in Baden-Württemberg. Ein Sachstandsbericht des BKA zur Fortführung der verbotenen B&H-*Division Deutschland* vom November 2008 wies die Länder Baden-Württemberg und Thüringen als Schwerpunkte der Nachfolgeaktivitäten aus. 2006 zerfielen auch diese Reste weitestgehend. Der letzte Bundesführer der geheimen B&H-Nachfolgestrukturen, Ronny L. aus Weimar, wechselte zu den *Hells Angels,* dort tummelten sich auch norddeutsche Blut-und-Ehre-Fans. Indes fanden einige als V-Männer enttarnte ostdeutsche Anführer im Bereich der Organisierten Kriminalität ein neues Betätigungsfeld.

Neonazis waren ein attraktives Rekrutierungspotenzial für die Rockergangs, weil sie als »gut organisiert« und »diszipliniert« galten. Gezielt wurde dort nach Personal gesucht. Für den Szene-Kenner und Buchautor Thomas Kuban sind Wechsel von der Neonazi- in die Rockerszene längst keine Einzelfälle mehr. Er erklärt die Motive für den Wechsel so: »Nazis finden im Rockermilieu die Rahmenbedingungen vor, die sie gewohnt sind.« Die Mitgründerin des Forschungsnetzwerks Frauen und Rechtsextremismus Rena Kenzo verweist auf Hierarchien, Probezeiten, Rituale und Ehrenkodizes der geschlossenen Rockergemeinschaften, die es so ähnlich auch in rechtsextremen Gruppen gebe. Dazu komme noch der Charakter eines Bundes durchtrainierter und gewaltbereiter Männer, für die Frauen nur als Beiwerk oder auszubeutende Subjekte existieren würden. Der Hang zu Waffen als Mittel und Fetisch spiele ebenfalls eine Rolle, meint Kenzo. Der Schritt aus der einen homogenen Hierarchie in die andere ist weniger weit, wenn die Mitglieder vorher schon als Türsteher, Securities oder im Tattoo-Business tätig waren. Präventionsexperten sprechen von Mischszenen zwischen Neonazis, Hooligans und Organisierter Kriminalität.

Anfang 2013 gaben die Polizeibehörden ihre hartnäckige Weigerung auf, nicht mehr als nur »Einzelfälle« in der Verquickung von Neonazis und Rockern zu sehen. Die Verbindung sei »enger als angenommen«, hieß es jetzt. »Wir gehen im Moment von Größenordnungen von fünf Prozent aus, und das sind von etwa 8000 Rockern, die uns bekannt sind, so etwa 400 bis 500«, erklärte der Präsident des Bundeskriminalamtes, Jörg Ziercke, im April dem ZDF.

Verbindungen zwischen der kriminellen Rockerszene und den mutmaßlichen Rechtsterroristen des Nationalsozialistischen Untergrunds sind im Zuge der jüngsten Ermittlungen ebenfalls ans Tageslicht gekommen. Inzwischen gilt auch als gesichert, dass mehrere der aus Thüringen stammenden mutmaßlichen Helfer der Zwickauer Zelle ebenfalls über Kontakte ins Lederkutten-Milieu verfügten. Beim Prozess gegen den einstigen Kameraden und damaligen *Bandido* Michael H. vor dem Landgericht in Erfurt 2010 wurde Beate Zschäpe von mehreren Zeugen als Besucherin erkannt. Während einer Verhandlungspause soll sie von einem Verteidiger eine Visitenkarte verlangt haben. Der erinnerte sich an die Frau, weil ihn besonders ihr fixierter, starrer Blick irritiert habe, erklärte dieser später. Ein Jurastudent bestätigte die Aussage des Erfurter Verteidigers. Er gab der Polizei zu Protokoll, Zschäpe und Begleiter mehrmals 2010 und 2011 im Saal gesehen zu haben. Auch vonseiten des Verfassungsschutzes gibt es Annahmen, dass Kontakte zwischen der Neonazistin und den Rockern über *Blood & Honour* entstanden.

Die abgetauchte Zschäpe und ihre unbekannte Begleitung könnte der Prozess zudem interessiert haben, weil sie den Angeklagten wie auch das Opfer von früher kannten. *Bandido* H. hatte einen Bekannten von Ralf Wohlleben aus Weimar niedergeschlagen. Der war zum konkurrierenden MC *Garde 81* gewechselt, einer *Hells-Angels*-nahen Gang. Mehrere Kameraden aus Wohllebens Umfeld waren auch zu den *Red Devils* gegangen, ebenfalls Unterstützer der Höllenengel. Noch im Dezember 2011 soll NSU-Helfer Wohlleben nach Recherchen des »Spiegels« im damaligen Clubhaus des MC *Red Devil* in Saalfeld verkehrt haben.

»Kann es sein, dass ein Neonazi mehr als 22 Kilogramm Zutaten für die Herstellung von Sprengstoff hortet und dann nicht bestraft wird?«, fragte im April 2011 die »Badische Zeitung« durchaus empört. Bei dem südbadischen »Stützpunktleiter« der NPD-Jugendorganisation *Junge Nationaldemokraten* (JN), Thomas Baumann aus der Nähe von Lörrach, waren 2009 Chemikalien, Zündschnüre, Bauteile für Fernzünder, Sprengstofffachliteratur sowie ein automatisches Schweizer Sturmgewehr Kaliber 7,5 Millimeter sichergestellt worden. Das sei die größte derartige Menge an Bombengrundstoff, die je bei einem Neonazi gefunden wurde, sagten die Ermittler bei seiner Verhaftung im August 2009. Binnen Stunden hätte Baumann eine gefährliche Rohrbombe bauen können. Stephan Braun, ehemaliger SPD-Landtagsabgeordneter in Stuttgart und Rechtsextremismusexperte, betonte, der Fall zeige, »wie kurz der Weg zwischen Rechtsextremismus und Rechtsterrorismus« sei.

Doch das Landgericht Freiburg wies die Anklage in dem entscheidenden Punkt zurück, weil es seiner Auffassung nach »keine konkreten Anschlagspläne oder -ziele« gegeben habe, und die seien Voraussetzung für eine Bestrafung. Auch das Oberlandesgericht in Karlsruhe schloss sich 2011 dieser Sichtweise an und lehnte ein Verfahren gegen den 24-Jährigen ab. Auch der Verstoß gegen das Sprengstoffgesetz komme nicht in Betracht: Die sichergestellten Chemikalien seien frei erhältlich.

Wohl hätte der JN-Kader aus den Chemikalien etwa zwei Kilogramm eines explosiven Gemisches herstellen können. Die Ermittler fanden auch einen Stahlrohrkörper nebst Schlusskappen, der mit Sprengstoff gefüllt etwa die Sprengwirkung einer Handgranate hätte entfalten können. Zudem wurden bei einer Durchsuchung drei Handbücher zum Thema Sprengstoff, ein selbstgefertigter Zünder sowie eine funktechnische Vorrichtung zur Zündauslösung von Pyrotechnik sichergestellt. »Es gibt Anhaltspunkte, dass als wahrscheinliches Anschlagsziel die Kreise der Freiburger *Antifa* in Frage kommen«, hatte der Leiter der Kriminalpolizei Lörrach, Engelbert Brüstle, zuvor noch eingeräumt. Tatsächlich hatte Thomas Baumann im April 2008 in einer Mail an den NPD-Chef in Lörrach geschrieben: »Ich hätte gerne die Namen und Adressen von wichtigen politischen Gegnern.« Als der NPD-Mann ihn aufforderte, das linke Freiburger Zentrum KTS auszuspionieren, war der glatzköpfige Neonazi dazu bereit. Parallel dazu kaufte er Chemikalien wie Wasserstoffperoxid und Nitromethan. Seit 2009 baute Baumann auch eine »Arbeitsgruppe Aufklärung« auf, in der Daten politischer Gegner gesammelt werden sollten. »Namen, Nummern, Freunde, Vereine, Wohnort, Schule, Bilder – einfach alles!« sollte über »die Zecken« zusammengetragen werden.

Baumanns gefährliche Ambitionen dürften baden-württembergische Parteikameraden wenig gestört haben. Der jetzige NPD-Landeschef war

Anfang der 1990er Jahre selbst als Söldner in Kroatien und Südafrika und ist später wegen illegalen Waffenbesitzes und des Überfalls auf eine Postbank verurteilt worden. Sprengstofffan Baumann wurde im April 2012 wegen unerlaubten Waffenbesitzes und Verstoßes gegen das Kriegswaffenkontrollgesetz von einem Amtsgericht lediglich zu 100 Euro Geldstrafe und acht Monaten Freiheitsstrafe auf Bewährung verurteilt.

Am 26. Mai 2011 starb André Kleinau. Eine Gruppe junger Neonazis trat an dem Abend des Tages in Oschatz bei Leipzig in einer früheren Wartehalle auf den alkoholkranken Obdachlosen ein. Am nächsten Morgen fanden Passanten den Mann blutüberströmt und mit schwersten Kopfverletzungen im Wartehäuschen des Südbahnhofs. Vier Tage später starb er. Sechs Täter im Alter von 16 bis 36 Jahren konnte die Polizei ermitteln. Sie alle sollen eine rechte Einstellung haben. Bei dem Haupttäter Ronny S. war sie auf der Haut zu lesen. »Skin« ist auf die rechte Hand tätowiert, am linken Arm »88« – der Szene-Zahlencode für »Heil Hitler«. Auf einem Foto ist S. mit Mitgliedern der NPD zu sehen, ein anderes Bild zeigt ihn unter einer Reichskriegsflagge. Auf einem weiteren Foto trägt er eine Jacke mit der Aufschrift »Odin statt Jesus«, berichtete »Der Tagesspiegel«. Eine Zeugin sagte vor Gericht, dass ein anderer Angeklagter, Sebastian B., Kleinau eins »auf die Schnauze hauen« wollte, weil dieser stinke und kein Zuhause habe.

Der Prozess am Landgericht Leipzig dauerte über ein Jahr. Am 25. Januar 2013 verurteilten die Richter die sechs Männer zu Haft- und Bewährungsstrafen. Ronny S. und Sebastian B. mussten wegen Totschlags zehn und 13 Jahre ins Gefängnis. Die drei Jugendlichen, die zum Tatzeitpunkt zwischen 16 und 18 Jahre alt waren, wurden zu Jugendstrafen von bis zu drei Jahren verurteilt. Silvio H. erhielt eine Bewährungsstrafe von zehn Monaten wegen unterlassener Hilfeleistung, weil er den Gewaltausbruch beobachtet hatte und nicht eingeschritten war. Ein rechtes Motiv wollte das Gericht aber nicht erkennen. Während des Verfahrens war auch ein Beweisantrag zur rechtsextremen und sozialdarwinistischen Einstellung mehrerer Angeklagter abgewiesen worden. Anastasia Krotova von der Opferberatung der RAA Sachsen e. V. findet dies eine fatale Entscheidung. Es sei nicht nachvollziehbar, dass auch nach Aufdeckung der NSU-Taten weiterhin die Bereitschaft fehlt, bei offensichtlichen Anzeichen einer rechtsextremen Gesinnung der Täter die Hintergründe und das Motiv der Tat näher zu beleuchten.

Die Verbrechen der NSU scheinen die Neonazi-Szene nicht nachhaltig von ihrer Militanz und Aggressivität abzubringen, sie zu bewegen, weniger zuzuschlagen. Jeder Zweite muss als militant bezeichnet werden, räumen inzwischen auch die Sicherheitsbehörden ein. Dass die braune Szene insgesamt vielseitiger, jünger und aktionistischer geworden ist, lässt sich nicht mehr herunterspielen. Doch Länder wie Bayern stellten auch 2012 in ihren aktuellen Verfassungsschutzberichten Rechtsextremismus wieder hintenan. Den Islamismus mit seinen Salafisten und »Ausländerextremismus« durch Gruppen wie die verbotene kurdische PKK sehen sie für ihr Bundesland demnach als vorrangige Probleme.

Dabei wurden seit 2001 auf der rechten Seite elf Fälle von kriminellen Vereinigungen und acht Fälle terroristischer Gruppen registriert. Die Neonazis auch in Bayern rüsten auf. Nach einer Statistik der Bundesanwaltschaft sind seit dem Jahr 2001 gegen 13 Gruppierungen Verfahren wegen Bildung einer terroristischen Vereinigung geführt wurden. 2009 und 2010 stellten die Behörden insgesamt 811 Waffen bei Neonazis sicher. 2012 stießen bayerische Beamte auf ein ganzes Waffenarsenal allein bei der äußerst militanten rechten Gruppierung *Jagdstaffel* DST in Geretsried. Deren Mitglieder werden auch offiziell als gewaltbereit eingestuft.

Eine neue Kriminalstatistik für das Jahr 2012 in Nordrhein-Westfalen zeigt, dass rechtsextremistische Straftäter noch gefährlicher sind, als allein die Zahl der politisch motivierten Straftaten zu erkennen gibt. Auf fast jede bekannt gewordene Gewalttat von rechts kommen zwei weitere Gewaltdelikte der Täter im Bereich der Allgemeinkriminalität. Der nordrhein-westfälische Innnenminister Ralf Jäger sagte am 26. März 2013 in Düsseldorf: »Wir wissen heute genauer, welche Taten diese Leute verüben. Je mehr wir wissen, umso eher können wir Zusammenhänge erkennen und einschreiten.« 556 Rechtsextremisten begingen demnach ein Tötungsdelikt, 275 Körperverletzungen sowie 310 Diebstähle und Einbrüche. Zusätzlich zu 31 gemeldeten politisch motivierten Bedrohungen und Nötigungen begingen sie 107 gleichartige Straftaten, die der Allgemeinkriminalität zugerechnet werden. »Das zeigt, dass Rechtsextremisten eine Gefahr für unsere gesamte Gesellschaft sind«, so Jäger. 20 Neonazis fielen sogar durch eine besonders hohe kriminelle Energie auf, jeder von ihnen verübte allein im vergangenen Jahr mehr als zehn Straftaten.

Ende 2012, Saal 128 im Landgericht Koblenz. Die Sicherheitskontrollen vor dem Raum gleichen denen deutscher Flughäfen. Es finden der 24. und 25. Prozesstag im Mammutverfahren gegen das neonazistische *Aktionsbüro Mittelrhein* mit 26 Angeklagten und 52 Verteidigern statt. Ab Mitte August 2012 wirft die Staatsanwaltschaft Koblenz dem Kameradschaftsverbund die Bildung und Unterstützung einer kriminellen Vereinigung vor. Die Anhänger des *Aktionsbüros* aus dem nördlichen Rheinland-Pfalz und Nordrhein-Westfalen, unter ihnen zwei NPD-Funktionäre, gelten als alles andere als harmlos. Sie sollen, laut Oberstaatsanwalt Walter Schmengler, Waffen gehortet, Gegner ausspioniert und verprügelt sowie zahlreiche weitere Straftaten begangen haben. Die Vorwürfe reichen von Gewalt gegen Linke bis zu versuchten Brandanschlägen auf Autos. Die beschuldigten Neonazis wollten ein »Klima der Angst« erzeugen, erklärte Schmengler. Ziel sei es gewesen, einen »Neonazi-Staat« zu errichten und die freiheitlich-demokratische Grundordnung zu beseitigen. Hauptquartier des Netzwerkes war das »Braune Haus« in Bad Neuenahr-Ahrweiler. Zur Kerntruppe zählten ausgewählte Teilnehmer eines sogenannten Spiele-Abends.

In den hinteren Reihen der Anklagebank sitzen fünf Mitangeklagte, die umfassend bei der Polizei ausgesagt haben. Unter ihnen David H., dunkle Haare, Nasenring. Er soll sich im Zeugenschutzprogramm befinden, seine Anwältinnen bleiben die ganze Zeit dicht neben ihm. Die zwei auf den angrenzenden Sitzen sollen Personenschützer sein. Der bekannte Neonazi Axel Reitz, in den Medien als »Hitler von Köln« bekannt, kommt schnellen Schrittes in den Saal. Auch er ist angeklagt. Er hat umfassend bei der Polizei ausgesagt und befindet sich nun nicht mehr in Untersuchungshaft. Für die Szene ist er ein »Verräter«. So richtig aber mag man ihm die Distanzierung noch nicht abnehmen. Zu lange war der junge Pulheimer als Rädelsführer militanter Gruppen dabei. Als 16-Jähriger hielt Reitz Adolf Hitler für eine »glänzende Lichtgestalt der arischen Rasse«. Im ZDF-»Heute-Journal« gibt er Anfang April 2013 nunmehr warnende Töne von sich. Er gehe davon aus, so erklärt er, dass »es ein Personal gibt, das radikalisiert genug ist, irgendwann sämtliche Hemmungen fallenzulassen und dann auf die eine oder andere Art Amok zu laufen«.

Die Angeklagten des *Aktionsbüros Mittelrhein* sind sich einig, dass es sich bei ihren Taten nur um Lappalien handelt. Sie sollen Daten gegen einen kritischen Redakteur der »Rhein-Zeitung« gesammelt und das Auto eines Beamten des Landesamtes für Soziales, Jugend und

Versorgung mit einem GPS-Peilsender versehen haben. Die Neonazis beschmierten Schulen und Brücken mit Hakenkreuzen oder überklebten Straßenschilder mit dem Schriftzug »Rudolf-Heß-Straße«. Ihre Uniformen waren Braunhemden oder Shirts mit dem Aufdruck »Rhein arische Jugend«.

In den Verhandlungen geht es um den Inhalt von Gruppenabenden, das Ziel militärischer Ertüchtigung, die enge Vernetzung mit der NPD in Koblenz und Tricks bei der Datenerfassung politischer Gegner. So sei versucht worden, polizeiliche Ermittlungsverfahren gegen Antifaschisten zu forcieren, um danach bei den öffentlichen Prozessen mehr über deren persönliche Verhältnisse zu erfahren. Das *Aktionsbüro Mittelrhein* erscheint dabei als hierarchische Kameradschaft ähnlich den berüchtigten, verbotenen Kameradschaften *Westerwald* oder *Aachener Land*. Um einem Verbot zu entgehen, sei die Form des *Aktionsbüros* gewählt worden, so ein aussagewilliger Angeklagter. Es habe daher keine offizielle Struktur und keine klar geregelte Befehlsgewalt gegeben. Das Ausüben von Straftaten sei ein Mittel des gemeinsamen Kampfes gewesen. Gewalt habe aber auch innerhalb der Szene eine Rolle gespielt, wenn es um Drogenkonsum oder Frauen ging. Die direkte Auseinandersetzung mit dem politischen Gegner sei gezielt gesucht worden. Schlaginstrumente und Steine wurden dafür neben der Eingangstür im »Braunen Haus« in Ahrweiler gehortet.

Der Angeklagte Florian S. spricht auch über die »NS-Ausrichtung« der Kameradschaft. Die Gruppe glaubte an Blut-und-Boden-Thesen, sah die ehemaligen deutschen Ostgebiete unter unrechtmäßiger Fremdherrschaft und hoffte, das Deutsche Reich wieder zu vereinen. Bürgerkriegsähnliche Zustände als Folge einer neuen Finanzkrise seien in den konspirativen Führungssitzungen, den »Spiele-Abenden« thematisiert worden. Der Unmut in der Bevölkerung sollte durch Aktionen forciert werden. Die Neonazis warteten auf den Zusammenbruch des demokratischen Systems, um dann auf der Straße die Vorherrschaft zu übernehmen. Im Frühjahr 2013 geht das Verfahren in die nächste Runde, es wird noch einige Zeit dauern.

In den ersten zwei Monaten des Jahres 2013 registrierte das Bundesinnenministerium 1735 Straf- und Gewalttaten mit rechtsextremem Hintergrund. Offiziellen Verlautbarungen zufolge wurden 52 Menschen dabei verletzt.

Andrea Röpke und Andreas Speit

»Sie taten alles, aber sie schauten nicht nach rechts« – Nachwort

Rechtsextreme Opfer wurden staatliche Opfer – Ermittlungen gegen die Angehörigen der Mordopfer und die Betroffenen der Bombenanschläge – V-Leute-Diskussion und NPD-Verbotsdebatte – Anti-rechts-Initiativen brauchen eine andere Förderung

Ein stilles Gedenken. An der Hamburger Schützenstraße 43 – 45 legen Vertreter von türkischen Migrantenorganisationen, Jüdischer Gemeinde und deutschem Gewerkschaftsbund (DGB) zum Gedenken an das NSU-Opfer Süleyman Taşköprü schweigend Rosen nieder. Dort, vor dem früheren Obst- und Gemüseladen, steht 2012 anlässlich des ersten Jahrestages der zufälligen Entdeckung des NSU eine Fotografie von dem ermordeten 31-jährigen Familienvater. Nach bisherigem Ermittlungsstand sollen Uwe Mundlos und Uwe Böhnhardt am 27. Juni 2001 kurz vor 11 Uhr den »Taşköprü Market« betreten und dem überraschten Kleinunternehmer ohne Vorwarnung mitten ins Gesicht geschossen haben. Als dieser schwerverletzt am Boden lag, trafen ihn noch zwei Schüsse in den Hinterkopf. »Exekution« nennt die Polizei so einen kaltblütigen, brutalen Tatverlauf. Doch die Ermittlungen liefen lange Zeit in die falsche Richtung. »Wir haben kein Vertrauen in die Aufklärungsarbeit«, sagt deshalb Gül Pinar, eine Anwältin der Familie, bei einer Pressekonferenz vor der Gedenkveranstaltung. Und sie hebt noch etwas hervor: »Wir sind empört, dass keine Empörung da ist.«

Die Vernichtung von Akten durch das Bundesamt für Verfassungsschutz (BfV) und das Verschweigen von Geheimdienstaktionen haben nach Einschätzung von Hüseyin Yilmaz, Vorsitzender der Türkischen Gemeinde Hamburg, und von Philipp Strichaz, stellvertretender Vorsitzender der Jüdischen Gemeinde, das Vertrauen in die Aufklärer nachhaltig beeinträchtigt. »Alles läuft schleppend, teilweise verbunden mit Verhinderungen«, sagt Yilmaz. »Nach der Aufdeckung sind die Sicherheitsstellen erstaunlich schnell zum Alltag übergegangen, die Aufregung ist abgefallen, der Ruf nach Konsequenzen abgeflaut«, betont Kazim Abaci, Geschäftsführer des Vereins »Unternehmer ohne Grenzen«. »Die Morde haben zu keiner erhöhten Sensibilität, keinen neuen Prioritäten bei den Sicherheitskräften geführt«, meint er und verweist darauf, dass außer ein paar »Personalspielen« nichts passiert sei.

Binnen eines Jahres hatten Heinz Fromm, Präsident des Bundesamtes für Verfassungsschutz, und vier Chefs von Landesämtern für Verfassungsschutz ihre Ämter niedergelegt: Thomas Sippel in Thüringen, Reinhard Boos in Sachsen, Volker Limburg in Sachsen-Anhalt und Claudia Schmid in Berlin.

Bei der Pressekonferenz, hinter dem Tisch mit der Anwältin und Vertretern der Organisationen, zeichnet ein Künstler auf einer großen provisorischen Leinwand Justitia – mit einer Augenbinde um den Kopf, in den Händen gesenkt das Schwert und die Waage. Die dargestellten VS-Mitarbeiter laufen mit dunklen Sonnenbrillen verwirrt um sie herum, schauen weg, stecken den Kopf in die Erde.

Am 23. Februar 2012 noch hatte Bundeskanzlerin Angela Merkel (CDU) bei der Gedenkveranstaltung für die Opfer rechtsextremistischer Gewalt im Konzerthaus am Berliner Gendarmenmarkt in Berlin vor rund 1200 geladenen Gästen versprochen: »Wir tun alles, um die Morde aufzuklären und die Helfershelfer und Hintermänner aufzudecken und alle Täter ihrer gerechten Strafe zuzuführen. Daran arbeiten alle Behörden in Bund und Ländern mit Hochdruck.«

Dieses Versprechen ist bei der Pressekonferenz sehr gegenwärtig. Doch nur zögerlich und erst durch öffentlichem Druck würden die betroffenen Stellen Wissen und Akten preisgeben, glaubt Abaci. Anwältin Pinar sagt nicht viel zu den damaligen Polizeiermittlungen in Hamburg, außer einem Satz, der nachhallt: »Sie taten alles, aber sie schauten nicht nach rechts.«

In Hamburg standen, wie bei den Ermittlungen in allen anderen Mordfällen der NSU auch, vor allem die Familien und ihr Umfeld im polizeilichen Fokus. Eine übliche Vorgehensweise, meint Sandra Levgrün von der Polizeipressestelle Hamburg. Seit Jahrzehnten würden Statistiken belegen, dass bei den meisten Morden Täter und Opfer in Beziehungen standen. Gewiss war es für die Kriminalpolizei schwierig, da es keine offensichtlich Tatverdächtigen gab. Doch eine weitere Anwältin der Familie Taşköprü, Angela Wierig, verweist darauf, dass »mit allen Mitteln versucht wurde, das Opfer mit Drogengeschäften in Verbindung zu bringen«. Die Familie hätte vorher kein skeptisches oder negatives Verhältnis zum deutschen Staat gehabt, sie war eher beeindruckt von ihm. Sie fühlten sich als eine normale Familie aus Alt-

Altona, doch auf einmal waren sie Ausländer, vermeintliche Kriminelle, selbst schuld an ihrer Lage.

Die Hinterbliebenen von Theodoros Boulgarides aus München mussten Ähnliches erfahren. Der aus Griechenland stammende Ladeninhaber war am 15. Juni 2005 auf ähnliche Weise hingerichtet worden wie Süleyman Taşköprü in Hamburg: Der erste Schuss ging ohne Vorwarnung ins Gesicht, danach wurde dem bereits am Boden liegenden Opfer erneut in den Kopf geschossen. Die Ermittlungen konzentrierten sich nach dem Mord auf das private Umfeld. »Eine sehr schwierige Zeit für die Familie und deren Freunde«, sagt Anwalt Yavuz Narin. Sie hätten sich lange bemüht, die Ermittler zu unterstützen, geduldig Aussagen gemacht und das Gespräch gesucht, erzählt Narin bei einem Treffen im Berliner »taz«-Café. Doch immer wurde nur Privates und sehr Persönliches durchleuchtet. Die Presse tat das Gleiche: Bereits zwei Tage nach der Ermordung von Boulgarides hieß es in der »Münchner Abendzeitung«: »Türken-Mafia schlug wieder zu.« Die Tatsache, dass Boulgarides gar keinen türkischen Hintergrund hatte, schützte nicht vor dieser Schlagzeile – alles Nichtdeutsche wurde offenbar dem türkischen Umfeld zugerechnet. Die permanenten polizeilichen Ermittlungen und die medialen Darstellungen verunsicherten Freunde, Bekannte und Nachbarn.

Auch Semiya Şimşek sprach bei der offiziellen Gedenkfeier Anfang 2012 im Konzerthaus die Erfahrungen ihrer Familie mit der Polizei deutlich an. Semiyas Vater Enver Şimşek war das erste Mordopfer des NSU. Am 9. September 2000 hatten nach den Erkenntnissen der Ermittler Mundlos und Böhnhardt den Händler an einer Ausfallstraße in Nürnberg an seinem mobilen Blumenstand ermordet, indem sie ohne Vorwarnung auf den Kopf des 38-Jährigen schossen und dann noch auf den Oberkörper. Bei diesem ersten Mord fanden sie offenbar ihre Methode. Kaltblütig machten sie noch Fotos von ihrem Opfer und schlossen ihn dann in seinem Transporter ein. Da lebte Enver Şimşek noch. Später wird Semiya Şimşek dieses Bild sehen: In der 15-minütigen Bekenner-DVD erscheint das Foto von ihrem Vater, wie er in seinem Blut zwischen den Blumen liegt. Aus dem Off erzählt dazu die Comic-Figur Paulchen Panther: »Und weil der Paul von Uniformen nicht viel hält, gibt er, ganz prophylaktisch, schon mal Fersengeld.« Die hohe Professionalität der DVD und die eiskalte Menschenverachtung haben sie besonders hart getroffen, schreibt Semiya Şimşek in ihrem Buch »Schmerzliche Heimat«, das sie gemeinsam mit Peter Schwarz veröffentlicht hat. Das war mehr, als sie ertragen konnte: »Das Video machte mich regelrecht verrückt.«

Im Jahr des Mordes war Semiya Şimşek 14 Jahre alt. Durch den Tod ihres Vaters verlor die Familie den Haupternährer. »Elf Jahre durften wir nicht einmal reinen Gewissens Opfer sein«, sagt die heute 25-Jährige. »Immer lag da die Last über unseren Familien, dass vielleicht doch irgendwer aus meiner Familie, aus unserer Familie verantwortlich sein könnte für den Tod meines Vaters. Und auch den anderen Verdacht gab es noch: mein Vater ein Krimineller, ein Drogenhändler.« Die Gäste der Gedenkveranstaltung in Berlin fragte sie: »Können Sie erahnen, wie es sich für mich als Kind angefühlt hat, sowohl meinen toten Vater als auch meine ohnehin schon betroffene Mutter unter Verdacht zu sehen?«

In einem Interview mit dem »Tagespiegel« wurde sie noch deutlicher: Das Versagen der Ermittlungsbehörden, vor allem des Verfassungsschutzes, habe dazu geführt, dass sie ihr »Vertrauen in diesen Staat verloren habe, obwohl [sie] hier geboren wurde«. Sie ist inzwischen der festen Überzeugung: »Man hat uns auch nicht geglaubt, weil wir Türken sind.« Die Hamburger Anwältin der Familie Taşköprü, Angela Wierig, drückt es ähnlich aus: »Ich denke, wenn die Familie deutsche Wurzeln gehabt hätte, wären die Ermittlungen anders geführt worden.«

Das Motiv für die Morde im Leben der Opfer zu suchen, wurde von einer anfänglichen Arbeitshypothese wohl mehr und mehr zu einem Ermittlungsdogma. Schon die Bezeichnung der in Nürnberg installierten polizeilichen Ermittlungsgruppe als »Soko Bosporus« offenbare die Verengung der Ermittlungen, so Wierig. Wegen des »südländischen« Hintergrunds konzentrierten sich die Behörden auf das familiäre Beziehungsgeflecht in Deutschland und in der Türkei, fragte man ständig nach Familienfehden und verdecktem Fremdgehen.

»Am schlimmsten traf es von Anfang an meine Mutter«, schreibt Şimşek. »Von der ersten Vernehmung an« hätten die Ermittler ihre Mutter hart angefasst. »Sie hauten auf den Tisch und schrien sie an, dass sie damit zu tun habe, sie solle es endlich zugeben«, erinnert sich die Tochter. Als »psychologisches Druckmittel« tischten die Beamten der Familie auch Lügen auf. Angeblich habe das Familienoberhaupt noch eine zweite Familie gehabt.

Sogar eine Falle stellten die Ermittler Adile Şimşek und Hüseyin Bash, einem Onkel von Semiya Şimşek. Beide wurden wieder einmal für erneute Vernehmungen ins Polizeipräsidium nach Nürnberg abgeholt. Die Beamten vernahmen Bruder und Schwester in getrennten Räumen. Nach ein paar Stunden durften sie gehen und das Tatfahrzeug, in dem Enver Şimşek gefunden wurde, für die Heimfahrt nach Hessen nutzen, berichten Şimşek und Schwarz in ihrem Buch. Die Aktion hatte einen Hintergrund: Der Sprinter war nicht nur gesäubert, er war auch verwanzt. Die Idee der Ermittler war es wohl, nach den strapaziösen Vernehmungen würden die beiden sich auf der Fahrt womöglich verraten.

Als Familienmitglieder nach einem Jahr mal nachfragten, ob nicht auch ausländerfeindliche Motive vorliegen könnten, gab es die stereotype Antwort: »Wären es Rechtsextreme gewesen, hätten sie ein klares Bekennerzeichen hinterlassen, zum Beispiel ein Hakenkreuz.« Diese Fehleinschätzung hat die polizeilichen Ermittlungen nachhaltig beeinträchtigt. Tatsächlich sind in der Geschichte der rechtsextremen Gewalt der Bundesrepublik Deutschland Bekennerschreiben oder Bekenntnisbotschaften die Ausnahme. Bei Schändungen von jüdischen Friedhöfen, nach dem Einwerfen von Scheiben in Büros demokratischer Parteien und zivilgesellschaftlicher Initiativen lassen Täter mitunter einschlägige Codes und Symbole zurück, doch bei Brandanschlägen, Gewaltangriffen und Morden absolut selten. Einzelne Ausnahmen erhoben die Behörden damals und heute jedoch zur Regel – fatal und falsch.

Nach dem Nagelbombenanschlag von Köln am 9. Juni 2004, bei dem 24 Menschen verletzt wurden, einige zum Teil lebensgefährlich, erklärte kaum 24 Stunden später der damalige Bundesinnenminister Otto Schily (SPD), dass alle Erkenntnisse »nicht auf einen rechtsterroristischen Hintergrund, sondern auf ein kriminelles Milieu« hinweisen würden. 2013 entschuldigte sich Schily bei seiner Vernehmung im Untersuchungsausschuss des Bundestags, »dass wir die Gefahr des Rechtsextremismus unterschätzt haben«. Die Hauptschuld dafür sah er aber nicht bei sich, sondern beim »deutschen Föderalwirrwarr«.

Viele Experten denken, dass gerade nach diesem Anschlag, wenn anders ermittelt worden wäre, das Trio hätte entdeckt werden können. In den Ermittlungsakten heißt es, dass bei der Auswertung des Filmmaterials eines nahen Firmengebäudes eine männliche Person kurz vor dem Anschlag zu sehen war, die das Fahrrad mit der Bombe abstellte. Das Gesicht war verhüllt. Gefilmt wurde auch, wie eine weitere männliche Person zwei Mountainbikes schiebt und wie beide später am Tatort noch einmal erscheinen.

In der Bekenner-DVD des NSU tauchen später Bilder des Anschlages auf. Doch damals wurde eben nicht nach rechts geschaut. Die Polizei konzentrierte sich vor allem auf das nahe Umfeld der Opfer. Es wurden verdeckte Ermittler eingesetzt, da man vermutete, dass die Betroffenen mehr Kenntnisse hätten, als sie den Ermittlern gegenüber offenbarten. Schon gleich nach dem Anschlag hatte indes die Initiative *Öffentlichkeit gegen Gewalt* e. V. (ÖgG) beklagt, dass nur allzu schnell von einem »Bandenkrieg«, einem »Racheakt« oder einem »Streit zwischen Türken und Kurden« als Tatmotiv geredet würde. »Damit werden die Bewohner der Keupstraße doppelt gepeinigt: zuerst die Bombe, dann die Stigmatisierung des gesamten Viertels«, so ÖgG. In einem Brief an den NSU-Untersuchungsausschuss schreibt eine betroffene Frau mit kurdischem Hintergrund: »Die Polizei sagte mir, dass ich bzw. mein Mann verdächtigt werde, eine Bombe gelegt zu haben. Das Gleiche ist bei vielen kurdischen Familien und anderen Bewohnern (...) geschehen. Die Begründungen waren wahlweise PKK, Geldwäsche, Drogenhandel.« Und sie betont: »Nur Nazis als Täter wurden ausgeschlossen.«

Den Kölner Bombenopfern und ihren Angehörigen ging es wie den Betroffenen der Morde. Erst löste der Anschlag einen Schock aus, sagt der Psychotherapeut Ali Kemal Gün im Interview mit »Spiegel Online«, dann führten die »Reaktionen der Politik und der Ermittler zu Verunsicherungen. Die Opfer wurden wie Täter behandelt und zu Falschaussagen animiert«, so Gün. Und der Psychotherapeut hebt hervor: »Am Ende wurden die Verletzten und deren Angehörige durch teilweise unmenschliche Behandlungsmethoden mehr traumatisiert, als sie es vorher waren.« Im Interview stellt er einen ernüchternden Vergleich an. 1993 betreute er die Angehörigen der Toten des Brandschlages in Solingen. »Die politische und gesellschaftliche Grundhaltung nach dem Anschlag von Solingen war durch Sensibilität, Mitgefühl, Vertrauen und Unterstützung geprägt.« Die Politik sei dort präsent und in Kontakt mit den Angehörigen der Opfer gewesen, Psychologen halfen lange Zeit. »Im Falle der NSU sehe ich diese Hilfe nicht«, sagt Gün.

Eine Umfrage des Meinungsforschungsinstituts Forsa für den »Stern« spiegelt die unterschiedliche gesellschaftliche Stimmung wider. Nur 36 Prozent der Befragten im April 2013 interessierten sich für den NSU-Prozess, 39 Prozent waren wenig und 24 Prozent nahezu überhaupt nicht an dem Verfahren interessiert.

Die Türkische Gemeinde in Deutschland hatte zum ersten Jahrestag der Aufdeckung der NSU-Verbrechen dem Bundespräsidenten den Wunsch der Hinterbliebenen nach einem Gespräch im November 2012 übermittelt. Doch dessen Reaktion ließ auf sich warten. Erst am 18. April 2013 lud Joachim Gauck die Familien ins Schloss Bellevue zu einem Treffen ein. Die Schwester des Hamburger Opfers Süleyman Taşköprü sagte mit einem Brief ab, da sie ihren vertrauten Rechtsbeistand nicht mitnehmen durfte. Ihre Begründung an den ehemaligen Pastor Joachim Gauck: »Es wäre emphatisch von Ihnen gewesen, nicht darauf zu bestehen, dass ich alleine ins Präsidialamt komme.« In einem dreiseitigen Schreiben erklärte Aysen Taşköprü ihm ausführlich, warum sie sich dem Besuch nicht ohne Begleitung gewachsen fühle. Sie leidet noch immer unter den traumatischen Erlebnissen von damals. Nachdem sie von einem Kripobeamten erfahren hatte, dass die vermutlichen Mörder ihres Bruders sich umgebracht hätten, sah sie im Fernsehen das Bekennervideo der Zwickauer Terrorzelle. »Ich habe angefangen zu schreien und konnte nicht wieder aufhören. Da lag mein Bruder in seinem eigenen Blut auf den rotweißen Fliesen, die ich so gut kannte. Ich sehe seine zierlichen Hände und ich erkenne seine Armbanduhr. Und kein Lächeln auf seinen Lippen. (...) An dem Tag ist mein Bruder ein zweites Mal gestorben und etwas in mir ist zerbrochen. Körper und Geist gehen ihre eigenen Wege. Mein Leben entgleitet mir.« Und weiter führt sie aus: »Ich wurde 1974 in der Türkei geboren; seit 1979 lebe ich in Deutschland. Ich bin hier zur Schule gegangen, habe meine Ausbildung gemacht und gearbeitet. Mein Sohn wurde hier geboren, und ich fühlte mich als Deutsche mit türkischen Wurzeln. Noch im März 2011 konnte ich darüber lachen, als eine Sachbearbeiterin im Rathaus zu meinem Sohn sagte, er sei kein Deutscher. Der Kleine war ganz erstaunt und erklärte ihr sehr ernsthaft, dass er sehr wohl Deutscher sei, er habe schließlich einen deutschen Pass. Wie gesagt, ich lachte. (...) Heute kann ich darüber gar nicht mehr lachen. Ich hatte mal ein Leben und eine Heimat.«

Der Einladung des Bundespräsidenten nach Berlin folgten auch andere geladene Angehörige nicht. Die Witwe Yvonne Boulgarides wollte ihre Fragen von ihrem Anwalt Yavuz Narin vortragen lassen, da sie sich selbst dazu nicht in der Lage sah. Auch das wurde abgelehnt.

Für die Hinterbliebenen völlig unverständlich ist der anhaltende Umgang der deutschen Sicherheitsbehörden mit teils verbrecherischen, gut bezahlten V-Männern in der rechten Gewaltszene. Auch zwei Jahre nach dem Auffliegen der NSU-Verbrechen halten die Behörden an der dubiosen Spitzel-Praxis fest, obwohl sich gezeigt hat, dass bei der Verfolgung der rechten Terroristen das System gleich doppelt gescheitert ist. Keine Information eines V-Mannes hat den ausschlaggebenden Hinweis zur Terrorzelle geliefert, und selbst die vereinzelten Angaben von Informanten, dass für das Trio Waffen, Geld oder Papiere durch die rechte Unterstützerszene beschafft werden sollen, führten nicht zum Umdenken bei der Ausrichtung der Ermittlungen. »Mir drängt sich der Verdacht auf, dass das Spitzelsystem vollkommen aus dem Ruder gelaufen ist und der rechten Szene eher nützte als schadete«, schreibt Semiya Şimşek in ihrem Buch. Denn diese V-Leute seien ja keine »Agenten des Staates«, die fest an Demokratie und Menschenrechte glauben würden, sondern »in der Regel hartgesottene Rassisten«, die nur für Geld reden. »V-Leute«, betont sie, »sind kurz gesagt keine Staatsschützer, sondern eher staatlich bezahlte Neonazis. Wer glaubt ernsthaft, dass solche Typen immer alles, was sie wissen, preisgeben?«

Deutlich wurde im Laufe der Ermittlungen auch, dass diverse Geheimdienste ihre Spitzel in den Kameradschaften unterhielten, die eine Dienststelle aber nichts vom Einsatz der anderen wusste.

Das TV-Magazin »Report Mainz« hatte außerdem herausgefunden, dass von zwölf der 50 ausgewerteten V-Leute im rechtsextremen Spektrum fast jeder Vierte während seiner Geheimdiensttätigkeit Straftaten begangen hatte – von Nötigung, Körperverletzung über Waffenhandel bis zu Sprengstoffanschlägen. Mindestens sechs wurden vom Verfassungsschutz vor drohender Strafverfolgung durch Polizeibehörden gewarnt.

Der niedersächsische Kriminologe Christian Pfeiffer kommentierte den teilweisen Einsatz von Kriminellen durch staatliche Stellen mit den Worten: »Bilanz des Schreckens mit wenig Nutzen«. Er fragte öffentlich, ob die zuständigen Behörden denn überhaupt keine Sensibilität gegenüber den Opfern hätten.

Bundesinnenminister Hans-Peter Friedrich (CSU) räumte im Ergebnis der verheerenden NSU-Ermittlungen ein, dass es eine mangelnde Kommunikation zwischen den Behörden gegeben habe. Um dem abzuhelfen, stellte er bereits am 16. Dezember 2011 das »Gemeinsame

Abwehrzentrum gegen Rechtsextremismus (GAR) vor, welches den Informationsaustausch zwischen den Behörden verbessern soll. Dazu wurde im September 2012 auch eine neue »Rechtsextremismus-Datei« (RED) eingerichtet. 36 Sicherheitsbehörden aus Bund und Ländern, sowohl Polizei als auch Geheimdienste, speisen seitdem Personendaten von Neonazis in die zentrale Datei ein – bisher sind 11 464 Personen erfasst. Sehr viel versprechen sich die Sicherheitsbehörden von der Verbunddatei: Erkenntnisüberblick und Ermittlungserfolge. Hätte es eine solche Datenbank schon zu der Zeit des NSU-Trios gegeben, wären die Mitglieder dort aufgetaucht, ist sich Friedrich sicher.

Doch hätte so eine zentrale Erfassung wirklich die Morde, Bombenanschläge und Banküberfälle verhindert? Vermutlich nicht, denn in einem waren sich die polizeilichen Ermittler während der ganzen Jahre ja ganz sicher: Aus rassistischen oder rechtsextremen Motiven wurden die Taten nicht verübt. Sie hätten in so einer Datei daher wohl auch gar nicht nachgeschaut. Eine Datenbank kann keine rassistischen Vorurteile beseitigen und keine politische Sensibilität ersetzen.

»Moralische Appelle an die Behörden wie ›Bitte, schaut besser hin‹, reichen nicht«, mahnt Felix Herzog seit längerem energisch. Der Professor für Strafrecht an der Universität Bremen schlägt vielmehr vor, »rassistische, fremdenfeindliche Hassmotivationen als ein strafverschärfendes Moment in die einzelnen Tatbestände oder in die Strafzumessungsregeln zu integrieren«. Bei der Polizei könnte so das Bewusstsein dafür, was am Tatort und bei den Tatzeugen zu ermitteln ist, geschärft werden. Bei den Staatsanwaltschaften wiederum könnte die Hervorhebung sogenannter Hassmotive verhindern, dass Verfahren gegen rechte Gewalt und Hetze wegen Geringfügigkeit eingestellt werden. Im Strafgesetzbuch sollten diese Delikte über bestimmte Regeln an exponierter Stelle eingebracht werden, fordert der Experte. Das würde für die Gerichte bedeuten, dass dies dann bei der Beweiserhebung und Strafzumessung zu würdigen ist. Eine Verschärfung der Gesetze sei gar nicht notwendig. Abschreckend, das wisse man aus der Kriminalitätsforschung, sei wesentlich die Entdeckungswahrscheinlichkeit, und auch die Verfolgungsintensität, meint der Bremer Strafrechtler.

Wie sinnvoll eine solche Rechtsveränderung sein könnte, wurde bei dem Verfahren wegen der Ermordung von Ramazan Avci bereits 1985 deutlich. Damals wollte das Landgericht Hamburg keine rassistischen Motive erkennen – obwohl alle Angeklagten aus der Neonazi-

Skinhead-Szene kamen. Das Gericht erkannte so auch keine »niederen Beweggründe«, also Hass gegen Menschen, als strafverschärfend an.

Fast zwei Jahre nach dem Auffliegen der NSU legte die Amadeu Antonio Stiftung eine ernüchternde Studie zu staatlichem Agieren bei rechtsextremen Übergriffen vor. Die Journalistin Marion Kraske hatte für die Stiftung zehn Vorfälle in Westdeutschland während eines Jahres untersucht. »Ich dachte eigentlich, die NSU-Morde hätten etwas bewirkt«, meinte Kraske, aber gerade »jene Stellen, die unseren Rechtsstaat schützen sollen«, seien »Teil des Problems«. In Wuppertal zum Beispiel wollte eine Initiative 2010 im Kino den Film »Das braune Chamäleon« über Erscheinungsformen des Rechtsextremismus zeigen. Um die Vorführung zu verhindern, marschierten bewaffnete Neonazis auf, die handgreiflich wurden und Kinobesucher verletzten. 13 Rechte nahm die Polizei kurzzeitig fest. Bis heute gibt es laut Kraske keine Konsequenzen für einen der Täter. Im Gegenteil: Die Polizei hatte die Ermittlungen bereits wenig später eingestellt, nur auf Druck der betroffenen Initiative seien sie noch einmal aufgenommen wurden. Erst im November 2012 wurde Anklage erhoben.

Im rheinland-pfälzischen Betzdorf agierte die Polizei noch unverständlicher. Zwei Männer waren im August 2012 mit einer Pistole und Eisenstangen bewaffnet in das Haus der Familie Korkusuz eingedrungen. Ali Korkusuz lebt seit 40 Jahren dort. Der Bauingenieur und seine Frau haben fünf Kinder. »Ihr dreckigen Türken, verpisst euch von hier«, sollen die Einbrecher gerufen haben. Ein Tumult entstand, einem Familienangehörigen gelang es, einen Notruf abzusetzen. Zehn Minuten später stand die Polizei vor der Tür, die Täter waren inzwischen geflohen. Was sich nun zutrug, empfand die Familie als zweiten Überfall, denn die ankommenden Beamten gingen sofort von einem Familienstreit aus, legten dem 42-jährigen Familienvater Handschellen an und brachten ihn zur Wache. Den bewaffneten Überfall wollte die Polizei der Familie nicht glauben. Sie hielten den Vater stundenlang fest, während die Ehefrau mit den verängstigten Kindern im Alter von zwei bis neun Jahren zu Hause blieb. Sie verständigte ihren Schwager, einen Mediziner. Der erstattete Anzeige gegen die Polizei und erhob schwere Vorwürfe gegen die Beamten, die es unterlassen hatten, für eine notwendige notärztliche Versorgung der Kinder zu sorgen. Die Familie selbst hat 25 000 Euro für Hinweise auf die Ergreifung der Täter ausgesetzt.

»Es ist ein immer wiederkehrendes Muster«, schreibt Kraske: »Im Umgang mit Menschen, die nach Deutschland eingewandert sind, lassen deutsche Sicherheitsbehörden mitunter die erforderliche Neutralität vermissen.« Statt die Opfer und ihre Notlage ernst zu nehmen, würden sie kriminalisiert und ihnen Hilfe oft vorenthalten. »Das Versagen deutscher Behörden bei den NSU-Morden wurde als große Ausnahme dargestellt«, sagt Kraske, doch die Expertin betont: »Das war aber nicht die Ausnahme, sondern die Regel.«

Der NSU-Untersuchungsausschuss des Bundestages hat in seiner Abschlusssitzung im Frühjahr 2013 den deutschen Sicherheitsbehörden Totalversagen bescheinigt. Im Fall der rechtsextremen Terrorzelle NSU hätten Polizei und Nachrichtendienste vorurteilsbeladen und mit Scheuklappen ermittelt, sagte der Ausschussvorsitzende Sebastian Edathy (SPD). »Das war eines Rechtsstaates unwürdig. Und das darf sich nicht wiederholen.« »Report Mainz« berichtete, dass das sächsische Landesamt für Verfassungsschutz bereits im Jahr 2000, also vor dem ersten Mord, vor einer möglichen terroristischen Entwicklung des abgetauchten Trios gewarnt und auf ein aktives Umfeld hingewiesen hatte. Doch die deutliche Spur sei nicht intensiv verfolgt worden.

Zögerlich verhielt sich die Bundesregierung auch zu einem möglichen Verbotsverfahren der NPD. Am 25. April 2013 scheiterte im Bundestag der Versuch der SPD, einen Verbotsantrag des Parlaments zu stellen: Die CDU/CSU- und FDP-geführte Bundesregierung stimmte dagegen, Bündnis 90/Die Grünen enthielten sich. Seit 2003 forderten Politiker fast aller Parteien immer wieder das Verbot, doch nach dem schlechten Abschneiden der NPD bei der Landtagswahl in Niedersachsen 2013 mit 0,8 Prozent wusste Bundesinnenminister Friedrich, ein Verfahren sei nicht nötig: »Die NPD ist eine sterbende Partei«, verkündete er.

Unter dem Bundesvorsitzenden Holger Apfel war es der NPD in den vergangenen Jahren nicht gelungen, sich im Westen auszudehnen, obwohl man der Strategie der kommunalen Verankerung und der Hinwendung zu sozialen Themen folgte. Nicht nur der Richtungsstreit über eine »seriöse Radikalität« störte die Parteientwicklung, auch eine Strafzahlung wegen falscher Rechenschaftsberichte von 1,27 Millionen Euro belastet die Finanzsituation. In der fast 50-jährigen Geschichte der NPD seit ihrer Gründung 1964 stand die vermeintlich Totgesagte aber schon mehrmals wesentlich schlechter da, hatte kaum noch Mitglieder, keine Landtagsmandate und somit nur eine geringe staatliche Bezuschussung. Heute allerdings verfügt sie über rund 5300 Mitglieder, und hinzu kommt noch die Anhängerschaft aus den sogenannten Freien Kräften.

Der Strategiewechsel seit 1996 hatte vor allem in den neuen Bundesländern gegriffen. 2013 sitzt die NPD mit insgesamt 13 Abgeordneten in den Landtagen von Sachsen und Mecklenburg-Vorpommern, jeweils bereits in zweiter Legislaturperiode. Sie hat bundesweit 343 Kommunalmandate – keineswegs nur im Osten. Mit ihren Fraktionen und der Hilfe regionaler Kameradschaften und Hintergrundorganisationen bauten die Neonazis über »Bürgerbüros« und »Kinderfeste« ihre Verankerung vor Ort Stück für Stück aus. Die staatliche Bezuschussung bietet professionell agierenden Anhängern verstärkt finanzielle Absicherung für die politische Arbeit.

Diese »sterbende Partei« ist viel lebendiger, als es in Politik und Medien wahrgenommen wird. Ihre Bemühungen, sich als »Kümmerer« für die einfachen Leute vor Ort zu gerieren, halten sie nicht davon ab, ihre gefährliche Ideologie zu verfolgen und auch deutlich auszusprechen.

In Saarbrücken betonte 2009 der NPD-Bundesvize und Fraktionschef aus Schwerin, Udo Pastörs in holpriger Sprache: »Die NPD hat nichts anderes als Auftrag, als Werkzeug zu sein, politisches Werkzeug um einen Maximalschaden – keinen Kollateralschaden, damit sind wir nicht zufrieden – wir wollen den Maximalschaden dieses Parteienstaates, der nichts anderes ist als der verlängerte Arm USraels.« Nicht nur militante Neonazis, auch die NPD und ihre Jugendorganisation wollen eine »eigene Wehrhaftigkeit« fördern. Selbstverteidigung und Kampfsporttechniken wurden unter anderem bei den *Jungen Nationaldemokraten* in Sachsen-Anhalt unter dem Motto: »Sport frei im Harz!« geübt, um »für den Ernstfall jederzeit gewappnet« zu sein. In Mecklenburg-Vorpommern wurden 2012 im Hotel »Stadt Hamburg« in Lübtheen ganz spezielle Sportschulungen angeboten: ein Nervendruckseminar. Mit gezielten Schlägen oder auch nur Druck auf bestimmte Punkte am Körper, die keine sichtbaren Wunden hinterlassen, können Angriffe Schmerzen oder Lähmungen hinterlassen und auch zu Bewusstlosigkeit führen – nicht zuletzt für Ordnungskräfte der NPD durchaus eine interessante Technik. Sie fallen öfter durch Übergriffe auf Gegendemonstranten oder Journalisten auf.

Die rechtsextreme Szene verfügt 2012 über rund 212 Immobilien, 116 davon in den neuen und 96 in den alten Bundesländern. Etwa 71 davon werden von der NPD genutzt. Das schafft Heimatbasen und Rückzugsräume. Ihre »kämpferische Aggressivität« zeige die NPD auch dadurch, heißt es in einer als »amtlich geheim gehalten« eingestuften Materialsammlung des Verfassungsschutzes zum Verbot der Neonazi-Partei (die allerdings im Internet offen nachzulesen ist), dass sie insbesondere in Brandenburg und Sachsen in den vergangenen Jahren »Bürgerwehren« gebildet hat. Der neue Verbotsantrag des Bundesrates würde bei Erfolg eine derartige Infrastruktur nachhaltig schwächen.

Dass in der Bundesregierung ein eigener Verbotsantrag keine Mehrheit fand, lag vor allem an der ablehnenden Haltung der FDP. »Dummheit kann man nicht verbieten«, hatte FDP-Parteichef Philipp Rösler lapidar erklärt. Schon die Wortwahl des amtierenden Wirtschaftsministers verharmlost eine Weltanschauung, die auf Ausgrenzung und Vernichtung des »Anderen«, des »Fremden« beruht, deren Ziel die Schaffung einer homogenen »Volksgemeinschaft« ist. Das ist weit mehr als Dummheit. Verdeckt wird damit auch, wer die Neonazis finanziert: die Bürgerinnen und Bürger.

Fakt ist: Die NPD hängt von staatlicher Unterstützung ab. 2011 kassierte sie 1,32 Millionen Euro an Parteienhilfe aus Steuergeldern – 41,9 Prozent ihrer Gesamteinnahmen. Eine demokratische Gesellschaft kann mit Verboten kein rechtsextremes Gedankengut auflösen, sie muss es aber auch nicht bereitwillig dulden und auch noch finanzieren. In den acht Jahren zwischen 2002 bis 2010 erhielt die NPD aus der Parteienfinanzierung weit mehr als zehn Millionen Euro.

Damit nicht genug. Die präventive Auseinandersetzung mit den Neonazis ist durch die Einführung einer sogenannten Extremismuserklärung durch das Bundesfamilienministerium um Kristina Schröder (CDU) erheblich erschwert worden.

Seit 2011 müssen zivilgesellschaftliche Projekte und Initiativen, um Gelder aus dem Bundesprogramm »Toleranz fördern – Kompetenzen stärken« erhalten zu können, ein Bekenntnis zur »freiheitlich-demokratischen Grundordnung der Bundesrepublik« ablegen. Das Bundesfamilienministerium, welches das Programm betreut, fordert mit der Erklärung sogleich, dass die Geförderten auch alle ihre Partner auf dieses Bekenntnis hin überprüfen. Misstrauen wird so vor allem gegenüber Jugendlichen und engagierten Menschen aus dem alternativen Spektrum gesät. Die Erklärung der Ministerin impliziere »einen Generalverdacht gegen jedes Engagement gegen Rassismus und Rechtsextremismus«, sagt Roland Roth, Professor für Politikwissenschaften an der Hochschule Magdeburg-Stendal.

2012 erklärte das Verwaltungsgericht Dresden die Klausel dann auch für rechtswidrig. Doch der Schaden hatte bereits Spuren hinterlassen. In der Praxis, so schreibt Marion Kraske in ihrer bereits zitierten Studie, erschwere diese Erklärung die Arbeit vor Ort. Bis heute ist die Erklärung in geänderter Form noch förderungsrelevant. Timo Reinfrank, Geschäftsführer der Amadeu Antonio Stiftung, betont: »Nach der Aufdeckung der Mordserie des NSU wäre ein Ende des Misstrauens gegen die Initiativen und die endgültige Streichung der Klausel die einzig angemessene Konsequenz gewesen.« Die Förderpraxis kränkelt seit beinahe zehn Jahren zudem an einer »Projekteritis«. Anti-rechts-Initiativen, Beratungsnetze und Anlaufstellen für Opfer werden nicht kontinuierlich unterstützt, sondern hangeln sich von einer Projektförderung zur nächsten. Ihre Existenz steht damit immer auf der Kippe. Reinfrank weiß, wie viel Zeit und Ressourcen eine ständige, immer wieder neue Antragstellung bindet.

Mehrere Initiativen legten im März 2013 ein Gutachten über die Möglichkeiten einer dauerhaften Förderung vor. Das Gutachten widerspricht der Auffassung des Bundesfamilienministeriums, wonach es rechtlich keine Alternative dazu gebe, Beratungs- und Bildungsarbeit einmalig und befristet zu fördern. »Eine dauerhafte Finanzierung ist verfassungsrechtlich möglich«, erklären die Staatsrechtler Ulrich Battis und Joachim Grigoleit. Sie betonen, dass diese Förderung eine »staatliche, insbesondere aber gesamtgesellschaftliche Verantwortung« sei, und somit eine Dauerfinanzierung möglich. »Seit Beginn der Bundesprogramme kämpfen die Projekte ständig um eine dauerhafte Finanzierung. Das muss endlich ein Ende haben«, meint auch Bianca Klose, Geschäftsführerin des Vereins für Demokratische Kultur in Berlin. Und Reinfrank betont: »›Ein Projekt, und dann ist das Problem gelöst‹ – diese Förderlogik spiegelt die Fehleinschätzung des politischen Phänomens wider.«

Prävention muss nachhaltig sein. Information und Aufklärung dürfen nicht gesellschaftlich eingeschränkt werden, sondern brauchen deutliche Unterstützung. Schulung ist auch bei den Sicherheitsbehörden und zuständigen Polizeikräften geboten, die oft jegliche Sensibilität gegenüber Geschädigten oder Hinterbliebenen vermissen lassen, wie es die Familien der NSU-Opfer bitter erfahren mussten. In der Studie »Die Mitte im Umbruch« führen Elmar Brähler, Oliver Decker und Johannes Kiess von der Universität Leipzig 2012 aus, dass man bei der berechtigten Annahme, dass sich unter den Angehörigen der Behörden dieselben Einstellungen wiederfinden lassen wie in der Bevölkerung, davon ausgehen kann, dass »rechtsextreme Einstellungen auch dort zum Tragen kommen, wo eigentlich Neutralität gefragt ist«. Nach der Studie hat jeder fünfte Deutsche ausländerfeindliche Überzeugungen, jeder achte antisemitische. Die Bundesrepublik braucht dringend eine andere Kultur in der kritischen Auseinandersetzung mit rechtsextremem Gedankengut und rechter Gewalt.

Anhang

Abkürzungsverzeichnis

AN	Autonome Nationalisten
APO	Außerparlamentarische Opposition
B & H	Blood & Honour
BDJ	Bund Deutscher Jugend
BfV	Bundesamt für Verfassungsschutz
BHJ	Bund Heimattreuer Jugend
BKA	Bundeskriminalamt
BND	Bundesnachrichtendienst
BVerfG	Bundesverfassungsgericht
CDU	Christlich Demokratische Union Deutschlands
CIA	Central Intelligence Agency
CSU	Christlich-Soziale Union
DA	Deutsche Aktionsgruppen
DGB	Deutscher Gewerkschaftsbund
DKP	Deutsche Kommunistische Partei
DRP	Deutsche Reichspartei
DVU	Deutsche Volks-Union
EBF	Europäische Befreiungsfront
FAF	Fränkische Aktionsfront
FAP	Freiheitliche Deutsche Arbeiterpartei
FDJ	Freie Deutsche Jugend
FDP	Freie Demokratische Partei
FSN	Radio Frei Sozial National
GAR	Gemeinsames Abwehrzentrum gegen Rechtsextremismus
GBA	Generalbundesanwaltschaft
HDJ	Heimattreue Deutsche Jugend
HJ	Hitlerjugend
HNG	Hilfsorganisation für nationale politische Gefangene e. V.
HTS	Hochschulring Tübinger Studenten
JG	Junge Gemeinde
KBW	Kommunistischer Bund Westdeutschland
KDS	Kampfbund Deutscher Soldaten
KKK	Ku-Klux-Klan

LfV	Landesamt für Verfassungsschutz
LKA	Landeskriminalamt
MAD	Militärischer Abschirmdienst
MC	Motorrad Club
MfS	Ministerium für Staatssicherheit (der DDR)
NA	Nationale Alternative
NAPOLA	Nationalpolitische Erziehungsanstalt
NATO	North Atlantic Treaty Organization
NDBB	Nationale Deutsche Befreiungsbewegung
NEK	Nationales Einsatzkommando
NHS	Northwest Hammerskins
NL	Nationale Liste
NPD	Nationaldemokratische Partei Deutschlands
NSDAP	Nationalsozialistische Deutsche Arbeiterpartei
NSDAP/AO	NSDAP-Aufbauorganisation
NSKG	Nationalsozialistische Kampfgruppe Großdeutschland
NSU	Nationalsozialistischer Untergrund
NWJ	Nationaler Widerstand Jena
ÖgG	Öffentlichkeit gegen Gewalt e. V.
PDS	Partei des Demokratischen Sozialismus
PKK	Kurdische Arbeiterpartei
PLO	Palästinensische Befreiungsorganisation
PNFE	Parti nationaliste français et européen
RAF	Rote Armee Fraktion
SA	Sturmabteilung
SDS	Sozialistischer Deutscher Studentenbund
SEW	Sozialistische Einheitspartei Westberlins
SPD	Sozialdemokratische Partei Deutschlands
SRP	Sozialistische Reichspartei
SS	Schutzstaffel
SSS	Skinheads Sächsische Schweiz
TD	Technischer Dienst
THS	Thüringer Heimatschutz
VM	Vertrauensmann
VP	Vertrauensperson
VSBD/PdA	Volkssozialistischen Bewegung Deutschlands/Partei der Arbeit
WBE	Weiße Bruderschaft Erzgebirge
WJ	Wiking-Jugend
WSG	Wehrsportgruppe (Hoffmann)
WSG	WestSachsenGesocks

Verwendete Literatur

Antifaschistisches Autorenkollektiv: Drahtzieher im braunen Netz, Konkret Literatur Verlag, Hamburg 1996.

Assheuer, Thomas / Sarkowicz, Hans: Rechtsradikale in Deutschland, C. H. Beck Verlag, München 1992.

Baumgärtner, Maik / Böttcher, Marcus: Das Zwickauer Terror-Trio. Ereignisse, Szene, Hintergründe, Verlag Das Neue Berlin, Berlin 2012.

Benedict, Laura: Sehnsucht nach Unfreiheit. Der Fall Kay Diesner und die rechte Szene, Edition Ost, Berlin 1998.

Benz, Wolfgang (Hg.): Auf dem Weg zum Bürgerkrieg. Rechtsextremismus und Gewalt gegen Fremde in Deutschland, Fischer Taschenbuch Verlag, Frankfurt am Main 2001.

Brochhagen, Ulrich: Nach Nürnberg. Vergangenheitsbewältigung und Westintegration in der Ära Adenauer, Junius Verlag, Hamburg 1994.

Buchstein, Hubertus / Heinrich, Gudrun (Hg.): Rechtsextremismus in Ostdeutschland, Wochenschau Verlag, Schwalbach 2010.

Bundesministerium des Innern, Referat Öffentlichkeitsarbeit gegen Terrorismus: Gewalt von rechts, Bonn 1982.

Bundesministerium des Innern: Extremismus in Deutschland. Erscheinungsformen und aktuelle Bestandsaufnahme, Berlin 2004.

Chaussy, Ulrich: Oktoberfest. Ein Attentat, Luchterhand Literaturverlag, Darmstadt 1985.

Chaussy, Ulrich: Die drei Leben des Rudi Dutschke. Eine Biographie, Ch. Links Verlag, Berlin 1993.

Decker, Oliver / Kiess, Johannes / Brähler, Elmar: Die Mitte im Umbruch. Rechtsextreme Einstellungen in Deutschland, J. H. W. Dietz Verlag, Bonn 2012.

Ditfurth, Jutta: Rudi und Ulrike. Geschichte einer Freundschaft, Droemer Verlag, München 2008.

Döhring, Uta: Angstzonen. Rechtsdominierte Orte aus medialer und lokaler Perspektive, VS Verlag, Wiesbaden 2008.

Dornbusch, Christian / Raabe, Jan (Hg.): RechtsRock. Bestandsaufnahme und Gegenstrategien, Unrast-Verlag, Münster 2002.

Duisburger Institut für Sprach- und Sozialforschung (Hg.): SchlagZeilen. Rassismus in den Medien, Duisburg 1992.

Fischer, Jörg: Ganz rechts. Mein Leben in der DVU, Rowohlt Taschenbuch Verlag, Reinbek 1999.

Fuchs, Christian / Goetz, John: Die Zelle. Rechter Terror in Deutschland, Rowohlt Verlag, Reinbek 2012.

Gensing, Patrick: Terror von rechts: Die Nazi-Morde und das Versagen der Politik, Rotbuch Verlag, Berlin 2012.

Hasselbach, Ingo: Die Bedrohung. Mein Leben nach dem Ausstieg aus der rechten Terrorszene, Aufbau-Verlag, Berlin 1996.

Heymann, Tobias von: Die Oktoberfest-Bombe, Nora Verlag, Berlin 2008.

Hirsch, Kurt / Heim, Peter B.: »Von links nach rechts. Rechtsradikale Aktivitäten in den neuen Bundesländern, Goldmann Verlag, München 1991.

Jäger, Bernd: Brandsätze. Rassismus im Alltag, Duisburger Institut für Sprach- und Sozialforschung, Duisburg 1992.

Jaschke, Hans-Gerd / Rätsch, Birgi / Winterberg, Yury: Nach Hitler. Radikale Rechte rüsten auf, Goldmann Verlag, München 2003.

Junke, Andreas: Brandherd. Der zehnfache Mord von Lübeck: Ein Kriminalfall wird zum Politikum, Ch. Links Verlag, Berlin 1998.

Kraske, Marion: Staatsversagen. Wie Engagierte gegen Rechtsextremismus im Stich gelassen werden. Ein Report aus Westdeutschland, Amadeu Antonio Stiftung, Berlin 2013.

Kraske, Michael / Werner, Christian: »… und morgen das ganze Land«. Neue Nazis, »befreite Zonen« und die tägliche Angst. Ein Insiderbericht, Herder Verlag, Freiburg 2007.

Kuban, Thomas: Blut muss fließen. Undercover unter Nazis, Campus Verlag, Frankfurt am Main / New York 2012.

Kühnl, Reinhard / Rilling, Rainer / Sager, Christine: Die NPD. Struktur, Ideologie und Funktion einer neofaschistischen Partei. Suhrkamp Verlag, Frankfurt am Main 1996.

Mecklenburg, Jens (Hg.): Handbuch Deutscher Rechtsextremismus, Elefanten Press, Berlin 1996.

Pomorin, Jürgen / Junge, Reinhard / Biemann, Georg: Geheime Kanäle. Der Nazi-Mafia auf der Spur, Weltkreis Verlag, Dortmund 1981.

Prozessgruppe Guben (Hg.): Nur ein Toter mehr …, Rat-Verlag, Hamburg / Münster 2001.

Ramelow, Bodo (Hg.): Made in Thüringen. Nazi-Terror und Verfassungsschutz-Skandal, VSA-Verlag, Hamburg 2012.

Röpke, Andrea / Speit, Andreas (Hg.): Braune Kameradschaften. Die militanten Neonazis im Schatten der NPD, 2. akt. Auflage, Ch. Links Verlag, Berlin 2005.

Röpke, Andrea / Speit, Andreas (Hg.): Neonazis in Nadelstreifen. Die NPD auf dem Weg in die Mitte der Gesellschaft, 3. akt. Auflage, Ch. Links Verlag, Berlin 2009.

Röpke, Andrea / Speit, Andreas: Mädelsache. Frauen in der Neonazi-Szene, 3. akt. Auflage, Ch. Links Verlag, Berlin 2011.

Schedler, Jan / Häusler, Alexander: Autonome Nationalisten. Neonazis in Bewegung, VS Verlag, Wiesbaden 2011.

Schmidt, Michael: Heute gehört uns die Straße. Der Insider-Report aus der Neonazi-Szene, Econ Verlag, Düsseldorf und Wien 1994.

Schneider, Peter: Rebellion und Wahn. Mein '68, Verlag Kiepenheuer & Witsch, Köln 2008.

Schomers, Michael: Deutschland ganz rechts. Sieben Monate als Republikaner in BRD & DDR, Verlag Kiepenheuer & Witsch, Köln 1990.

Schröder, Burkhard: Im Griff der rechten Szene. Ostdeutsche Städte in Angst, Rowohlt Verlag, Reinbek 1997.

Schröm, Oliver / Röpke, Andrea: Stille Hilfe für braune Kameraden. Das geheime Netzwerk der Alt- und Neonazis, Ch. Links Verlag, Berlin 2001.

Searchlight / Antifaschistisches Infoblatt / Enough is enough / Rat (Hg.): White Noise, Rechts-Rock, Skinhead-Musik, Blood & Honour. Einblicke in die internationale Neonazi-Musik-Szene, Rat-Verlag, Hamburg / Münster 2000.

Siegel, Bernd: Auferstanden aus Ruinen. Rechtsextremismus in der DDR. Edition Tiamat, Berlin 1991.

Simsek, Semiya / Schwarz, Peter: Schmerzliche Heimat. Deutschland und der Mord an meinem Vater, Rowohlt Berlin Verlag, Berlin 2013.

Staud, Toralf / Radke, Johannes: Neue Nazis – Jenseits der NPD: Populisten, Autonome Nationalisten und der Terror von rechts, Verlag Kiepenheuer & Witsch, Köln 2012.

Stöss, Richard: Rechtsextremismus im Wandel. Friedrich Ebert Stiftung, Berlin 2010.

Speit, Andreas: Mythos Kameradschaft. Arbeitsstelle Rechtsextremismus und Gewalt, Braunschweig 2005.

Sundermeyer, Olaf: Rechter Terror in Deutschland. Eine Geschichte der Gewalt, Verlag C. H. Beck, München 2012.

Virchow, Fabian / Dornbusch, Christian (Hg.): 88 Fragen und Antworten zur NPD, Wochenschau Verlag, Schwalbach 2008.

Vogel, Wolf-Dieter (Hg.): Der Lübecker Brandanschlag. Fakten, Fragen, Parallelen zu einem Justizskandal, Elefanten Press, Berlin 1996.

Wagner, Bernd (Hg.): Handbuch Rechtsextremismus, Rowohlt Taschenbuch Verlag, Reinbek 1994.

Verwendete Zeitschriften:
Aida-Archiv-Notizen
Antifaschistisches Infoblatt
Blick nach rechts
Der Rechte Rand
Lotta

Danksagung

Unser herzlicher Dank gilt:
- Robert Andreasch, Maik Baumgärtner, Otto Belina, Martin Burgdorff, Marcus Buschmüller, Janine Clausen, Christian Fuchs, Hajo Funke, John Goetz, Johannes Grunert, Günther Hoffmann, David Janzen, Miro Jennerjahn, Bianca Klose, Kerstin Köditz, Katharina König, Vera König, Felix Körner, Martin Langebach, Monika Lazar, Wolfgang Meyer, Gabriele Nandlinger, Jan Raabe, Martina Renner, Wolf Schmidt, Charlotte Schwalb, Sebastian Sierk, Sabine Tetzlaff, Paul Wellsow, Michael Weiss, Gerd Wiegel und Volkmar Woelk für fachliche und freundschaftliche Hilfe;
- der Redaktion »Panorama«, der »tageszeitung« (taz), dem »Blick nach Rechts«, dem »Rechten Rand« und dem »Antifaschistischen Infoblatt« für Hinweise und Unterstützung;
- den Initiativen und Opferberatungsstellen, unter anderem der Arbeitsstelle Rechtsextremismus und Gewalt (arug) in Niedersachsen, der Mobilen Beratung gegen Rechtsextremismus Berlin, dem Antifaschistischen Presse-Archiv (apabiz), Lobbi e.V. und Miteinander e.V. in Sachsen-Anhalt für viele Informationen sowie der Autonomen Antifa Freiburg und dem Antirassistischen Bildungsforum Rheinland.
- den Opfer rechtsextremer Gewalt und ihren Anwälten, die trotz der Belastung mit uns sprachen;
- den Engagierten und Betroffenen in den Regionen, wo die rechtsextreme Szene verankert ist, für ihr Vertrauen und Offenheit;
- den Aussteigerinnen und Aussteiger aus der Szene, die für Fragen und Nachfragen geduldig bereitstanden;
- Christoph Links, unserem Verleger und Lektor, der uns mehr als ermutigte, dieses Buch anzugehen, die Texte einfühlsam bearbeitete und sich seit Jahren diesem Thema widmet;
- Edda Fensch und dem gesamten Team des Ch. Links Verlages für Geduld, Einfühlsamkeit und die rundherum tolle Betreuung;
- all jenen, die auf eigenen Wunsch nicht namentlich erwähnt werden möchten, die uns eng verbunden sind und die langjährigen Recherchen begleiteten.

Ein sehr herzlicher Dank geht an unsere Familien und Freunde für ihr Vertrauen, ihre Rücksichtnahme und ihren Zuspruch.

Andrea Röpke und Andreas Speit

AD Jail Crew (14er) 220
AG antifaschistischer Fuchsschwanz 95
Aktion Widerstand 37
Aktionsbüro Mittelrhein 146, 239 f.
Aktionsbüro Nord 167
Aktionsfront Nationaler Sozialisten
(ANS) 42 f., 59
Amadeu Antonio Stiftung 10, 250, 254
Anti-Antifa Ostthüringen 69, 123, 130,
184, 190
Antikommunistische Aktion 201
Arische Bruderschaft 220
Arischer Widerstand Eggesin 149
Artgemeinschaft – Germanische Glau-
bensgemeinschaft 32, 71, 143
Aryan Brotherhood 220
Aryan Nations 110
Außerparlamentarische Opposition
(APO) 34
Autonome Nationalisten (AN) 114,
226 – 229, 231
Autonome Nationalisten Bückeburg
231

Bayerisches Staatsministerium des
Innern 169
Bandidos 130, 167, 233 f.
Bergische Front 107
Besseres Hannover 141
Blitzkrieg 137, 179
Blood & Honour (B & H) 13, 20, 69,
74, 76, 78, 110 – 113, 125, 127, 130,
135 – 140, 142 – 144, 152, 154 – 160,
167, 171 – 174, 176 f., 179 f., 194 f.,
198 f., 202 – 204, 213, 215 f., 219, 232,
234 f.
Blood Brothers 211
Blue Eyed Devils 217
Böhse Onkelz 64
Bomber 113
Borussenfront 226
Braunau 152
Brigade Ost 86
Bund Deutscher Jugend (BDJ) 28 – 30
Bund Frankenland 32
Bund Heimattreuer Jugend (BHJ)
26, 54

Bundesamt für Verfassungsschutz (BfV)
12, 14, 23, 41, 102, 165, 167 – 169, 183,
186 – 190, 197 – 199, 205, 208 f., 217,
219, 241
Bundesministerium des Innern (BMI)
17, 27, 48 f., 114, 174, 185, 188, 194,
208 f., 215, 231, 240
Bundeskriminalamt (BKA) 9, 13, 17, 19,
23, 57, 77, 82, 91 f., 110, 119, 126, 128,
137, 142, 165, 168, 181, 183, 188, 190,
193 f., 197 f., 201, 206 – 209, 216, 234 f.
Bundesministerium der Verteidigung
188
Bundesnachrichtendienst (BND)
30, 205 f.
Bundesverfassungsgericht 12, 18, 24
Bundeswehr 38, 40, 44, 49, 54, 67, 81,
108, 128, 130 f., 143, 149, 165, 187 f.,
196
Bündnis 90 / Die Grünen 227, 251

CC88 74, 136 – 138, 196
Celtic Moon 179
Central Intelligence Agency (CIA)
206
Chaos Crew 211
Christlich Demokratische Union
Deutschlands (CDU) 13, 36 f., 47,
50, 52, 56, 99, 101, 104 f., 114, 120, 141,
154, 183, 242, 251, 253
Christlich-Soziale Union (CSU) 37, 56,
99, 114, 200, 248, 251
Combat 18 (C 18) 111, 149, 156 f.,
166 – 168, 201, 213, 217
Combat 18 Pinneberg 166 f.
Commando Pernod 157

Danubia 33
Deutsche Aktionsgruppen 46 f.
Deutsche Alternative 101
Deutsche Bürgerinitiative e.V. 47
Deutsche Kommunistische Partei
(DKP) 26
Deutsche Nationalisten 197, 199
Deutsche Reichspartei (DRP) 31
Deutsche Sex-Liga 132
Deutsche Unitarische Jugend 25

Deutsche Volks-Union (DVU) 64, 71, 164

Deutscher Gewerkschaftsbund (DGB) 228, 241

Deutscher Hochleistungskampfkunst- verband 107

Die Linke 113, 125

Die Rechte 76, 229

Die Republikaner 64, 99, 102, 124, 164

Dirlewanger 113

Division S 113

Eichenlaub 159 f.

End Apathy 217

Endstufe 157 f.

Eugenik 144

Europäische Befreiungsfront (EFB) 38

Europäische Aktion 32

Fränkische Aktionsfront (FAF) 138, 146, 168

Freie Demokratische Partei (FDP) 27, 41, 56, 99, 114, 120, 251, 253

Freie Deutsche Jugend (FDJ) 63

Freie Kameradschaft Fichtenberg 211

Freie Kameradschaft Wismar 232

Freie Nationalisten 114, 140

Freies Netz 19, 146

– Jena 71

– Köln 146

– Saalfeld 147

– Süd 18

– Zwickau 146

Freiheitliche Deutsche Arbeiterpartei (FAP) 64, 164, 182

Freikorps 157

Garde 81 235

Gauleiter-Kreis 27 f.

Gemeinsames Abwehrzentrum gegen Rechtsextremismus (GAR) 248 f.

Generalbundesanwaltschaft (GBA) 11, 14, 51, 54, 78, 85, 90, 108, 148 – 150, 161 f., 169

Gestapo 205 f.

Gladio 29 f., 54

Gremium East District 233

Gruppe Hengst 39

Gruppe Ludwig 40

Hammerskin Nation 144, 154, 199, 215 f., 232

Heckert-SS 73

Heimatbund Pommern 150

Heimattreue Deutsche Jugend (HDJ) 143

Hells Angels 140, 167, 233 – 235

Hepp-Kexel-Gruppe 256

Heimatschutz Chemnitz e.V. 147

Hilfskomitee Südliches Afrika 134

Hilfsorganisation für nationale politi- sche Gefangene (HNG) 48, 128, 138, 196, 220

Hetzjagd 215

Hitlerjugend (HJ) 25, 135

Hochschulring Tübinger Studenten (HTS) 50

Innenausschusses des Deutschen Bundestages 23

Interessengemeinschaft Fahrt und Lager 32

Jagdstaffel DST 238

Jenaer Trio (siehe NSU)

Jüdische Gemeinde Hamburg 241

Junge Freiheit 69, 126, 133

Junge Gemeinde (JG) 65, 113

Junge Nationaldemokraten 18, 32, 71, 75, 125, 143, 219, 235, 252

Jungpioniere 63

Kameradschaften

– Kameradschaft 77 140

– Aachener Land 229, 240

– Dortmund 164

– Dreiländereck 182

– Gotha 180

– Hamm 228 f.

– Jena 71, 72, 126 f., 133, 157 f., 192, 197

– München 146

– Northeim 182

– Pinneberg 166

– Süd 169, 219

– Tor Berlin 165

– Walter Spangenberg 146

– Weserbergland 141

– Westerwald 240

– Wotans Volk 153

Kameradschaftsbund Anklam 144
Kampfbund Deutscher Soldaten (KDS)
146
Kampfgruppe Adolf Hitler (siehe
Combat 18)
Kampfgruppe gegen den Kommunis-
mus 38
Kampfgruppe Priem 153
Kampfzone 203
Kommando Omega 53 f.
Kommunistischer Bund Westdeutsch-
land (KBW) 42
Kraftschlag 157, 177
Kurdische Arbeiterpartei (PKK) 238,
246
Kreuzeiche 144
Ku-Klux-Klan 84, 110, 127, 135, 173,
177 – 179, 199, 201

Landesamt für Verfassungsschutz
– Baden-Württemberg 179, 199
– Bayern 16, 33, 169, 200, 208, 218
– Berlin 201, 242
– Brandenburg 143, 145
– Mecklenburg-Vorpommern 77
– Niedersachsen 30, 32, 36, 108, 140 f.,
176
– Nordrhein-Westfalen 107, 146, 208
– Sachsen 135, 139, 174, 188, 242, 251
– Sachsen-Anhalt 242
– Thüringen 15, 68, 74, 76, 79, 123,
127, 132, 134, 158, 181 – 184, 187, 189,
242
Landeskriminalamt
– Berlin 186, 195
– Schleswig-Holstein 166
– Thüringen 15, 77, 113, 133, 155, 157, 160,
173, 184, 186
Landser 21, 136, 144, 149 – 152, 157 f.,
160 – 164, 168, 173 f., 176 f., 204
Legion Ost 179
Lohbrügger Army 59

Macht und Ehre 157
Max Resist 217
Metropolitan Police 168
Militärischer Abschirmdienst (MAD)
15, 70, 168, 185 – 187
Ministerium des Innern, Baden-Würt-
temberg 200

Ministerium des Innern, Bayern 169
Ministerium des Innern und für Sport,
Hessen 28, 220
Ministerium des Innern und für Sport,
Niedersachsen 141
Ministerium des Innern und für Kom-
munales, Nordrhein-Westfalen
228 f.
Ministerium des Innern, Sachsen 91,
144, 171 f., 182, 185 f.
Ministerium des Innern, Thüringen
154
Ministerium der Justiz, für Integration
und Europa, Hessen 220
Ministerium der Justiz, Niedersachsen
44
Ministerium für Soziales, Familie und
Gesundheit 71
Ministerium für Staatssicherheit (MfS)
59

Nationaldemokratische Partei Deutschlands (NPD) 11, 17 – 19, 25 f., 32,
35 – 39, 43 f., 46, 54 – 56, 58, 64, 68,
71 f., 75 – 77, 98, 122 – 125, 128, 132,
143 f., 147, 150 f., 153, 161, 165, 167,
171 f., 179, 182, 184, 203, 211 f., 216,
218 f., 223 – 226, 228, 232, 235 – 237,
239 f., 251 – 253
Nationaldemokratischer Hochschul-
bund 55
Nationale Alternative (NA) 100, 153
Nationale Bewegung 168
Nationale Deutsche Befreiungs-
bewegung (NDBB) 39
Nationales Einsatzkommando (NEK)
108
Nationale Liste (NL) 64, 114, 164
Nationale Rebellion Calw 211
Nationale Sozialisten Chemnitz 146
Nationaler Widerstand
– Berlin-Brandenburg 75
– Dessau 161
– Halle (Saale) 198
– Dortmund 227 f.
– Jena 71, 122 f.
Nationalistische Front (NF) 64, 100,
107 f., 197
Nationalpolitische Erziehungsanstalt
(NAPOLA) 47

Nationalsozialistische Deutsche
  Arbeiterpartei (NSDAP) 24, 39,
  56, 157, 200, 205
Nationalsozialistische Deutsche
  Arbeiterpartei / Aufbauorganisation
  (NSDAP/AO) 35, 46, 55 f.
Nationalsozialistische Kampfgruppe
  Großdeutschland (NSKG) 39
Nationalsozialistische Kampfgruppe
  Ost-Westfalen 42
Nationalsozialistischer Untergrund
  (NSU) 9 – 22, 24, 48, 50, 60,
  62, 72 – 75, 77 – 80, 84, 86 f., 89,
  91, 93, 104, 106, 110 – 114, 122 f.,
  125, 128 – 134, 136 – 141, 144 – 148,
  157 – 159, 163, 170, 173 – 177,
  179, 183 – 195, 197 – 201, 203 f.,
  209, 212 – 214, 217, 220 f., 228,
  235, 237 f., 241 – 243, 245 – 251,
  254
Neue Ordnung 109
Neues Denken 71
No Remorse 113, 158
Noie Werte 137, 157, 178, 213
North Atlantic Treaty Organization
  (Nato) 28, 44, 54 f.
Northwest Hammerskins 218

Öffentlichkeit gegen Gewalt e.V.
  (ÖgG) 246
Oidoxie 157, 179
Opferfond Cura 10

Palästinensische Befreiungsorgani-
  sation (PLO) 49
Parti nationaliste français et européen
  (PNFE) 218
Partei des Demokratischen Sozialismus
  (PDS) 207
Pro Chemnitz 147

Rabauken 203
Race War 156
Racial Volunteer Force 166
Radikal 113
Red Devils 235
Reichsjugend 25
Reichspropagandaministerium 27
Rote Armee Fraktion (RAF) 15 f., 19,
  22, 75, 167

SA (Sturmabteilung) 69, 146, 200
SA-Sturm Erfurt 64
Saccara 177
Sachsenjugend 26 f.
Sächsische Aktionsfront 138
Satan Angels 195
Schutzbund Deutschland 143
Schwarzer September 49
Skinhead-Front Dortmund-Dorstfeld
  226
Skinheads Sächsische Schweiz (SSS) 170
Skullhead 113
Sonderkommando Dirlewanger 179 f.
Sozialdemokratische Partei Deutsch-
  lands (SPD) 13, 24, 32, 37, 39, 42,
  56, 60, 99, 103, 105 f., 120, 148, 154,
  163, 213, 222, 227, 229, 236, 245, 251
Sozialistische Einheitspartei West-
  berlins (SEW) 38
Sozialistische Reichspartei (SRP)
  24 – 26, 35
Sozialistischer Deutscher Studenten-
  bund (SDS) 34
Spanische Jugendbrigade 25
Schutzstaffel (SS) 27 – 29, 41, 45, 55, 73,
  153, 180 f., 194, 205 f., 226
Stahlgewitter 177
Stahlhelm 31 f.
Stay Behind 29 f., 54
Störkraft 158
Sturm 18 157
Sturm 18 Cassel 220
Sturm 34 222 f.
Sturmabteilung (siehe SA)
Sturmwehr 218

Technischer Dienst (TD) der Wiking-
  Jugend 25
Technischer Dienst (TD) des BDJ
  28 – 30
Thälmann-Pioniere 63
The Order 218
Thule-Netz 197, 199 – 201
Thüringer Heimatschutz (THS) 71 f.,
  76, 84, 123 – 125, 127, 131 f., 182, 184 f.,
  187, 189 – 191, 198
Tonstörung 175
Türkische Gemeinde Hamburg 241
Türkische Gemeinde in Deutschland
  247

Ultima Ratio 213

Vandalen 152 f., 160
Vaterländischen Jugend zur Volkssozia-
    listischen Bewegung Deutschlands /
    Partei der Arbeit 25
Verein für Demokratische Kultur 164,
    254
Verein Unternehmer ohne Grenzen
    241 f.
Vergeltung 158 f.
Völkische Kampfgemeinschaft Eggesin
    150
Volksfront International 218
Volksverhetzer 123

Wehrsportgruppe Ausland 49, 53
Wehrsportgruppe Hoffmann (WSG)
    19, 31, 39 f., 48 – 51, 56, 170, 219

Wehrsportgruppe Werwolf 16, 43
Weiße arische Bruderschaft 220
Weiße Bruderschaft Erzgebirge (WBE)
    86, 90, 138, 142, 194
Werwolf Deutsches Reich 55
WestSachsenGesocks (WSG) 173, 204
White Knights of the KKK 178
White Power-Bewegung 156, 178 f.,
    217, 223
White Storm Berlin 178
White Supremacy 74, 136, 155, 173
White Wolves 156
White Youth 127, 136
Wiking-Jugend (WJ) 25 – 27, 43, 64, 170

Youngland 217

Zillertaler Türkenjäger 176 f.
Zwickauer Zelle (siehe NSU)

Ortsregister

Albaxen 41
Altenburg 154
Altenglan 32
Amberg 138
Anklam 169, 174, 216
Augsburg 139

Backnang 214
Bad Frankenhausen 70, 187 f.
Bad Neuenahr-Ahrweiler 239
Bad Segeberg 220
Beirut 49
Bensheim 47
Bergen-Belsen 44
Bergen-Hohne 44
Berlin 13, 31, 34, 38 f., 42, 55 f., 59,
    100, 114, 122, 135, 141, 145, 151 – 155,
    160, 163, 165, 173 f., 177 f., 186 f.,
    190, 195, 200 f., 215, 226, 242 – 244,
    247
Bern 47
Betzdorf 250
Beuren 177
Bielefeld 177 f.
Böblingen 200
Bochum 229
Bolzano (Bozen) 33
Bornim (Potsdam) 173
Bornstedt (Potsdam) 173
Braunschweig 92, 141, 216
Brandenburg an der Havel 113
Bremen 30, 37, 92
Büchenbach 138
Buchenwald 69, 72, 130
Bückeburg 16, 43 f., 230 f.
Budapest 219

Camburg an der Saale 66
Castiglione delle Stiviere 40
Celle 32, 35, 43, 140
Chemnitz 13, 15, 21, 70, 72 – 74,
    77 – 79, 85, 128, 135 – 139, 142,
    144, 146, 171 – 176, 180, 192 – 194,
    196, 202
Coburg 46, 125, 134, 164, 191, 203
Colditz 50
Cottbus 153

Dessau 161, 163
Detmold-Pivitsheide 108, 197
Donaueschingen 50
Dortmund 9, 76, 82, 125, 145 f., 163, 195,
    203, 226 – 228
Dresden 13, 26, 72, 74, 136, 170 – 172,
    174, 196, 222, 254
Düsseldorf 27, 38, 76 f., 163, 229, 238

Eckernförde 167
Eggesin 149 f.
Eisenach 9, 17, 61 f., 91 f., 125
Elmshorn 178
Erftstadt 146
Erfurt 10, 12 f., 48, 68, 70 – 72, 122,
    131, 157 f., 161, 182 – 185, 190, 194,
    198, 209, 235
Ermreuth bei Erlangen 48 f., 51

Fehmarn 90
Flensburg 35, 55, 90, 142, 166
Fosse Ardeatine (nahe Rom) 55
Frankfurt am Main 28 f., 49, 57, 220
Freiburg im Breisgau 30, 236
Fretterode 181 – 183
Fürth 49, 138, 146, 219

Gent 53
Gera 64, 77 f., 122, 133, 136, 144, 189, 192
Geretsried 238
Glauchau 92
Goldenbow 77
Goslar 31
Gotha 127, 143, 180
Grafenwöhr 30
Grevesmühlen 117, 216
Grömitz 90
Guben 145, 161
Güstrow 219
Gütersloh 109

Hagen 66
Halberstadt 221 f.
Halle 92 f.
Hamburg 9, 13, 26 f., 43, 46, 55, 58 – 60,
    81, 97, 105 f., 114, 166, 224 f., 241 – 243,
    249

Hamm 164, 205
Hanau 39, 41
Hannover 30, 35 f., 92, 128, 140 f.
Heilbronn 9, 62, 82 – 84, 87, 129, 200,
    213
Hennigsdorf (bei Berlin) 152
Herzberg (bei Berlin) 108
Hetendorf 71
Hildesheim 140, 158
Hohenleuben 129
Hohenstein-Ernstthal 146
Hoyerswerda 20, 100 f., 163, 178
Hürth 76,

Ilfeld 143
Ilmenau 70, 124, 133
Istanbul 141

Jamel 232 f.
Jena 10 – 14, 23 f., 48, 62 – 66, 68 – 77,
    89, 92 f., 113, 123 f., 126 – 135, 137,
    139 – 141, 146 f., 155, 157 – 160, 175 f.,
    181, 187 – 189, 192 f., 196, 212
Jessnitz 162
Johanngeorgenstadt 74, 86, 138, 194
Jork 32

Kahla 49, 130
Karlsruhe 11 f., 44, 51, 54, 149, 162, 236
Kassel 9, 36, 38, 48, 82, 221
Kiel 42, 119, 166 f., 230
Klein Bützow (bei Anklam) 174
Knüll (bei Schwarzenborn) 47
Koblenz 26, 146, 239 f.
Köln 17, 30 f., 43, 84, 85, 114, 142, 146,
    205, 234, 239, 245 f.
Königs Wusterhausen 153, 178, 201
Königstein 170
Krakow 122
Kronach 63, 123

Landsberg 44
Langburkersdorf 217
Leinfelden-Echterdingen 46
Leipzig 49, 92, 146, 237
Limbach 202
Lincoln (Nebraska) 56
Lingen 177
Lörrach 235 f.
Lübeck 20, 90, 106, 115 – 121, 142, 153

Lübtheen 252
Ludwigsburg 13, 72, 212 f.
Ludwigshafen 215 f.

Mailand 40
Mainz 128
Malexander 156
Mannheim 102 f.
Marbach-Rielingshausen 213 f.
Mariental 144
Meckenheim 168
Meerbusch 33
Meuselwitz 146
Milbitz / Teichel 130
Mölln 20, 104 – 107, 109, 152
München 9, 11, 13, 18, 24, 33, 36, 40,
    50 – 54, 81, 114, 142, 147, 169, 170, 200,
    204, 212, 218 f., 243
Murrhardt 214

Naumburg 66, 162
Neuburg an der Donau 219
Neuenrade 178
Neumünster 158, 167
Neustadt (in Holstein) 168
Neustadt (an der Ostsee) 167
Nürnberg 9, 11, 13, 33, 41, 43, 49, 53,
    56, 72, 76, 80 f., 92, 138, 169, 204, 217,
    243 f.

Oak Creek (Wisconsin) 217
Oberprex 216
Oberweißbach 84
Oschatz 237

Peine 35
Pilsen 128
Pinneberg 167, 225
Pirna 170 – 172
Pölchow 223 f.
Pösen 160
Pößneck 51, 151
Potsdam 109, 144, 173, 202
Pulheim 146

Quedlinburg 103
Quickborn 128

Regensburg 13
Reinhardtsdorf-Schöna 172

Riesa 173
Rodgau 50
Rostock 9, 13, 20, 81, 94 – 97, 99 f.,
    103, 113, 118, 126 – 128, 150, 152, 163,
    223 f.
Rothenburg 144
Rudolstadt 64, 68, 72, 122 f., 127,
    129 – 131, 147, 181, 189 f., 193 f.

Saalfeld 64, 72, 123 f., 129 – 131, 189,
    193, 235
Saarbrücken 154, 206, 252
Salchow 144
Salzburg 38
Santo Stefano di Cadore 33
Schlüchtern 80
Schönbrunn 124
Schorba 177
Schrapenbüll 55
Schwäbisch-Gmünd 156
Schwäbisch Hall 179
Schwandorf 108
Schwarzenberg 139
Schwerin 25, 77, 97 f., 100, 224
Sebnitz 163
Sofia 134
Solingen 20, 27, 107, 109, 152, 246
Soltau 43
Stadtroda 64, 157, 192
Stahle 41 f.

Stralsund 233
Straubing 138, 175
Stuttgart 48, 179, 199, 211 – 215
Suhl 10

Teldau 224
Thale 221
Tonna 147
Toul 215

Vlotho 108

Wald-Michelbach 28
Waldheim 196
Weimar 92, 234 f.
Weißenfels 77
Wendisch Rietz 202
Wentorf 43
Wien 38
Wiesbaden 13, 29, 55
Wilhelmshaven 25
Winterbach 210, 212 – 214
Wolfen 162
Worms 18, 72
Wuppertal 147, 250
Würzburg 123

Zwickau 9, 18, 62, 73, 79, 85, 87, 89, 91 f.,
    125, 137, 140 – 143, 145 f., 148, 173 – 175,
    203 f., 221

A., Fatih (Überlebender eines neonazistischen Übergriffs 2011 in Winterbach) 211
A., Martin (Polizist; schwerverwundeter Kollege der ermordeten Michèle Kiesewetter) 82 f., 87
Abaci, Kazim (Geschäftsführer des Vereins Unternehmer ohne Grenzen) 241 f.
Abel, Wolfgang (Mitglied der Terror-Gruppe Ludwig) 40
Adebisi, Mola (ehem. VIVA-Moderator) 176
Adenauer, Konrad (CDU, 1949 – 1963 deutscher Bundeskanzler) 28 f., 31
Adriano, Alberto (im Juni 2000 in Dresden von Rechtsradikalen ermordet) 161
Albig, Torsten (SPD, seit 2012 Ministerpräsident von Schleswig Holstein) 106
Alias, Aida (Überlebende des Brandanschlags auf ein Flüchtlingswohnheim in Lübeck 1996) 116
Alias, George (Überlebender des Brandanschlags auf ein Flüchtlingswohnheim in Lübeck 1996) 116
Ammoussou, Sylvio (Opfer des Brandanschlags auf ein Flüchtlingswohnheim in Lübeck 1996) 116
Andreasch, Robert (Journalist; Kenner der rechtsextremen Szene in Süddeutschland) 218
Andrejewski, Michael (seit 2005 NPD-Landtagsabgeordneter in Schwerin) 98
Apfel, Holger (1988 – 1999 Mitglied der Jungen Nationaldemokraten; 2000 – 2009 stellv. NPD-Bundesvorsitzender; seit 2011 Bundesvorsitzender der NPD) 18, 219, 251
Arslan, Bahide (Opfer des Brandanschlags in Mölln 1992) 104 – 106
Arslan, Faruk (Angehöriger der Opfer des Brandanschlags in Mölln 1992) 105 f.

Arslan, Hava (Überlebende des Brandanschlags in Mölln 1992) 105
Arslan, Ibrahim (Überlebender des Brandanschlags in Mölln 1992) 104 – 106
Arslan, Nazim (Überlebender des Brandanschlags in Mölln 1992) 105
Arslan, Yeliz (Opfer des Brandanschlags in Mölln 1992) 104
Avci, Ramazan (Opfer rechter Skinheads in Hamburg 1985) 58 – 60
Ayaz-Avci, Gülistan (Frau des von Neonazis 1985 in Hamburg ermordeten Ramazan Avci) 58 f.

B., Max-Florian (Neonazi aus Chemnitz; mutmaßlicher Helfer des NSU) 74, 89
B., René (Verdächtiger bei Brandanschlag auf ein Lübecker Flüchtlingswohnheim 1996) 117 f.
B., Sebastian (Neonazi; 2011 Tötung des Obdachlosen André Kleinau in Oschatz) 237
Bachmann, Josef (Attentäter auf Rudi Dutschke 1968 in Berlin; 1970 Selbstmord in der Haft) 34 f.
Barschel, Uwe (CDU, 1979 – 1982 Innenminister Schleswig-Holsteins) 52
Bash, Hüseyin (Onkel von Semiya Şimşek) 244
Battis, Ulrich (Jurist und Gutachter) 254
Bauer, Jean René (ehem. Vertrauter der verbotenen rechten Band »Landser«) 168
Baum, Gerhart (FDP, Bundesinnenminister 1978 – 1982) 41
Baumann, Thomas (ehem. südbadischer Stützpunktleiter der Jungen Nationaldemokraten) 235 – 237
Baumgärtner, Maik (Journalist und Buchautor) 129
Beam, Louis (US-amerikanischer Neonazi; Anhänger des Ku-Klux-Clan) 110 f.

Begrich, David (Bildungsreferent beim Netzwerk für Demokratie in Sachsen-Anhalt) 109 f., 112

Behrendt, Uwe (Vizechef der Wehrsportgruppe Hoffmann; Mörder von Shlomo Levin und Frida Poeschke 1980 in Erlangen) 51

Berger, Michael (Neonazi; ermordete 2000 drei Polizisten in Dortmund) 163 f.

Bescherer, Peter (Soziologe) 65

Biedenkopf, Kurt (CDU, 1990 – 2002 Ministerpräsident von Sachsen) 101

Binninger, Clemens (CDU, Obman im NSU-Untersuchungsausschuss des Bundestages) 13 f.

Biolek, Alfred (Fernsehmoderator) 145

Blatzheim, Helmut (1969 Mitbegründer der Europäischen Befreiungsfront) 38

Bleis, Tim (Mitarbeiter im Opferverein Lobbi) 223 f.

Blüm, Norbert (CDU, 1982 – 1998 Bundesminister für Arbeit und Sozialordnung) 105

Böhnhardt, Uwe (Mitglied des NSU; Selbstmord im November 2011 in Eisenach) 9, 11 f., 14, 20 f., 24, 48, 50, 62, 67 – 74, 77 – 82, 84 – 90, 92, 110, 113, 123 – 136, 139 f., 142, 155, 157, 159 f., 173 – 175, 179 f., 183, 185, 189, 191 f., 195 – 197, 200, 202 – 204, 221, 241, 243

Boos, Reinhard (LfV-Chef in Sachsen) 242

Borchert, Peter (ehem. NPD-Landeschef von Schleswig-Holstein) 76, 167

Borchhardt, Siegfried (rechtsextremistischer Aktivist in Dortmund) 226

Börm, Manfred (Mitglied des Bundesvorstands der NPD) 26, 43 f.

Born, Peter (Hamburger Polizist) 225

Botsch, Gideon (Politikwissenschaftler) 26, 31

Boulgarides, Theodoros (Opfer des NSU 2005 in München) 9, 81, 243

Boulgarides, Yvonne (Frau des NSU-Opfers Theodoros Boulgarides) 247

Bouteiller, Michael (SPD, 1988 – 2000 Bürgermeister von Lübeck) 120 f.

Brähler, Elmar (Sozialwissenschaftler) 254

Brandt, Tino (ehem. NPD-Funktionär; Anführer des Thüringer Heimatschutzes) 71, 84, 122 – 124, 127, 130 – 132, 134, 158, 181 – 185, 190 – 193, 196

Brandt, Willy (SPD, 1969 – 74 deutscher Bundeskanzler) 31, 37 f.

Braun, Stephan (SPD, 1996 – 2011 Abgeordneter im Landtag von Baden-Württemberg) 236

Brehme, Mario (Neonazi bei der Anti-Antifa Ostthüringen und beim Thüringer Heimatschutz) 131 f., 134

Bretschneider, Sylvia (SPD, seit 2002 Präsidentin des Landtags Mecklenburg-Vorpommern) 232

Brombach, Reiner (SPD, seit 2006 Bürgermeister von Bückeburg) 231

Brüsselbach, Karl-Heinz (2010 – 2012 Leiter des MAD) 189

Brüstle, Engelbert (Leiter der Kriminalpolizei Lörrach) 236

Buchholz, Christian (Neonazi; beteiligt am Brandanschlag in Solingen 1993) 107

Bunga, João (Überlebender des Brandanschlags auf ein Flüchtlingswohnheim in Lübeck 1996) 116

Bunga, Monique (Opfer des Brandanschlags auf ein Flüchtlingswohnheim in Lübeck 1996) 116 f.

Bunga, Suzanna (Tochter von Monique und Joao Bunga; Opfer des Brandanschlags auf ein Flüchtlingswohnheim in Lübeck 1996) 116

Busse, Friedhelm (1971 – 1983 Vorsitzender der Volkssozialistischen Bewegung Deutschlands; 1988 – 1995 Bundesvorsitzender der Freiheitlichen Deutschen Arbeiterpartei) 29, 53 f., 56

C., Claudius (Opfer rechter Gewalt 2009 in Kiel) 230

Caffier, Lorenz (CDU, seit 2006 Innenminister des Landes Mecklenburg-Vorpommern) 232

Calladine, Steve (Mitglied der britischen Skinhead-Band »Skrewdriver«; Combat 18-Aktivist) 158

Campino (Sänger der Band »Die Toten Hosen«) 176

Carstens, Karl (CDU, 1979 – 84 Bundespräsident) 36

Chaussy, Ulrich (Journalist und Buchautor) 34 f.

Christiansen, Lars (Neonazi; Beteiligter am Brandanschlag in Mölln 1992) 104 – 106

Christophersen, Thies (ehem. SS-Sonderführer; Holocaustleugner) 194

Colditz, Heinz (Aktivist der Deutschen Aktionsgruppen; Beteiligter am Brandanschlag Hamburg 1980) 46, 48, 50

Dach, Hans von (Buchautor; Oberst in der Schweizer Armee) 46

Dalek, Kai (bayerischer Neonazi; ehem. Aktivist der Neuen Front und der Anti-Antifa) 123, 138, 197, 200 f.

Decker, Oliver (Sozialwissenschaftler) 254

Degner, Marcel (Blood & Honour-Sektionschef Gera) 194

Dehoust, Peter (NPD, rechtsextremer Publizist) 134, 164

Deptolla, Alexander (Aktivist der Autonomen Nationalisten Dortmund) 226 f.

Dewes, Richard (SPD, 1994 – 99 Thüringer Innenminister) 154

Dickopf, Paul (1965 – 1971 Präsident des BKA) 206

Dienel, Thomas (ehem. Thüringer Landesvorsitzender der NPD) 71, 132, 194

Dienelt, Lisa (Aliasname von Beate Zschäpe) 86

Dienelt, Matthias (Mitbegründer der Weißen Bruderschaft Erzgebirge) 86 – 88, 138, 142

Diesner, Kay (rechter Attentäter; 1997 Ermordung eines Polizisten) 153 f.

Dô, Anh Lân (Opfer des Brandanschlag auf ein Flüchtlingswohnheim in Hamburg 1980) 46

Donaldson, Ian Stuart (Gründer von Blood & Honour; Sänger der Skinhead-Band »Skrewdriver«) 135, 158 f., 177 f.

Donnelly, Walter (1952 Hoher Kommissar der USA in Deutschland) 29

Dorls, Fritz (Parteivorsitzender der SRP 1949 – 1952) 24

Dornbusch, Christian (Sozialpädagoge Publizist; Spezialist für Rechtsrock) 152

Dudek, Peter (Erziehungswissenschaftler) 33

Dutschke, Rudi (SDS-Wortführer; 1968 Opfer eines Attentats durch Josef Bachmann) 20, 34 – 36

Edathy, Sebastian (SPD, seit 2012 Leiter des Bundestagsuntersuchungsausschusses zur Terrorgruppe NSU) 13, 16, 24, 148, 251

Ehab, Mohamed (Attentatsopfer in Nürnberg 1982) 56

Ehrhardt, Arthur (NPD-Funktionär; Gründer der Zeitschrift »Nation Europa«) 45 f.

Eid, Ahmed (Überlebender des Brandanschlags auf ein Flüchtlingswohnheim in Lübeck 1996) 115

Eid, Ghasswan (Überlebender des Brandanschlags auf ein Flüchtlingswohnheim in Lübeck 1996) 115

Eid, Marwan (Vater der Brüder Eid; Überlebender des Brandanschlags auf ein Flüchtlingswohnheim in Lübeck 1996) 117

Eid, Mohammed (Überlebender des Brandanschlags auf ein Flüchtlingswohnheim in Lübeck 1996) 115

Eid, Safwan (Überlebender des Brandanschlags auf ein Flüchtlingswohnheim in Lübeck 1996) 115 – 117, 119 f.

Eisenecker, Günther (ehem. NPD-Landesvorsitzender in Mecklenburg-Vorpommern und bekannter Szeneanwalt) 77

El Omari, Rabia (Opfer des Brandanschlags auf ein Flüchtlingswohnheim in Lübeck 1996) 116

Ellinger, Michael (Skinheadmusiker
aus Ludwigsburg; 2003 verstorben)
72

Eminger, André (enger Vertrauter
des NSU-Trios; Mitbegründer der
Weißen Bruderschaft Erzgebirge)
79, 86, 89 f., 92, 111, 138, 142 – 144,
180, 194, 204

Eminger, Maik (Zwillingsbruder von
André Eminger; Aktivist der Junge
Nationaldemokraten; Mitanführer
des Schutzbundes Deutschland)
90, 142 – 144

Eminger, Susann (Frau von André
Eminger; enge Freundin von Beate
Zschäpe) 88 – 90, 92, 143, 204

Engholm, Björn (SPD, 1988 – 1993
Ministerpräsident von Schleswig-
Holstein) 105

Epplen, Dieter (Anhänger der Wehrsportgruppe Hoffmann) 40

Erben, Rüdiger (SPD, 2006 – 2011
Staatssekretär im Innenministerium
von Sachsen-Anhalt) 222

Eutin, Thomas (ZDF-Reporter im angegriffenen Wohnheim in Rostock-
Lichtenhagen 1992) 98

F., David (Neonazi aus Jena; ehem.
Kamerad von Ralf Wohlleben) 68

F., Dominik (Neonazi aus Baden-Württemberg) 211

F., Gunter Frank (Blood & Honour-
Aktivist aus Chemnitz; mutmaßlicher Helfer des NSU-Trios) 78,
139

Fehrs, Kirsten (seit 2011 evangelische
Bischöfin im Sprengel Hamburg und
Lübeck) 106

Fiebig, Henry (Autor des »NS-Kampfruf« der NSDAP/AO) 46

Fischer, Matthias (ehem. NPD-Be-
zirksvorsitzender in Mittelfranken;
Anführer der Fränkischen Aktionsfront; 2009 Mitbegründer des Freien
Netzes Süd) 138, 146,169

Frisch, Peter (SPD, 1996 – 2000 Präsident des BfV) 208 f.

Friedman, Michel (Fernsehmoderator)
145

Friedrich, Hans-Peter (CSU, seit 2011
Bundesinnenminister) 248 f., 251

Fromm, Heinz (2000 – 2012 Präsident
des BfV) 23, 190, 242

Funke, Hajo (Berliner Politikwissenschaftler und Sachverständiger im
NSU-Bundestagsuntersuchungsausschuss) 13, 80

Furlan, Marco (Mitglied der Terror-
Gruppe Ludwig) 40

G., Alexander (Mitgründer der Kameradschaft Sturm 34) 223

G., Andreas (Mitglied der Chemnitzer
Skinhead Kameradschaft 88er und
der Rechtsrock-Band »Noie Werte«)
137

Galinski, Heinz (1949 – 1992 erster Vorsitzender der jüdischen Gemeinde
Berlins; 1954 – 1963 erster Präsident des Zentralrates der Juden in
Deutschland) 154

Gall, Reinold (SPD, seit 2011 Innenminister von Baden-Württemberg)
213

Gartmann, Markus (Neonazi; Beteiligter am Brandanschlag in Solingen
1993) 107

Gasser, Karl-Heinz (2004 – 2008 Thü-
ringischer Innenminister) 183

Gauck, Joachim (1990 – 2000 Bundesbeauftragter für Stasi-Unterlagen;
seit 2012 Bundespräsident) 94 f., 247

Gebser, Rolf (ehem. Anführer der Nationalsozialistischen Kampfgruppe
Ost-Westfalen) 42

Gehlen, Reinhard (NS-Abwehroffizier;
1956 – 1968 Präsident des BND) 206

Geier, Wolfgang (ehem. Leitender
Kriminaldirektor beim Polizeipräsidium Unterfranken) 16

Geiger, Hansjörg (1995 Präsident des
BfV; 1996 – 1998 Präsident des BND)
23

Geißler, Thorsten (CDU, 1987 – 2004
Landtagsabgeordneter in Schleswig-
Holstein) 120

Genç, Berkic (Überlebender des
Brandanschlags in Solingen 1993)
107, 109

Genç, Hatice (Opfer des Brand-
anschlags in Solingen 1993) 107, 109
Genç, Hülya (Opfer des Brand-
anschlags in Solingen 1993) 107, 109
Genç, Saime (Opfer des Brand-
anschlags in Solingen 1993) 107, 109
Gercken, Richard (ehem. SS-Haupt-
sturmführer; zeitweiliger Leiter der
Spionageabwehr im BfV) 205
Gerlach, Holger (Mitglied der Kame-
radschaft Jena und des Nationalen
Widerstands; mutmaßlicher NSU-
Unterstützer) 11, 71, 80, 83, 88 f.,
125 – 129, 139 – 142, 158 f., 189, 196
Gerlach, Thomas (Hammerskin Mit-
glied; Freund von Ralf Wohlleben;
Aktivist des Freien Netzes) 146
Giemsch, Dennis (ehem. Wortführer
der Autonomen Nationalisten in
Dortmund; seit 2012 Landesvor-
sitzender in NRW der Partei Die
Rechte) 76, 226 – 229
Giese, Daniel (Sänger der rechten Band
»Gigi & die braunen Stadtmusikan-
ten«) 158, 177
Gietl, Karl (Richter am Bayerischen
Oberlandesgericht 1983) 54
Glahn, Dieter von (ehem. Abwehr-
offizier der Wehrmacht; Mitglied
des Technischen Dienstes des Bund
Deutscher Jugend) 29 f.
Goebbels, Joseph (NSDAP, 1933 – 1945
Reichsminister für Volksaufklärung
und Propaganda) 27, 45, 65
Goretzky, Thomas (Polizist; Attentats-
opfer in Dortmund 2000) 164
Götzl, Manfred (Vorsitzender Richter
beim NSU-Prozess am Oberlandes-
gericht München) 11
Gouendul, Farid (Neonaziopfer in
Guben 1999) 161
Grett, Bernd (ehem. NPD-Funktionär
und Unterführer der Wehrsportgruppe Hoffmann) 39
Grewe, Michael (Landesorganisations-
leiter der NPD Mecklenburg-Vorpommern; stellv. Vorsitzender der
NPD in Westmecklenburg; Mitarbeiter der NPD-Landtagsfraktion)
24

Grigoleit, Joachim (Jurist und Gut-
achter) 254
Grund, Thomas (Jenaer Sozialarbeiter)
65, 69, 254
Grünwald, Gerald (Bonner Strafrechts-
professor; 2009 verstorben) 36
Gün, Ali Kemal (Psychotherapeut und
Integrationsbeauftragter in der LVR-
Klinik Köln) 246

H., David (ehem. Mitglied des Aktions-
büros Mittelrhein) 239
H., Jürgen (in den 1990er Jahren Jenaer
Kameradschaftsaktivist; mutmaß-
licher Kontaktmann und Bote des
NSU) 126
H., Michael (ehem. Neonazi; danach
Bandidos-Mitglied) 130, 235
H., Ralph (Mitglied der Nationalen
Sozialisten Chemnitz; ehem. Schrift-
führer der Kameradschaft Heimat-
schutz Chemnitz e.V.) 146 f.
H., Silvio (Verurteilung zu Bewäh-
rungsstrafe, weil er rechten Über-
griff 2011 in Oschatz beobachtete,
aber nicht einschritt) 237
Hachtkemper, Yvonne (Polizistin; 2000
bei Waltrop von Michael Berger
erschossen) 163
Halmansegger, Leonhard (ehem.
Gestapo-Offizier; später beim LfV
Bayern) 206
Halswick, Gustav (ehem. SS-Ober-
sturmbannführer u. a. beim SD
und der SiPo in Paris; ab 1954 unter
BfV-Präsident Schrübbers Arbeit als
Sonderbeauftragter des BfV) 205
Hammann, Christine (Mitarbeiterin
im Referat für politisch motivierte
Kriminalität beim Bundesministe-
rium des Innern) 17
Hammer, Steffen Wilfried (1987 – 2010
Sänger der Rechtsrock-Band »Noie
Werte«; Stuttgarter Anwalt; Vertei-
diger im Prozess um den Neonazi-
Übergriff in Winterbach) 213
Hardt, Alexander (Combat 18-Aktivist;
2003 Schändung eines Gedenksteins
in Neustadt an der Ostsee; Rocker)
167

Hasselbach, Ingo (1992 Führer der Nationalen Alternative; beteiligt an den Ausschreitungen in Rostock-Lichtenhagen; 1993 Ausstieg aus der rechten Szene; 2000 Mitgründer der Ausstiegshilfe Exit) 100, 110

Heinecke, Gabriele (Verteidigerin von Safwan Eid) 115 f., 118 – 120

Heinig, Alexander (ehem. Sänger der Blood & Honour-Band »Ultima Ratio«; Anwalt in Stuttgart; Verteidiger im Prozess um den Neonazi-Übergriff in Winterbach) 213

Heinlein, Martin (am Protest gegen die Ausschreitungen in Quedlinburg 1992 beteiligt) 103 f.

Heise, Thorsten (bis 1995 Bundesorganisationsleiter der FAP; Führer der Kameradschaft Northeim und der Kameradschaft Eichsfeld; 2004 – 2012 im Bundesvorstand der NPD) 114, 158, 181 – 183

Hengst, Bernd (ehem. NPD-Funktionär; 1971 Gründer der Gruppe Hengst) 39

Hennig, Eike (Mitautor der Broschüre »Gewalt von rechts«, 1982 herausgegeben vom Referat Öffentlichkeitsarbeit gegen Terrorismus des Bundesinnenministeriums) 52

Hennig, Matthias (Pressesprecher des Landeskriminalamtes in Schleswig-Holstein) 166

Hennig, Rigolf (Aktivist der Europäischen Aktion; bis 1991 Mitglied der Partei Die Republikaner; Engagement für die Deutschen Liga für Volk und Heimat; Mitglied mehrerer rechter Burschenschaften; ehem. NPD-Mandatsträger) 32

Heintschel-Heinegg, Bernd von (Rechtsanwalt; Sonderermittlers des NSU-Untersuchungsausschusses im Bundestag) 199

Hepp, Odfried (Anhänger der WGH und der Volkssozialistischen Bewegung; 1982 Gründer der Hepp-Kexel-Gruppe; Buchautor) 56 f.

Hermann, Joachim (CSU, seit 2007 bayerischer Innenminister) 200

Herzog, Felix (Professor für Strafrecht an der Universität Bremen) 249

Heß, Rudolf (NSDAP; 1933 – 1941 Stellvertreter Adolf Hitlers, 1946 zu lebenslanger Haft verurteilt; Suizid 1987 im Gefängnis Berlin-Spandau) 43 f., 55 f., 72, 122 f., 135, 175, 193, 208

Hesse, Mirko (1993 Gründer der sächsischen Hammerskins; Rechtsrock-Produzent; 2001 als V-Mann des BfV enttarnt) 171, 216 f.

Hessler, Jens (war Betreiber des rechten Nibelungen-Versands der Hauptfiliale von Blood & Honour) 177

Himmler, Heinrich (NSDAP; 1929 – 1945 Reichsführer SS) 45

Hofer, Andreas (Anführer der Tiroler Aufstandsbewegung von 1809) 32

Hoffmann, Karl-Heinz (1973 – 1980 Chef der Wehrsportgruppe Hoffmann; rechter Publizist) 31, 40, 49 – 51

Högl, Eva (SPD, Obfrau im NSU-Untersuchungsausschuss des Bundestages) 13

Holzhausen, Joachim (Richter am Landgericht Stuttgart) 211

Hörnle, Raymond (Aktivist der Deutschen Aktionsgruppen; Brandanschlag Hamburg 1980) 46, 48

Hübner, Frank (1991 Bundesvorsitzender der Deutschen Alternative) 101

Huth, Dieter (Oberst a. D.; ehem. Chef der Abteilung Rechtsextremismus beim MAD) 187

Huynh, Thoâng (Überlebender des Brandanschlags auf ein Flüchtlingswohnheim in Hamburg 1980) 46

Ijad, Abu (PLO-Mitglied; Anführer der Terrorgruppe Schwarzer September) 49

Ince, Gürcün (Opfer des Brandanschlags in Solingen 1993) 107, 109

Ittner, Gerd (Aktivist der Bürgerinitiative Ausländerstopp in Nürnberg) 76, 138

Jäger, Ralf (SPD, seit 2010 Innenminister von Nordrhein-Westfalen)
229, 238
Jäger, Siegfried (Sprachwissenschaftler)
102
Jantosch, Werner (Hamburger Polizeipräsident bis 2012) 225
Jauch, Thomas (Anwalt aus Weißenfels)
77 f.
John, Barbara (CDU, Ombudsfrau
der Bundesregierung für die NSU-
Opfer) 12
Juhnke, Andreas (Journalist und Buchautor) 115 – 117

K., Dennis (Neonazi aus Baden-Würt-
temberg) 211
K., Felix (Neonazi; Beteiligter am
Brandanschlag in Solingen 1993)
107
K., Martin (Opfer eines Neonazi-
Übergriffs in Bückeburg 2010)
230 f.
Kahane, Anetta (Journalistin; seit 2003
Vorsitzende der Amadeu Antonio
Stiftung) 222
Kapke, André (Mitglied des Thüringer
Heimatschutz; führendes Mitglied
der Freien Kameradschaft Nationa-
ler Widerstand Jena; mutmaßlicher
Fluchthelfer des NSU-Trios) 69 – 71,
75, 84, 123, 126 – 128, 130, 133 f., 138,
160, 191 f.
Kappler, Herbert (1943 – 1945 Kom-
mandeur der NS-Sicherheitspolizei
Rom; Verantwortlicher für das Mas-
saker in den Ardeatinischen Höhlen
1944) 43
Karşlioğlu, Hüseyin Avni (seit 2012
türkischer Botschafter in Deutsch-
land) 106
Kaymakcı, Mehmet (Opfer rechter
Skinheads in Hamburg 1985) 59
Kempken, Norman (Anführer der
Fränkischen Aktionsfront; 2009
Mitbegründer des Freien Netzes
Süd) 169, 219
Kempner, Robert (Stellv. des US-
Hauptanklägers in den Nürnberger
Prozessen 1945 / 46) 41

Kenzo, Rena (Mitgründerin des For-
schungsnetzwerks Frauen und
Rechtsextremismus) 234
Kersten, Klaus-Ulrich (1996 – 2004
Präsident des BKA) 208 f.
Kexel, Walter (1982 Gründer der mili-
tanten rechten Hepp-Kexel-Gruppe)
56 f.
Kienesberger, Peter (Beteiligter an
Sprengstoffanschlägen in Südtirol
1967) 33
Kiesewetter, Michèle (Polizistin;
mutmaßliches Opfer des NSU in
Heilbronn 2007) 9, 62, 82 – 84, 87,
200
Kiess, Johannes (Sozialwissenschaftler)
254
Kılıç, Habil (Opfer des NSU in Mün-
chen 2001) 9, 81
Klarsfeld, Beate (Journalistin; beteiligt
an der Aufdeckung von NS-Ver-
brechen) 44
Klarsfeld, Serge (frz. Rechtsanwalt und
Historiker; beteiligt an der Auf-
deckung von NS-Verbrechen) 44
Kleffner, Heike (Journalistin) 153
Kleinau, André (Opfer eines neo-
nazistischen Übergriffs in Oschatz
2011) 237
Klemmer, Werner Otto (ehem. Gestapo
Beamter; ab 1955 stellv. Leiter des
LfV Saarland) 206
Klose, Bianca (Geschäftsführerin des
Vereins für Demokratische Kultur in
Berlin) 254
Klose, Peter (1989 – 1994 Mitglied der
Republikaner; ab 1995 der NPD;
2006 – 2009 NDP-Abgeordneter im
sächsischen Landtag) 203
Knauber Manfred (1972 Gründer der
Nationalsozialistischen Kampf-
gruppe Großdeutschland) 39
Knobloch, Charlotte (2006 – 2010 Prä-
sidentin des Zentralrats der Juden
in Deutschland) 232
Köditz, Kerstin (Die Linke, seit 2001
sächsische Landtagsabgeordnete)
142, 220
Kogon, Eugen (Soziologe und Publi-
zist) 41

Köhler, Gundolf (Bombenattentäter auf das Münchner Oktoberfest 1980) 50 f.

Kollath, Phuong (Opfer der Ausschreitungen in Rostock-Lichtenhagen 1992) 95

Kolley, Klaus (ehem. Bundesbeauftragter des NPD-Ordnungsdienstes) 36 f.

König, Katharina (Tochter von Lothar König; Opfer eines neonazistischen Übergriffs in Jena 1993; seit 2009 Thüringer Landtagsabgeordnete für Die Linke) 113

König, Lothar (Jugendpfarrer von Jena; Leiter der Jungen Gemeinde) 65, 113

Korkusuz, Ali (Opfer eines neonazistischen Übergriffs in Betzdorf 2012) 250

Köster, Stefan (NPD-Landesvorsitzender und Landtagsabgeordneter in Mecklenburg-Vorpommern) 25, 223

Kraske, Marion (Journalistin und Buchautorin) 250 f., 254

Kraushaar, Wolfgang (Historiker und Publizist) 30

Krotova, Anastasia (Mitarbeiterin der Opferberatung der RAA Sachsen e.V.) 237

Krüger, Sven (ehem. NPD-Mandatsträger und Anführer des aufgelösten Hammerskin-Chapters Mecklenburg) 232 f.

Kuban, Thomas (Journalist und Buchautor) 156, 234

Kubaşik, Mehmet (Opfer des NSU in Dortmund 2006) 9, 82, 145

Kubicki, Wolfgang (FDP, seit 1992 Landtagsabgeordneter in Schleswig-Holstein) 120

Kühn, Klaus-Peter (Opfer von Neonazis in Suhl 2012) 10

Kühnen, Michael (ehem. Bundeswehrleutnant; 1977–1983 Leiter der Aktionsfront Nationaler Sozialisten; 1991 verstorben) 42–45, 59, 97, 100, 177, 200

Küssel, Gottfried (österr. Neonazi; ehem. Aktivist der Gesinnungsgemeinschaft der Neuen Front; Leiter der Volkstreuen außerparlamentarischen Opposition) 76

Kusters, Constant (niederl. Neonazi; Leiter der Niederländischen Volk-Union) 76

L., Jens (Rettungssanitäter in Lübeck) 117

L., Jürgen (Neonazi aus dem Raum Saalfeld-Rudolstadt) 129

L., Ronny (Aktivist in Blood & Honour-Nachfolgegruppierungen in Thüringen) 234

Lampe, Joachim (ehem. Bundesanwalt) 151

Lane, David (US-amerikanischer Rechtsterrorist) 171, 218

Lang, Miriam (Buchautorin) 120

Lange, Stephan (seit 1994 Anführer der Blood & Honour Sektion Berlin; Chef Division Deutschland bis zum Verbot 2000) 155, 174

Larisch von Woitowitz, Matthias (Polizist; 2000 bei Waltrop von Michael Berger erschossen) 163 f.

Lasch, Hendrik (ehem. Rechtsrock-Produzent; Anhänger der Chemnitzer Blood & Honour Sektion; Szeneladenbetreiber) 136, 144, 173, 175 f.

Lembke, Heinz (NPD-Aktivist; 1981 Suizid) 54 f., 57

Lemke, Maximilian (rechter Musiker) 75

Lepzien, Hans-Dieter (ehem. NPD-Mitglied; aktiv in der Braunschweiger Gruppe) 35 f.

Levgrün, Sandra (Mitarbeiterin der Polizeipressestelle Hamburg) 242

Levin, Shlomo (jüdischer Verleger und ehem. Vorsitzender der Israelitischen Kultusgemeinde Nürnberg; 1980 in Erlangen von Uwe Behrendt ermordet) 51

Limburg, Volker (2000–2012 Leiter des LfV Sachsen-Anhalt) 242

Lohmeyer, Birgit (Anwohnerin in Jamel; 2011 Paul-Spiegel-Preis für Zivilcourage) 233

Lohmeyer, Horst (Anwohner in Jamel; 2011 Paul-Spiegel-Preis für Zivilcourage) 233

Löns, Hermann (Heimatdichter; Verfasser von »Der Werwolf«, 1910) 45

Lucas, Stephan (Anwalt von Semiya und Kerim Şimşek) 22

Lunkewitz, Bernd F. (Verleger und Immobilienhändler; 1969 bei einer NPD-Gegendemonstration verletzt) 37

Lüth, Paul (Arzt und Schriftsteller; 1950 Gründung des Bundes Deutscher Jugend) 28

M., Mashia (Überlebende eines Sprengstoffanschlags in Köln 2001) 85

M., Paco (Opfer eines Neonazi-Übergriffs in Bückeburg 2010) 230 f.

M., Robert (ehem. Munitionswart; Aktivist der Aktionsfront Nationaler Sozialisten) 42

Maeffert, Uwe (Anwalt der Familie Avci) 59

Magnien, Didier (französischer Neonazi; Aktivist der Kameradschaft Süd) 169, 218 f.

Mahler, Horst (1970 Gründungsmitglied der RAF; ab Ende der 1990er Holocaustleugnung und neonazistische Aktivitäten; Anwalt der NPD) 75

Mahon, Dennis (US-amerikanischer Rechtsextremist) 178

Makudila, Christine (Tochter von Françoise Makudila; Opfer des Brandanschlags auf ein Flüchtlingswohnheim in Lübeck 1996) 116

Makudila, Christelle (Tochter von Françoise Makudila; Opfer des Brandanschlags auf ein Flüchtlingswohnheim in Lübeck 1996) 116

Makudila, Françoise (Opfer des Brandanschlags auf ein Flüchtlingswohnheim in Lübeck 1996) 115 f.

Makudila, Jean-Daniel (Sohn von Françoise Makudila; Opfer des Brandanschlags auf ein Flüchtlingswohnheim in Lübeck 1996) 116

Makudila, Legrand (Sohn von Françoise Makudila; Opfer des Brandanschlags auf ein Flüchtlingswohnheim in Lübeck 1996) 116

Makudila, Miya (Tochter von Françoise Makudila; Opfer des Brandanschlags auf ein Flüchtlingswohnheim in Lübeck 1996) 116

Marschner, Kurt (ehem. SS-Sturmbannführer in Auschwitz; in den 1950er Jahren unter dem Namen Fischer beim BfV tätig) 205

Marschner, Ralf (rechter Musiker; Verkauf von rechten Szeneartikeln in Zwickau) 173 f., 203 f.

Martinek, Walter (Anwalt der Opfer des Neonazi-Übergriffs von Winterbach 2011) 215

Matthaei, Walter (Führer der Reichsjugend der SRP; erster Bundesführer der Wiking-Jugend) 25

Maxwill, Peter (Journalist) 28

Mecklenburg, Jens (Journalist und Buchautor) 154

Meenen, Uwe (NPD-Funktionär; ehem. Bundesvorsitzender der Jungen Republikaner) 32

Meinhof, Ulrike (Journalistin; RAF-Terroristin) 19

Melzer, Mario (Kriminalhauptmeister bei Thüringer LKA) 14

Merkel, Angela (CDU, seit 2005 Bundeskanzlerin) 14, 242

Meyer, Andreas (Zeuge der Ausschreitungen in Rostock-Lichtenhagen 1992) 96–98

Mihutiu, Claudiu (rumän. Neofaschist; Mitbegründung der Europäischen Nationalen Front) 76

Möller, Ernst-August (ehem. NPD-Funktionär; NSDAP/AO-Aktivist) 55

Möller, Matthias (Kulturwissenschaftler und Autor) 103

Moschüring, Helmut (Vorsitzender Richter beim Prozess gegen die Wehrsportgruppe Werwolf 1979) 44

Müller, Tino (seit 2006 NPD-Landtagsabgeordneter in Mecklenburg-Vorpommern) 150, 223

Mundlos, Uwe (Mitglied des NSU; Selbstmord 2011 in Eisenach)

9, 11 – 13, 20 f., 24, 48, 50, 62 – 74,
77 – 82, 84 – 90, 92, 110, 113, 122 – 130,
132 – 140, 142, 145 f., 155, 157 – 160,
169, 173, 175 f., 179 – 181, 183, 185,
187 – 189, 191 – 193, 195 – 197, 200,
202 – 204, 221, 241, 243

Nahrath, Raoul (1949 – 1952 Mitglied
der SRP; Gründungsmitglied der
Wiking-Jugend) 25
Nahrath, Wolfgang (NPD-Funktionär;
Chef der Wiking-Jugend ab 1967)
25
Nakaba, Thomas Derry (Rocker;
seit 1995 Mitglied von Combat 18)
156
Narin, Yavuz (Anwalt der Familie des
NSU-Opfers Theodoros Boulgari-
des) 243, 247
Naumann, Peter (parlamentarischer
Berater der NPD-Fraktion im säch-
sischen Landtag) 55 – 58
Naumann, Werner (NSDAP, Staats-
sekretär im Reichsministerium für
Volksaufklärung und Propaganda;
Anführer des rechten Naumann-
Kreises) 27 f.
Nehm, Kay (1994 – 2006 Generalbundesanwalt) 150
Neidlein, Alexander (stellv. Bundesvorsitzender der Jungen Nationaldemokraten; seit 2013 NPD-Landesvorsitzender von Baden-Württemberg)
228
Neumann, Hans-Joachim (Neonazi
aus Hamburg) 39 f.
Neumann, Hartwig (1969 Mitbegründer der Europäischen Befreiungsfront) 38
Nguyên, Ngoc (Opfer des Brandanschlag auf ein Flüchtlingswohnheim
in Hamburg 1980) 46
Niedhammer, Hans-Otto (Oberstaatsanwalt der Thüringer Generalstaatsanwaltschaft in Jena) 77
Nocken, Peter Jörg (1997 – 2001 Vizepräsident des Thüringer LfV) 184 f.
Noeth, Max (ehem. Offizier der Geheimen Feldpolizei; später Vize-Chef
des LfV Bayern) 206

Nordbruch, Claus (rechtsextremer
Publizist) 134

Otto, Hans (ehem. SS-Offizier; Mitglied
des Bundes Deutscher Jugend) 28
Otto, Klemens (Blood & Honour-
Aktivist; 2001 – 2003 Anführer von
Combat 18 Pinneberg) 166 f.
Otte, Paul (NPD-Mitglied; Anführer
der Braunschweiger Gruppe) 35 f.
Oxner, Helmut (NSDAP/AO-Aktivist;
Ermordung von William Schenck,
Rufus Surles und Mohamed Ehab
1982 in Nürnberg) 56
Özkan, Aygül (CDU, 2010 – 2013 Minis-
terin für Soziales, Frauen, Familie,
Gesundheit und Integration in Nie-
dersachsen) 141
Özüdoğru, Abdurrahim (Opfer des
NSU in Nürnberg 2001) 9, 81
Öztürk, Gülüstan (Opfer des Brand-
anschlags in Solingen 1993) 107,
109

P., Heiko (Verdächtiger beim Brandan-
schlag auf ein Lübecker Flüchtlings-
wohnheim 1996) 117 f.
P., Ignaz (Opfer des Anschlags auf das
Münchner Oktoberfest 1980) 50
P., Ilona (Opfer des Anschlags auf das
Münchner Oktoberfest 1980) 50
P., Katharina (Überlebende des An-
schlags auf das Münchner Oktober-
fest 1980) 50
Page, Michael Wade (US-amerikani-
scher Hammerskin-Anhänger;
Aktivist der Volksfront International
in Oregon) 217 f.
Pastörs, Udo (seit 2009 stellv. NPD-
Vorsitzender und seit 2006 NPD-
Fraktionschef im Landtag von
Mecklenburg-Vorpommern)
25, 223, 252
Pau, Petra (Die Linke, seit 2005
Bundestagsabgeordnete; seit 2006
Vizepräsidentin des Bundestages)
16, 231
Perschau, Hartmut (CDU, 1991 – 1993
Landesinnenminister in Sachsen-
Anhalt) 104

Peters, Michael (Neonazi; Beteiligter beim Brandanschlag in Mölln 1992) 104–106

Petri, Michael (ab 1993 Vorsitzender der Partei Deutsche Nationalisten) 197

Pfeiffer, Christian (Direktor des Kriminologischen Forschungsinstituts Niedersachsen) 248

Pinar, Gül (Anwältin der Familie des NSU-Opfers Süleymann Taşköprü) 241 f.

Poeschke, Frida (Neonazi-Opfer; 1980 in Erlangen von Uwe Behrendt ermordet) 51

Poser, Magnus (Kommunist und Widerstandskämpfer gegen die NS-Diktatur; 1944 im KZ Buchenwald ermordet) 72

Prantl, Heribert (Journalist; Leiter des Ressorts für Innenpolitik bei der »Süddeutschen Zeitung«) 18

Priem, Arnulf (Neonazi-Rocker; Mitglied der DVU; 1973 Gründung der Wehrsportgruppe Priem) 153, 200

Quent, Matthias (Soziologe) 65, 112

R., Christian (Neonazi; Beteiligter am Brandanschlag in Solingen 1993) 107

R., Christopher (Neonazi-Attentäter in Kiel 2009) 230

R., Thomas (Chemnitzer Blood & Honour-Aktivist; Mitglied der rechten Band »Blitzkrieg«; mutmaßlicher Unterstützer des NSU) 73, 137, 180

R., Tibor (ehem. Thüringer Neonazi) 193

Raabe, Jan (Sozialpädagoge und Buchautor; Spezialist für Rechtsrock) 152

Rabe, Jens (Anwalt von Semiya und Kerim Şimşek) 22

Rachhausen, Andreas (ehem. Neonazi aus Saalfeld) 123, 130, 193 f.

Radke, Albert (Verbindungsoffizier der Wehrmacht zur Gestapo; 1946–1950 leitender Mitarbeiter in der Organisation Gehlen; 1950–1964 Vizepräsident des BfV) 205

Rahmel, Yves (Inhaber eines rechten Musiklabels) 175

Ramelow, Bodo (Die Linke, 2005–2009 stellv. Fraktionsvorsitzender im Bundestag; seit 2009 Fraktionsvorsitzender im Thüringer Landtag) 125

Rebmann, Kurt (Generalbundesanwalt 1977–1990) 41

Redeker, Malte (führender Hammerskin aus Ludwigshafen) 215 f.

Regener, Michael (NPD-Aktivist; ehem. Sänger der verbotenen Band »Landser«) 144, 151 f., 158, 173 f.

Regener, Sven (Musiker und Schriftsteller; Sänger der Band »Element of Crime«) 59 f.

Reichel, Peter (Politikwissenschaftler und Historiker) 57

Reinfrank, Timo (Geschäftsführer der Amadeu Antonio Stiftung) 254

Reißig, Sebastian (Geschäftsführer der Aktion Zivilcourage in Pirna) 172

Reiter, Jutta (Vorsitzende der DGB-Region Dortmund-Hellweg) 228

Reitz, Axel (Gauleiter des Kampfbundes Deutscher Soldaten) 146, 239

Remer, Otto Ernst (1944 Kommandeur des Wachbataillons »Großdeutschland«; 1949 Gründer der SRP; 1983–1989 Vorsitzender von Die Deutsche Freiheitsbewegung) 24

Renner, Martina (Die Linke, stellv. Vorsitzende des NSU-Untersuchungsausschuss im Thüringer Landtag) 184

Rennicke, Frank (rechter Musiker; ehem. Jugendführer der Wiking-Jugend; NPD-Mitglied; 2009 von NPD und DVU zum Kandidaten für die Wahl zum Bundespräsidenten vorgeschlagen) 159

Richter, Steffen (Anführer des Freien Netzes Saalfeld) 147

Richter, Thomas (alias Corelli; Mitbegründer des Thule-Netzwerkes) 179, 196–200

Riefling, Dieter (niedersächsischer Blood & Honour-Aktivist) 159

Rieger, Jürgen (neonazistischer Anwalt aus Hamburg; ab 2006 Vorstandsmitglied der NPD; verstorben 2009) 32, 71, 225

Roeder, Manfred (1980 Gründer der Deutschen Aktionsgruppen; 1998 NPD-Kandidat für die Bundestagswahl in Mecklenburg-Vorpommern) 35, 47 f., 54, 72, 75

Roewer, Helmut (1994 – 2000 Präsident des Thüringer LfV) 185 f.

Röhm, Ernst (NSDAP Mitglied und SA-Führer; 1934 Ermordung im sog. Röhm-Putsch) 146

Rosemann, Sven Kai (Ex-Führungsmitglied der Anti-Antifa Ostthüringen und des Thüringer Heimatschutzes) 123, 129 – 132

Rösler, Philipp (FDP, seit 2011 Parteivorsitzender und Bundeswirtschaftsminister) 253

Rossberg, Silvia (Ehefrau eines Skinheads aus Hannover; Aliasname von Beate Zschäpe) 88, 140 f.

Roth, Roland (Politikwissenschaftler) 253

S., Alexander (militanter Neonazi aus Hannover; Kontakte zum Blood & Honour-Netzwerk und den Hells Angels) 140 f.

S., Andreas (Neonazi-Skinhead aus Jena) 77, 129

S., Florian (Mitglied des rechten Aktionsbüros Mittelrhein) 240

S., Franka (ehem. Neonazi-Radiomoderatorin) 176

S., Jochen (Neonazi aus Backnang; Beteiligter am Brandanschlag auf ein Asylbewerberheim in Marbach-Rielingshausen 2003) 214

S., Ronny (Neonazi; 2011 Tötung des Obdachlosen André Kleinau in Oschatz) 237

S., Stefan (jugendlicher Neonazi aus Rostock) 163

Sachse, Wolfgang (Neonazi; Bekanntschaft mit dem Attentäter Josef Bachmann) 35

Saller, Josef (Mitglied der Nationalistischen Front; Beteiligter am Brandanschlag in Schwandorf 1988) 108

Sattelberg, Thomas (1996 Mitgründer und Anführer der Skinheads Sächsische Schweiz; seit 2013 Vorsitzender des NPD-Kreisverbandes Sächsische Schweiz-Osterzgebirge) 170 – 172

Sch., Annegret (Freundin des 1996 in Lübeck bei einem Brandanschlag umgekommenen Sylvio Ammoussou) 116

Schäfer, Gerhard (1998 – 2002 Richter am Bundesgerichtshof in Karlsruhe; Leiter der 2011 von der Thüringer Landesregierung eingesetzten Untersuchungskommission zum Verhalten der Behörden bei der Verfolgung des NSU-Trios) 15, 73, 77, 134, 186, 191 – 194

Schedler, Jan (Sozialwissenschaftler und Buchautor) 226

Schenck, William (US-Soldat; 1982 in Nürnberg ermordet) 56

Schenz, Henry (ehem. Mitglied des Arischen Widerstand Eggesin; Beteiligter am tödlichen Übergriff auf zwei Vietnamesen) 150

Schilff, Marcel (Neonazi; Blood & Honour-Aktivist) 156

Schily, Otto (SPD, 1998 – 2005 Bundesinnenminister) 245

Schmengler, Walter (Oberstaatsanwalt bei der Staatsanwaltschaft Koblenz) 239

Schmid, Achim (1999 Gründung eines deutschen Ablegers der European White Knights in Schwäbisch-Hall) 178 f., 199

Schmid, Claudia (2001 – 2012 Leiterin des LfV Berlin) 242

Schmidt, Jochen (ZDF-Journalist im angegriffenen Wohnheim in Rostock-Lichtenhagen 1992) 98 f.

Schmidt-Eenboom, Erich (Geheimdienstexperte; Leiter des Forschungsinstituts für Friedenspolitik in Weilheim) 205 – 207

Schmitt, Bernd (Leiter des Deutschen Hochleistungskampfkunstverbandes in Solingen) 107

Scholz, Christian (NSDAP/AO-Aktivist) 46

Schönen, Paul (DRP-Mitglied; Beteiligter an antisemitischen Aktionen in Köln 1959) 31

Schneider, Peter (Schriftsteller; Mitstreiter von Rudi Dutschke) 34

Schneiders, Nicole (ehem. stellv. Kreisvorsitzende der NPD in Jena; rechte Szene-Anwältin) 212 f.

Schönborn, Meinolf (NPD-Mitglied; Mitgründung der Nationalistischen Front) 108 f., 197

Schönhuber, Franz (Mitbegründer der Republikaner; 1989 – 1994 Abgeordneter des Europaparlaments; 1998 Kandidat der DVU für den Bundestag) 124

Schreieder, Joseph (ehem. Polizeibeamter der Gestapo; ab 1953 Abteilungsleiter im LfV Bayern) 206

Schröder, Gerhard (SPD, 1998 – 2005 Bundeskanzler) 144, 162

Schröder, Kristina (CDU, seit 2009 Bundesfamilienministerin) 253

Schrübbers, Hubert (ehem. Mitglied des SA-Sturms Münster; 1955 – 1972 Leiter des BfV) 205

Schtscherbak, Iwan (Soldat der Sowjetischen Armee; Attentatsopfer in Berlin 1970) 38

Schultze, Carsten (ehem. Aktivist des Thüringer Heimatschutzes; ehem. Thüringer Landeschef der Jungen Nationaldemokraten) 11, 76 f., 125, 129

Schwab, Jürgen (1992 Mitbegründer des Bundes Frankenland; Referent der Neonazi-Szene) 32, 165

Schwarz, Peter (Buchautor) 244 f.

Schwerdt, Frank (stellv. Bundesvorsitzender der NPD, bis 2012 Landesvorsitzender der NPD Thüringen) 68, 122 f.

Seite, Berndt (CDU, 1992 – 1998 Ministerpräsident von Mecklenburg-Vorpommern) 99

Sharon, Ariel (2001 – 2006 israelischer Ministerpräsident) 232

Siemens, Karl-Heinz (ehem. SS-Obersturmführer; ab 1960 Oberregierungsrat im BfV) 205

Şimşek, Adile (Frau des NSU-Opfers Enver Şimşek) 244

Şimşek, Enver (erstes Opfer des NSU in Nürnberg 2000) 9, 80, 243, 245

Şimşek, Kerim (Sohn von Enver Şimşek) 22

Şimşek, Semiya (Tochter des NSU-Opfers Enver Şimşek) 22, 243 – 245, 248

Sippel, Thomas (2000 – 2012 Chef des Thüringer LfV) 183, 242

Söderberg, Björn (schwedischer Gewerkschafter; 1999 von Neonazis ermordet) 156

Stadler, Toni (rechter Musikproduzent; Aktivist der rechten Szene in Guben und Cottbus) 145

Stapelfeld, Dorothee (SPD, seit März 2011 Zweite Bürgermeisterin und Senatorin für Wissenschaft und Forschung in Hamburg) 60

Starke, Thomas (ehem. Chemnitzer Blood & Honour-Aktivist; Mitglied der Hilfsorganisation für nationale politische Gefangene und deren Angehörige) 69, 73, 136 – 139, 142, 173 f., 194 – 196

Statzberger, Karl-Heinz (Rechtsterrorist; Mitglieder der Kameradschaft Süd) 142

Stavenhagen, Lutz (CDU, 1985 – 1987 Staatsminister im Auswärtigen Amt; 1987 – 1991 Staatsminister im Bundeskanzleramt, dort zuständig für die Geheimdienste) 30

Stoiber, Edmund (CSU, 1993 – 2007 bayerischer Ministerpräsident) 99

Stoph, Willi (SED, 1964 – 1973 und 1976 – 1989 Vorsitzender des Ministerrates der DDR) 38

Stöss, Richard (Parteienforscher) 37

Strichaz, Philipp (Stellv. Vorsitzender der Jüdischen Gemeinde Hamburg) 241

Struck, Mandy (Aktivistin der Kameradschaft CC88 und der Blood & Honour-Sektion in Chemnitz) 74, 88, 137 – 139, 146, 194

Strunk, Arnold (DRP-Mitglied; Beteiligter an antisemitischen Aktionen in Köln 1959) 31

Stubbemann, Frank (Gauleiter Schleswig-Holstein der Aktionsfront Nationaler Sozialisten) 42 f.

Surles, Rufus (US-Soldat; Attentatsopfer in Nürnberg 1982) 56

Süß, Walter (Politologe; Forscher zu Rechtsextremismus in der DDR und dem MfS) 59

Swinfen, Stephen (englischer Neonazi; führendes Mitglied von Blood & Honour) 76

Szczepanski, Carsten (Neonazi; 1991 Gründung von White Storm Berlin) 178, 201 f.

T., Dirk (Verdächtigter beim Brandanschlag auf ein Lübecker Flüchtlingswohnheim 1996) 118 f.

T., Peter (Mitglied der Aktionsfront Nationaler Sozialisten) 42

T., Tom (Neonazi aus Stadtroda; 1995 Mitgründer der Kameradschaft Jena) 157, 192

Tabbert, Roland (1970 Gründer der Nationalen Deutschen Befreiungsbewegung) 39

Taşköprü, Aysen (Schwester des NSU-Opfers Süleymann Taşköprü) 247

Taşköprü, Süleyman (Opfer des NSU in Hamburg 2001) 9, 81, 241, 243, 247

Tatarotti, Corinna (Opfer eines Brandanschlags der Gruppe Ludwig in München 1984) 40

Thadden, Adolf von (ehem. NSDAP-Mitglied; 1967 – 1971 NPD-Bundesvorsitzender) 36 f.

Teidelbaum, Lucius (Journalist aus Stuttgart) 212

Thanh, Tam Le (Opfer der Ausschreitungen in Hoyerswerda 1991) 101

Tödter, Bernd (Neonazi; Mitglied der Kameradschaft Sturm 18 Cassel) 220 f.

Trinkaus, Kai-Uwe (ehem. NPD-Funktionär; Gründer des Bundes der Vertriebenen in Thüringen) 68, 182 – 184

Turgut, Mehmet (Opfer des NSU in Dortmund 2004) 9, 81

Uhl, Ludwig (1981 Mitbegründer des Kommando Omega; 1981 bei einer Schießerei in München getötet) 53

Uhrlau, Ernst (SPD, 1981 – 1991 stellv. Leiter des LfV Hamburg; 2005 – 2011 Präsident des Bundesnachrichtendienstes) 59

Ungvari, Johannes (CDU, 1990 – 2000 Oberbürgermeister von Altenburg) 154

Urlaub, Farin (Musiker; Sänger der Band »Die Ärzte«) 176

Virchow, Fabian (Sozialwissenschaftler; Forschungen zum Rechtsextremismus) 15, 228 f.

Vogel, Wolf-Dieter (Buchautor) 116

Voigt, Udo (1996 – 2011 Parteivorsitzender der NPD) 165

Vorderbrügge, Sibylle (Aktivistin der Deutschen Aktionsgruppen; Beteiligte am Brandanschlag auf ein Flüchtlingswohnheim in Hamburg 1980) 46, 48

Werner, Jan (Rechtsrock-Produzent; ehem. Anführer von Blood & Honour in Sachsen) 136, 142, 173 – 175, 195, 203

W., Juliane (1998 Freundin von Ralf Wohlleben; mutmaßliche Unterstützerin des NSU-Trios) 133 f.

W., Maik (Verdächtigter beim Brandanschlag auf ein Lübecker Flüchtlingswohnheim 1996) 117 f.

Wagner, Bernd (Leiter des Zentrums Demokratische Kultur in Berlin) 164

Wagner, Stefan (ehem. WSG-Mitglied; mutmaßlicher Mittäter beim Oktoberfest-Anschlag 1980) 50

Weil, Ekkehard (Aktivist der Europäischen Befreiungsfront; Beteiligter an mehreren Anschlägen in Österreich) 38

Werthebach, Eckardt (CDU, 1991–1995 Präsident des BfV; 1998–2001 Berliner Innensenator) 154

Wiegels, Jan (SPD, seit 2010 Bürgermeister von Mölln) 106

Wienholtz, Ekkehard (SPD, 1995–2000 Innenminister von Schleswig-Holstein) 120

Wierig, Angela (Anwältin der Familie des NSU-Opfers Süleyman Taşköprü) 242, 244

Wieschke, Patrick (ehem. Kameradschaftsaktivist aus Eisenach; seit 2012 Landesvorsitzender der NPD Thüringen; Mitglied des NPD-Parteipräsidiums) 124 f.

Wiese, Martin (Rechtsterrorist; Leiter der Kameradschaft Süd) 169 f., 219

Wiesenthal, Simon (Holocaustüberlebender; Publizist und Schriftsteller; Gründer von Jüdischen Dokumentationszentren) 38, 232

Wiesner, Norbert (V-Mann Führer von Tino Brandt im Thüringer LfV) 184

Widder, Gerhard (SPD, 1983–2007 Oberbürgermeister von Mannheim) 103

Wobbe, Michael (Sicherheitchef der Nationalistischen Front) 108

Woelk, Volkmar (sächsischer Rechtsextremismus-Experte) 223

Wohlleben, Ralf (Mitglied der Kameradschaft Jena und des Thüringer Heimschutzes; ab 2002 stellv. Vorsitzender der NPD Thüringen; mutmaßlicher Unterstützer des NSU-Trios) 11, 18, 48, 68–72, 74–77, 88 f., 111, 122–126, 128–130, 133 f., 138, 140–142, 144, 146 f., 160, 177, 179 f., 189, 191–193, 212 f., 235

Wolfgram, Kurt (1981 Mitbegründer des Kommando Omega; 1981 bei einer Schießerei in München von der Polizei getötet) 53

Worch, Christian (1979–1983 Leiter der Aktionsfront Nationaler Sozialisten; 1983 stellv. Vorsitzender der Freiheitlichen Deutschen Arbeiterpartei;

seit 1989 Mitglied der Nationalen Liste; 2012 Gründung der Partei Die Rechte) 42 f., 76, 97, 114, 200 f., 225 f., 229

Wulff, Thomas (1994 Gründung des Nationalen und Sozialen Aktionsbündnisses Norddeutschland; seit 2011 stellv. Vorsitzender des NPD-Landesverbandes Hamburg) 114, 224 f., 228

Wunderlich, Sven (Kriminalhauptkommissar; Zielfahnder beim LKA Thüringen; 1998 Leiter der Fahndung nach dem NSU-Trio) 113 f.

Yaşar, İsmail (Opfer des NSU in Nürnberg 2005) 9, 81

Yildirim, Özcan (Inhaber eines Frisiersalons in Köln-Mühlheim) 85

Yilmaz, Hüseyin (Vorsitzender der Türkischen Gemeinde Hamburg) 241

Yilmaz, Ayşe (Opfer des Brandanschlags in Mölln 1992) 104, 106

Yilmaz , Ayten (Überlebende des Brandanschlags in Mölln 1992) 105

Yilmaz , Emra (Überlebender des Brandanschlags in Mölln 1992) 105

Yozgat, Halit (Opfer des NSU in Kassel 2006) 9, 17, 82

Zabel, Uwe (Gewerkschafter der IG-Metall) 166

Ziercke, Jörg (seit 2004 Präsident des Bundeskriminalamtes) 19, 23, 235

Zimmermann, Sabine (Die Linke, Regionsgeschäftsführerin des DGB Südwestsachsen) 18

Zinn, Georg August (SPD, hessischer Ministerpräsident 1950–1969) 29

Zschäpe, Beate (Mitglied der Kameradschaft Jena und des Thüringer Heimatschutzes; Mitglied des NSU; seit Mai 2013 vor Gericht) 9, 11 f., 14, 19–21, 23 f., 50, 62, 65–74, 77–79, 81, 84–93, 110, 113, 122–136, 138–140, 142–144, 148, 155, 157, 159 f., 173–175, 179 f., 183, 185, 191 f., 194–197, 202–204, 220, 235

Zuber, Walter (SPD, 1991–2005 Innenminister von Rheinland-Pfalz) 32

Zu den Autoren und Herausgebern

Andreas Förster
Jahrgang 1958, freier Journalist. Zu seinen Spezialgebieten gehören die Arbeit der Geheimdienste, Wirtschaftskriminalität sowie DDR- und NS-Geschichte. Veröffentlichte Bücher: »Maulwürfe in Nadelstreifen« (1997); »Auf der Spur der Stasi-Millionen – Die Wien-Connection« (1998); »Schatzräuber. Die Suche der Stasi nach dem Gold der Nazizeit« (2000). Berichtet u. a. für die »Frankfurter Rundschau« zum NSU.

Julia Jüttner
Jahrgang 1974, Studium der Politikwissenschaft und Germanistik, 1999 Polizeireporterin und Redakteurin der »Abendzeitung« in München, 2004 Reporterin beim Gong Verlag in München. Seit 2006 Redakteurin bei »Spiegel Online« im Ressort »Panorama«. Seit 2011 Reporterin bei »Spiegel Online« und u. a. zuständig für die Berichterstattung zur Zwickauer Terrorzelle.

Anton Maegerle
Freier Journalist, Buch- und TV-Autor, langjähriger Mitarbeiter des SPD-nahen Informationsdienstes »blick nach rechts« und des ARD-Politmagazins »Report Mainz«; Veröffentlichungen zu Terrornetzwerken u. a. für SWR, NDR und ZDF; erhielt 2007 den »Leuchtturm«-Preis für besondere publizistische Leistungen des Netzwerk Recherche (gemeinsam mit Thomas Kuban und Andrea Röpke).

Andrea Röpke
Jahrgang 1965, Politologin und freie Journalistin; Spezialgebiet Rechtsextremismus; Sachverständige in den NSU-Untersuchungsausschüssen im Bundestag sowie im Sächsischen und Bayerischen Landtag; Veröffentlichung ihrer aufwendigen Inside-Recherchen im Neonazi-Milieu in Fernsehmagazinen wie »Monitor«, »Panorama« und »Spiegel-TV«, in der »taz« und bei »Süddeutsche online« sowie in Fachportalen wie »Blick nach rechts«; zahlreiche Auszeichnungen, darunter »Das unerschrockene Wort« (2009) und »Journalistin des Jahres« (Kategorie Politik, 2011).

Andreas Speit
Jahrgang 1966, Diplom-Sozialökonom und freier Journalist, Autor der »taz Nord«-Kolumne »Der rechte Rand«, regelmäßige Beiträge für die »taz«, das »Zeit«-Online-portral »Störungsmelder« und die Zeitschrift »Der Rechte Rand«; mehrere Auszeichnungen, u. a. durch das »Medium-Magazin« und den Deutschen Journalistenverband; Sachverständiger bei der Anhörung zu den NSU-Taten im Sächsischen Landtag; Autor und Herausgeber diverser Bücher zum Thema Rechtsextremismus, darunter gemeinsam mit Andrea Röpke: »Braune Kameradschaften« (2005); »Neonazis in Nadelstreifen« (2009); »Mädelsache! Frauen in der Neonazi-Szene« (2011).

der rechte **rand**

magazin von und für antifaschistInnen

recherche. analyse. perspektive

erfolgreich

gegen

nazis !

Gemeinsam
gegen Nazis!

www.der-rechte-rand.de
www.facebook.com/derrechterand